Esoterik

Herausgegeben von Gerhard Riemann

Helen Palmer ist international die führende Lehrerin des Enneagramm-Systems. Sie unterrichtet Psychologie an der J. F. Kennedy University und veranstaltet Workshops und Intensivtrainings in den USA und Europa. Helen Palmer leitet das »Center for the Investigation and Training of Intuition« in Berkeley, Kalifornien.

Von Helen Palmer ist außerdem erschienen:

Das Enneagramm (Band 4244)

Dieses Buch wurde auf chlor- und säurefreiem Papier gedruckt.

Deutsche Erstausgabe September 1995

Titel der Originalausgabe: The Enneagram in Love & Work: Understanding Your Intimate & Business Relationships

Originalverlag: Harper Collius, San Francisco
Umschlagillustration: Peter F. Strauss
Satz: Franzis-Druck, München
Druck und Bindung: Ebner Ulm
Printed in Germany
ISBN 3-426-86079-1

5 4 3 2 1

Helen Palmer

Das Enneagramm in Liebe und Arbeit

Aus dem Amerikanischen von
Renate Hering und Hans-Joachim Grimm

Knaur

*Meinem Mann Christopher und unserem Sohn Josh
für so viele gute Jahre miteinander.*

Inhalt

II. Die neun Persönlichkeitstypen in Liebe und Arbeit

Dank

Ich fühle mich den Tausenden von Menschen zutiefst verpflichtet, die bereit waren, auf Enneagramm-Podien über sich zu sprechen und ihre Einsichten und Selbstbeobachtungen vorzutragen. Sie haben die neun Typen für uns erfahrbar werden lassen, und wir konnten Wesentliches von ihnen lernen. Gott sei gedankt für Menschen, die zu solcher Arbeit bereit sind.
Mein Dank gilt auch meinen Schülerinnen und Schülern, die über zwanzig Jahre mit mir an diesem Thema gearbeitet haben, ganz besonders Debra Olsen, die unsere Arbeit auch in schwierigen Phasen mit Kompetenz und Ausdauer vorangebracht hat.
Jim Fox von der Rechtsabteilung von Harper Collins hat dafür gesorgt, daß ich das Enneagramm der Öffentlichkeit zugänglich machen darf, und damit die vorliegende Arbeit entscheidend unterstützt.
Meinem deutschen Herausgeber, Herrn Gerhard Riemann, München, danke ich für seine außerordentliche Geduld beim Zustandekommen der deutschsprachigen Ausgabe dieses Buches.
Mein Dank gilt auch den Übersetzern, Frau Renate Hering, Mainz, und Herrn Hans-Joachim Grimm, Berlin, die sich in sorgfältiger und liebevoller Weise der oft schwierigen Thematik angenommen haben. Die engagierte und kompetente Arbeit meiner Schülerin Renate Hering gewährleistet eine authentische Übersetzung meiner Gedanken.
Ebenso wäre ohne den selbstlosen Einsatz meiner Lektorin, Frau Gerhild Gerlich, München, diese deutsche Ausgabe nicht möglich gewesen. Dafür sei ihr an dieser Stelle herzlich gedankt.

Helen Palmer

Vorwort

Helen Palmers Beiträge zum Enneagramm bedürfen eines besonderen Geleitwortes. Zwar hat sie die Persönlichkeitstypen in einer unverfälschten Weise erläutert und bei der Erforschung dieser Typen ihren eigenen Akzent gesetzt, doch sind es nicht diese offensichtlichen Beiträge, für die ihr große Anerkennung gebührt. Meine erste Begegnung mit dem Enneagramm fand in der Form der mündlichen Lehrtradition statt, einer Methode, die Helen seit über zwanzig Jahren pflegt und weiterentwickelt. Noch heute erinnere ich mich genau an diesen ersten Unterricht, und so ist es mir eine große Freude, ihr Buch über die Enneagrammgestalten und deren Beziehungen zueinander vorzustellen.

Zunächst ist zu sagen, daß Helen Palmer die Entwicklung der mündlichen Lehrtradition des Enneagramms, so wie man sie heute kennt, entscheidend bestimmt hat. Die Methode fußt auf einem älteren Ansatz Claudio Naranjos, der die Persönlichkeitstypen mit Hilfe von Interviewtechniken erforschte. Es geht hier also nicht einfach um die mündliche Weitergabe von Informationen von einer Generation zur nächsten – obwohl die Methode die einschließt –, sondern hier geben Repräsentanten der Typen selbst Auskunft über ihr Leben; oft in der Form von Podieninterviews. Auf diese Weise erfahren wir aus erster Hand ihre Selbstbeobachtungen, Einsichten, Wahrnehmungsmuster sowie die Stärken und Schwächen jeden Typs. Meiner Ansicht nach ist die mündliche Lehrtradition jeder anderen Weise der Vermittlung des Enneagramms überlegen. Sie macht das System lebendig, und dadurch können die Menschen ihren eigenen Typ leichter erkennen, ihre Unterschiede zum anderen würdigen und sich selbst besser verstehen lernen.

Das mündliche Lehrverfahren ist eine erstaunliche Methode der Vermittlung differenzierter psychologischer Einblicke. Gleichzeitig ist es auch der ideale Rahmen, um zu zeigen, wie

Helen Palmer die gewohnheitsmäßige Wahrnehmungsweise einer jeden Enneagrammgestalt erschließt. Sie macht deutlich, wie aus unterschiedlichen Ausrichtungen der Aufmerksamkeit verschiedene Wahrnehmungsstile resultieren. Diese Konzentration auf die Rolle der Aufmerksamkeit wird als ein theoretisches Kernstück des Systems Bestand haben. Es war Helen Palmers Erkenntnis, daß jeder von uns an ein gewohnheitsmäßiges Wahrnehmungsmuster gebunden ist, die mein Interesse am Enneagramm weckte. Der Aufmerksamkeitsstil kann als Molekularebene der Funktionsweise von Persönlichkeit bezeichnet werden, denn die Aufmerksamkeit entscheidet, was wir wahrnehmen und welche Informationen ausgefiltert werden, während wir das, was sich unseren Sinnen darbietet, sammeln und sortieren. Wenn wir diese Grundeinsicht erst einmal gewonnen haben, können wir alle erkennen, daß wir einfach nur unvollständig, nicht aber »richtig« oder »falsch« sind (recht oder unrecht haben).

Über die mündliche Lehrtradition und Entdeckung der Aufmerksamkeit als Grundlage der Persönlichkeit hinaus geht Helen Palmers klarsichtige Beschreibung der direkten Beziehung zwischen ursprünglicher Essenz und dem Aufmerksamkeitsstil eines jeden Typs. Aus diesem Blickwinkel kann die erworbene Persönlichkeit zum Freund statt Feind der Essenz werden, zur Energiequelle für persönliches Wachstum und für die Aneignung der höheren Aspekte unseres Typs. Daneben zeigt Helen Palmer in diesem Buch, wie sich die Energie einer jeden Persönlichkeit in besonderen Zweierbeziehungen, in Gruppen und im Bereich der Selbsterhaltung manifestiert.

Ich unterrichte seit 1988 mit Helen Palmer in der Enneagramm-Ausbildung. Beide arbeiten wir an der Integration von erworbener Persönlichkeit und Essenz, sowohl unserer eigenen als auch der der AusbildungsteilnehmerInnen; denn letztendlich müssen wir ja, so gut es geht, im Reich der Persönlichkeit *und* im Reich der Essenz leben. So wie die Persönlichkeit ein Wegweiser zurück zum Wesenskern aller Menschen sein kann, so kann die Energie der Essenz uns den Weg zu einem gesunden persönlichen Leben bahnen. Im vorliegenden Buch führt Helen Palmer diese Arbeit mit Scharfblick und Inspiration weiter. Es ist mir eine Ehre, bei diesem bahnbrechenden Ansatz mitwirken zu dürfen.

Dr. med. David N. Daniels
Professor am Fachbereich für
Psychiatrie und Verhaltensforschung,
Stanford School of Medicine

I.
Das Enneagramm – Psychologie aus der spirituellen Tradition

1. Enneagramm, Essenz und erworbene Persönlichkeit

Als Freud gefragt wurde, was ausschlaggebend sei, damit es Menschen gutgehe, soll er geantwortet haben: »Lieben und arbeiten.« Seine Ziele für die »Heilung durch das Gespräch« waren daher das Glück liebevoller Beziehungen und die Leistungsfähigkeit.[1] Einige Generationen später sind Freuds Vorstellungen von einem humanen Leben immer noch aktuell. Wir widmen tatsächlich unsere meiste Zeit und Energie den Angelegenheiten des Herzens und des Verstandes, und unsere Freuden und Sorgen betreffen vorwiegend Beziehungen und Karrieren. Aber in der Erkenntnis dessen, worin die grundlegenden Unterschiede zwischen den Menschen bestehen und was ihnen helfen kann, gut zu lieben und zu arbeiten, sind wir ein gutes Stück weitergekommen.

Das Enneagramm in Liebe und Arbeit beschreibt neun verschiedene Weisen, wie Menschen in intimen Beziehungen und in der Arbeit miteinander umgehen. Jeder Standpunkt ist von gewissen mentalen und emotionalen Hauptthemen bestimmt. Die Lehre von den neun Typen deckt sich ohne weiteres mit einem Großteil psychologischen Gedankengutes unserer Zeit, beschreibt jedoch normale und gut funktionierende Menschen und keine pathologischen Trends. Kein Typ ist besser als der andere, und jeder kann effizient sein, aber ihre Interaktionsweisen sind völlig unterschiedlich.

Die neun Persönlichkeitstypen sind Bestandteil eines Modells menschlicher Entwicklung, das Enneagramm genannt wird: *Ennea* heißt im Griechischen »neun« und *gramma* soviel wie »Bild, Figur«. 1988 schrieb ich das Buch *Das Enneagramm. Sich selbst und andere verstehen lernen*. Es beruht auf Selbstbeschreibungen der neun Persönlichkeitstypen, eingebettet in den Rahmen spirituellen Gedankengutes, den dieses Modell enthält. Das *Enneagramm in Liebe und Arbeit* ist als sein Begleiter gedacht. Es beschreibt, wie die neun Typen bei Intimbeziehungen und im Arbeitsleben miteinander verkehren. Sie werden kaum Wiederholungen finden. Ich habe versucht, neues Material über die einzelnen Typen vorzustellen; darunter befindet sich auch ein Leitfaden der Umgangsweisen und typischen Beziehungen der Enneagrammgestalten mit- und untereinander.

Ihren eigenen Typ erkennen Sie am besten, wenn Sie Menschen zuhören, die denken, fühlen und handeln wie Sie selbst. Wenn Menschen, die ihren Typ kennen, Ihnen berichten, wie sie lieben und arbeiten, wissen Sie, ob Sie ihnen gleichen oder nicht. Seit Jahren unterrichte ich das Enneagramm mit Hilfe von Sprecherpodien, auf denen Menschen desselben Enneagramm-Typs von sich erzählen. Anderen dabei zuzuhören, wie sie sich selbst sehen, ist der beste Weg, sich selbst verstehen zu lernen. Diese Methode ist effektiver als das Hören auf die Meinung von Lehrern oder das Lesen von Büchern.

Die Teilnehmer der Podien sprechen als lebende Autoritäten. Sie gewähren uns Zugang zu ihrem Leben, indem sie ihre eigenen Einsichten und persönlichen Gedanken äußern und eine emotionale Unmittelbarkeit mitbringen, durch die sich ihr Standpunkt den Zuhörern einprägt. Die Rolle des Lehrers besteht darin, das Gespräch so in Gang zu bringen, daß die grundlegenden Verhaltensmuster und das innere Wollen der Typen respektvoll veranschaulicht werden.

Solchen Podien zuzuhören ist besonders ermutigend, wenn gefestigte Menschen berichten, wie sie gelernt haben, an sich zu arbeiten. Der Methode der Selbstbeobachtung werden immer noch Vorurteile entgegengebracht. Viele denken, dies sei eher eine Arbeit für »kaputte Typen« als ein Mittel zu persönlichem Wachstum. Diese Voreingenommenheit beruht auf den Glaubenssätzen unserer Kultur. Wenn die Fähigkeit zum »Lieben und Arbeiten« der Schlüssel zum guten Leben[2] ist, warum sollten dann Menschen, die bereits im Leben erfolgreich sind, die schon lieben und ausgesprochen effektiv arbeiten können, daran interessiert sein, sich grundlegend zu ändern? Die Antwort liegt in den Geschichten erfolgreicher

Menschen, die mehr wollen als Karrieren, in denen sie Erfüllung finden, die sich mehr als ein gutes Sexualleben und eine gesunde Familie wünschen. Sie hätten allen Grund, vollauf mit sich zufrieden zu sein, aber sie sind es nicht. Sie fühlen sich zum Enneagramm hingezogen und erzählen ihre Geschichten auf Podien, weil das Enneagramm eines der wenigen Persönlichkeitssysteme ist, das die erworbene Persönlichkeit im Spirituellen verankert; und das in den letzten Jahren explosionsartig angewachsene Interesse an Enneagrammstudien geht auf diese Verankerung zurück. Das System liefert eine Verbindung zwischen Persönlichkeitstyp und höherem Bewußtsein.

Die Geschichte von der Suppe der Suppe

Ich wußte, daß das Enneagramm seinen Anteil daran hatte, als Anzeigen wie die nachstehenden in der Lokalpresse erschienen. Man kann sich schwerlich ein besseres, von der Basis kommendes Zeugnis für die Anwendbarkeit des Enneagramms vorstellen.

East Bay Express, Partnergesuche, Juni 1992

SEELENFREUND/BESTER FREUND? Vegetarisch lebender, athletischer, romantischer, liebevoller, aufgeschlossener, intelligenter, optimistischer, liberaler, unkonventioneller, nicht materialistisch eingestellter, attraktiver Asien-Amerikaner (26/1,68 m) sucht Partnerin fürs Leben (groß, attraktiv, zwischen 26 und Anfang 30) mit denselben Eigenschaften. Keine Drogen, Nichtraucherin, kein Fernsehen, Antialkoholikerin. Zuschriften erbeten mit Foto.

RUBENSTYP. Heterosexuelle Farbige, 36, sucht Unterhaltung, Gesellschaft und Spaß mit geistreichem und vernünftigem Farbigem.

ENNEAGRAMM-SECHS, 44, sucht Enneagramm-Neun in den Vierzigern für gemeinsame Träume, Entwicklung, Streicheleinheiten. Auch für gemeinsame Interessen: Gesunderhaltung, Reifen, Weisheit, Wanderungen in der Natur.

Ich war über diese Annonce entsetzt. Kann das Enneagramm mit seiner tiefgehenden Fähigkeit, Mitgefühl für unterschiedliche Menschentypen zu wecken, so leicht ins Triviale hinabgezogen werden? Wie steht es mit seinem lebenswichtigen spirituellen Aspekt? Wo sind Annoncen wie: »Enneagramm-Sechs, mutig und treu, sucht Enneagramm-Neun zur Entwicklung von Liebe und tatkräftigem Handeln«? Wo sind Annoncen, in denen es heißt: »Sechser sucht passende Gefährtin zur spirituellen Befreiung«? Es gibt eine Sufi-Geschichte, welche die Situation treffend beschreibt. Sie betrifft die Verwässerung von Lehren, die einst herzhaft und kraftspendend waren. Verwässerung ist eine klassische Methode, um Geheimlehren, die mündlich weitergegeben werden, von Generation zu Generation geheimzuhalten. Diese Lehren werden versteckt gehalten und von Zeit zu Zeit vielen Menschen zugänglich gemacht. Aber nur wenige finden Geschmack an ihnen, nehmen die Botschaft in sich auf, gehen zur Quelle der Lehre zurück und helfen, sie wieder lebensfähig zu machen:

Ein Verwandter kam von irgendwo tief aus dem Hinterland, den Mulla zu besuchen, und brachte als Geschenk eine Ente mit. Hoch erfreut ließ Nasrudin die Ente zubereiten und teilte das Mahl mit seinem Gast. Es geschah jedoch, daß in der Folgezeit ein Mann nach dem anderen vom Lande bei Nasrudin auftauchte, jeder ein Freund des Freundes »des Mannes, der dir die Ente mitgebracht hat«. Weitere Geschenke gab es aber nicht. Zu guter Letzt war der Mulla erzürnt. Eines Tages erschien wieder einmal ein Fremder. »Ich bin der Freund des Freundes des Freundes des Verwandten, der dir die Ente mitgebracht hat.« Er setzte sich nieder und erwartete, wie all

die anderen, ein Mahl aufgetischt zu bekommen. Nasrudin setzte ihm eine Schale heißes Wasser vor.
»Was ist das?«
»Das ist die Suppe der Suppe der Suppe der Ente, die mir mein Verwandter mitgebracht hat.« [3]

Wenn zu viele kommen, wird das Material verwässert und verliert seine ursprüngliche Lebenskraft. Es ist unvermeidlich, daß die Lehre nur sehr wenige beeinflussen kann, daß sie an Beliebtheit verliert und schließlich als nutzlos abgetan wird. Sie wird zuweilen für ganze Generationen schwer verständlich, und das nicht etwa, weil sie unwahr wäre, sondern weil eben die Zeiten so sind.
So wie die Samenkörner in Zeiten von Dürre und Kälte daliegen, ohne daß etwas geschieht, verschwinden die ewigen Lehren für längere Zeit und werden, wenn das menschliche Klima es zuläßt, wieder erneuert.
Im Zuge von Freuds Direktive werden im augenblicklichen Klima viele Lehren angeboten, die auf unsere Fähigkeit zielen, zu lieben und gut miteinander zu arbeiten. Die meisten von ihnen konzentrieren sich auf die psychologischen Unterschiede zwischen den Menschen, wobei einige Lehren die kollektive Wirklichkeit beschreiben, an der alle teilhaben. Das Enneagramm aber gehört zu den sehr wenigen, die die einzigartige und besondere Welt der Persönlichkeit mit spezifischen Aspekten universellen Bewußtseins verbinden.[4]
Die Stärke des Enneagramms liegt darin, daß es den Persönlichkeitstyp mit bestimmten Aspekten der Essenz in Verbindung bringt. Diese besteht aus den ewigen Daseinselementen im Gegensatz zu den zufälligen. Das Gewahrsein der Essenz wird auch höheres Bewußtsein bzw. spirituelle Reife genannt. Die höheren Aspekte eines Typs sind im Grunde spirituelle Qualitäten, die eigentlich in den Bereich des Göttlichen gehören und nicht mit Talenten, schöpferischen Anlagen und gut funktionierenden psychischen Qualitäten zu verwechseln sind. Spirituelle Qualitäten sind nicht dasselbe wie Klarheit

des Verstandes und Weitherzigkeit, wie sie psychisch reife Menschen an den Tag legen.

Diese Geistesgaben zeigen sich, wenn das Gewahrwerden über die Grenzen von Denken und Fühlen hinausgeht. Durch Analyse oder Emotionen sind sie nicht zu begreifen, da sie nicht aus derselben Bewußtseinsschicht stammen wie die psychischen Eigenschaften. Es besteht die natürliche Tendenz, Aspekte der Essenz mit gutem psychischem Funktionieren zu verwechseln, denn um diese überhaupt zu beschreiben, müssen wir ihre vielen Aktivitäten mit denselben Worten benennen, mit denen wir auch gewöhnliche Vorkommnisse beschreiben.

Das *Abhidhamma*, das klassische Werk der buddhistischen Psychologie, ist ein weiteres altes System, das den Persönlichkeitstyp mit dem spirituellen Leben in Verbindung bringt. Die Züge, die den drei buddhistischen Persönlichkeitstypen zugeschrieben werden, entsprechen dem zentralen Dreieck des Enneagramms. Der »Habgier-Typ« ist wie die Enneagramm-Drei von Gewinnsucht getrieben: mehr Geld, mehr Ruhm, mehr Vergnügen usw. Der »Haß-Typ« betrachtet wie die Enneagramm-Sechs das Leben als Kampf. Der »Illusions-Typ« versucht, wie die Enneagramm-Neun, zu funktionieren, ohne acht zu geben. Im buddhistischen System werden die drei irregeführten Daseinsweisen durch das Entwickeln ihrer entgegengesetzten Tendenzen neutralisiert. Dies sind Nichtanhaften, Mitgefühl und Achtsamkeit.[5]

Der Schleier der Illusion

Die spirituelle Psychologie versteht die Persönlichkeit als illusorische, als System des »falschen Selbst«. Das »wahre Selbst« ist spiritueller Natur. Es wurde in jungen Jahren überschattet, als sich die Aufmerksamkeit auf das Überleben richtete. Im Lauf der Zeit haben wir uns so stark mit den erworbenen Eigenschaften unseres Typs identifiziert und gelernt, uns so sehr auf konditionierte Wahrnehmungen zu verlassen, daß wir unsere wahre Natur vergessen haben und unsere Persönlichkeit bzw. unser falsches Selbst »geworden« sind.[6] Das Enneagramm ist eine Psychologie, die aus der spirituellen Tradition stammt. Das System basiert auf neun Persönlichkeitstypen, die unter dem Blickwinkel des wahren bzw. spirituellen Selbst neun Illusionen über das Leben sind; und diese Illusionen bilden den natürlichen Ausgangspunkt für psychisches und spirituelles Wachstum.

> Für den, der durch eine Brille schaut, scheint alles, was er sieht, so eingefärbt zu sein wie die Brille. Und so wie die Dinge je nach Form der Linsen kleiner oder größer zu sein scheinen, lassen die Leidenschaften und das Trachten der Seele alles in Übereinstimmung mit den sie beherrschenden Leidenschaften erscheinen.
>
> Juan de Borya, Las Empresas Morales, 1581

2. Die neun Persönlichkeitstypen im Überblick

Partnerschaft offenbart die Unterschiede zwischen uns. Jeder von uns spricht möglicherweise die Wahrheit, jedoch kann jeder eine andere Geschichte zu erzählen haben. Wir betrachten unsere Ehe, die Arbeit und unsere Kinder aus grundsätzlich unterschiedlichen Gesichtswinkeln, oft ohne dabei eine systematische Voreingenommenheit wahrzunehmen. Durch das Enneagramm mit seiner außerordentlichen Präzision können wir tief in unseren Charakter schauen und Beziehungen zu Kunden, Kollegen, Familie und Freunden klären. Solche Einsicht verwandelt sich schnell in Mitgefühl, wenn man seine persönlichen Eigenschaften und Sichtweisen mit denen anderer Menschen vergleicht, die einem nicht ähnlich sind. Mit den Augen des anderen zu sehen und den Druck seiner Emotionen zu verspüren führt zum Verstehen und zu einer angemessenen Einschätzung seines Verhaltens.

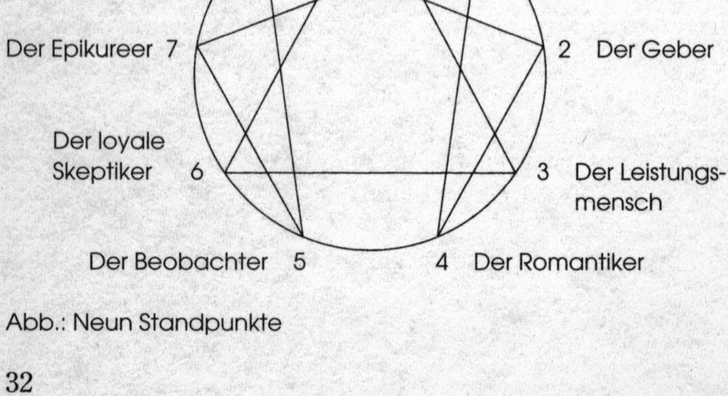

Abb.: Neun Standpunkte

Die Eins und ihre Hauptthemen

Eins: der Perfektionist

Sich Liebe durch Perfektsein verdienen. Bestrebt, alles richtig zu machen. Sich an den höchsten Maßstäben messen. Einen ethischen Standort finden, um darauf sein Leben aufzubauen. Das Denken konzentriert sich auf »sollte«, »muß« und »hätte zu«. Wir sollten eine makellose Beziehung haben; wir müssen einwandfreie Arbeitsleistungen erbringen. Im besten Falle dient der Einsatz für das Gute, Richtige als humanes Leitbild. Im Sinne einer Abwehrstrategie fühlt die Eins sich moralisch überlegen, wenn sie andere kritisieren kann.

Hauptthemen

- Suchen nach Vollkommenheit. Vermeiden von Fehlern und Schlechtem.
- Gewissenhaft. Hochmoralischer Charakter.
- Richtig denken. »Sollte«, »muß« und »hätte zu«.
- Richtig handeln. Die Tugenden Arbeitsamkeit, Sparsamkeit, Ehrlichkeit und Sichbemühen betonen.
- Es recht machen. Strenger innerer Kritiker. Eine innere richtende Stimme.
- Zwanghaftes Arbeiten verhilft zum Abblocken unannehmbarer Gefühle.
- Zorn infolge unbefriedigter Bedürfnisse. Selbstverleugnung bewirkt Groll. Ist sich des eigenen Zorns nicht bewußt (»Ich bin heute eben energiegeladen«).
- Ängstlichkeit und Sorge, wenn Entscheidungen anstehen. Angst, Fehler zu machen.
- Dieser Fokus der Aufmerksamkeit führt zu einem ethischen und moralischen Leben. Er kann auch
  - zur Vorstellung führen, es gäbe nur einen richtigen Weg: richtig oder falsch, schwarz oder weiß; keine Zwischentöne; wie
  - zu hervorragender Kritikfähigkeit; intuitivem Wissen davon, wie perfekt die Dinge sein könnten.

Die Zwei und ihre Hauptthemen

Zwei: der Geber

Durch Hilfsbereitschaft Liebe erwerben und sichern. Das Leben anderer bewältigen. Vertraute Menschen unterstützen und zufriedenstellen. Am Arbeitsplatz die Macht hinter dem Thron. Lebt verschiedene Aspekte der Persönlichkeit, um den Bedürfnissen anderer entgegenzukommen. Ein »Ich« im Team, ein »Ich« für den Boß und viele Ichs im Privatleben. Im besten Fall ist dieses Geben selbstlos und großzügig. Als Abwehrgeste ist das Geben darauf ausgerichtet, etwas dafür zu bekommen.

Hauptthemen

- Bestätigung erlangen. Sich anpassen, um anderen zu gefallen. Vermeiden eigener Bedürfnisse.
- Stolz aufs Gebrauchtwerden. Im Leben anderer im Mittelpunkt stehen. Unentbehrlich sein.
- Das Gefühl haben, man hätte viele unterschiedliche Ichs, um den Bedürfnissen anderer gerecht werden zu können.
- Verwirrung entsteht zwischen den unterschiedlichen Ichs. »Welches Ich bin wirklich ich selbst?«
- Schwierigkeit, eigene Bedürfnisse zu erkennen. Eigene Bedürfnisse werden durch die Hilfe für andere befriedigt.
- Freiheit wollen. Sich durch die Unterstützung, die man anderen gibt, eingeengt fühlen.
- Die Selbstdarstellung paßt sich den Bedürfnissen anderer an. Dieser Aufmerksamkeitsstil kann auch
  - zu einfühlsamen emotionalen Beziehungen führen oder
  - zur Anpassung an die Wünsche anderer, um ihre Liebe zu bekommen bzw. zu behalten.

Drei: der Leistungsmensch

Liebe durch Leistung und Image gewinnen. Mit der Familie etwas unternehmen. Hoch motiviert und hoch profiliert bei der Arbeit. Sinn für Status. Der Erste sein, führen und gesehen werden wollen. Eine beeindruckende Fassade vermitteln. Arbeit ist der Hauptinteressenbereich; Gefühle sind ausgeschaltet, solange gearbeitet wird. Im besten Fall bewirkt diese Orientierung auf Leistung eine effiziente Führungstätigkeit. Als Abwehrmechanismus wird das Image maßgeschneidert, um persönlichen Erfolg zu dokumentieren.

Hauptthemen

- Leistung, Produktivität und Selbstdarstellung. Ziele, Aufgaben und Ergebnisse.
- Konkurrenz und Effizienz. Mißerfolge vermeiden.
- Wenig Zugang zum Gefühlsleben. Das Herz ist bei der Arbeit.
- Konvergentes Denken. Mehrgleisiges Denken, das auf ein einziges Produkt oder Ziel gerichtet ist.
- »Ich bin, was ich tue.« Verwirrung zwischen dem realen Selbst und dem Beruf bzw. der Rolle.
- Gefühle »darstellen« lernen. Angemessen aussehen und den passenden Text lernen.
- Chamäleon. Wechselnde Rollen und wechselndes Image.
- Diese Ausrichtung der Aufmerksamkeit kann Erfolg maximieren, kann aber auch
  - zu Selbstbetrug führen. Man beginnt, das öffentliche Image für sich selbst zu halten.

Vier: der Romantiker

Sehnsucht nach Liebe aus der Distanz. Enttäuscht sein, wenn Liebe greifbar nahe ist. »Wir waren doch miteinander verbunden, und nun geht es irgendwie nicht mehr. Wir hatten es doch einmal. Wo ist es hin?« Lebenslanges Suchen nach der Herzensverbindung; Anziehung, Haß, großes Drama, Schmerz. Eleganter Lebensstil, einmalige Darstellungsweise, eine unverwechselbare Laufbahn, kreative Ansichten im Geschäftsleben. Im besten Fall führt das leidenschaftliche Streben zu Gefühlstiefe. Als Pose eingenommen, signalisieren dramatische Verhaltensweisen, eine Vier sei über das gewöhnliche Leben erhaben.

Hauptthemen

- Unerreichbares, weit Entferntes und schwer zu Bekommendes wollen. Gewöhnlichem aus dem Weg gehen.
- Stimmung, Umgangsformen, Luxus und guter Geschmack verbergen geringe Selbstachtung.
- Sich zu Melancholie hingezogen fühlen. Das Aroma der Sehnsucht.
- Gewöhnliches Leben, »die Seichtheit gewöhnlicher Gefühle« verachten.
- Durch Verluste, Phantasie, ein ästhetisches Band und dramatische Handlungen das gewöhnliche Leben überhöhen. Königs- und Königinnendramen.
- Beziehungen beenden und wiederaufnehmen. Das Beste von dem, was nicht da ist, wollen. Es von sich stoßen, wenn es wieder greifbar ist. Dieses Wechselverhalten verstärkt
  - Gefühle des Verlassenseins und des Verlustes, kann aber auch
  - zu emotionaler Empfindsamkeit und Tiefe und der Fähigkeit führen, andere in Leid und Krisen zu unterstützen.

Die Fünf und ihre Hauptthemen

Fünf: der Beobachter

Losgelöst von Liebe und starken Gefühlen. Eine Fünf braucht privaten Freiraum, um zu entdecken, was sie fühlt. Ist in der Öffentlichkeit von anderen getrennt und spürt mehr Emotionen, wenn sie mit sich allein ist. Eine Fünf liebt eine geschützte Arbeitsumgebung, keine Unterbrechungen, begrenzte Kontaktmöglichkeiten und im voraus bekanntgegebene Vorhaben. Im besten Fall bewirkt die distanzierte Haltung verläßliche und klarsichtige Analysen. Als psychische Strategie dagegen dient sie zur Reduktion von Kontakten auf ein Mindestmaß.

Hauptthemen

- Eingenommen von der Sorge um privaten Freiraum und Nichteinbezogenwerden.
- Wissen und das fürs Überleben Wesentliche sammeln. Leere meiden.
- Den Gürtel enger schnallen, um unabhängig zu bleiben. Mit weniger zurechtkommen.
- Gefühlskontrolle schätzen. Bevorzugung von strukturierten Veranstaltungen, bekannten Vorhaben und zeitlichen Grenzen.
- Segmentierung. Lebensbereiche voneinander getrennt halten. Im voraus festgelegte Zeiten für emotionsgeladene Ereignisse.
- Die Macht des Wissens. Analysesysteme und Spezialinformationen. Die Schlüssel zum Verständnis dessen, »was die Welt im Innersten zusammenhält«, haben wollen. Gefühle analysieren.
- Spirituelles Nichtanhaften mit dem Bedürfnis verwechseln, sich von emotionalem Leid fernzuhalten.
- Das Leben vom Standpunkt eines unbeteiligten Beobachters sehen wollen. Dieser Aufmerksamkeitsstil kann dazu führen,

- daß man sich von den Ereignissen des eigenen Lebens isoliert fühlt oder zur Fähigkeit,
- einen distanzierten Standpunkt einzunehmen, der nicht von Furcht oder Begehren beeinflußt wird.

Die Sechs und ihre Hauptthemen

Sechs: der loyale Skeptiker

Liebe und eine rosige Zukunft in Frage stellen. Angst, zu glauben und enttäuscht zu werden. »Willst du mich noch? Wird etwas aus meiner Arbeit? Ist das hier gewiß? Sind Zweifel angebracht?« Loyal in der Liebe, sucht eine Sechs Bestätigung bei den Menschen, denen sie vertraut. Da sie Autoritäten mißtraut, stellt sie im Berufsleben heikle Fragen. Ein gut genutzter zweifelnder Verstand bewirkt Klarheit des Wollens. Als Lebenshaltung behindert Zweifel den Fortschritt.

Hauptthemen

- Zögern. Denken ersetzt Tun. Handeln wird vermieden.
- Hohe Ziele, die oft nicht erreicht werden.
- Die Ängstlichkeit erreicht bei Erfolg ihren Höhepunkt. Erfolg bedeutet, sich feindlichen Kräften auszusetzen.
- Gedächtnisschwund hinsichtlich Erfolg und Vergnügen.
- Autoritätsprobleme. Entweder sich Autoritäten unterwerfen oder gegen sie rebellieren.
- Hinterfragen der Motive anderer, besonders derer von Autoritäten.
- Sich mit den Problemen gesellschaftlich Benachteiligter identifizieren. Die Oppositionspartei führen.
- Angst vorm Erkennen der eigenen Wut. Angst vor der Wut anderer.
- Skepsis und Zweifel. Buddhistischer »zweifelnder Verstand«.
- Eine »Ja, aber ...«-Haltung, bzw. »Das funktioniert vielleicht doch nicht.«

- Abtasten der Umgebung nach Hinweisen, die das Gefühl des Bedrohtseins erklären sollen.
- Diese Ausrichtung der Aufmerksamkeit wird bestätigen,
  - daß die Welt ein bedrohlicher Ort ist, führt aber auch
  - zum Erkennen von Motiven und versteckten Vorhaben, die Beziehungen beeinflussen.

Die Sieben und ihre Hauptthemen

Sieben: der Epikureer

Anspruch auf Liebe und Wohlwollen. Erwarten, daß Projekte glücken. Liebe und Arbeit sollten Abenteuer sein. Ein fabelhaftes Leben führen wollen. Das Beste an der Liebe ist der Reiz des Neuen. Das Beste an der Arbeit ist die glänzende Idee. Brain-storming, Planen, sich eröffnende Möglichkeiten. Eine positive Zukunft, eine aufregende Karriere. Im besten Fall überträgt die unternehmungslustige Herangehensweise ihren Enthusiasmus auf andere. Als eigennützige Strategie dient der Reiz des Vergnügens der Schmerzvermeidung.

Hauptthemen

- Anregung. Neues und Interessantes tun. In Hochstimmung bleiben wollen. Schmerzen vermeiden.
- Mehrfache Möglichkeiten offenhalten, um nicht einer einzigen Handlungsweise verpflichtet zu sein. Beschränkungen fürchten.
- Tiefe oder schmerzhafte Gefühle durch angenehme Alternativen ersetzen. Flucht in das geistige Vergnügen. Reden, planen und intellektualisieren.
- Charme als erster Abwehrmechanismus. Angsttypen, die freundschaftliche Kontakte zu anderen herstellen. Sie gehen Konflikten aus dem Wege, indem sie durch die Maschen fallen. Reden sich aus Schwierigkeiten heraus.
- Ein Aufmerksamkeitsstil, der Informationen so zueinander in Beziehung setzt und systematisiert, daß Verpflichtungen

Hintertürchen und Ersatzlösungen enthalten. Dieser Aufmerksamkeitsstil kann

- zu rationalisiertem Eskapismus aus einer schwierigen oder einschränkenden Verpflichtung führen oder
- zu der Fähigkeit, Verbindungen, Parallelen und ungewöhnliche Übereinstimmungen zu finden. Talent zur nichtlinearen Synthese von Informationen.

Die Acht und ihre Hauptthemen

Acht: der Boß

Liebe durch Beschützen und Macht ausdrücken. Die Wahrheit schätzen, die in einem Streit zutage tritt. Auf Kontakt drängen. Sich in Wut wohl fühlen. Für seine Leute eintreten. Die Arbeit gegen Unglücksfälle absichern. Da eine Acht zu Autoritäts- und Kontrollpositionen neigt, bestimmt in Liebe und Geschäftsleben sie die Regeln. Im besten Fall werden aus Menschen mit dieser bestimmenden Art Führungskräfte, die ihre Macht weise nutzen. Vom Standpunkt des Machtwillens gilt: Ein guter Angriff ist die beste Verteidigung.

Hauptthemen

- Kontrolle von persönlichem Besitz und Raum.
- Um Gerechtigkeit und Macht bemüht. Schwäche meiden.
- Exzessive Selbstdarstellung – zu viel, zu laut.
- Impulskontrolle. Bedürfnis, Grenzen zu setzen.
- Schwierigkeit, den Wunsch nach Geborgenheit und zartere Emotionen zu erkennen.
- Grenzprobleme. Den Unterschied zwischen Selbstverteidigung und Aggression verstehen lernen.
- Andere Standpunkte zugunsten der »Wahrheit« bestreiten. Objektive Wahrheit mit einer subjektiven Meinung verwechseln, die eigenen Interessen nutzt.
- Ein sog. »Alles-oder-Nichts«-Aufmerksamkeitsstil, der dazu

neigt, eine Situation in Extremen wahrzunehmen. Andere scheinen entweder fair oder unfair, entweder Krieger oder Waschlappen zu sein. Dazwischen gibt es nichts. Dieser Aufmerksamkeitsstil kann

- zum unbewußten Leugnen der eigenen Schwäche führen oder
- zum angemessenen Einsatz der eigenen Kraft im Dienst am anderen.

Die Neun und ihre Hauptthemen

Neun: der Vermittler

Mit geliebten Menschen verschmelzen und dabei die Grenzen verlieren. Den Standpunkt anderer übernehmen. Stur statt wütend werden. Sich nicht entscheiden. »Ich haben nicht ›nein‹ gesagt, aber ich bin nicht sicher, ob ich dir zustimme.« Neuner können alle Parteien in einer Auseinandersetzung verstehen; dadurch geraten ihre eigenen Interessen leicht aus dem Blickfeld. »Ja« bedeutet »Ja, ich denke über deine Meinung nach.« »Vielleicht« könnte möglicherweise »Nein« bedeuten. Im besten Fall bietet die Gewohnheit des Verschmelzens anderen echte Unterstützung. Als Schutzmaßnahme erlaubt das Verstehen vieler Standpunkte, sich keinen davon zu eigen machen zu müssen.

Hauptthemen

- Wesentliche Bedürfnisse durch Unwesentliches ersetzen.
- Sich mit unwesentlichen Vergnügungen trösten. Konflikt vermeiden.
- Ambivalente Haltung gegenüber persönlichen Entscheidungen. »Stimme ich zu oder sage ich nein?« Alle Seiten einer Frage sehen. Entscheidungen fallen leicht, wenn sie nicht sehr an Persönliches gebunden sind; beispielsweise Aktionen in Notfällen oder politische Meinungen.
- Wandel durch Wiederholen vertrauter Lösungen hinaus-

schieben. Gewohnheitsmäßiges Handeln. Rituale. Noch Zeit genug. Das kann bis morgen warten.

- Schwierigkeiten, Veränderungen in Gang zu bringen. Einfacher zu wissen, was man nicht will, als was man will.
- Nicht nein sagen können. Schwierig, sich zu trennen, derjenige zu sein, der geht.
- Physische Energie und Wut dämpfen. Energie auf Nebensächliches umlenken. Verzögerte Reaktionszeit für Zorn. Passive Aggression. Zorn wird mit Trennung gleichgesetzt.
- Kontrolle durch Stursein. Nichts tun. Abwarten. Kontrolle durch Nutzen von Zeit. Noch etwas warten.
- Die Aufmerksamkeit ist auf die Anliegen und Vorhaben anderer gerichtet. Das kann
  - zu Schwierigkeiten führen, einen persönlichen Standpunkt herauszubilden, aber auch
  - die Fähigkeit entwickeln, zu erkennen und zu unterstützen, was im Leben anderer wesentlich ist.

3. Die Leidenschaften und die Dynamik der neun Persönlichkeitstypen

In letzter Zeit sind mehrere Bücher erschienen, die die neun Persönlichkeitstypen des Enneagramms in Anlehnung an das psychologische Denken des Westens beschreiben.[7] Jeder Typ wird im Hinblick auf seine mentalen und emotionalen Gewohnheiten beschrieben, und es wird aufgezeigt, wie diese Gewohnheiten ausagiert werden. Eine ältere Betrachtungsweise sieht den Persönlichkeitstyp auf eine der emotionalen Leidenschaften zentriert, die in der spirituellen Tradition zu finden sind. Bei dieser Betrachtungsweise ist die Leidenschaft der Dreh- und Angelpunkt der für den Typ charakteristischen Gedanken, Gefühle und Verhaltensmuster. Im Gegensatz zu den sich ständig ändernden gewöhnlichen Emotionen ist die Leidenschaft der Kern einer Illusion, eine Zwangsvorstellung, die zentrale Achse, die die Persönlichkeit zusammenhält.

Die emotionale Leidenschaft operiert in Verbindung mit fixen Ideen über die Welt.[8] Der Gesamteffekt ist so stark, daß ein »Schleier der Illusion« entsteht. Wir bilden uns ein, die gesamten 360 Grad zu sehen. Tatsächlich aber bestimmt unsere Voreingenommenheit unsere Wirklichkeit. Der Stolztyp Zwei beispielsweise sieht, daß andere Hilfe benötigen. Der Lusttyp Acht sieht, daß alles außer Kontrolle geraten ist. Der Neidtyp Vier sieht, daß etwas fehlt, und so geht das weiter durch alle neun Typen. Die gute Nachricht lautet, daß wir uns auf die Bewältigung unseres eigenen Ausschnitts der Wirklichkeit recht gut verstehen. Die schlechte lautet, daß wir beschränkt sind.

Die Leidenschaften in der spirituellen Tradition

In der spirituellen Tradition gibt es sieben charakterliche Grundrichtungen bzw. Leidenschaften und dazu noch zwei allgemeine Tendenzen, die auf alle Typen zutreffen, so daß sich insgesamt neun ergeben. Die sieben Leidenschaften sind allgemein als die sieben Hauptlaster bzw. die sieben Todsünden des Christentums bekannt. George Iwanowitsch Gurdjieff (1872–1949), Wegbereiter des Enneagramms im Westen, bezeichnete die Grundtendenz als Hauptmerkmal der Persönlichkeit.[9] Wenn man seine Grundtendenz und auch die der Menschen kennt, mit denen man umgeht, verbessert das die Beziehungen außerordentlich. Das Enneagramm ermöglicht einen deutlichen Blick darauf, wie Menschen, die man liebt, sich zu sich selbst verhalten, und zwar ohne daß der Blick durch die Voreingenommenheit der eigenen Projektionen getrübt wird. Das rückt sehr viele zwischenmenschliche Schwierigkeiten in die richtige Perspektive. Was erst willkürlich und verletzend zu sein schien, sieht man nun anders. Willkürliches Verhalten kann innerhalb eines gegebenen Rahmens ausgesprochen logisch sein, und Leid, das Menschen einander antun, hat seinen Beweggrund weitgehend in ihrem eigenen Schmerz. Gurdjieff bezeichnete die Voreingenommenheit der Persönlichkeit als ihr Hauptmerkmal. »Das Hauptmerkmal wird immer von derselben Triebfeder aktiviert. Es ist ausschlaggebend. Es ist wie der Effet beim Kegeln, der verhindert, daß die Kugel geradeaus rollt. Durch den Hauptzug kommen wir immer vom Thema ab. Er entsteht aus einer oder mehreren der sieben Todsünden, hauptsächlich aber aus Eigenliebe und Eitelkeit. Man kann ihn entdecken, wenn man bewußter wird, und durch seine Entdeckung entsteht wiederum größere Bewußtheit.«[10]

Gurdjieff, ein spiritueller Lehrer mit enormer persönlicher Anziehungskraft, lebte und lehrte zu einer Zeit, als Freuds Ideen vom Unbewußten noch kaum bekannt waren. Gurdjieff erklärte, er habe das Enneagramm aus Sufi-Quellen, und führte das Diagramm mit dem neunzackigen Stern ein, einschließlich des Bewegungsmusters, das die einzelnen Punkte auf spezifische Art und Weise miteinander verbindet. Das Enneagramm-Diagramm, wie es heutzutage benutzt wird, wurde zum Kennzeichen seiner Arbeit.[11]

Richard Rohr, amerikanischer Franziskaner und Autor des Buches *Das Enneagramm. Die 9 Gesichter der Seele*, stellt fest, daß das Gegenüberstellen der Leidenschaften, »Sünden«, und ihrer positiven Alternativen in der Geschichte der christlichen Spiritualität im Vordergrund stand: »*Geoffrey Chaucer* (ca. 1340–1400), der größte englische Dichter vor *Shakespeare*, bietet in der »Erzählung des Pfarrers« aus seinen *Canterbury Tales* eine besonders interessante Liste an: Er geht davon aus, daß es als Gegenmittel gegen jede Hauptsünde zumindest eine spezifische Tugend gibt. Damit befinden wir uns in großer Nähe zum Enneagramm, zumal die jeweiligen Entsprechungspaare bei Chaucer und im Enneagramm nahezu identisch sind.«[12]

Weiter lesen wir bei Rohr, daß es nach Chaucer für jede Sünde ein Heilmittel bzw. eine heilsame Tugend gebe. Demut hilft gegen Stolz, wahre Gottesliebe gegen Neid, das Heilmittel für den Zorn heißt Geduld, Faulheit (Trägheit) wird durch Tapferkeit überwunden, Habgier durch Barmherzigkeit, Völlerei (Unmäßigkeit) durch Nüchternheit und Mäßigung und Buhlerei (Lust) durch Keuschheit.

Die Vorstellung von den Leidenschaften als potentiellen Mitteln zur spirituellen Befreiung findet sich auch bei dem christlichen Dichter Dante (1265 –1321); er beschreibt die sieben Bereiche des Fegefeuers praktisch in derselben Sprache, wie sie heutzutage in Arbeiten zum Enneagramm benutzt wird. Das Fegefeuer ist der Warteraum zwischen irdischem Leben und Himmelreich. Hier werden die Sünden in Vorbereitung auf die Glückseligkeit bzw. das ewige Leben gesühnt.

	Dante		Oscar Ichazo	
Typ	Göttliche Komödie, Fegefeuer		Arica-Training, 1970	
Eins	Zorn	– Sanftmut	Zorn	– heitere Ge- – lassenheit
Zwei	Stolz	– Demut	Stolz	– Demut
Drei			Täuschung	– Wahrhaftigkeit
Vier	Neid	– Nächsten-liebe	Neid	– Gleichmut
Fünf	Habgier	– Armut	Habgier	– Loslösung
Sechs			Furcht	– Mut
Sieben	Unersättlichkeit	– Abstinenz	Unersättlichkeit	– Nüchternheit
Acht	Wollust	– Keuschheit	Exzeß	– Unschuld
Neun	Trägheit	– Eifer	Faulheit	– Handeln

Dantes Darstellung der Leidenschaften und ihrer höheren Gegenstücke im *Fegefeuer* seiner *Göttlichen Komödie*[13] steht neben der Arbeit von Oscar Ichazo, einem produktiven chilenischen Enneagramm-Lehrer unserer Zeit. Ichazo stellte seine Version der traditionellen Leidenschaften erstmalig 1970 auf einem psycho-spirituellen Training im chilenischen Arica vor. In einer glänzenden Synthese traditioneller Ideen übertrug er die Todsünden des Christentums auf Gurdjieffs neunzackigen Stern. Dante beschrieb Täuschung und Furcht ebenfalls als Bewußtseinszustände, und Ichazo plazierte sie auch auf Gurdjieffs Diagramm, so daß insgesamt neun Punkte zusammenkamen.[14]

Täuschung und Furcht stehen an den sogenannten Ankerpunkten des inneren Enneagramm-Dreiecks.[15] Drei und Sechs unterstreichen die allgemeinen Tendenzen, die allen Menschentypen gemeinsam sind. Der spirituellen Tradition zufolge ist die erworbene Persönlichkeit ein System des falschen Selbst, das sich in der Kindheit entwickelt und schließlich unsere »wirkliche« bzw. spirituelle Natur überschattet hat. Täuschung bedeutet, daß wir uns mit dem Inhalt unserer Gedan-

ken und Gefühle identifizieren. Identifikation ist ein psychologischer Mechanismus, der zur Herausbildung der Persönlichkeit notwendig ist. Wir alle identifizieren uns mit den charakteristischen Eigenarten unseres Typs, aber durch die Identifikation werden wir getäuscht bzw. überzeugt, daß unsere Persönlichkeit unsere Natur sei.
Menschen, die feststellen, daß die Identifikation mit Rolle und Image der Hauptzug ihrer Psyche ist, plazieren sich auf Punkt Drei des Diagramms. Ihre Lebensgeschichten betonen das Dilemma das Versuchs, durch ständiges Rollenspiel Beifall und Liebe zu gewinnen. Ihre Selbstbeobachtungen erinnern uns daran, daß wir alle die charakteristischen Eigenheiten unseres Typs an die Stelle unserer wahren bzw. spirituellen Natur gesetzt haben.

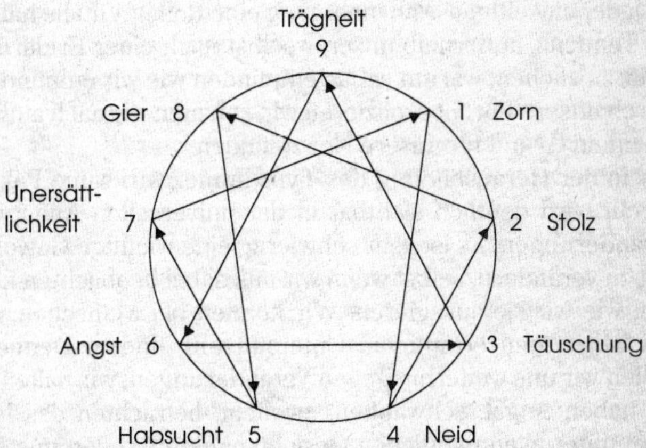

Abb.: Die Leidenschaften und Pfeile
Die Pfeile wurden Ichazos Plazierung der traditionellen Leidenschaften auf Gurdjieffs neunzackigem Stern hinzugefügt. Entnommen aus: Transpersonal Psychologies, Hrsg. Charles T. Tart. New York: Harper & Row, 1975, Nachdruck El Cerrito, CA: Psychological Processes, 1983.

Furcht ist die zweite »generelle« Eigenschaft, die in die Herausbildung des Typs hineinwirkt. Die spirituelle Tradition erinnert uns daran, daß Kinder mit physischem Vertrauen und Glauben an die Güte der Menschen geboren werden. Wir alle wurden ängstlich und vorsichtig, als Leid und Schmerz in jene ursprüngliche Sicherheit eindrangen. Menschen, die sich mit Ängstlichkeit als dem Hauptzug ihres inneren Lebens identifizieren, siedeln sich auf Punkt Sechs des Diagramms an. Ihre Selbstbeobachtungen erinnern uns an die Furcht, die generell der Herausbildung eines Persönlichkeitstyps zugrunde liegt. Sechser sagen, daß die Angst erst in ihnen selbst entsteht und dann nach außen projiziert wird. Sie tasten ihre Umgebung ab, um eine Erklärung für ihr Gefühl des Bedrohtseins zu finden.

Projektion ist der wichtigste psychische Abwehrmechanismus für die Sechs (paranoider Stil). Darüber hinaus spielt sie bei jeder einseitigen Wahrnehmung eine Rolle. Wir alle haben die Tendenz, außerhalb unserer selbst nach einer Erklärung dafür zu suchen, warum wir so empfinden wie wir empfinden. Durch unsere Furcht projizieren wir, schauen wir nach außen, um einen Grund für unsere Not zu finden.

Der in der Herausbildung des Typs immer wirksame Faktor Furcht wird deutlich sichtbar in der universellen Angst vor Veränderungen. Es ist sehr schwierig, eine wichtige Gewohnheit zu verändern, selbst wenn wir uns dabei beobachten können, wie wir sie ausagieren. Wir können bei Menschen, die uns lieben und ermutigen, Unterstützung finden. Dennoch stellen wir uns weiterhin gegen Veränderungen; wir halten inne, haben Angst, schwanken, zweifeln, betrachten das Problem unter allen möglichen Gesichtspunkten, reden uns ein, das Problem sei trivial. Vor allem vergessen wir. Veränderung bedroht unsere Persönlichkeit. Wir haben Angst, unsere Identität zu ändern. Wenn wir wehrlos sind, fühlen wir uns wieder verwundbar wie Kinder.

Obwohl die Leidenschaften in der Tradition mit dem negativen Begriff als »Laster« bezeichnet wurden, sind sie eine primäre Energiequelle für spirituelle Befreiung. Sie sind das Rohmaterial, der Kompost, die Eigenschaften der menschlichen Natur, die umgewandelt werden können in Aspekte des Göttlichen. Hier ist auch zu beachten, daß das Enneagramm nur diejenigen neun Facetten höheren Seins nennt, die durch die Umwandlung negativer emotionaler Energien erfahren werden können. Freude beispielsweise erscheint nicht als höherer Aspekt eines Typs; auch Leere bzw. Glückseligkeit werden nicht erwähnt. Das Modell konzentriert sich auf die Leidenschaften als Mittel, um gewöhnliches Bewußtsein in höheres zu verwandeln, und es befaßt sich nur mit den spezifischen Facetten des Seins, die durch Umwandlung negativer emotionaler Energie entstehen.

Das Fließmuster der Pfeile

Ein Großteil der Kraft des Diagramms liegt in seiner Form. Aus dem System ineinandergreifender Linien können Voraussagen über Veränderungen der Persönlichkeit in Zeiten persönlicher Sicherheit wie auch in Zeiten von Risiko oder Streß gemacht werden. Eine sichere Situation, wie beispielsweise eine gute Stellung oder eine verheißungsvolle Beziehung, veranlaßt uns, unsere Abwehrmechanismen zu lockern. Risiko mobilisiert uns zum Handeln. Dem Fließmuster der Pfeile folgend, bewegt man sich in Risikosituationen wahrscheinlich in Pfeilrichtung und nimmt charakteristische Eigenheiten des davorliegenden Typs an. Ist man in Sicherheit, bewegt man sich gegen die Pfeilrichtung in Verhaltensmuster des nachfolgenden Typs hinein.

Die inneren Wahrnehmungszentren

Gurdjieff arbeitete seine Vorstellung von den Leidenschaften (»Hauptmerkmalen«) in ein Modell ein, das aus der spirituellen Tradition stammt. Sein Modell beschreibt den Menschen als Wesen mit drei Gehirnen. Die drei Gehirne beziehen sich auf drei Arten von »Intelligenz«: auf mentale, emotionale und physische Intelligenz. So betrachtet, hängt die unfaßbar riesige Zahl von Ausdrucksweisen der Menschen von nur drei Arten des Gewahrseins ab. Es gibt genau drei Eingabekanäle, aus denen die absolut einmalige Ausdrucksweise eines individuellen Lebens gespeist wird, jedoch unzählige Möglichkeiten, den Zustrom von Gedanken, Gefühlen und Sinneseindrücken auszuagieren.

Leidenschaft ist emotional. Sie agiert in Verbindung mit Gedanken und körperlichen Empfindungen. Um über die Persönlichkeit hinauszugelangen, werden Gedanken und Gefühle zum Schweigen gebracht, und das Gewahrsein wird in ein höheres mentales und emotionales Zentrum verlagert. Bei erfolgreicher Aktivierung vermitteln die inneren bzw. »höheren« Zentren Eindrücke aus einem Bereich, der objektive Realität bzw. Essenz genannt wird. Objektive Wahrnehmungen werden nicht durch die Voreingenommenheit des Typs verzerrt. Es sind keine Projektionen; es sind Einblicke in die Wirklichkeit. Die aktivierten inneren Zentren sind empfänglich für Gnade, für Eindrücke, die uns aus dem Reich der Essenz, des Wesenskerns aller Menschen vermittelt werden.

Diese Betrachtungsweise ist völlig vereinbar mit Meditationspraktiken, die uns empfehlen, Gedanken und Emotionen zu beruhigen, damit höhere Aspekte des Seins hervortreten können. Beim eingehenderen Studium des Enneagramms handelt es sich um das »Beiseitelassen der erworbenen Persönlichkeit« durch Stillwerden des Gemüts und Erwecken des inneren Beobachters. Wenn die alltäglichen Gedanken und Emotionen still genug sind, sind die höheren mentalen Zentren (Vision und Wissen) sowie die höheren emotionalen Zentren (Fühlen und Wissen) für Gnade empfänglich.

Gnade wirkt auf die Natur. Der Ansatz des Enneagramms bereitet die Natur des Menschen darauf vor, die Gnade höherer Mächte auf eine Weise zu empfangen, die mit anderen spirituellen Traditionen übereinstimmt.

Wenn die drei physischen Energien ins Gleichgewicht gebracht und durch Meditationspraxis »gesammelt« sind, erzeugen sie ein intelligentes Gewahrsein, das sich im unteren Bauchraum befindet.[16] Das Bauchzentrum wird in den verschiedenen Traditionen Hara (Zen-Buddhismus), Kath (Sufismus) und Tan Tien (Taoismus) genannt. Jede mystische Tra-

Gurdjieffs drei »Gehirne« bzw. Intelligenzzentren

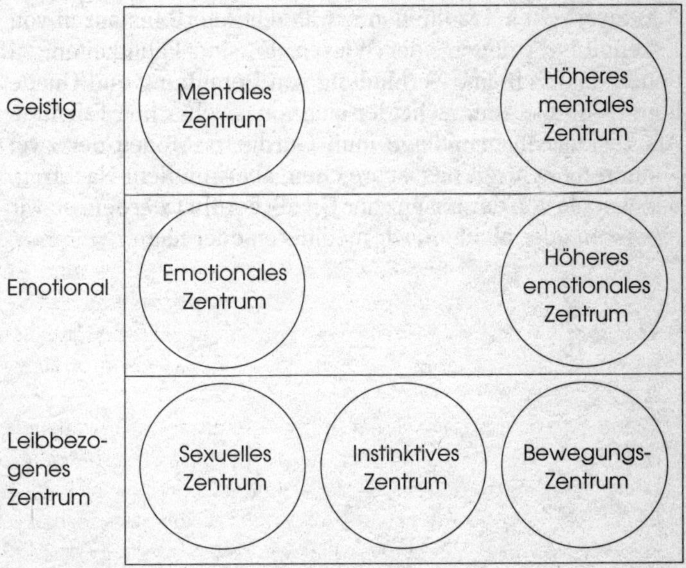

Entnommen aus: Michael Waldberg, Gurdjieff, An Approach to His Ideas. London: Routledge & Kegan Paul, 1973, S. 112.

dition hat ihre eigene, auf ihrer Kultur beruhende korrekte Beschreibung des mentalen, emotionalen und leibbezogenen Zentrums. Das Bauchzentrum können Sie physisch dort in Ihrem Unterleib spüren, wo Ihre Aufmerksamkeit und Ihr Atem zusammentreffen. Dieses Zentrum hat seine eigene Bandbreite von Möglichkeiten, die objektive Realität der Essenz wahrzunehmen.

Wenn die drei Energien stärker gefestigt sind, steigen sie als eine Kraft auf, um das höhere mentale und das höhere emotionale Zentrum zu aktivieren.[17] Ein gefestigtes Bauchzentrum ist die Kraftquelle, ist die Stelle am Körper, an der die Energie, die gewöhnlich die Persönlichkeit nährt, zur Versorgung der höheren Wahrnehmungszentren umgewandelt wird.

Das Wort höher kann irritieren, denn es impliziert »für die wenigen Auserwählten«. Dafür möchte ich mich entschuldigen. Alle mystischen Traditionen erwähnen innere Instanzen von Erkenntnisvermögen oder Wissen. Es sind Fähigkeiten, zu denen es durch eine Verbindung von Bemühung und Gnade kommt, und sie unterscheiden sich von psychischen Talenten. Als Diskussionsgrundlage muß Gurdjieffs Modell der zwei »höheren« Zentren hier ausreichen, aber mit dem Nachtrag, daß wir alle von der Essenz der Gnade berührt werden, ob wir es wissen oder nicht, ob wir meditieren oder nicht.

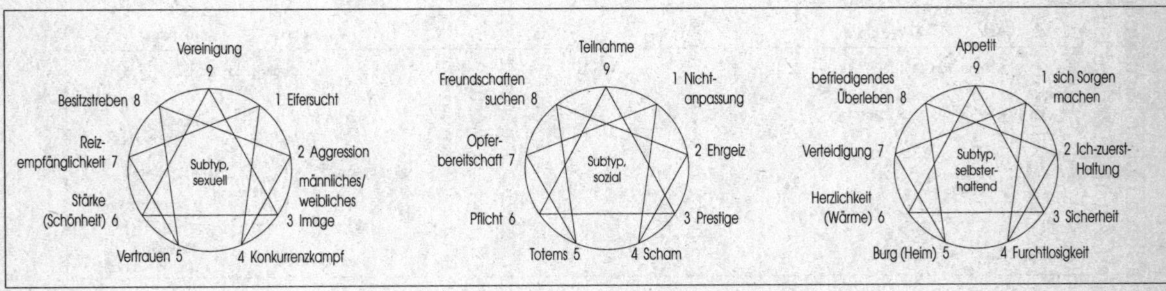

Abb.: Hauptthemen der Subtypen

In Anlehnung an: Transpersonal Psychologies, Hrsg. Charles T. Tart. New York: Harper & Row, 1975; Nachdruck El Cerrito, CA: Psychological Processes, 1983

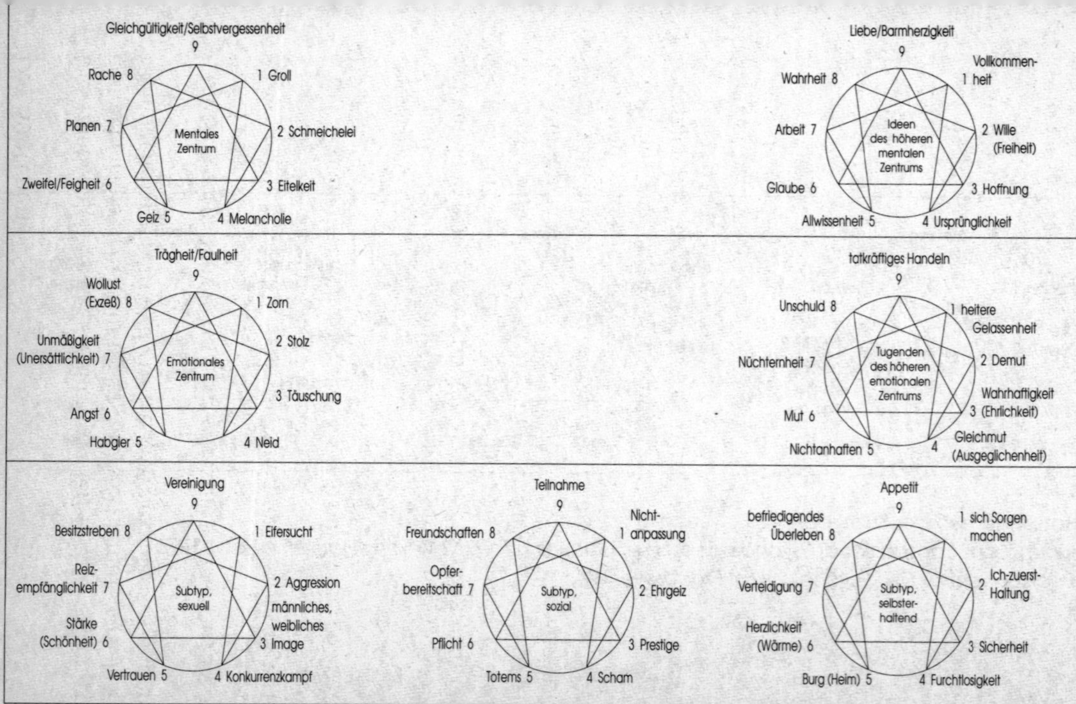

Abb.: Die Leidenschaften und die Dynamik der Typen

In Anlehnung an: Transpersonal Psychologies, Hrsg. Charles T. Tart. New York: Harper & Row, 1975; Nachdruck El Cerrito, CA: Psychological Processes, 1983

Die Subtypen

Die emotionalen Leidenschaften werden in drei verschiedenen Lebensbereichen ausagiert: Selbsterhaltung, soziale Beziehungen (Gruppen) und Zweier- bzw. Sexualbeziehungen.

- Die Selbsterhaltung betrifft alles, was die Menschen tun, um am Leben zu bleiben.
- Der soziale Bereich umfaßt Beziehungen sowohl zu Gruppen als auch zu einzelnen Menschen.
- Der sexuelle Bereich konzentriert sich auf Zweierbeziehungen.

Genauso wie die neun Leidenschaften wirken die als »Enneagramm-Subtypen« bezeichneten Verhaltensweisen als verstecktes Zentrum des Persönlichkeitstyps. Wenn er erst einmal durch Selbstbeobachtung entdeckt worden ist, zeigt sich der Aufmerksamkeitsstil des Subtyps als eine Verhaltensweise, die vom Instinikt motiviert ist (zur Selbsterhaltung, für soziale und sexuelle Beziehungen), und die von der Leidenschaft des jeweiligen Typs beherrscht wird. Die Subtypen benennen eine mentale Voreingenommenheit, in der sich die Energien des Körpers (Instinkte) und die emotionalen Energien der Leidenschaften verbinden. Da der Aufmerksamkeitsfokus der Subtypen zu den normalen Verhaltensweisen gehört, bin ich zu der Ansicht gelangt, daß die Subtypen die entscheidenden Dreh- und Angelpunkte bei der Umwandlung der neun Leidenschaften in ihre höheren Gegenstücke sind.
Das Diagramm zeigt, wie die Leidenschaften der spirituellen Tradition auf Gurdjieffs Grundmodell von den drei »Gehirnen« übertragen werden können. Die von Oscar Ichazo erstellten Diagramme enthalten das traditionelle christliche höhere Gegenstück für jede einzelne Leidenschaft. Ichazo hat auch eine mentale Voreingenommenheit für jeden Typ mit eingearbeitet und deren umgewandeltes höheres Gegenstück benannt. Er gab dem heute benutzten Enneagramm-Modell für

die menschliche Entwicklung seine bisher endgültige Form, indem er jeder von Gurdjieffs drei Lebensenergien bzw. Instinkten einen speziellen Bereich des praktischen Lebens zuwies und sie als Bereiche der Selbsterhaltung, der sexuellen Beziehungen und der sozialen Beziehungen bezeichnete.[18]

II.
Die neun Persönlichkeitstypen in Liebe und Arbeit

1. Eins: der Perfektionist

	Tendenz der erworbenen Persönlichkeit	Aspekte der Essenz
geistig	Groll	Vollkommenheit
emotional	Zorn	heitere Gelassenheit

	Subtyp-Verhalten	
	sexuell (Zweierbeziehung):	Eifersucht
	sozial (Gruppe):	Nichtanpassung
	selbsterhaltend:	sich Sorgen machen

Der Blickwinkel der Eins

Weltsicht
Die Welt ist ein unvollkommener Ort. Ich arbeite auf Vollkommenheit hin.

Spiritueller Weg
Das vorrangige Beschäftigtsein mit Fehlern deutet auf eine Suche nach *Vollkommenheit* hin. Aus spiritueller Sicht empfand die Eins als Kind *Zorn*, weil sie aus der vollkommenen Umgebung der Essenz herausgerissen wurde. Der Zorn konzentriert sich auf die Verletzung von Maßstäben; die Verpflichtung zur Vollkommenheit steht auf dem Spiel. Zorn stört die *heitere Gelassenheit*, die das Getragensein von einem perfekt ausbalancierten Strom von Geschehnissen mit sich brachte. Groll entwickelt sich beim Erkennen des Unterschiedes zwischen dem Leben, wie es ist, und der Möglichkeit eines viel besseren Lebens. Die Strategie des Perfektionisten ist der Versuch eines Kindes, ein perfektes äußeres Leben zu konstruieren, sowohl um mit einer kritisierenden Welt zurechtzukommen, als auch um seinen verwundbaren Sinn für Vollkommenheit zu schützen.

Das Streben nach Vollkommenheit und einem ruhigen und friedvollen Gefühlsleben ist spiritueller und psychischer Katalysator zugleich. Die perfektionistische Persönlichkeit ahmt die Vollkommenheit höheren Seins nach.

Akzente

- Arbeitet auf Vollkommenheit hin. Vermeidet Fehler und Schlechtes.
- Selbstverleugnung verursacht Zorn. Unbefriedigte Bedürfnisse schaffen Groll.
- Findet ein Ventil für den Zorn durch Korrigieren von Fehlern und Engagement für soziale Fragen.
- Agiert den Zorn in den drei Zentralbereichen wie folgt aus:
  - durch *Eifersucht* in sexuellen bzw. Zweierbeziehungen,
  - durch *Nichtanpassung*, in dem er in der Gesellschaft/Gruppe dogmatische, unflexible Meinungen vertritt,
  - durch *Sich-Sorgen-machen* im Bereich der Selbsterhaltung. »Bin ich gut genug, um es zu schaffen?«
- Achtet auf makellose Ethik als Kennzeichen eines vorbildhaften Charakters.
- Ist gewissenhaft. Kontrolliert sein Handeln.
- Richtiges Denken. Moralisierende Gedanken blockieren echte Gefühle. »Sollte«, »muß«, »hätte zu«.
- Richtiges Handeln. Bewundert die praktischen Tugenden: Arbeitsamkeit, Sparsamkeit, Ehrlichkeit und Sich-Bemühen.
- Es richtig machen. Hat einen strengen Kritiker im Kopf, der über das eigene Handeln richtet. Unnachsichtiges Über-Ich.
- Hat ein schlechtes Gewissen, wenn er den hohen inneren Maßstäben nicht gerecht wird.
- Arbeitet hingebungsvoll. Das Arbeiten kann Vergnügen blockieren und Gefühle wie Zorn überdecken.
- Hat Schwierigkeiten, Zornsignale zu deuten. »Ich bin heute energiegeladen und nicht wütend.«
- Selbstkritik wird zur Selbstverteidigung nach außen gewendet: Kritik an anderen.

- Tut sich schwer mit Entscheidungen. Hat Angst, Fehler zu machen.
- Dieser Aufmerksamkeitsstil fördert ethisch verantwortetes Verhalten, führt auch
  - zur Vorstellung, es gäbe nur einen einzigen »richtigen« Weg; richtig oder falsch, schwarz oder weiß; ohne Zwischentöne;
  - zu ausgezeichneter Kritikfähigkeit; die Eins ist ein effektiver Organisator und Analytiker;
  - zu einem Führungsstil, bei dem die Eins mit gutem Beispiel vorangeht. Strategien werden moralisch verantwortet und hohe Wertmaßstäbe aufrechterhalten.

Erworbene Persönlichkeit

Wir alle sind vertraut mit der Denkweise und dem Grundgefühl der Eins, weil wir sie uns zu eigen machen, wenn unsere Werte in Frage gestellt werden. Wenn es um die Integrität geht, suchen wir wie die Einser sorgsam nach der richtigen Einstellung. Sind wir erst einmal davon überzeugt, recht zu haben, fühlen wir uns unbesiegbar. Wir dienen einer Sache. Fehler scheinen weniger wichtig zu sein als die Lauterkeit der Absicht. Wir sind plötzlich freundlich zu uns selbst, weil wir den Wert unserer Anstrengungen sehen. Es ist eine Ehre, sich einer guten Sache zur Verfügung zu stellen.

Ein Leben im Dienste der Vollkommenheit erfordert heroische Anstrengungen. Man muß doch merken, wenn Maßstäbe an Wert verlieren und sich sonst keiner deswegen schuldig fühlt. Wie können die anderen das nur übersehen? Schämen die sich denn gar nicht? Spannung baut sich auf. Da muß doch etwas geschehen. Sie sehen auf einmal, wie alles in Unordnung gerät, die anderen nichts bemerken, nur Sie selbst werden zur Verantwortung gezogen. Das Gewissen spielt verrückt, wenn Fehler ignoriert werden. »Ich hab's gesehen. Ich wußte es. Ich bin schuld.« Sie können das nicht so stehenlassen. Sie sehen sich gezwungen, die Sache wieder in Ordnung zu bringen. Sie erkennen die aufkommenden Zornsignale nicht. Die Spannung ist Ihrer Meinung nach durchaus angebracht. Sie bedeutet, daß man sich ernstlich bemüht. Sie nehmen sich zusammen und strengen sich noch mehr an.

Wenn sich diese Konzentration auf Fehlerhaftes verselbständigt, hört die Selbstbeobachtung auf. Alles, was Sie wissen, ist nur, daß Sie schrecklich hart arbeiten, daß überall noch viel erledigt werden muß und Sie nicht eher ruhen können, bis alles erledigt ist. Der Aufgabenbereich wird immer größer. Mehr Einzelheiten kommen zum Vorschein. Es ist spät. Die Situation ist außer Kontrolle. Sie machen sich Vorwürfe, weil Sie müde und hilflos werden. Es ist zum Verrücktwerden, daß es den anderen egal ist. Sie merken gar nicht, wie wütend Sie sind, bis Sie die Schärfe in Ihrer Stimme hören und spüren, was Sie für eine furchtbare Wut im Bauch haben.

Der Zorn führt zur Tat. Da muß doch einfach mal der Blitz einschlagen! Sie wissen genau, was nicht in Ordnung ist, weil es Sie rasend macht. Etwas Perfektes ist ruiniert worden. Da können Sie nicht ruhig bleiben. Sie sind zu wütend, um noch lange zu überlegen, ob Sie nicht vielleicht übertrieben reagieren. Die Aufmerksamkeit ist völlig eingenommen von der einzig richtigen Weise, den Fehler zu beheben, und Zorn nährt Ihre Überzeugung.

Einser wachsen, wenn sie wissen, was sie wollen, statt zu wissen, was richtig wäre. Sie wachsen, wenn sie sich entspannen und Freude hereinlassen. Man hat dann eine Wahl, wenn man die natürlichen Zeichen des Zornes erkennen und sich selbst dabei beobachten kann, wie man sich auf einen Fehler zu konzentrieren beginnt. Einsern kann in Beziehungen durch Partner geholfen werden, die Meinungsverschiedenheiten akzeptieren, die das Fixiertsein auf einen richtigen Weg zur Perfektion abschwächen und die offen für Vergnügen sind.

Subtyp-Verhalten

Der Zorn wird in Zweierbeziehungen, Gruppen und im Bereich der Selbsterhaltung ausagiert.

Eifersucht in sexuellen bzw. Zweierbeziehungen

Sexuelle Eifersucht wird auf zornige, besitzergreifende Weise ausagiert. Einser sagen, daß sie eine glühende Wut im Bauch haben, wenn eine Beziehung bedroht ist. Eine Gefährdung von erlaubtem Vergnügen macht sie verrückt. »Wie kannst du es wagen, zu nehmen, was mir von Rechts wegen gehört?« Einsern fällt es derart schwer zu erkennen, was sie wollen, und sich Vergnügen zu gönnen, daß ihnen jede Bedrohung von Genuß wie der Verlust eines Rettungsankers vorkommt. Sie haben sich das Recht erworben, geliebt zu werden. Sie verdienen sexuelle Lust. Es macht einen wütend, mit einem Nebenbuhler verglichen zu werden. Man möchte wieder im Recht sein. Wäre ich perfekt gewesen, gäbe es jetzt keinen Konkurrenzkampf.
Das ist erlaubter Zorn, der auf dem Fehlverhalten von Kollegen oder dem Partner beruht. Die Eifersucht wird schnell zwanghaft. Ihr Verstand ist blockiert. Sie können an nichts anderes denken. »Das muß aufhören.« Sie spüren einen inneren Druck, die Spannung abzubauen, ein dringendes Bedürfnis, etwas zu unternehmen. Sie müssen überprüfen, müssen nachsehen, müssen genau wissen, wer was zu wem gesagt hat. Sie wollen Namen und Daten. Sie wollen Konfrontation. Der Rivale soll verschwinden.
Es geht zwar um Treue, aber die Eifersucht geht weit über eine sexuelle Übereinkunft hinaus. Man kann auf Leute eifersüchtig sein, die befördert werden, deren Gedanken ernst genommen werden, die am Arbeitsplatz beliebt sind. Sie haben das Bedürfnis, zu spüren, daß Sie im Recht sind. Daran arbeiten Sie hart, und Sie ertragen es nicht, wenn Sie nicht geschätzt werden. Zu sagen: »Ich verdiene Anerkennung« oder »Sie hätten mich beachten sollen« kommt Ihnen ungefährli-

cher vor als »Ich will« oder »Ich benötige«. Es ist für Sie unvorstellbar, offen nach etwas die Hand auszustrecken und zu nehmen, was Sie begehren; aber in Fällen von Fehlverhalten tritt ein »Das geht nicht« an die Stelle des verbotenen »Ich will haben«.

Nichtanpassung im sozialen Bereich

Zorn wird durch den Einsatz für eine gute Sache und soziale Ideale abreagiert. Religiöser Eifer und politische Überzeugungen sind Hauptventile für Wut. Einser stehen sich bei Demonstrationen an den Barrikaden gegenüber, wobei jeder von ihnen seine Seite im Recht glaubt. Ihre Stellung in der Gruppe wird durch kompromißlose Meinungen bestimmt. Sie suchen sich oft Freunde, die ihre Überzeugungen teilen. Soziale Rigidität beseitigt Zwischentöne, Bedeutungsnuancen und Hintertürchen, durch die sich Irrtümer einschleichen könnten. Man hat die richtige ideologische Basis gefunden und sich hinter den Grundsätzen eines perfekten Ideals verschanzt: Jetzt bin ich sicher. Hat man erst einmal eine Position bezogen, kann es auffallend schwierig sein, neue Informationen aufzunehmen. Entscheidungen sollten entweder richtig oder falsch sein. Ein Fehler macht eine ganze Entscheidung zunichte. Nun muß man alles noch einmal Stück für Stück durchgehen. Ohne Gewißheit kann man nicht handeln. Bei extremer Starrheit verschließt sich der Geist vor Alternativen. Man kann keine neuen Informationen aufnehmen, weil dies die Grundlagen eines ganzen Glaubenssystems ins Wanken bringen könnte.

Die nichtangepaßte bzw. starre Haltung zeigt sich ganz besonders in ideologischen Auseinandersetzungen. Der Rechtsradikale schimpft über Homosexuelle im Schwulenviertel. Der Linksradikale verkauft aussagekräftige Aufkleber und macht Käufern ein schlechtes Gewissen, wenn sie ihm nicht von jeder Sorte einen abkaufen.

Sich Sorgen machen im Bereich der Selbsterhaltung

Der Konflikt zwischen dem, was Sie tun möchten, und dem, was zu tun richtig wäre, schafft Überlebensängste. Sie wollen eine aufregende Karriere, schrecken jedoch vor dem Risiko zurück. Alle unbekannten Faktoren kommen Ihnen in den Sinn. Dieses Risiko des Irrtums. Es scheint eine Entweder-oder-Entscheidung zu sein. Entweder Sie schlagen eine sichere Laufbahn ein, oder Sie nehmen sich die Zeit, herauszufinden, was Sie wollen. Sie quälen sich mit der Frage, ob sie der Sicherheit zuliebe faule Kompromisse eingehen. Sie haben schreckliche Angst vor einem verhängnisvollen Fehler. Entscheidungen in der Arbeit bekommen monumentale Bedeutung, weil sie die innere Spannung zwischen Wollen und Sollen auslösen. Bedürfnisse werden unterdrückt. Sie wissen nicht, was Sie wollen, ärgern sich aber unbewußt darüber, daß Sie sich verkaufen müssen, um sich wirtschaftlich abzusichern.

Einser können mit dem, was sie haben, und dem, was sie erwerben, knauserig sein. Sie glauben, die anderen wollten nicht teilen. Das isoliert sie. Liebe und Unterstützung werden also anscheinend nicht freiwillig gegeben. Sie müssen durch Wohlverhalten verdient werden. Um zu überleben, muß man festhalten, was man hat. »Deins ist deins und meins ist meins.« Jeder geht allein durchs Leben. Man kümmert sich um sich selbst und quält sich mit dem Gedanken, noch jemand anderes unterstützen zu müssen. Sorgen und Wut gehen Hand in Hand. Unterdrückte Bedürfnisse brechen auf und werden grollend gegen Leute gerichtet, die sich keine Sorgen um ihren Lebensunterhalt zu machen brauchen. »Warum muß ich da durch?« »Warum braucht ihr nicht zu kämpfen?« »Das Leben ist nicht fair.«

Sie werden vom Entweder-oder-Denken erfaßt. Sie können entweder sicher oder zufrieden sein. Sie wägen beide Seiten der Entscheidung ab. Zaudern setzt ein. Ein ganzer Zyklus sorgenvoller Überlegungen beginnt. Eine falsche Entscheidung könnte zu einer Katastrophe führen. »Was ist, wenn ich den falschen Beruf ergreife? Was ist, wenn ich ihn vielleicht nicht richtig ausüben kann? Was ist, wenn sich die Lage auf dem Arbeitsmarkt verschlechtert?« Es ist nicht fair, daß schwere Arbeit und Opfer den Erfolg nicht garantieren. Sie können sich nicht entscheiden, weil die Möglichkeit zu einem großen Wurf besteht, Sie aber schreckliche Angst um Ihr Überleben haben. Ein Sklave der Umstände.

Hauptthemen

Gerechter Zorn

Man kann erkennen, daß sich Zorn aufbaut, wenn Einser körperlich erstarren und superhöflich werden. Wenn der Zorn ausbricht, werden gute Gründe mitgeliefert. Einser müssen ihren Zorn rechtfertigen. Sie sagen auch, daß Zorn aufsteigt, wenn sie sich an all ihren bisherigen Kummer erinnern. Die Fehler der Vergangenheit kommen wieder hoch. Vergebung ist für Einser, als täte man so, als sei gar nichts geschehen. Wenn man vergibt und vergißt, könnte ja derselbe Fehler wieder passieren. Es ist deshalb vernünftig, einem Einser zu versichern, daß man sich an den Fehler erinnert. Man sollte ihn noch einmal zugeben und ihn dann in die rechte Perspektive rücken. »Das war doch damals, und heute ist heute. Aber ich erinnere mich daran.«

Die »Mängelliste« bietet auch ein sicheres Ventil. Wenn sich Einser über etwas ärgern, das nicht zum Ausdruck gebracht werden kann, hilft die Erinnerung an alte Irritationen, um den aktuellen Zorn loszuwerden. Das Erkennen von Signalen verbotener Gefühle wie Zorn und sexueller Attraktion kann für Einser eine Lebensaufgabe sein. Die Gefühle sagen: »Ich bin wie eine Flasche, die mit einem Korken verschlossen ist. Dann staut sich alles, und ich werde es nicht los, aber ich bin nicht zornig.« Die Gedanken sagen: »Hier ist zuviel Energie. Ich bin nicht bei der Sache. Ich muß hier weg.« Es hilft, körperliche Empfindungen beim Namen zu nennen. Beginnen Sie mit dem, was auf der Hand liegt. »Bauch angespannt. Zähne zusammengebissen. Geistesabwesend.« Entspannen Sie sich dann und sammeln Sie sich. Diese Empfindungen könnten zusammen Zorn bedeuten.

Kontrolle der Gefühle

Einser durften als Kind keine »schlechten« Emotionen zum Ausdruck bringen. Folglich begleitet sie von frühauf die Angst, außer Kontrolle zu geraten. Unterdrückte Gefühle nehmen eine große Bedeutung an. In den Augen eines Kindes kann Zorn mörderisch werden. Jegliche Welle starker Emotionen wurde als gefährlich empfunden und unterdrückt. Selbstdisziplin und Gefühlskontrolle wurde großer Wert beigelegt.

Gewaltsames Ansichhalten führte dazu, daß emotionale Informationen geopfert werden. Es fällt einem schwer zu erkennen, was man will, und man nimmt nicht den Unterschied wahr zwischen einem unbedeutenden Aufflammen von Ärger und einer ausgewachsenen Wut. Einser stellen oft fest, daß sie sich gegen ihre Gefühle sperren. Einfache Entspannungsübungen helfen da sehr, besonders wenn sie mit Aufmerksamkeitsübungen einhergehen, durch die Gefühle ins Bewußtsein gelangen können.

Zwanghaftes Verhalten (alles richtig machen wollen)

Wünsche und Bedürfnisse kämen sicherlich zum Vorschein, wenn man sich die Zeit nähme, sie zu erkunden und nach ihnen zu fragen. Dehalb füllt man die Zeit aus. Freie Zeit macht angst. Nie ist genug Zeit für alles da. Die Zeit verschwindet in pausenlosem Tätigsein. Ein Unternehmer aus Los Angeles beschreibt die aufsteigende Spannung, die ihn auf seine Verhaltenstendenz aufmerksam macht:

Daß ich unter Streß stehe, merke ich, wenn ich zwanghaft werde. Plötzlich mache ich mir Gedanken über Schraubengrößen und technische Vorschriften, während ich gewöhnlich einfach die Schrauben benutze, die ich gerade im Werkzeugkasten habe. Aber auf einmal muß ich nachprüfen, ob eine scharf angezogene Schraube auch wirklich festsitzt. Ich weiß, es ist alles in Ordnung, aber nein, ich muß zurück und nachsehen, für alle Fälle. Ich komme mir sogar dumm dabei vor, aber ich muß es trotzdem tun, es könnte ja etwas nicht in Ordnung sein. Dann fange ich an, ein zweites Mal die Kontrollvorschriften durchzugehen. Plötzlich wird es sehr wichtig, irgend etwas Unbedeutendes zu überprüfen, und es macht mich ängstlich, wenn ich es nicht tue. Also muß ich hin. Wenn ich alles kontrolliert habe, fühle ich mich wieder gut. Es ist mir eine Erleichterung, wenn ich sehe, daß ich alles richtig gemacht habe.

Wenn sich Einser auf etwas konzentrieren, sind sie nicht zu bremsen. Nur weniges könnte sie von der jeweiligen Aufgabe ablenken. Das Kunststück besteht darin, den Unterschied zwischen einem zwanghaften Arbeiten zum Abblocken von Ängsten und einem Arbeiten aus Freude an der Sache zu erkennen.

Der innere Kritiker

Wir alle haben schon erlebt, daß wir wiederholt innere Selbstgespräche führen, wenn wir etwas Riskantes oder Verbotenes vorhaben. Aber das geschieht nur gelegentlich. Einser beschreiben ihre inneren Gedanken als laut und aufdringlich: »Eine kritische Stimme in meinem Kopf überwacht meine Gedanken und Gefühle.« Es ist, als ob das Über-Ich durchdreht. Der innere Kritiker kann beleidigen und strafen. Einser sagen, daß sie zuweilen aus reiner Selbstverteidigung über andere Menschen richten, um ihren inneren Druck auszugleichen. Man ist erleichtert, zu sehen, daß andere auch Fehler machen, wenn der eigene Verstand sich gegen einen richtet.
Die Tendenz zur Kritik ist als »beurteilender (bzw. vergleichender) Verstand« in der buddhistischen Meditationspraxis bekannt. Der beurteilende Verstand ist besonders heimtückisch, denn er gibt vor, gute Ratschläge zu erteilen. Warum eine

innere Stimme in Frage stellen, die einen drängt, ein besserer Mensch zu sein? Warum Sollen und Müssen in Frage stellen? Der beurteilende Verstand führt auch zu einer Reihe mentaler Vergleiche. Die Gedanken sagen: »Ich wünschte, meine Sarah wäre genauso klug wie seine Susi« oder »Ich wollte, mein Geliebter wäre genauso reizend wie John.« Vergleichen signalisiert Unsicherheit. Dann wird einem schlagartig klar, daß der Geist automatisch Urteile abgibt. Wenn Sie das bemerken, sollten Sie zurückdenken, um herauszufinden, wodurch die Unsicherheit ausgelöst wurde.

Schwarzweißdenken

Wenn Irrtum im Vordergrund steht, nimmt man das Gesamtbild nicht mehr wahr. Einser akzeptieren keinen Schatten in ihren Beziehungen, denn wenn man einen Fehler entdeckt, macht dieser den Wert eines guten Freundes oder die Freude über eine gut getane Arbeit zunichte. Eine Beziehung ist entweder perfekt oder verkehrt. Eine Arbeit ist entweder fehlerlos oder blamabel. Eine kleine Unterlassung kann ein ganzes Projekt in Verruf bringen. Hilfreich ist hier, sich an den Gesamtrahmen und die höheren Ziele zu erinnern, denn der Fehler nimmt eine übertriebene Bedeutung an. Man fühlt sich gezwungen, ihn schnell zu beheben. Ein Fehler von 10 Prozent beschäftigt das Denken zu 100 Prozent.

Der einzig richtige Weg

Das Schwarzweißdenken macht Ja-oder-Nein-Entscheidungen attraktiv. Man möchte die Dinge klar haben, damit es möglichst wenig Grauzonen gibt. Antworten sollten richtig oder falsch sein. Zweideutigkeit signalisiert Stillstand. Man möchte nicht von Möglichkeiten überschwemmt werden. Einser fühlen sich mit vielfachen Optionen nicht wohl. Sie treffen nicht gern schnelle Entscheidungen, besonders dann nicht, wenn die Informationen gegenläufig sind. Ist aber eine Entscheidung getroffen, wollen sie sie nicht wieder aufrollen und die Frage erneut zur Disposition stellen.

Einser können sich selbst helfen, indem sie auf die Logik und die guten Absichten unterschiedlicher Standpunkte achten.

Entscheidungen treffen (und wenn sie nicht richtig sind?)

Der Konflikt zwischen dem, was Sie wollen, und dem, was »richtig« ist, macht Entscheidungen schwer. Eine perfekte Entscheidung wäre wasserdicht. Eine perfekte Arbeit wäre bildend, erfüllend, konstruktiv und finanziell lohnend. Ihr idealer Partner würde von Ihrer Mutter und von allen Freunden gebilligt werden. Das Fixiertsein auf Richtigkeit verstärkt sich noch bei Entscheidungen, die auf Logik basieren. Es ist hilfreich, wenn Sie Ihre Gefühle mit in die Waagschale werfen und zugunsten Ihrer Wünsche und Ihrer Träume entscheiden. Weil es so schwer ist, sich völlig sicher zu sein, werden Einser oft von Fristen gedrängt. Es geht schneller, wenn das erwartete Ergebnis nur »gut genug« zu sein braucht und vernünftige Termine gesetzt werden können. Nicht »das Höchste« oder »das Beste«, sondern »gut genug, um in Gang zu kommen«.

Zögern

Etwas noch einmal durchzuarbeiten, »um sich völlig sicher zu sein«, sieht scheinbar nicht nach Hinauszögern aus. Der Perfektionist ist mental engagiert; währenddessen ist das Handeln ausgesetzt. Einser versuchen, logisch zu sein und bestmögliche Entscheidungen zu treffen. Durch ihr peinlich genaues und langwieriges Vorgehen können sich andere jedoch frustriert und kontrolliert fühlen. Die übliche Reaktion ist Verärgerung. Andere fühlen sich hingehalten, während Dinge, die für sie wichtig sind, sorgfältig zergliedert werden und eine Versammlung nach der anderen einberufen wird.

Einser als Heilige

Einser, die ihrer Meinung nach das Richtige tun, sind nicht besonders selbstkritisch. Sie bekommen keine Depressionen, sie haben kein schlechtes Gewissen, und da sie sich im Recht fühlen, vergleichen sie sich mit anderen und kommen gut dabei weg. In den Enneagramm-Seminaren bezeichnen unsere Schüler sie als Heilige. Es sind Perfektionisten, die sich den inneren Kritiker vom Halse geschafft haben. Viele unserer Heiligen sind durchaus echt. Ihr Gutsein ist nicht vorgetäuscht. Sie arbeiten gut, ihre Projekte haben Bestand, und sie werden von den anderen aufrichtig geliebt.

Andere Einser, die auch glauben, Heilige zu sein, sehen keinen Grund, sich selbst in Frage zu stellen. Durch ihren Lebensstil, ihr Familienleben, ihre Religion oder ihre Karriere fühlen sie sich moralisch überlegen. Den Guten geschieht Gutes, und Schlechtes den Schlechten. Da ihre Lebensweise gut ist, verspüren sie keine Notwendigkeit, sich selbst zu kritisieren oder sich Gedanken um die Ansichten anderer zu machen.

New-Age-Einser

Als ich begann, Enneagramm-Seminare abzuhalten, erlebte ich eine Menge altmodischer Einser. Sie waren ausgesprochen förmlich, und selbst die zwischen Zwanzig und Dreißig schienen einer älteren, vornehmeren Generation anzugehören. Es waren superhöfliche, engagierte junge Leute, die es fertigbrachten, in ihren alten Jeans und Turnschuhen richtig ordentlich auszusehen. Inzwischen sind andere herangewachsen; Einser, die überhaupt nicht repressiv erzogen wurden. Jetzt hören wir von ihnen, daß die Leute an Sex interessiert sein »sollten«, daß man sich entspannen »muß«, daß wir kreativ »zu sein haben«, und es »richtig« sei, Vergnügen auf die Tagesordnung zu setzen.

Einser in der Versenkung

Das Phänomen des Doppellebens ist so alt wie die Natur des Menschen. Es ist eine Form, emotionalen Druck durch das Ausleben verbotener Bedürfnisse abzubauen. Einser in der Versenkung führen ein Doppelleben, und jedes dieser Leben stellt unterschiedliche Aspekte von ihnen zufrieden.

Die Geheimtür entdecken Leute gewöhnlich zwischen zwanzig und dreißig. Sie wird sehr attraktiv, wenn der Anpassungsdruck hoch ist. Wir hören immer noch einige recht bizarre Geschichten aus der Versenkung, obwohl sie in den letzten Jahren weniger geworden sind, was ich für ein Zeichen eines gesellschaftlichen Fortschritts halte. Die folgende Geschichte stammt von einer jungen Büroangestellten aus Boston, die uns schrieb: »Die Regeln der einen Gruppe verbieten immer etwas, was bei einer anderen begrüßt wird. Wenn ein Bereich meines Lebens nichts von dem anderen weiß, gehorche ich beiden.«

Doppelleben mit Geheimtür

Vor einiger Zeit sah ich ein Buch mit wunderschönen Aktaufnahmen. Sie sprachen mich an, denn der Fotograf hatte ganz eindeutig Modelle ausgesucht, deren Körper nicht ganz so perfekt war. Ich wollte immer schon einmal Modell für Aktaufnahmen stehen, hatte jedoch Angst gehabt, nicht perfekt genug zu sein, und es deshalb nie getan. Ich besuchte also den Fotografen und fragte, ob ich für ihn Modell stehen könne. Es gibt mehrere Aufnahmen vom ersten Fototermin, bei dem ich erst schrecklich ängstlich und steif wie ein Brett vor der Kamera stand und dann herumkicherte, kokett wurde und mich dabei sehr wohl fühlte. Nachdem ich den Kritiker in ein paar Gläsern Wein ertränkt hatte, zeigte sich eine ganz neue Seite in mir.

Es ist eine köstliche Genugtuung, meinen Körper zur Schau stellen zu können, ohne daß mein Gesicht zu sehen ist; so als ob ich der Welt die Zunge herausstrecke. Keiner von den Leuten, denen ich mich durch mein Modellstehen innerlich widersetze, bekommt je meine Bilder zu sehen, aber es macht mir Spaß, mir zu beweisen, daß ich nicht das triste, schüchterne Geschöpf bin, zu dem ich erzogen wurde. Die haben versucht, mich zu einer guten, geschlechtslosen Tochter ohne Geheimnisse zu machen, und das haben sie nicht geschafft.

Wenn Einser nicht zu Hause sind

Einser ändern sich radikal, wenn sie von Verantwortung befreit sind. Nun können sie spielen gehen wie ein Kind, das seine Schularbeiten erledigt hat. Ihre Bewegung zum Punkt der Sicherheit ist eindrucksvoller als bei anderen Typen. Die Einser sind die Perfektionisten des Enneagramms, und die Siebener (der Persönlichkeitstyp, dem sie ähneln, wenn sie sich entspannt und sicher fühlen) sind die Epikureer, die Vergnügungssucher des Systems. Ein Einser, der nicht zu Hause ist, spielt gern. Beziehungen florieren in geplanten Ferien in einer Weise, wie sie es im vertrauten Rahmen nie könnten. Zu Hause ist einfach zuviel zu tun. Das bekommt man doch nie in den Griff.

Vergnügen

Paradoxerweise kann Vergnügen Einser ängstlich machen. »Sollen« stört beim Sichwohlfühlen. Verpflichtungen treten an die Stelle von Liebesgeschichten. Freizeit kann Sorgen bereiten. »Die Beziehung wird kaputtgehen.« »Wir werden faul. Die Arbeit wird nicht getan.« Es ist hilfreich, wenn ein Partner für Freizeit sorgt oder einen entspannteren Lebensstil vorlebt. Es ist viel leichter, mitzumachen als voranzugehen. Stellt ein Perfektionist fest, daß Arbeit an die Stelle eines versprochenen Vergnügens getreten ist, dann ist es hilfreich, zurückzudenken und sich daran zu erinnern, was er wollte, bevor das Müssen das Fühlen ausgeblendet hat.

Auf Vergnügen könnte der Zorn Gottes folgen. Ein Blitz könnte einschlagen. »Ich könnte die Kontrolle verlieren. Dann wird die Arbeit ja nie getan.« Der Verstand beginnt mit dem Schicksal zu feilschen. »Ich nehme mir nur eine Stunde frei. Ich habe mir das Recht zum Spielen verdient.« Es ist hilfreich, wenn Sie Ihre Sorgen laut kundtun. Machen Sie eine Realitätsprüfung. Sprechen Sie mit Ihrem Partner. Überprüfen Sie, wieviel Zeit Sie haben, wieviel Geld und welche Terminverpflichtungen. Verringern Sie jedes tatsächliche Risiko, das dem Vergnügen im Wege steht, auf ein Mindestmaß.

Die Dynamik der Veränderungen: Sicherheit und Risiko

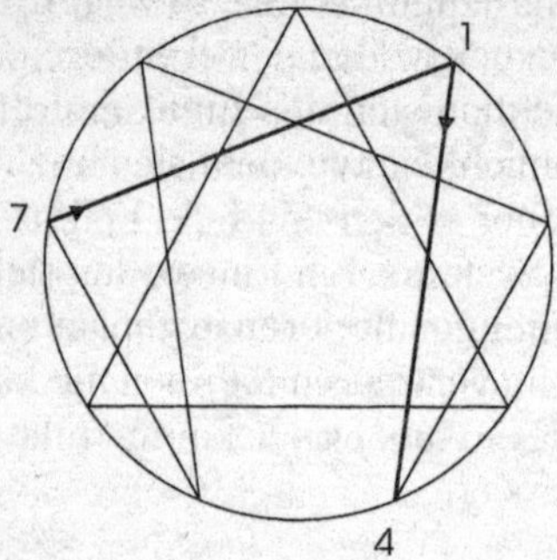

Abb.: Dynamik der Veränderungen für die Eins

Sicherheit

In einer sicheren Lebenssituation spüren die Einser ihre Hauptthemen nicht so intensiv. Das beurteilende Denken läßt nach, sie kommen eher zur Ruhe, und es fällt ihnen leichter, die Arbeit zu unterbrechen und Spaß zu haben. Die vielfachen Möglichkeiten wirken nicht mehr so bedrohlich. »Laß uns etwas anderes machen. Laß uns etwas Neues versuchen.« Die Veränderung zur Sieben geht ganz natürlich mit einem Tapetenwechsel einher. Einser sind dafür berühmt, im Urlaub ganz anders zu sein. Fern von zu Hause werden sie nicht mehr durch gewohnte Verpflichtungen beansprucht. Ein mehr auf Spiel und Entspannung gerichteter Daseinsaspekt kommt zum Vorschein und zeigt viele der charakteristischen Eigenarten, die der Sieben zugeschrieben werden. Eine Eins in Sicherheit »verwandelt« sich nicht etwa in eine Sieben oder »wird« unter Streß eine Vier; die Hauptinteressen des Sicherheits- und Streßpunktes werden lediglich vom Standpunkt der Eins ausagiert. Wenn beispielsweise die Faszination der Sieben für das Erkunden vielfacher Möglichkeiten vom Standpunkt der Eins ausagiert wird, geht es mehr darum, das Gute in den verschiedenen Aspekten zu sehen, als daß die Eins sich in Plänen und Träumen verlöre.

Positiv – so wird berichtet – ist am Sicherheitspunkt, daß man einem Ich begegnet, das kein schlechtes Gewissen hat. Man weiß leichter, was man will, und tut es einfach. Entscheidungen werden leicht getroffen und beruhen eher auf einem Wünschen als auf einem Sollen. Das Leben ist einfach viel, viel leichter. Auf der Negativseite hören wir über die Siebener-Perspektive, daß man auf einmal alles will und sehr wütend darüber wird, daß man sich jahrelang so vieles vorenthalten hat. Eine Art rebellischer Gegenkraft erhebt sich, und die jetzt befreite Eins macht sich eine narzißtische Weltsicht zu eigen. Man braucht doch gar nicht zu kämpfen. Das war früher so. Unersättlichkeit, die Leidenschaft der Sieben, wird ausagiert, weil man einen Anspruch darauf zu haben meint. Man glaubt, das Beste zu verdienen, ohne es sich verdienen zu müssen. Die besseren Menschen verdienen auch das Allerbeste vom Leben.

Einser sagen, daß es schwierig sein kann, an ein und demselben Tage kritisch und verspielt zu sein. Es sieht aus, als müsse man sich entscheiden. Entweder ist man überverantwortlich oder ein Luftikus. Die Hauptaufgabe für eine Eins scheint zu sein, die Sicherheits- und Risikoreaktionen zu integrieren und nicht den Sicherheitspunkt auf Kosten des Streßpunktes zu kultivieren.

Eine entwickelte Eins verkörpert dann die Tendenz zur Einzigartigkeit der Vier, verbunden mit der Leichtigkeit und der Experimentierfreudigkeit der Sieben sowie der Strenge der Eins.

Risiko

Frühe Warnzeichen von Streß verstärken zunächst die Hauptthemen der Eins. Auf Streß reagiert jeder Typ zuerst mit einer Mobilisierung seiner Abwehrmechanismen. Bei einer Eins löst Freizeit Angst aus, Arbeit bekommt etwas Zwanghaftes, und Vergnügen wird aus dem Programm gestrichen. Der innere Kritiker wird immer strafender. Die Kontrolle der Gefühle wird strenger, und Zorn kommt auf. Das Richtig-oder-falsch-Denken verstärkt sich, und das trägt zu der Schwierigkeit bei, Entscheidungen zu fällen und wichtige Ziele zu erreichen.

Die Eins verkörpert das klassische Gesundheitsrisiko des Typs A, wenn der Streß anhält.[19]

Die spirituelle Botschaft betrifft ein Neubestimmen der eigenen Anstrengungen, anstatt des starren Festhaltens am einen richtigen Weg.

Hält der Streß weiter an, wird klar, daß die Hauptstrategien des Typs der Aufgabe nicht gewachsen sind. Als Reaktion auf die nunmehr wirkungslose Einser-Strategie wendet sich die Aufmerksamkeit der Wahrnehmungsweise der Vier zu. Die Eins »verwandelt« sich nie in eine Vier, sondern erlebt ihre Voreingenommenheiten aus der Perspektive der Eins.

Einser in der Vierer-Position befürchten bezeichnenderweise, daß persönliche Mängel zum Verlassenwerden und zur Trauer darüber führen, daß sie hohen Maßstäben nicht gewachsen seien. Bei einem emotionalen Zusammenbruch kann eine Eins durch eine Depression gelähmt werden. Schockiert stellt sie fest, daß gutes Benehmen und Überanstrengung Erfolg oder Zufriedenheit nicht garantieren. Da wird sie untröstlich. »Was soll man denn da noch machen?« Kann die Bewegungslosigkeit der Depression überwunden werden, folgt rasch der Zorn, der bei einer Eins die Veränderung bewirkt. Jetzt ist sie sehr zornig, weil sie kämpfen mußte und dies doch nichts gebracht hat; das ist nicht gerecht. Gleichzeitig wird oft die Vorstellung vom richtigen Weg in Frage gestellt. Vielleicht gibt es einen anderen, effizienteren und vorteilhafteren Lebensweg. Hier hilft es, dem Zorn auf der Spur zu bleiben, um vergrabene Bedürfnisse zu entdecken.

Positiv ist an Streßreaktionen die Feststellung, daß vergrabene Bedürfnisse mit in die Entscheidungen aufgenommen werden müssen. In der Vierer-Haltung ist das, was wir tun »sollten«, weit weniger wichtig, als herauszufinden, was wir tun wollen. Das kann im Gefühlsleben der Eins ein sehr positiver Ausblick sein. Indem es die Eins wie die Vier macht, d. h. sich tief in Trauer und Schmerz hineinbegibt, prüft sie im Streß oft Fragen des Daseins und des Lebenssinnes. »Was sind meine echten Gefühle für andere?« anstatt »Was sollte ich fühlen?« »Welche Arbeit würde mich inspirieren?« anstatt »Welche Arbeit sollte ich meiner Meinung nach tun?« »Welcher Lebensstil würde mich begeistern statt den inneren Kritiker zu beruhigen?« Das sind verbotene Fragen für die Eins. »Was will ich?« statt »Was sollte ich tun?« Paradoxerweise kommt es unter Streß zu einer entscheidenden positiven Veränderung. Viele Einser berichten, daß sie ihre eigentliche Aufgabe und ihre wahren Gefühle in der Zeit eines Verlustes entdeckt haben, als nämlich die Umstände sie zwangen, tief in den Gefühlsbereich einzutauchen.

Negativ an der Position der Vier sind ihr Egozentrismus (»Nur ich habe so gelitten«) und die Depression (»Nichts hat Sinn«). Das Aufkommen von Neid, der Leidenschaft der Vier, ist unausbleiblich. Der Neid wird nach Einser-Art ausgedrückt: Als Gefühl persönlicher Wertlosigkeit, festgemacht am Vergleich mit Menschen, die Erfolg haben und zufrieden sind.

Die Eins in der Liebe

Leben mit einer Eins

- Erinnern Sie sich genau an Details. Eine Eins ist detailbewußt. Sie schätzt kleine Gesten wie rechtzeitiges Kommen, Namen behalten und richtig vorgestellt werden.
- Sprechen Sie respektvoll. Achten Sie darauf, daß niemand sich blamiert. Bitten Sie um Erlaubnis.
- Loben Sie Sparsamkeit, Bemühungen und Verläßlichkeit. Erwarten Sie nicht, Komplimente zurückzubekommen.
- Pflegen Sie Ihren Charakter. Setzen Sie sich Ziele, wo Sie sich bessern wollen. Protzen Sie nicht mit Ihren Leistungen.

– Geben Sie Fehler sofort zu. Das klärt die Atmosphäre und verhindert Groll.
– Bringen Sie Abwechslung und Spaß in die Beziehung. Eine Eins neigt dazu, Bekanntes zu wiederholen.
– Meiden Sie Machtkämpfe. Eine Eins braucht es, recht zu haben. Es gibt mindestens zwei richtige Wege.
– Pflegen Sie eigene Interessen. Eine Eins ist stundenlang mit ihren beschäftigt.
– Humor hilft besonders. Feiner Humor verscheucht Sorgen.
– Eine Eins perfektioniert Beziehungen. »Was haben wir für Verpflichtungen?« – »Was lernen wir?« – »Was bedeutet eine richtige Beziehung?« Die Ethik der Beziehung wird überprüft.
– Politik der verbrannten Erde. Wenn sich in der Beziehung etwas Negatives entwickelt, denkt eine Eins daran, das Ganze abzubrechen. Beziehungen scheinen schwarz oder weiß.
– Hat sich eine Eins erst einmal festgelegt und ist überzeugt, setzt sie sich voll ein. Sie ist extrem loyal. Schätzt Familienleben.
– Schuldgefühle. Vergnügen macht angst: Der Blitz könnte einschlagen, wenn ich mich amüsiere.

Intimbeziehungen

Obwohl die Einser die Kritiker im Enneagramm sind, zerbrechen sie paradoxerweise unter Kritik. Der äußere Schein ist ihnen sehr wichtig. »Wie finden meine Eltern das?« und »Was werden wohl die Nachbarn sagen?« sind ständig wiederkehrende Themen. In unschuldige Bemerkungen interpretieren sie Kritik hinein. »Sie sehen heute abend großartig aus; was haben Sie für ein schönes Kostüm an« kann aufgefaßt werden als »Bei unserem letzten Rendezvous habe ich nicht großartig ausgesehen. Ich sollte wegwerfen, was ich damals getragen habe.« Partner sollten Kritik mit einem Lob einleiten und dann Beteuerungen folgen lassen wie »Du hast gut gearbeitet. Wir haben es fast geschafft. Nur der eine Bereich muß noch mal überarbeitet werden. Übrigens, bleibt es bei nächstem Dienstag?«

Unerwartete Kritik macht angst, denn sie impliziert, daß der innere Kritiker versagt hat. Einser sind empfindlich gegenüber kritischen Bemerkungen, die die meisten Leute nicht ernst nehmen würden. »Warum hast du denn das nicht fertig gemacht?« oder »Warum ist denn das so schwer für dich?« oder »Warum kannst du das nicht?« empfinden sie als Fangfragen. Doppeldeutigkeiten klingen wie Fallen. Jede indirekte Kritik ruft sofort Unbehagen hervor, schnell gefolgt von dem Wunsch, besser zu werden, von einer Rechtfertigung oder einer Gegenbeschuldigung, bei der anklagend auf jemand anderen gezeigt wird. Die Angst vor dem Abgelehntwerden wird dadurch gemildert, daß man anderen die Schuld in die Schuhe schiebt oder in Selbstverteidigung zurückschlägt.

Wenn Sie mit einer Eins leben, müssen Sie zu ihrem Kritiker eine Beziehung finden. Das kann Ihnen vorkommen, als lebten Sie mit zwei Menschen zusammen. Sie lernen, die Spannung in ihrem Gesicht zu erkennen, wenn der innere Kritiker das Zepter führt; und Sie sehen, wie Einser manchmal nur handeln, um ihr eigenes Denken zu beruhigen. Zorn und Kritiksucht können Hilferufe sein. Einser kritisieren zur Selbstverteidigung, zum Abbauen der Spannung, die entsteht, wenn sie auf sich selbst wütend sind. Sie brauchen möglicherweise Zuspruch, haben aber Schuldgefühle, wenn sie darum bitten müssen. Es hilft, den Zorn zu zerstreuen, indem man erkennt, was Einsern fehlt, und ihnen gibt, was sie wollen.

Die Eins schützt sich vor Ablehnung, indem sie nicht um etwas bittet. Der Partner fühlt sich aber unwohl, wenn er die Wünsche und Absichten nicht richtig errät. Eine Eins denkt vielleicht »Verheiratete sollten wie X handeln«, »Menschen, die sich lieben, haben Verpflichtungen einander gegenüber« und »Jeder weiß, daß Freunde das und das tun sollten«, aber wenn dies nicht mitgeteilt wird, kann ein Partner nicht reagieren. Es ist für einen aufmerksamen Partner gut, Kontakt durch Fragen herzustellen, damit eine Eins nicht zu dem Schluß gelangt, daß sie in der Beziehung nicht mit Großzügigkeit rechnen kann.

Einsern muß beigebracht werden, daß Ehegatten positive und negative Seiten haben und dabei gute Menschen sein können, daß eben jeder seine rauhen Kanten hat. Da sich die Einser der Perfektion verpflichtet fühlen, glauben sie, gute Beziehungen sollten unentwegt nur gute Gedanken und Gefühle hervorbringen. »Wenn ich schlechte Gefühle habe, bin ich entweder in der falschen Beziehung oder bin selbst schuld daran, daß ich mich unglücklich fühle.« Der Ausweg besteht darin, die Beziehung zu nehmen, wie sie ist, und das Gute im Kampf und Erfolg zu sehen.

Perfektionisten büßen für die Fehler anderer. Sie fühlen sich verantwortlich für die Fehler eines Menschen, den sie lieben, und haben gleichzeitig ein schlechtes Gewissen, weil ja nur ein schlechter Mensch wütend, desillusioniert oder traurig über seine Beziehung wäre. Wann immer Einser auch nur etwas unzufrieden werden, geraten sie außer sich und wollen das Problem schnell lösen. Wenn jemand etwas auf den Teppich verschüttet, eskaliert das gleich zu einem schlechten Gewissen darüber, daß man den Unglücklichen innerlich verurteilt. Einser sind hoch motiviert, jedwede Unordnung schnellstens zu beseitigen.

Die folgende Geschichte eines jungen Ehemannes erzählt von seinen aufrichtigen Bemühungen, etwas für seine Ehe zu tun, indem er seinen Zorn innerlich wegdiskutiert. Seine Frau bemerkt, daß er starr und zornig ist, erkennt aber nicht, daß er in sein eigenes mentales Kreuzfeuer geraten ist. Er will bekräftigen, daß sie gut ist, will nicht negativ, sondern positiv denken, will den Kritiker zum Schweigen bringen, kann aber seinen inneren Aufruhr nicht zeigen, weil das schlecht aussähe. Seine Aufgabe hat sich von seinen objektiven ehelichen Problemen auf die Beruhigung seines inneren Kritikers verlagert:

Zorn ist für mich ein schlechtes Zeichen. Wenn ich zornig bin, bedeutet dies, daß ich meine Frau nicht mehr liebe und daß ich ein Heuchler bin, weil ich bleibe. Also dränge ich den Zorn

zurück und bekomme dafür Depressionen. (Eine Eins bewegt sich unter Streß zur Vier.) Dann sitze ich zwischen Baum und Borke. Es ist falsch, zu bleiben, und es wäre falsch, unter diesen Umständen zu gehen.
Während mir das alles so durch den Kopf geht, sage ich kein Wort, denn es ist schlecht, anzuklagen und gehässig zu sein. Also sende ich Signale aus, daß ich unzufrieden bin, und wenn sie sie nicht empfängt, muß ich etwas unternehmen. Aber ich kann meine negativen Empfindungen immer noch nicht in Worte fassen.
Ich denke immer, wenn ich die Sache klarer überblicken könnte oder meine Frau besser verstünde oder eine brauchbare Methode fände, dann wäre ich nicht so negativ. So baut sich Spannung auf, und jedesmal, wenn sie etwas Falsches macht, ist es, als ginge mir ein Elektroschock durch den Körper. Ist sie zu jemandem grob – Schock. Verhält sie sich unüberlegt – Schock. Läßt sie zu Mittag Essen aus dem Mund fallen – Schock. Trägt sie ausgebeulte Hosen – Schock. Daß sie solche Hosen überhaupt hat – Schock. Gott verhüte, daß sie die in der Öffentlichkeit trägt und andere Leute sehen, wie wenig sie sich zusammennimmt – das wäre ein echter Schock.

Dieser junge Ehemann hat wegen seiner Gefühle ein schlechtes Gewissen. Er verbringt sehr viel Zeit damit zu denken, ohne viel zu sagen. Er muß erst so verzweifelt sein, daß er sich scheiden lassen will, bevor er in Worte fassen kann, was er fühlt. Weil er alles nur schwarzweiß sieht, überschattet ein einziger Defekt die ganze Beziehung. Er hat den Eindruck, das Schicksal seiner Ehe hinge von einer ausgebeulten Hose ab. Weil die Hose schlecht ist, ist das Ganze schlecht. Der Gedanke, daß Menschen bleiben und zornig sein können, scheint ihm neu zu sein. Für ihn bedeutet Ehe, entweder zu bleiben oder zornig zu sein. Er kann nicht begreifen, daß eine gewisse Desillusionierung normal ist, bzw. daß man durch Zorn Dinge verändern und sich danach anderem zuwenden kann.

Es würde ihm doppelt nützen, wenn er seine Abneigung gegen den Zorn beobachten würde. Wenn er über die Hosen wütend wäre, würden sie wahrscheinlich verschwinden. Er könnte dann anfangen, um andere Dinge zu bitten, die er sich wünscht, und er würde vielleicht erfahren, daß er auch dann noch geliebt wird, wenn er zornig ist.

Die Signale der Eins

Positive Signale

Einser fordern andere heraus, korrekt zu handeln und sich anzustrengen. Man kann sich auf sie verlassen. Sie halten, was sie versprechen, und verpflichten sich, alles richtig zu machen. Sie drücken sich nicht vor Verantwortung. Sie schätzen richtiges Handeln um seiner selbst willen, ohne Vorteile zu erwarten. Tugend trägt ihren Lohn in sich. Sie können andere mit der Freude an einer gut getanen Arbeit anstecken. Perfektion in Fertigkeiten, Leistung und Charakter können zu Selbständigkeit und einem Leben in Unabhängigkeit führen. Einser vermitteln ethischen Idealismus und drängen andere, das Ideal zu verwirklichen; sie wollen die Welt verbessern. Sie haben einen guten Kontakt zu den praktischen Lebensbereichen: Gesundheit, Redlichkeit, richtige Lebensführung und Vergnügen.

Negative Signale

Aufgrund der kritischen und überlegenen Haltung der Einser fühlen sich andere unterlegen, abgelehnt, in die Verteidigung gedrängt oder befremdet; man hat selten das Gefühl, etwas richtig zu machen. Einser sehen immer Möglichkeiten für Verbesserungen. Kritik ist eine Art Kompliment, ein Beweis dafür, daß ihnen etwas am Herzen liegt. »Wir sollten uns um Perfektion bemühen.« Emotionen müssen kontrolliert werden. Perfektionismus verbannt Spaß und Spontaneität auf ein Abstellgleis.

Man kann den Zorn und das Kontrollbedürfnis einer Eins deutlich spüren, auch wenn sie das nicht deutlich ausdrückt. Man wird bestraft durch unausgesprochene Kritik, ohne daß man weiß, was man getan hat. Einser vergleichen sich mit dem, was andere erreicht haben und können sich unterlegen fühlen, wenn andere siegen. Dadurch haben es Partner von Einsern schwer. Sie sind im Unrecht, wenn sie nicht ihr Bestes geben, aber auch, wenn sie besser sind.

Gemischte Botschaften

Einser unterdrücken ihre realen Bedürfnisse, indem sie sich auf das konzentrieren, was getan werden »sollte«. Wenn sie daher äußerst engagiert wirken, wenn sie darangehen, etwas in Ordnung zu bringen, und wenn sie äußerst entschlossen zu sein scheinen, Dinge wieder zurechtzurücken, sind sie möglicherweise mehr auf *sollen* und *müssen* konzentriert, als auf das, was sie wirklich wollen. Hilfreich ist, wenn der Partner einer Eins auf den Unterschied hinweist zwischen dem, was oberflächlich richtig zu sein scheint, und dem, was für die Eins tatsächlich gut ist.
Perfektionisten können eigennütziges Handeln mit einer objektiv korrekten Position verwechseln. Wenn beispielsweise eine Eins gern radfährt, sind Fahrräder plötzlich das Richtige, um in der Stadt überallhin zu fahren, während andere Verkehrsmittel schon per definitionem falsch sind. Autos sind Umweltverschmutzer, Autos sind gefährlich, Autos sind etwas Schlechtes. Radfahren ist sauber, gesund und gut. Wenn Einser festgestellt haben, daß Radfahren das einzig Richtige ist, fahren sie zur Arbeit mit dem Rad und erklären jedem, den sie treffen, daß die Welt besser wäre, wenn die anderen auch zum Fahrrad greifen würden.

Innere Signale

Die Einser sagen, daß sie es schwer haben, ihre Zornsignale zu deuten. Statt Zorn zu verspüren, kommen sie oft nach eigener Darstellung auf eine falsche »Lösung«, die »bessere«

Gefühle an die Stelle des Zornes setzt. Die Gedanken sagen: »Meine Frau ist wirklich wunderbar. Ich werde ihr ein paar Rosen mitbringen, um ihr zu zeigen, wie sehr ich sie schätze.« Einser erkennen gewöhnlich nicht, daß ihre Gedanken sie von unannehmbaren Gefühlen abbringen. Sie meinen einfach, daß sie »das Rechte tun«.

Einser können ihre Zornsignale auch falsch deuten. Die Gedanken sagen: »Heute fühle ich mich energiegeladen. Ich schaffe eine Menge Arbeit. Bringe alles in Ordnung.« Andere hören dann eine Menge kritischer Kommentare. Die Gedanken sagen: »Gut, die Sache nimmt Form an. Wir kommen voran.« Ihre Äußerungen klingen aber eher wie verletzende Einzeiler. »Nun, Sie haben sich ja endlich aufgerafft – Sie haben einen ganzen Tag gebraucht, um zurückzurufen.« Dabei vermittelt die Eins den Eindruck eines zornigen, unbewegten Menschen, die Lippen zusammengekniffen, sichtlich angespannt in schweigender Verurteilung, und sagt dabei ganz ehrlich in einem höflichen, verbissenen und lauter werdenden Ton: »Es gibt kein Problem« und »Ich werde nie zornig.«

Einser sind oft erschrocken, wenn sich andere von ihrem Zorn abwenden. Ihre Gedanken sagen: »Ich drücke mich doch klar und präzise aus. Ich bin zielorientiert.« Ihre Gefühle sagen: »Ich bin voll da. Ich habe recht. Ich brauche nicht auf die anderen zu hören.« Einser, die sich selbst beobachten können, berichten, daß das plötzliche Aufwallen von Emotionen eine Warnung ist. Das Gefühl der Gewißheit, des eindeutigen Im-Recht-Seins, kann durchaus das Signal der eigenen Voreingenommenheit sein.

Einser täten gut daran, sich Hilfe zu suchen, und die Aufgabe des Helfers wäre es, die Zeichen von aufsteigendem Zorn zu erkennen.

Die Eins in der Arbeit

Am Arbeitsplatz

- Schätzt genaue Richtlinien und Programme. Lücken im System sind traumatisch.
- Praktisch. Macht aus abstrakten Ansätzen Arbeitsweisen, bei denen Schritt für Schritt vorgegangen wird.
- Mag Zeitpläne und festgelegte Verantwortlichkeiten, so daß man weiß, wer für was zuständig ist.
- Achtet auf Details.
- Energie, die auf das Produkt verwendet werden könnte, wird möglicherweise auf Details umgeleitet.
- Sucht nach Anzeichen ethischen Charakters wie Disziplin, gute Manieren, äußere Erscheinung, Respekt.
- Tun ist ihr lieber als Fühlen. Will sich auf die Arbeit konzentrieren und nicht auf Beziehungen zwischen Arbeitskollegen.
- Erkennt zwar kritische Punkte an Programmen, aber es fällt ihr schwer, umfassende Lösungen vorzuschlagen. Zuviel Raum für Fehler.
- Fühlt sich in formalen Rollen sicher. Möchte Hierarchie und Autorität respektieren.
- Achtet auf Lebenslauf und Unterlagen. »Gute Leute haben eine gute Vergangenheit.«
- Arbeitet um der Arbeit willen. Freut sich an gut getaner Arbeit.
- Arbeitet angestrengt für eine richtige Sache, einen guten Leiter und ein kompetentes Team.
- Vergleicht eigene Bemühungen mit denen anderer. »Wenn die arbeiten, arbeite ich auch. Wenn die nicht arbeiten, arbeite ich auch nicht.«
- Führt eine Wertungstabelle. Stellt fest, was andere richtig und falsch machen. Nimmt andere in Schutz, wenn sie »im Recht« sind. Wärmt alte Vorwürfe wieder auf, wenn sie im Unrecht sind.
- Kann persönlichen Anspruch durch den Einsatz für eine

gute Sache tarnen. »Ich verdiene Respekt und besondere Behandlung, weil ich der Welt Gutes tue.«

- Will Belohnung für Leistung und Sachkenntnis, bittet aber nicht darum. Könnte Groll über Nichtanerkennung an Details und Nebensächlichkeiten auslassen. Rechtfertigt verletzte Gefühle durch Finden der Schuld bei anderen.
- Hat Schwierigkeiten, Verantwortung zu delegieren. Macht sich Sorgen, ob er die Aufgabe auch richtig erledigt.
- Will nicht durch Fehler anderer kompromittiert werden. Stellt sich abseits, bis Fehlerquellen zugeordnet sind.
- Hat Angst davor, im Unrecht zu sein. Neigt zu Machtkämpfen und Diskussionen darüber, wer recht hat.
- Wälzt Schuld von sich ab. »Dafür gab es einen Grund.« »Das war nicht meine Schuld.«
- Geht Risiken aus dem Wege. Risiken führen zu Fehlern. Wartet im Zweifelsfalle ab. Läßt es nicht darauf ankommen.
- Eifriger Fürsprecher für alle, die bei der Arbeit benachteiligt sind oder sich durch persönliche Anstrengungen verbessern.

Führungsstil

Der Leitgedanke ist Qualitätskontrolle. Qualität und Kontrolle gehen Hand in Hand. Überwachung ist ein wesentlicher Punkt. Führungstätigkeit erfolgt so, daß mit einem perfekten Plan begonnen und die Verantwortung für jeden Bereich festgelegt wird. Der Plan wird dann etappenweise von Managern ausgeführt, die mit klaren Richtlinien ausgestattet sind. Im Mittelpunkt der Kommunikation steht der Plan. Wichtig ist immer: Wer ist verantwortlich?

Einser freuen sich an guter Arbeit. Sie arbeiten gern allein, stundenlang, mit Listen, Plänen und Diagrammen, grübeln über Alternativen nach, verteilen Aufgaben und beschließen, was getan werden soll, wenn sich Probleme ergeben. Eine Idee auszuarbeiten und zu verbessern empfinden sie als Herausforderung. Als Führungskräfte nehmen sie in der Sondierungs- und Entdeckungsphase zwar neue Informationen auf, neigen aber bei der Ausführung dazu, mechanisch, Schritt für Schritt vorzugehen. Ihr Denken wird unflexibel. Bereits gefundene Lösungen erscheinen sicherer als neue Richtungen. Infolge der Tendenz zum Schwarzweißdenken nehmen sie ohne weiteres Informationen wahr, die zum perfekten Plan passen, nicht aber wertvolle Elemente, die nicht ins Schema passen. Sind die ersten Etappen eines Planes erst einmal in Gang gesetzt, fällt es schwer, die Aufmerksamkeit der Eins auf anderes zu lenken oder sie zu einer Meinungsänderung zu bewegen.

Ihre Entschlußfreudigkeit kann durch Ungewißheiten gehemmt werden: »Warum so und nicht anders?« – »Woher wissen wir das so genau?« Der klassische Führungsstil der Eins ist ausgesprochen effizient, wenn es um Planung und Strukturierung geht, aber ineffizient, wenn schnelle Entscheidungen gefragt sind oder mit gegenläufigen neuen Informationen umzugehen ist. Wollen Sie eine Eins, die unbeirrt am Programm festhält, beeinflussen, dann formulieren Sie den bestehenden Plan neu und nehmen eine einfache Anpassung vor. Stellen Sie nicht das Ganze neu zur Disposition. Beschränken Sie sich auf einen Schritt vom alten zu einem neuen Plan, ohne weitere neue Möglichkeiten zu eröffnen. Einser brauchen gute Informationslieferanten in ihrem Arbeitsgebiet. Deren Aufgabe ist es, ständig etwas in Frage zu stellen, Neues aufzuzeigen und Veränderungen in der Strategie vorzuschlagen. Einser als Führungskräfte verlassen sich gern auf einen Partner, zu dem sie Vertrauen haben. Das erspart ihnen das Trauma des Entscheidenmüssens.

Eine Eins als Führungskraft arbeitet sich normalerweise durch ehrliches Bemühen hoch. Sie achtet darauf, wer Überstunden macht, wer sich einbringt und wer nicht. Ehrlichkeit, Loyalität zur Firma, ein gutes persönliches Erscheinungsbild und Respekt vor Autoritäten sind die wesentlichen Grundelemente für jeden Mitarbeiter.

Projekte von Einsern haben die Tendenz, sich auszudehnen, länger zu dauern und mehr zu kosten, als ursprünglich veranschlagt worden war. Sie beginnen mit einem Entwurf, bei dem Schritt für Schritt vorgegangen wird. Nichts Überflüssiges; ein perfekter Plan. Wenn es zu den unvermeidlichen, unvorhersehbaren Pannen kommt, ist korrekt damit umzugehen. Beim Zementieren einer Gartenterrasse könnte beispielsweise ein schlecht installiertes Abflußrohr entdeckt werden, und wenn das verlegt wird, könnte man im Unterbau des Hauses einen Riß finden. Der sollte in Ordnung gebracht werden. Die Bestellung des Sandes für die Gartenterrasse verschieben Sie und setzen den Bautrupp am Unterbau ein. Durch den Riß könnte sich zeigen, daß die Gesamtstruktur Schwächen hat; man sollte Sie rund um den Unterbau graben lassen, um sich zu vergewissern. Nun ist eine Woche vorbei, Sie haben einen Graben fast so groß wie der Suezkanal, der nicht in der Zeitplanung und nicht im Kostenvoranschlag enthalten ist, aber sicherlich den richtigen Weg darstellt, den Sie gehen müssen, und Sie werden wütend, weil Sie die Kosten neu aushandeln müssen. Sie sind nicht mehr in der Zeit, und die Sache ist außer Kontrolle geraten.

Konflikte

Einser fühlen sich sicher, wenn es Richtlinien gibt und wenn genau festgelegt ist, wer für was Verantwortung trägt. Dieser Führungsstil bestimmt dann die ganze Organisation. Als Führungskräfte glauben sie vielleicht, daß die Verpflichtung zur Berichterstattung eine sichere Grundlage bietet, um Kreativität zu entwickeln. Aber diese Verpflichtung bedeutet Kontrolle. Die Leute fühlen sich kontrolliert und durch Konferenzen und Berichte in ihrer Kreativität behindert. Einser können auch die Entscheidungsfreiheit und den Ehrgeiz anderer Leute einengen. Sie stellen gern Regeln auf, die andere Menschen an das System binden. Beispielsweise könnten spezielle Vergünstigungen von »weiteren guten Arbeitsleistungen bis zur Pensionierung« abhängig gemacht werden.
Bei Konflikten unter Arbeitskollegen geht es typischerweise um das Bedürfnis der Einser, recht zu haben. »Das war nicht

meine Schuld«, hört man immer wieder. Anderen um eine Nasenlänge voraus zu sein, schafft auch Konflikte. Es geht die Klage, daß Einser die Scherben anderer nicht aufsammeln. »Dafür war ich nicht verantwortlich.« Diese Konflikte entstehen oft, weil Einser glauben, durch Unterstützen anderer würden sie ihre Macht verlieren.

Konfliktlösung

Hinweise zur Lösung von Konflikten zwischen Einsern und anderen Typen finden Sie im Teil III »Leitfaden für Beziehungen«.

Die Eins als Mitarbeiter

Die Eins identifiziert sich mit Arbeit, die Rechtschaffenheit verkörpert. Das Image und der langjährige gute Ruf einer Firma beeindrucken Einser. Sie wollen nach ihren Fertigkeiten und Leistungen beurteilt werden. Sie machen keine Reklame für sich selbst und wollen anerkannt werden, ohne sich in den Vordergrund zu drängen. Sie haben es gern, wenn man sie nach ihren Fähigkeiten bewertet. Subjektive Kriterien wie »eine gute Persönlichkeit« sind ihnen unangenehm.

Es fällt Einsern leichter, bestehende Positionen zu kritisieren, als selbst neue Ansätze zu entwickeln. Sie sind jedoch innerhalb bestimmter Richtlinien sehr innovativ. Bei neuen Ideen oder Verfahrensänderungen sollten auch Richtlinien für deren Durchführung festgelegt werden. Einser können flexibel sein, wenn ihnen die Richtlinien sagen, wie sie flexibel sein sollen. Mit allgemeinen Weisungen, die unterschiedlich ausgeführt werden können, sind sie nicht zufrieden. Benennen Sie die vorhandenen Möglichkeiten. Geben Sie für jede ein klares Beispiel und nennen Sie die Bedingungen, unter denen sie ausgeführt werden sollten. Wenn Sie wollen, daß eine Eins flexibel ist, dann nennen Sie die Bedingungen, unter denen Flexibilität ins Spiel kommt.

Einser sind mehr auf Ziele als auf Prozesse ausgerichtet. »Prozeß« bedeutet nach ihrer Vorstellung, alles vor Beginn zusammenzuhaben. Einser haben nicht die allgemein übliche Nachsicht für Lernkurven, menschliches Versagen und Ausfälle im System. Ein Fehler signalisiert, daß angehalten, alles neu überprüft und wieder neu angefangen werden muß. Eine einzige Schwachstelle überschattet die ganze Operation, bis das Problem vollständig geklärt ist. Einser blockieren, wenn sie nicht gründlich vorbereitet sind, und können unter Druck intellektuelle Ausfälle haben. Bei plötzlich eintretenden Situationen können sie nicht mehr klar denken. Hilfreich ist, Einser an zurückliegende Erfolge und an den Erfolg eines ähnlichen Vorhabens zu erinnern, mit dem sie die augenblickliche Entwicklung vergleichen können.

Das Ganze geht schneller voran, wenn ein anderer bereit ist, Fragen zu stellen, zu sagen, daß er nicht weiter weiß, und mögliche Probleme anzusprechen. So etwas kann der Eins auch als Beispiel für ein anderes Prozeßverständnis dienen. Das Wiederholen solcher Sätze wie »Wir erarbeiten die einzelnen Schritte nach und nach«, »Das ist für uns alle ein Experiment« und »Ich sehe die folgenden Probleme«, ist eine gute Lernmethode. Wenn ein Schritt richtig verstanden worden ist, sollte man ihn von einer Eins überprüfen lassen, indem sie ihn den anderen vermittelt, bevor weitergemacht wird. Es fällt Einsern leichter, im Namen anderer, die nicht weiter wissen, Fragen zu stellen, als ihre eigene Unerfahrenheit zuzugeben. Sie sind die geborenen Lehrer. Sie freuen sich an der Perfektion einer Arbeit und befinden sich in einer geschützten Position als »Wissende«. Sie haben ein ungewöhnliches Einfühlungsvermögen und große Geduld mit Leuten, die vorankommen wollen.

Direktes Befragtwerden in der Öffentlichkeit könnte bedrohlich sein. Einser müssen ihre Unsicherheiten verbergen. Beratungen sollten so aufgebaut werden, daß solche Situationen nicht erst entstehen. Perfektionisten würden eher nach Hause gehen und die ganze Nacht lang ein Handbuch studieren, als sich durch direktes Fragestellen in Verlegenheit zu bringen.

Der Rahmen für den Lernprozeß sollte bekräftigen, daß wir die Aufgabe haben, Fragen zu stellen, daß Fehler Bestandteil des Lernprozesses sind und daß wir die vollständige Antwort noch nicht kennen.

Einser nehmen an, daß es für jedes Vorgehen einen richtigen Weg gibt. Sie wollen genau wissen, was erwartet wird; sie fühlen sich in die Enge getrieben und bekommen Angst, wenn die Richtung unklar ist. Sie müssen die Regeln kennen und wissen, wie diese zu befolgen sind, damit sie die Aufgabe erledigen können. »Wo ist das Protokoll, an das wir uns halten sollen? Wo ist das technische Handbuch?« Die Unruhe verstärkt sich noch, wenn sich die Regeln ändern, ohne daß Erklärungen gegeben werden. Die Eins fühlt sich dann, als sei sie in den Händen von Leuten, die nichts von der Sache verstehen, oder als sei sie ohne Landkarte in unbestimmtem Terrain ausgesetzt worden. Um die Sache so angenehm wie möglich zu gestalten, gibt man am besten alle Verfahrensänderungen rechtzeitig im voraus bekannt.

Teamaufbau

Einser im Team müssen recht haben. Öffentlicher Widerspruch ist für sie ein Alptraum; sie entfalten sich jedoch bei Kontroversen und Debatten, die einen Konsens ermöglichen. Am besten ist, man überträgt ihnen die Verantwortung für einen fest umrissenen Einflußbereich, den sie kontrollieren können.

Einser können nicht gut mitarbeiten, wenn im Team jemand intensiv für sich selbst Reklame macht. Sie vergleichen sich mit anderen und halten sich zurück, wenn durch ihre Arbeit andere Vorteile haben. Hilfreich ist, den Einflußbereich bzw. die Bedeutung der Rolle eines jeden Mitarbeiters zu kennzeichnen und hervorzuheben, daß die Gruppe als Team arbeitet und nicht dazu da ist, einen Star zu unterstützen. Ebenso könnten sich Einser in einem schwachen Team zurückhalten, um sich dem Niveau der anderen Mitspieler anzupassen. Der Schwerpunkt sollte auf die Entwicklung von Fähigkeiten und nicht aufs Konkurrieren gelegt werden. Einser achten sehr auf mögliche Pannen, Denkfehler und Schwachstellen in einem Plan, dabei wollen sie nicht die einsame kritische Stimme sein und auch nicht den Anfang machen, wenn die Gefahr besteht, sich zu blamieren. Das Vertrauen der Eins in das Team steigt, wenn jemand anderes sich zu Wort meldet. Einer Eins erscheinen solche Leute klüger und tüchtiger, die ein gutes Auge für Probleme haben. Dagegen wird sie Sie als unbedarft abtun, wenn Sie nicht in der Lage sind, Sollbruchstellen in Ihrem Projektbereich vorauszusehen.

Einser arbeiten gut in Teams, in denen die Mitarbeiter motiviert und qualifiziert sind. Sie lieben gute Arbeit und sind in Hochform, wenn sie hinsichtlich Energie und Leistung mit Menschen gleichziehen können, die sie respektieren.

2. Zwei: der Geber

	Tendenz der erworbenen Persönlichkeit	Aspekte der Essenz
geistig	Schmeichelei	Wille/Freiheit
emotional	Stolz	Demut
	Subtyp-Verhalten	
	sexuell (Zweierbeziehung):	Aggression/ Verführung
	sozial (Gruppe):	Ehrgeiz
	selbsterhaltend:	Ich-zuerst-Haltung/ Privileg

Der Blickwinkel der Zwei

Weltsicht

Die anderen sind auf meine Hilfe angewiesen. Ich werde gebraucht.

Spiritueller Weg

Das Gefallenwollen der Zwei deutet auf ein Suchen nach dem *Willen* hin. Aus spiritueller Sicht wurde die Stimme des höheren Willens zum Schweigen gebracht, als sich die Aufmerksamkeit des Kindes der *Schmeichelei* zuwandte, die sich dem Willen anderer andient. *Stolz* ist ein übersteigertes Selbstwertgefühl, das die Abhängigkeit von Beifall und die *Demut* verbirgt, die wir hätten, wenn wir wüßten, was wir den anderen wert sind. Die Ausrichtung der Zwei auf strategisches Geben ahmt das Handeln eines höheren Willens nach. Es ist der Versuch eines Kindes, sowohl durch Gefallen zu überleben, als auch die sensitive Verbindung zur Essenz, dem eigenen spirituellen Wesen, zu schützen.

Akzente

- Sucht Anerkennung zu gewinnen und Ablehnung zu vermeiden.
- Ist stolz darauf, gebraucht zu werden, im Leben anderer im Mittelpunkt zu stehen und unentbehrlich zu sein.
- Agiert den Stolz in den drei Zentralbereichen wie folgt aus:
  - durch *Aggression/Verführung* in sexuellen bzw. Zweierbeziehungen,
  - durch *Ehrgeiz* in der Gesellschaft/Gruppe,
  - durch *Ich-zuerst-Haltung/Privileg* im Bereich der Selbsterhaltung.
- Hat Schwierigkeiten, eigene Bedürfnisse und den eigenen Willen zu erkennen. »Ich habe keine Bedürfnisse.«
- Unterdrückt Gefühle, um geliebt zu werden.
- Manipuliert andere, um zu bekommen, was er/sie braucht.
- Hat Grenzprobleme. »Ich reiße nicht die Macht an mich; ich reagiere auf ein Bedürfnis.«
- Hat ein Gefühl vieler Selbst-Formen, von denen jede auf die Bedürfnisse eines anderen eingestellt ist.
- Bringt die vielen Selbst-Formen durcheinander. »Welches Selbst bin eigentlich ich?«
- Sieht das Potential in anderen Menschen. Die eigenen besten Seiten werden durch andere zm Vorschein gebracht.
- Findet es leicht, andere zu unterstützen. Eigene Bedürfnisse werden über andere befriedigt.
- Sehnt sich nach Freiheit. Fühlt sich eingeengt, weil er/sie andere unterstützen muß.
- Selbstdarstellung ändert sich, um den Bedürfnissen anderer gerecht zu werden. Dieser Aufmerksamkeitsstil führt
  - zu einfühlsamen emotionalen Verbindungen oder
  - zur Anpassung an die Wünsche anderer, um deren Liebe zu bekommen bzw. zu behalten.

Erworbene Persönlichkeit

Wir alle übernehmen die Betrachtungsweise der Zwei, wenn wir die Potentiale in anderen Menschen sehen. Wir erkennen ihren Wert neidlos an. Ihr Kampf inspiriert uns. Ihr Fortschritt wird unser Fortschritt. Ihre Bedürfnisse bestimmen unsere Arbeit. Uns kümmert nicht die Belohnung, wenn der Wert unseres Bemühens in ihrem Erfolg liegt. Wir empfinden plötzlich Dankbarkeit dafür, daß es auf unsere Bemühungen ankommt. Die Gabe ist rein und selbstlos, wenn wir die Freude anderer als unsere eigene empfinden.

Eine Zwei blickt im Leben auf andere Menschen – auf ihre Wünsche, ihre Möglichkeiten und auf das, was sie brauchen, damit sie es gut haben. Da Zweier in einem Milieu aufwuchsen, wo das Überleben davon abhing, daß man andere zufriedenstellte, haben sie sich aufs Geben verlegt, damit ihre Bedürfnisse befriedigt wurden. Als Erwachsene gehen sie von sich aus auf andere Menschen zu. Da sie Anerkennung suchen, stellen sie Verbindungen her, in denen sie unentbehrlich werden. Die anderen fühlen sich auserwählt und geschmeichelt. Jetzt hängen die Beziehungen davon ab, was die Zwei gibt oder nicht gibt. Dieses Manövrieren zur Erlangung einer Position kann ganz unbewußt erfolgen. Die Bedürfnisse der anderen sprechen eine deutliche Sprache, und Zweier reagieren, indem sie sich anpassen. Sie verändern sich, um zu gefallen, stärken anderen den Rücken und sind stolz darauf, hilfreich zu sein.

Stolz ist jene freudige Erregung, die wir empfinden, wenn jemand Besonderes uns verehrt. Zweier werden von dieser Art von Aufmerksamkeit abhängig und passen sich an, um sie immer wieder zu bekommen. Wenn das Gefallenwollen zur Gewohnheit wird, hört die Selbstbeobachtung auf. Man weiß nicht, daß man seine eigenen Bedürfnisse vergessen und seine Selbstdarstellung geändert hat. Man weiß nur, daß Ablehnung sich wie Vernichtung anfühlt und daß man sich verzweifelt nach Bestätigung sehnt. Abgelehnt zu werden ist so schmerzhaft, daß man versucht, die Gunst zurückzuerlangen. Man sucht Wege, um dazuzugehören, gesellt sich zu den richtigen Leuten. Man stellt fest, daß es tröstlich ist, mit den richtigen Leuten die Zeit zu verbringen, und beginnt, sich von

ihren Interessen faszinieren zu lassen. Man hält sich über die entscheidenden Themen auf dem laufenden, wird zu einer guten Informationsquelle und zu einem guten Partner für lebhafte Diskussionen. In sehr kurzer Zeit ist man so vereinnahmt, daß man sich selbst verloren hat und unentbehrlich geworden ist.
Zweier wachsen, indem sie entdecken, was sie wollen. Sie wachsen durch Alleinsein. Man gewinnt Handlungsfreiheit, wenn man seinen wirklichen Wert für die anderen kennt und sich dabei beobachten kann, wie man diesen Wert erhöht, indem man die Bedürfnisse anderer erfüllt. Zweiern wird geholfen durch Menschen, die sich nicht durch Anpassung verführen lassen, die sie unabhängig von dem lieben, was die Zweier ihnen geben, und die ihnen durch die Krise des Auf-sich-stehen-müssens hindurchhelfen.

Subtyp-Verhalten

Der Stolz wird in Zweierbeziehungen, Gruppen und im Bereich der Selbsterhaltung ausagiert.

Aggression/Verführung in sexuellen bzw. Zweierbeziehungen

Stolz gelangt durch verführendes Sichanpassen in eine Zweierbeziehung hinein. Wir werden attraktiv, indem wir unser Hauptaugenmerk entsprechend einstellen, die Interessen unseres Partners übernehmen und dessen Geschmack teilen. Zweier haben ein Talent dafür, anderen Selbstwertgefühl zu vermitteln, und sie können ausgesprochen schwierige Menschen zufriedenstellen. Zweier hegen einen gewissen Stolz darauf, bevorzugt zu werden, der vertraute Intimus oder derjenige zu sein, der mit schwierigen Fällen umgehen kann.
Die aggressive Haltung drückt sich in Beharrlichkeit aus, besonders bei der Überwindung von Hindernissen, die einer Beziehung im Weg stehen. Dadurch, daß Sie die aktive Rolle des-

sen übernehmen, der nicht locker läßt und Schwierigkeiten meistert, steht der Partner wirkungsvoll im Rampenlicht, und das lenkt die Aufmerksamkeit von Ihnen ab. Durch das hilfsbereite Zugehen auf andere Menschen überwinden Sie die Sorge, daß Sie ohne diese speziellen Taktiken übersehen werden könnten.
Geübte Geber können die Menge an Aufmerksamkeit, die ihnen zuteil wird, genau dosieren und können verschiedene Arten von Aufmerksamkeit durch Nachstellen bzw. Verführung bekommen. Zweier spüren, daß sie viele Selbst-Formen haben; und oft haben sie einen großen, vielfältigen Freundeskreis. Man kann unterschiedliche Arten von Aufmerksamkeit anstreben. Für Eltern sind die Taktiken anders als für Schürzenjäger oder Partymädchen. Verführung und Aggression sind nicht geschlechtsbezogen. Sowohl verführerische Männer als auch aggressive Frauen sind im sexuellen Subtyp anzutreffen.

Ehrgeiz in der Gesellschaft/Gruppe

Sie erhalten sich Ihren Stolz auf Ihre gesellschaftliche Stellung durch ehrgeiziges Sozialeverhalten. Leute kennen und gesehen werden. Wer war auf Ihrer Party, und waren die Leute beeindruckt? Das öffentliche Image ist ausschlaggebend. Die Leute kennen Sie aufgrund Ihres Rufs und des akademischen Grades vor Ihrem Namen. Sie ziehen Leute von Format in Ihren Zirkel und veranstalten selbst gesellschaftliche Ereignisse.
Sie üben Einfluß indirekt aus, indem Sie Treffen arrangieren, Projekte ermöglichen und Leute zusammenbringen, die etwas füreinander tun könnten. »Soziale« Zweier stärken gern Gewinnern den Rücken. Da Sie Potentiale spüren, fühlen Sie sich zu Menschen hingezogen, die auf dem Wege nach oben sind. Sie dienen dem Ehrgeiz, oft unbewußt, indem Sie Ihre beruflichen Interessen auf die eines Mentors, eines Unternehmers oder einer Persönlichkeit auf dem jeweiligen Gebiet ausrichten. Sie und Ihre Freunde halten Ausschau nacheinander. Sie

erledigen Dinge, indem Sie Ihre Freunde anrufen. Mitglied des inneren Zirkels zu sein ist das Kennzeichen für Ehrgeiz. Ich klopfe Ihnen auf die Schulter, und Sie klopfen mir auf die Schulter. Sind Sie ausgeschlossen, fühlen Sie sich unsicher. Sie entwickeln ein feines Gespür für Veränderungen in Loyalitätsverhältnissen und gesellschaftlichem Respekt. Sie schützen Ihre Leute, indem Sie an der Machtstruktur arbeiten. Sie wollen sie vor Gefahren warnen und sie auf neue Gelegenheiten aufmerksam machen. Zweier werden Verehrer, treue Fans und der Mittelpunkt der Familie.

Ich-zuerst-Haltung im Bereich der Selbsterhaltung

Die Menschen erscheinen Ihnen als bedürftig. Sie sind von Ihrer Hilfe abhängig. Die Notwendigkeit zu helfen scheint nicht Ihrem Bedürfnis zu entwachsen. Sich als selbstloser Geber zu fühlen, tarnt das Bedürfnis nach Zustimmung und Schutz. Zweier sind stolz auf ihre eigene Unabhängigkeit und glauben, andere seien von ihrer Hilfe abhängig.

Das Streben nach Privilegiertheit wird sichtbar, wenn Sie Menschen helfen, erfolgreich zu werden, und feststellen, daß Sie zornig sind, wenn keine Belohnung folgt. Selbstloses Geben und Unterstützen sollte Ihr Privileg schützen. Macht indirekt und durch andere Menschen auszuüben scheint für Sie natürlicher zu sein, als zu sagen, was Sie wollen, und Ihre Interessen offen zu verfolgen. Das indirekte Vorgehen mindert den Druck des öffentlichen Wettbewerbs und das Risiko sozialer Demütigung. Wenn er oder sie gewinnt, dann gewinnen Sie, und wenn der Erfolg gefeiert wird, erwarten Sie selbstverständlich eine gewisse bevorzugte Behandlung: Logenplätze bei der Eröffnungsfeier, spezielle Beachtung bei der Siegesfeier. Privilegierte Menschen nehmen ihren Platz vorn in der Reihe ein und überleben gut.

Bezogensein auf andere

Zweier definieren sich durch andere. Sie finden ihre Identität in Beziehungen in derselben Weise, wie Dreier ihre Identität durch die Arbeit finden. Sie konzentrieren ihre Aufmerksamkeit darauf, wie andere auf sie reagieren, und dadurch werden sie ungewöhnlich feinfühlig für das Wollen und Wünschen eines Menschen, den sie lieben. Ob nun ihre Wahrnehmungen genau sind oder nicht – Tatsache bleibt, daß die Aufmerksamkeit von Gebern gewöhnlich zwischen den Gefühlen anderer Leute und ihren eigenen aufgespalten ist. Das Bezogensein auf andere kann zur Entwicklung von großem Einfühlungsvermögen führen, aber auch zu großer Verwirrung. Wie ein sozial engagierter Geber einmal bemerkte: »Zu versuchen, sich selbst treu zu bleiben, wenn man mit seinen verschiedenen Freunden auf einer Party ist, kommt einem so vor, als sei man in einer Salatschleuder.«

Viele Ichs

Weil sich ihr Selbstgefühl leicht ändert, je nachdem, mit wem sie zusammen sind, neigen Geber nicht dazu, Beziehungen als etwas emotional Beständiges anzusehen. Sie sind herzlich und zuvorkommend. Sie haben einen Sinn dafür, wie man Kontakt mittels Konversation, Stimmung und Körpersprache herstellt. Sie stellen sich entsprechend ein: »Sollte ich sanft, aggressiv, fröhlich oder todernst sein?« Es ist durchaus nicht so, daß sie etwas vortäuschen oder eine Maske aufsetzen; es fühlt sich mehr so an, als wollten sie auf diese Weise mit anderen zurechtkommen, so daß alle einander mögen. Geber sagen, daß sie sich zwischen den verschiedenen Menschen, von denen sie angezogen werden, hin- und hergerissen fühlen. Besonders wenn es sich um romantische Beziehungen handelt. Welchen Faden soll man nun weiterspinnen? Welche Regung ist echt? Welche Beziehung soll man fortsetzen, wenn Beziehungen zu unterschiedlichen Ergebnissen führen?

Leben im Fühlen

Anziehung erzeugt unmittelbare Energie. Emotionale Glückstreffer sind das Lebenselixier. Im Kopf entstehen Szenarios für die Zukunft. Man stellt sich zufällige Wiederbegegnungen vor. Könnten wir ein Paar werden? Vielleicht besteht Hoffnung. Es gibt viele Formen des Angezogenseins. Das Herz öffnet sich unerwartet und in seltsamen Augenblicken. Wenn das Herz spricht, will man auf einer Parkbank sitzen und mit alten Menschen reden, will das Baby eines Fremden halten, will seine Freunde anrufen.

Beziehungen entwickeln sich durch Gefühlsströmungen, die ein Gespräch begleiten. Man empfindet die Gemeinsamkeiten und Unterschiede zum Gegenüber. Man testet die emotionale Verbindung. Gefühlstypen haben zuweilen Schwierigkeiten mit der Beschreibung des Denkprozesses, der sie leitet. Entscheidungen werden sowohl auf der Grundlage von Gefühlen als auch von Tatsachen getroffen. Die Qualitäten der Emotionen variieren von Tag zu Tag und von Person zu Person. »Mal sehen, wie ich mich fühle, wenn es soweit ist.« »Nächste Woche empfinde ich vielleicht schon wieder anders.«

Hühnersuppe*

Wenn man gewohnt ist, Menschen zu beobachten, nimmt man automatisch wahr, was sie mögen und was nicht. Die Farben, die ihnen schmeicheln, die Kleidung, die ihnen gefällt, und die Sandwiches, die sie gern essen. Zweier geben ganz selbstverständlich und leicht, und damit können sie zuweilen manipulieren: »Wenn ich diesem Menschen etwas gebe, was er/sie will, bekomme ich dafür, was ich will.« Meist aber bleiben ihnen ihre Motive selbst verborgen. Geber bemerken gewöhnlich nicht, was sie unbewußt anstreben, bis sie grollen, weil sie nicht bekommen haben, was sie wollten. Das ist das Hühnersuppensyndrom. Geben ist eine Daseinsweise, und

* Hühnersuppe ist zu verstehen als physisches und emotionales Allheilmittel (einer übertrieben fürsorglichen Mutter); Anm. d. Ü.

wenn man andere Menschen versorgt, sind sie froh und dankbar.

Grenzen

Geber haben ein feines Gespür für das, was benötigt wird. Braucht nicht jeder Hilfe? Geber wissen ganz genau, daß die Menschen das, was sie am meisten benötigen, oft verleugnen. Weiche Menschen müssen abgehärtet, aggressive besänftigt werden, extrovertierte brauchen gesellschaftliche Tummelplätze, und introvertierte benötigen mitmenschliche Hilfe. Ist eine Zwei stark fixiert, geht sie ganz im Leben des Menschen, den sie liebt, auf. Überzeugt, daß andere es ohne sie nicht schaffen würden, und nicht ahnend, daß sie die Kontrolle übernehmen, können Zweier zudringlich werden. Andere Menschen fühlen sich gedrängt, die Vorhaben der Zwei zu realisieren, während diese überzeugt ist, auf Bedürfnisse zu reagieren. Zweier, die sich nicht ausreichend geschätzt fühlen, können aufdringlich sein. Sie setzen sich über die angemessenen Grenzen der Privatsphäre hinweg und übernehmen das Kommando im Leben eines Partners. In extremen Fällen denken Zweier, daß alles, was einem Partner gehört, ihres ist und daß alles, was die Familie je geleistet hat, ihrer guten Fürsorge zu verdanken ist.

Geben, um zu bekommen

Die Strategie des Helfenwollens bringt es mit sich, daß man sich von potentiellen Bedürfnissen angezogen fühlt, sieht, was zur Erfüllung dieser Bedürfnisse nötig ist, und sich anschickt, Unterstützung zu leisten. Übersehen wird dabei, daß sich die Aufmerksamkeit der Zwei von ihren persönlichen Bedürfnissen auf die Bedürfnisse der anderen verlagert hat. Diese Verlagerung der Aufmerksamkeit kann dazu führen, daß Zweier derart engagiert über das Leben eines geliebten Menschen nachdenken und dieses zu verbessern suchen, daß ihre eigenen Gefühle ausgeblendet werden. Zweier denken, »das tue ich für dich«, während sie in Wirklichkeit für die Beziehung arbeiten, und sie unterdrücken den Gedanken an das, was sie dafür erwarten. Zweier, die sich nicht ausreichend wertgeschätzt fühlen, können sehr zornig sein. Wird eine Beziehung enttäuschend, schieben die beziehungsorientierten Zweier dem Partner die Schuld in die Schuhe. »Sieh, was ich für dich getan habe«, schreien sie. Sie meinen, bei solch guter Hilfe könnten ihre Partner zumindest produktiv, gut aussehend, aufmerksam, weise und wohl geachtet sein. Und die Partner würden dann auch viel mehr von sich selbst halten.

Alleinsein

Wenn Ihre Identität von der Art abhängt, wie Sie mit verschiedenen Menschen verkehren, kann Alleinsein schwierig sein. Wenn Sie nicht in einer Beziehung sind, kommt es Ihnen vor, als seien Sie selbst nicht da. Ihre Reaktionen auf andere sind weit entwickelter als Ihre Beziehung zu sich selbst. Allein zu sein und Dinge allein zu tun kann beängstigend sein. »Es fühlt sich an, als ob sich ein schwarzes Loch öffnet, wenn ich in mich hineinschaue; da ist nichts.« Es kostet Mut, in sich hineinzuschauen, sich selbst zu inspirieren. Die meisten reifen Zweier haben einige Zeit allein verbracht. Sie hatten lange Zeit keine Beziehung oder haben sich ernstlich bemüht, allein zu sein, um ihren Kern zu finden, der stetig und unwandelbar ist.

Ein unwandelbares Selbst

Das Selbstgefühl von Gebern beruht gewöhnlich auf ihrem Verhältnis zu ihrem Partner. Es ist so wie das der Athleten zu ihrem Sport. Wenn man das Training aufnimmt, beginnt man, seine Sportart zu verinnerlichen; Zeit, Energie, Emotionen und Denken stellen sich darauf ein. Wenn Sie trainieren, verlagert sich Ihr Selbstgefühl ein wenig. Sie gehen jetzt auf in der Identität des Im-Training-Seins, und Ihre anderen Selbst-Formen treten in den Hintergrund Ihres Bewußtseins. Ihre Konzentration ist jetzt nicht auf Karriere, Schule, Liebesleben oder Freundschaft gerichtet.

Wie ein Gefühlsathlet kann eine Zwei ihre Beziehung denken,

»sein« und fühlen. Das Selbstgefühl, das der andere hervorruft, tritt in den Mittelpunkt. Wenn Zweier reifen, beginnt es sie zu stören, daß sie bei so vielen Menschen im Mittelpunkt stehen. Verwirrung entsteht unter den vielen Selbst-Formen. »Welche davon bin ich?« Es geht entscheidend darum, ein beständiges Selbst zu erkennen, denn ein Selbst hat konkrete Bedürfnisse.

Bedürfnisse zu haben, fühlt sich an wie Kampf. »Wem diene ich? Dir oder mir? Du magst mich, wenn ich deinen Bedürfnissen diene. Wer bist du, daß du mich behindern kannst?« Es kann sein, daß der Partner die Zwei gar nicht vorsätzlich bremst, aber vom Standpunkt der Zwei kann es so aussehen. Direkt für die eigenen Interessen anstatt über die Tagesordnung von jemand anderem zu arbeiten, das ist Neuland.

Co-Abhängigkeit

»Sind Zweier co-abhängig?« wird oft gefragt. Es könnte den Anschein haben, als sei Co-Abhängigkeit ein Hauptfaktor in ihrem Charakter, genauso wie bei der Neun (dem Vermittler), dem anderen Enneagramm-Typ, der gewohnheitsmäßig mit den Menschen, die ihm etwas bedeuten, verschmilzt. Ich sehe Süchte nicht als typbezogen. Wenn die Gelegenheit gegeben ist, ein gesellschaftlicher Druck besteht und die inneren Bedingungen dazu reif sind, kann jeder alle möglichen Süchte entwickeln.

Unterschiede bei den Typen beeinflussen jedoch die zur Sucht führenden Motivationen sowie auch die Art und Weise, in der Süchte ausagiert werden. Daraus folgt auch, daß es für unterschiedliche Menschentypen je eigene gute Wege zur Heilung gibt. Ein treffendes Beispiel wäre der Unterschied zwischen dem Wecken von Wut als Heilstrategie für Vermittler (Neun) und dem Wutmanagement bei Bossen (Acht). Ja, Zweier können co-abhängig sein wie jeder andere Typ auch.

Die Dynamik der Veränderungen: Sicherheit und Risiko

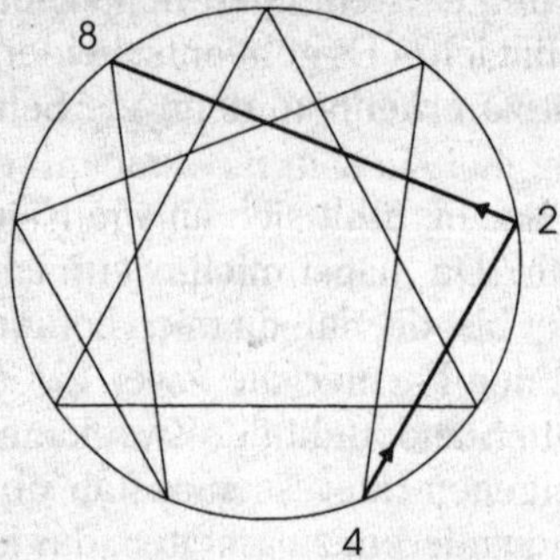

Abb.: Dynamik der Veränderungen für die Zwei

Sicherheit

Eine sichere Lebenssituation, beispielsweise eine zufriedenstellende Arbeit, führt zur Entspannung im Hinblick auf die Hauptthemen. Eine Zwei in Sicherheit hält klare Grenzen ein und fühlt sich nicht gezwungen, anderen zu gefallen. Die Verlagerung zur Vier erfolgt, wenn es für die Zwei ungefährlich ist, ihre Bedürfnisse wahrzunehmen, und sie bereit ist, sich in Gefühle hineinfallen zu lassen. Die Aufmerksamkeit wendet sich Interessen zu, wie sie die Vier hat; diese werden aus der Zweier-Perspektive angegangen. Es geht um das Selbst und nicht um die anderen. »Was mag ich, und was mag ich nicht? Was interessiert mich zutiefst, wenn ich allein bin? Was sind meine wirklichen Gefühle und nicht die, die darauf ausgerichtet sind, Bestätigung zu erlangen?« Die Entwicklung eines beständigen und unwandelbaren Selbstgefühls vollzieht sich aus der Perspektive der Zwei: Man bildet eine Beziehung zu sich selbst; nimmt die eigenen Potentiale an und lernt, diese genauso begeistert zu würdigen wie die von Menschen, die einem etwas bedeuten. Eine sichere Zwei weiß, was

andere fühlen, und kann sich bewußt von ihren Emotionen lösen.
Das Aufbrechen realer Bedürfnisse ist fast immer von Schwierigkeiten begleitet. Zweier reagieren gewöhnlich deprimiert, wenn sie sehen, daß es leichter ist, für andere dazusein als für sich selbst. Sie fühlen sich benutzt. Sie haben sich selbst verraten. Sie spüren, daß sie sich für Zuneigung und ein Schulterklopfen verkauft haben. Die Schattenseite der romantischen Vier produziert Selbstmitleid: »Die anderen hatten's leichter.« »Warum habe ich nur so lange gewartet?« »Ich Armer.« Für Zweier kann es produktiv sein, diesen Kummer und Neid der Vierer-Position genauer anzuschauen. Traurig über was? Neidisch auf was? Diese Fragen können zur Wiederentdeckung unterdrückter Bedürfnisse führen oder, wie bei der Vier, zur Entdeckung dessen, was im Leben fehlt und entwickelt werden muß – in diesem Fall der Bereich echter Emotionen.

Risiko

Beziehungen stehen im Vordergrund der Aufmerksamkeit, und sie sind die Quelle größten Stresses. Paradoxerweise kann eine sichere Beziehung Ängste bei Zweiern auslösen, denn um mit jemandem zu leben, muß man sich selbst treu sein. Erste Streßsignale sind erkennbar, wenn sich die grundsätzlichen Abwehrmechanismen der Zwei verfestigen. Die Zwei vertieft sich noch mehr in die Bedürfnisse des Partners und unterdrückt die eigenen. Eine hysterische emotionale Schärfe stellt sich ein, mit kurzen Anfällen von Reizbarkeit und zunehmend oberflächlicher emotionaler Bindung. Bei weiterem Streß nimmt die Zwei, die sich klassischerweise auf Menschen zubewegt, eine Achter-Haltung ein und wendet sich gegen sie. Geber in der Achter-Haltung können unerbittlich sein. Für sie fühlt es sich wie ein Kampf um Freiheit an, und sie gehen damit vor Gericht.
Solange eine Zwei gegen reale emotionale Tyrannei kämpft, kann die Bewegung zur Acht hin befreiend sein. Viele Zweier

berichten, daß sie in der Not zu sich gefunden haben. Sie wußten genau, was sie brauchten, weil es ihnen weggenommen wurde. Sie behielten ihre Klarheit, lernten, sich nicht zu verzetteln, und sie kämpften gut. Solange Zweier aber Schattenboxen mit ihrer eigenen Verdrängung veranstalten, bringt die Bewegung zur Acht sie nicht weiter. Sie ärgern sich einfach darüber, daß sie dem Willen anderer dienen, und rebellieren; aber die Bedürfnisse der anderen stehen immer noch im Mittelpunkt ihrer Aufmerksamkeit. Zweier können gegen die Bedürfnisse anderer mobil machen, ohne die eigenen zu entdecken.

Aus der Sicht der Zwei gehört zur Schattenseite der Acht die Bestrafung anderer für Undankbarkeit; eine aggressive Willensbehauptung gegen den Willen anderer. Der Fall wird vor Gericht gebracht, und es werden hohe Schadensersatzansprüche gestellt.

Die Zwei in der Liebe

Leben mit einer Zwei

- Eine Zwei will in Ihrem Leben der Mittelpunkt sein. »Ich brauche dich nicht, aber du bist auf mich angewiesen.«
- Lernen Sie, die Manipulationstaktiken der Zwei zu erkennen, beispielsweise ihre Klagen und Schuldzuweisungen. Eine Zwei wird versuchen, Sie dahin zu manövrieren, daß Sie tun, was sie will.
- Eine Zwei übt Kontrolle aus, während sie den Anschein erweckt, als füge sie sich und sei unterwürfig.
- Da es in ihrem Leben viel um Beziehungen geht, leidet sie sehr unter Ablehnung und Verlust.
- Ermutigen Sie eine Zwei, authentisch zu sein.
- Seien Sie auf große Emotionen gefaßt. Zorn und aufkommende Hysterie sind Signale für unbefriedigte Bedürfnisse. Zweier wissen möglicherweise nicht, was sie wollen, können aber hysterisch werden, wenn sie es nicht bekommen.

- Machen Sie sich klar, daß kurze Ausbrüche oberflächlichen Gefühls die Konzentration zerstreuen. Hysterisches Gelächter, Hyperaktivität und Flirts überdecken die Unsicherheit einer Zwei hinsichtlich ihrer eigenen Bedürfnisse.
- Erkennen Sie, daß für eine Zwei Sex bzw. Zuneigung dasselbe wie Liebe zu sein scheinen.
- Haben Sie Verständnis dafür, daß Zweier oft keine Erfahrungen mit wirklicher Intimität haben. Sexuelle und emotionale Empfindungen wurden im Interesse der Veränderungsfähigkeit unterdrückt, um so Aufmerksamkeit auf sich lenken zu können. »Ich kann dir zwar gefällig sein, aber was empfinde ich wirklich für dich?«
- Zerstreuen Sie die tiefsitzende Überzeugung einer Zwei, daß man verlassen wird, wenn man etwas will. Einer Zwei muß immer wieder beteuert werden, daß man sie auch dann noch liebt, wenn sie einem nicht jeden Wunsch erfüllt.
- Seien Sie auf der Hut: Zweier werden besonders von Beziehungen mit Hindernissen angezogen. Hindernisse ersparen der Zwei die Konfrontation mit der Verwirrung, die erreichbare Intimbeziehungen umgibt.
- Eine Zwei mag Dreiecksverhältnisse, schwärmt für »große Männer« bzw. anregende Frauen (»Musen«), während sie gleichzeitig mit einer Liebesgeschichte beschäftigt ist, die sie leichter haben kann. Dadurch braucht sie sich nicht so festzulegen und riskiert es kaum, abgelehnt zu werden.
- Seien Sie nicht überrascht, wenn eine Zwei anfängt, um Freiheit zu kämpfen unter dem Eindruck, sie hätte sich aufgrund ihrer Gewohnheit, andere – darunter oder speziell auch Sie – zufriedenzustellen, verkauft. »Ich habe mich um deine Bedürfnisse gekümmert. Und was ist mit meinen?« – »Geh und sorg für dich selbst.«
- Seien Sie darauf gefaßt, daß eine Zwei zornig wird, wenn aufkommende reale Bedürfnisse sich von ihrem normalen liebenswürdigen Verhalten unterscheiden.

Anerkennung brauchen Zweier wie die Luft zum Atmen. Die besten Seiten eines Gebers kommen als Reaktion auf die besten Seiten anderer zum Vorschein. Gewöhnlich sind Geber heiter und energiegeladen, bringen ihre Begeisterung und ihren Schwung mit in Beziehungen ein, bei denen sie sich gebraucht fühlen. Da Geber bezeichnenderweise ihre eigenen Kapazitäten erhöhen, während sie andere Menschen fördern, muß darauf geachtet werden, wen sie als Kandidaten auswählen und welche Hilfe sie anbieten. Ihre Hilfe ist eher selektiv und spezifisch als zufällig oder allgemein. Angesprochen fühlen sie sich im allgemeinen von körperlicher Schönheit sowie von potentiell erfolgreichen Menschen, und gern helfen sie Menschen, denen das Leben arg mitgespielt hat. In sicheren Beziehungen werden ihre Talente geweckt, wenn ihr eigenes Wohlbefinden mit dem Erfolg eines Menschen, der ihnen etwas bedeutet, zusammenhängt. Anziehende Menschen, die Hilfe brauchen, reizen die Zwei.

Vom Helfen zum Manipulieren ist nur ein kleiner Schritt. Wenn Sie mit einer Zwei leben, wissen Sie, was er bzw. sie will, wenn Sie ein schlechtes Gewissen haben, weil Ihnen etwas mißfällt, was »Ihnen doch nützt«. Sie merken, daß Sie in der Klemme sitzen, wenn Ihre Zwei über Arbeitsüberlastung klagt, und Ihr Herz tut Ihnen weh, wenn Sie sehen, wieviel er bzw. sie für Sie getan hat.

Emotionen wachsen an, wenn Zweier nicht bekommen, was sie wollen. Ihr Zorn hat etwas von einem hysterischen Anfall voller Anklagen, in deren Mittelpunkt gewöhnlich mangelnde Wertschätzung oder das Gefühl steht, sich von den Bedürfnissen anderer kontrolliert zu fühlen. Ein Partner kann helfen, indem er die Anklagen abwehrt und auf verschüttete Wünsche kommt. Was braucht die Zwei? Warum ist sie enttäuscht? Was sollten wir geben? Ein Zornesausbruch geht rasch vorüber. Das ist nur ein mit hysterischer Energie aufgeladener Augenblick. Kein Groll. Keine Reue. Das war gestern. Zorn bleibt nicht haften, wenn es in Wirklichkeit um Wertschätzung geht. Gefühle flackern auf wie Feuerwehrskörper und verschwinden rasch wieder.

Zweier gehen auf Menschen zu. Sie sind herzlich und kontaktfreudig, was verführerisch wirken kann, aber gewöhnlich nur eine gesellschaftliche Ausdrucksform ist. In erster Linie wollen sie Aufmerksamkeit von wichtigen Leuten. Auf der Suche nach dieser Anerkennung können Zweier ganz übersehen, daß sie ihre Absichten auch an den Rest des Raumes aussenden. Aufmerksamkeit zu bekommen, schafft unbeabsichtigte Eifersucht, wenn andere sich abgewertet fühlen. Der Geber-Stil kann schwierig für Menschen sein, die vielleicht mit ihrer eigenen Sexualität nicht in Kontakt sind, Flirt als Vorspiel ansehen und die Vorstellung hegen, Scherzen führe geradewegs ins Schlafzimmer.

Jemandem nachzustellen kann viel Spaß machen. Für Zweier ist das etwas ganz Natürliches; sie tun es durch Verführung oder Hilfsbereitschaft. Es ist aufregend, wenn einen jemand attraktiv findet. Man fühlt sich herausgefordert, wenn es funkt. Dieses erste Erkennen ist eine Verheißung, der man folgen möchte. Man sucht einen emotionalen Widerpart.

Wenn sich eine Beziehung vertieft, tauchen die Aspekte des Selbst, die während der Hitze der Werbungsphase vernachlässigt wurden, wieder auf. Es ist nicht ausgeschlossen, daß die Zweier einige wesentliche Teile von sich selbst nicht zu erkennen gegeben und sich etwas geändert haben, um positive Anerkennung zu erhalten. Es braucht Zeit, damit solche Gefühle an die Oberfläche kommen, und wenn dies geschieht, ist es, als seien die Bedürfnisse grenzenlos. Für Geber, die stolz darauf sind, gebraucht zu werden, ist es entsetzlich zu erkennen, wie weit sie selbst schon abhängig sind. Sie denken, niemand könne ihre Bedürfnisse befriedigen. Sie müssen inspiriert und gebraucht werden, müssen mit anderen Menschen zusammensein, damit sie nicht verlassen werden. Ihr höchstes Bedürfnis ist es, ihre Bedürfnisse befriedigt zu bekommen, ohne wahrnehmen zu müssen, daß sie bedürftig sind.

Bedürfnisse zu haben kommt einer Zurückweisung gleich. In der Kindheit kamen Geber zurecht, indem sie anderen entgegenkamen. Der Empfangende zu sein, ist neu für sie. So entsteht eine Phase der Verwirrung in der Beziehung. Ein Teil der Schwierigkeiten rührt daher, daß sich wirkliche Nähe entwickelt. Aus dem anfänglichen Reiz der Verführung wird ein tiefes Kennenlernen des anderen. Um mit jemandem zu leben, muß man sich selbst kennen. Wenn der Reiz des Neuen verflogen ist, langweilen sich manche Zweier. Was weiter? Es ist ermüdend, auf Beifall zu warten, und es ist zu einengend, auf einen Aspekt von sich selbst festgelegt zu werden.
Erfolgreiche Beziehungen haben Zeiten der Auflehnung überlebt, in denen die Zwei gegen die Einschränkungen kämpfte, die das Eingehen auf die Bedürfnisse des Partners mit sich brachte. Der Partner ist vielleicht wirklich freizügig und kontrolliert nicht, aber dadurch, daß er oder sie den emotionalen Mittelpunkt bildet, fühlt sich die Zwei eingeengt. Fühlt sich überfahren. Kämpft um Freiheit. Will nicht länger den Wünschen anderer Rechnung tragen. Es braucht Zeit, bis Geber gewahr werden, daß sie in einer Beziehung nach ihrem eigenen Willen leben können, ohne verlassen zu werden, und daß sie nicht die Erlaubnis ihres Partners brauchen, um ein eigenes Leben zu führen.
Jungen Zweier fällt es schwer, lange genug allein zu sein, um herauszufinden, wer sie sind. Sie sind stolz darauf, in verschiedenen Kreisen der Gesellschaft beliebt zu sein – bei Studentenführern, Rebellen, Athleten, Mitgliedern von Studentenverbindungen und scheuen Intellektuellen. Die Zwei ist an Beifall orientiert und will nicht abgelehnt werden. Ablehnung kann niederschmetternd sein. Wenn man von jemandem, der einem wichtig ist, keine Reaktion erhält, geht einem das nahe. Ablehnung fühlt sich an wie der Verlust der eigenen Identität. »Wer bin ich ohne dich?« »So werde ich vielleicht nie wieder fühlen können.« Sie laufen Gefahr, sehr viel von sich zu verlieren, wenn Sie abgelehnt werden, solange Sie sich nur durch die Augen anderer sehen und erfahren.

Die Signale der Zwei

Positive Signale

Zweier vermitteln Ihnen das Gefühl, daß Sie etwas Besonderes sind, daß es sich mit Ihnen lohnt, daß Sie die Zeit wert sind, die man mit Ihnen verbringt. Sie werden unterstützt und beachtet. Romantische Begegnungen. Einfühlsame Fürsorge. Die Beziehung hat etwas Bezauberndes an sich. Etwas Märchenhaftes. Zweier vertreten Ihre Interessen. Sie bringen Sie mit Leuten zusammen, die Sie kennen müssen. Ihre Zukunftsaussichten werden gefördert. Zweier senden ein Signal übersprudelnder Lebendigkeit aus. Energiegeladen und ausdrucksvoll. Eigenwillig und bereitwillig. Zweier tun für andere, was andere normalerweise für sich selbst tun.

Negative Signale

Es kann sein, daß Sie Zweier als abhängig erleben. Zweier wollen eine Menge von Ihrer Zeit. Das andauernde Verlangen nach emotionaler Spannung kann ermüdend sein. Von Ihnen wird Anregung erwartet. Sie sollen sich anvertrauen. Sie fühlen sich in die Vorhaben der Zwei hineingedrängt. Sie fragen sich, wer das Sagen hat. Irgendwann einmal waren Sie wunderbar. Jetzt sind Sie nicht mehr so faszinierend. Sie spüren, daß Ihr Leben ganz unmerklich neu arrangiert worden ist.

Gemischte Botschaften

Wenn Ihre Interessen denen einer Zwei zuwiderlaufen, gibt es eine doppeldeutige Botschaft. Sie bekommen möglicherweise keine direkte Lüge zu hören, aber die Mitteilung wird »frisiert«. Zweier manipulieren ganz behutsam. Ihre Wahrnehmungen kommen Ihnen verschwommen vor. Sie verstehen absolut gar nichts mehr. Unterstützung wird Ihnen entzogen. Treffen finden statt. Hast du denn keinen Bescheid bekommen? In Unwissenheit eingehüllt, werden Sie ganz behutsam vom Platz in der Gruppe nach draußen verfrachtet, und aus dieser Perspektive sehen Sie dann, wie die Zwei geschäftig anderer Leute Leben managt. Die Botschaft lautet, entweder »bei Fuß« zu kommen oder sich allein durchzuschlagen.

Innere Signale

Der Stolz ist gut versteckt, denn er gibt sich als Hilfsbereitschaft aus. Zweier, die mit dem Enneagramm noch nicht vertraut sind, schalten für gewöhnlich ab, wenn von Stolz gesprochen wird. Die charakteristischen Geber-Eigenschaften, die sie bei sich beobachten, haben keinen offensichtlichen gemeinsamen Nenner. Es scheint nicht nach Hochmut auszusehen, wenn man sich Gedanken darum macht, was andere benötigen. Menschen als bedürftig wahrzunehmen, hat überhaupt nichts von Voreingenommenheit an sich. Man erkennt nicht, daß Stolz am Werke ist, wenn man die Kontrolle übernimmt. Man stellt nur fest, daß man ausgesprochen beschäftigt ist. Die Gedanken sagen: »Ich könnte vorschlagen«, »ich könnte arrangieren«, »ich weiß, wie die das machen könnten«. Es liegt doch auf der Hand. Man muß dafür sorgen, daß jeder bekommt, was er will, und dann sind alle zufrieden. Ein Gefühl wie Weihnachten. Ein Gefühl großzügigen Wohlwollens. Sie stürzen sich voll in die Sache hinein. Großmütig, nicht hochmütig. Ihre Gefühle sagen: »Das wird sie freuen.«
Der blinde Fleck in dieser Daseinsweise ist, daß Sie an die Bedürfnisse anderer, aber selten an Ihre eigenen denken. Ihre Gedanken sagen selten: »Ich werde nehmen«, »ich werde bekommen«, »ich mache das meinetwegen«. Es ist hilfreich, wenn Sie bemerken, daß Ihr Kopf von Gedanken eines anderen erfüllt ist. Es ist hilfreich, wenn Sie Ihre Aufmerksamkeit mehrmals am Tage von anderen lösen und sich ganz auf sich selbst konzentrieren. Was sehen Sie im Geiste vor sich, wenn Sie fragen: »Was kommt für mich dabei heraus?«
Der Stolz wird sichtbar, wenn Sie unterscheiden lernen zwischen großzügig gewährter Unterstützung und eigennützigem Engagement. Die Gedanken sagen: »Hierbei schalte ich ab.« »Du hast Bedürfnisse. Ich nicht.« Es hilft, die Aufmerk-

samkeit wieder auf sich selbst zu lenken, sich selbst wieder zu fragen: »Was ist, wenn ich nicht gebe? Wie werde ich mich fühlen, wenn ich nichts tue?« Wenn Sie nicht auf sich aufmerksam machen, wird die Verbindung zwischen Stolz und Bedürfnissen bestürzend klar. Sie fühlen sich gedemütigt, wenn die anderen Sie trotzdem lieben; und es ist verheerend, wenn Liebe, die Sie hätten erwerben können, jemand anderem geschenkt wird.

Die Zwei in der Arbeit

Am Arbeitsplatz

- Leitet ihre Identität von Autoritäten ab, die Unterstützung gewähren können. Die rechte Hand. Die Sekretärin, die alle Geheimnisse kennt. Die Macht hinter dem Thron.
- Sehr empfänglich für Beifall und Ermutigung. Mißbilligung wirkt niederschmetternd.
- Behält im Büro alles genau im Auge. Der Informationskanal, der Partykoordinator; die Person, die weiß, wann Einladungen verschickt werden.
- Verkehrt mit »lohnenden« Leuten. Geht den anderen aus dem Wege.
- Hat komplizierte Strategien im Büro. Unterstützt Günstlinge. Oft unerkannter Konflikt zwischen dem Ehrgeiz, Erster zu sein, und dem Wunsch, zu gefallen.
- Arbeitet, um von wichtigen Leuten auf dem jeweiligen Gebiet und von der Machtelite respektiert zu werden. »Wen kennen wir, der unser Projekt unterstützen wird?«
- Sicherheit liegt im Zufriedenstellen von Autoritäten. Fürchtet sich, allein gegen die Macht zu opponieren.
- Könnte sich für eine Arbeit entscheiden, weil sie für jemanden, den die Zwei liebt, von Wert ist.

Zweier sind effiziente Führungskräfte, obwohl sich viele als Macht hinter dem Thron positionieren. Verheißungsvolle neue Richtungen und potentielle Begabungen auf dem Weg nach oben sind für eine Zwei attraktiv. Sie vertraut mehr auf das Aufbauen von Leuten, die Schlüsselpositionen einnehmen sollen, als auf ausgefeilte Strukturen. Ihre Geschäftsvision ist die einer florierenden, verschworenen Gemeinschaft, die es bei guter Pflege weit bringt.

Es wird einen inneren Zirkel und einen erweiterten Kreis geben, und nach Möglichkeit werden Entscheidungen im Interesse der Günstlinge getroffen. Sie merken, daß Sie für eine Mitgliedschaft im inneren Zirkel aufgebaut werden, wenn Sie Zugang zum Chef bekommen. Wenn Sie nicht dazugehören, werden Sie mit jemand anderem zu tun haben.

Das Image ist entscheidend. Zweier suchen die Verbindung mit Macht und Erfolg. Zweier als Firmenchefs werden ihren Ehrgeiz darein setzen, Leistungen mit Prestigewert zu erzielen, und werden dieses Image dadurch unterstützen, daß sie sich in verführender bzw. aggressiver Weise auf Schlüsselfiguren in ihrem Bereich ausrichten. Die Leute, die sie kennen, sind ausschlaggebend für den Erfolg ihres Tuns. Eine auf Prestige bedachte Führungskraft wird eher eine Basis kollegialer Verbindung herstellen wollen, als Territorien abzustecken und die Konkurrenz zu vertreiben. Zweier haben einen intuitiven Sinn für die Bedürfnisse anderer Menschen; und der Weg des geringsten Widerstandes ist der, sich mit denen zusammenzutun, die Macht haben. Geber können ein hochentwickeltes Konkurrenzdenken haben. Sie brauchen es, anerkannt und gesehen zu werden. Das von ihnen gewählte Image vermittelt eher Hilfsbereitschaft als Aggression. Sie sind beliebt und ziehen öffentliche Anerkennung auf sich, ohne den Eindruck zu erwecken, daß sie sie benötigen. Da ihnen das Klima im Büro wichtig ist, geben sie selbst ein Beispiel für den Enthusiasmus und den persönlichen Charme, den sie am Arbeitsplatz erwarten. Gewinn ist natürlich wichtig, aber wenn

Sie Erfolg am Gedeihen zwischenmenschlicher Beziehungen messen, werden Sie der Qualität der Büroatmosphäre viel Aufmerksamkeit entgegenbringen.
Dieser Führungsstil setzt auf das Erkennen und Befriedigen von Kundenwünschen. Ändern sich diese, ändert sich auch die Organisationsstruktur. Es geht darum, den Kunden zufriedenzustellen, eher die Kunden zu umwerben als die Konkurrenz zu bekämpfen. Produkte oder Dienstleistungen werden so präsentiert, daß Kunden bekommen, was sie wollen. Geber reduzieren gern den Aufwand an Berichten und Verfahren zugunsten zwischenmenschlicher Beziehungen. In einer kommunikativen Situation sind sie produktiver, als wenn sie allein und zurückgezogen arbeiten. Ihre Entscheidungen treffen sie oft in Zusammenarbeit mit vertrauten Beratern.
Die Macht hinter dem Thron sein zu wollen, ist eine typische Zweier-Strategie. Es ist einfach viel leichter, indirekt zu führen, als sich direkter Feindseligkeit oder Ablehnung stellen zu müssen. Indem Zweier die Rolle des Haushofmeisters übernehmen, können sie in Ruhe beobachten, Ratschläge erteilen und die Lage auskundschaften. Da sie sich völlig mit den Absichten des Throns identifizieren, entwickeln sie im Betrieb ein starkes Netzwerk aus den Mitgliedern des inneren Zirkels; eine perfekte Machtposition. Ihr Ratschlag bestimmt, welche Bedürfnisse befriedigt werden. Sie können die Kerngruppe fördern und die Politik so gestalten, daß sie mit ihren Interessen übereinstimmt. Unter Druck ziehen die Mitglieder der Gruppe am selben Strang.

Konflikte

Geber können launenhaft sein. Sie blühen auf, wenn sie Anerkennung bekommen, und reagieren auf scheinbare Respektlosigkeit gereizt und ablehnend. Stolz erschwert es ihnen, gelassen zu werden, methodisch Hindernisse überwinden zu müssen und durch Banales gebremst zu werden. Ihre gewöhnlich großzügige und optimistische Haltung kann sehr schnell in einen Wutausbruch umkippen, wenn sie das Gefühl haben, übersehen zu werden. Persönliche Probleme können sich am Arbeitsplatz auswirken. Häusliche Auseinandersetzungen werden mit in die Arbeit gebracht. Wenn die Zwei die Macht hat, beginnen die Angestellten den Chef mit Samthandschuhen anzufassen. Sie lernen auch, im rechten Moment zu verschwinden, wenn starke Emotionen aufkommen. Die Enneagramm-Typen, denen Beständigkeit wichtig ist, fühlen sich möglicherweise emotional manipuliert; aber anstatt einen Ausbruch persönlich zu nehmen, ist es weit effektiver, sich daran zu erinnern, daß der Zorn einer Zwei rasch verfliegt. Zweier vergeben nicht nur, sie vergessen auch.

Konfliktlösung

Hinweise zur Vermittlung zwischen Zweiern und anderen Typen finden Sie in Teil III »Leitfaden für Beziehungen«.

Zweier als Mitarbeiter

Eine zufriedene Zwei ist ein Schatz am Arbeitsplatz. Zweier vertreten Sie gut, machen konstruktive Vorschläge und setzen sich mit tatkräftiger Energie für Ihre Interessen ein. Sie unterstützen Sie aus dem Bereich hinter den Kulissen. Sie kennen jeden und können Beistand mobilisieren. Sie behalten den Überblick über Veränderungen in Sympathieverhältnissen und Gruppierungen und halten Sie auf dem laufenden. Sie gehören in ihrem Bereich zum Inventar und sind unentbehrliche Bundesgenossen. Niemand ist erfolgreicher hinsichtlich Reichweite und Werbewirksamkeit als eine zufriedene Zwei. Wenn das System vorsieht, daß das Personal nur eine untergeordnete Rolle spielen soll, könnte es für Geber schwierig sein, da mitzumachen. Sie sind unglaubliche Förderer derjenigen, an die sie glauben, verlieren aber das Interesse, wenn kein positives Feedback kommt. Das nährt die Tendenz, Macht indirekt oder durch Manipulierung des Wohlwollens einflußreicher Partner auszuüben. Zweier sind auf die Träume der anderen ausgerichtet, und der Weg nach oben beginnt damit, daß man mit ihnen gemeinsam lehrt oder Hilfestellung gibt.

Bei diesem System könnten Pannen auftreten. Eine Zwei könnte beispielsweise beginnen, stolz auf ihren Beitrag zum Projekt zu sein. Die Teilnahme an Besprechungen und ein paar nützliche Diskussionsbeiträge machen kaum Führungsqualitäten aus, aber Mitarbeitern, die ihren eigenen Einfluß überbewerten, könnte es so vorkommen. Die nachstehende Bemerkung eines ehrgeizigen jungen Gebers sagt alles: »Ich persönlich habe kein Interesse am äußeren Erscheinungsbild, aber ich verbringe mindestens ein Drittel meiner freien Zeit mit Einkäufen, um meine Firma gut zu repräsentieren.«
Zweier als Angestellte müssen zu Beginn eines Vorhabens sehr unterstützt werden. Allein zu stehen ist schon schwer genug, aber wenn die Aufgabe mit der Möglichkeit öffentlicher Demütigung verbunden ist, kann das dazu führen, daß der Zweier-Mitarbeiter sich zurückzieht und intrigiert. Sind Zweier erst einmal in Bewegung, arbeiten sie gut. Schwierigkeiten haben sie am Anfang. Sie neigen dazu, den Faden und die Konzentration zu verlieren, wenn sie erstmalig allein im Rampenlicht stehen.

Teamaufbau

Ein Team von Gleichen ist ein Dilemma. Eine Zwei möchte einerseits von der Gruppe gemocht werden, andererseits wünscht sie sich aber auch besondere Aufmerksamkeit. Gemocht zu werden bedeutet, gleich zu sein, aufgrund gemeinsamer Interessen dazuzugehören. Eher jedoch neigen Zweier zu Konkurrenzdenken gegenüber ihresgleichen und suchen nach Möglichkeiten, bei Höherstehenden Aufmerksamkeit zu erregen. Ein Team, dessen Mitglieder unterschiedliche Qualifikationen mitbringen, ist zwar besser, aber wirklich erfolgverspechend sind Emotionen. Ist jemand, der der Zwei etwas bedeutet, am Ergebnis interessiert? Eine Zwei arbeitet viel besser mit, wenn sie an den Belangen der Teammitglieder Anteil nimmt oder mit einem anerkannten Mentor zusammenarbeitet. Zweier bleiben interessiert, wenn sie mit den Bedürfnissen der anderen im Einklang sind oder wenn sie sich mit dem Projekt verbunden fühlen. Sie wollen mehr als den Inhalt der Arbeit. Sie wollen eine emotionale Beziehung zu ihr. Am besten arbeiten sie, wenn sie so eingesetzt sind, daß sie Vorschläge machen, Anstöße geben, anderen gut zureden und ein Projekt, um das es anderen sehr geht, weiterentwickeln können.

3. Drei: der Leistungsmensch

	Tendenz der erworbenen Persönlichkeit	Aspekte der Essenz
geistig	Eitelkeit	Hoffnung
emotional	Täuschung	Wahrhaftigkeit/ Ehrlichkeit

	Subtyp-Verhalten	
	sexuell (Zweierbeziehung):	männliches/ weibliches Image
	sozial (Gruppe):	Prestige
	selbsterhaltend:	Sicherheit

Der Blickwinkel der Drei

Weltsicht

Die Welt weiß den Meister zu schätzen. Ich muß Mißerfolg vermeiden.

Spiritueller Weg

Die vorrangige Beschäftigung mit persönlicher Leistung und Selbstdarstellung deutet auf ein Suchen nach *Hoffnung* hin. Eine Drei setzt ihre Hoffnung eher auf eigene Anstrengungen als auf ein Handeln im Einklang mit universalen Prinzipien. *Eitelkeit* erhebt persönliche Leistung zu großer psychischer Bedeutung. Die Vermittlung des Images eines leistungsfähigen Menschen ahmt *ehrliche* Bemühungen nach, die von universalen Energien getragen werden. Mit dem hochprofilierten Produktivitätsimage versuchte das Kind, Anerkennung zu erlangen und die Verbindung zu den starken Energien der Essenz zu schützen. *Täuschung* bedeutet, gegenüber anderen das Image eines erfolgreichen Menschen aufrechtzuerhalten.

Hoffnung und Wahrhaftigkeit bedeuten für Erfolgssucher eine Chance für seelisches Wachstum und eine potentielle Zugangsmöglichkeit zu höherem Bewußtsein.

Akzente

- Will eher für Leistung geliebt werden als um seiner/ihrer selbst willen.
- Die Drei muß der Erste sein. Die Welt liebt Spitzenkönner.
- Effizienz, Produkt, Ziele, Ergebnisse.
- Tritt nur dann in den Wettstreit ein, wenn der Sieg sicher ist. Meidet Mißerfolge. Geht, bevor sie verliert.
- Die Selbstdarstellung verändert sich, um die Effizienz zu erhöhen. Sorgt sich um ihr Image.
- Selbsttäuschung. Nimmt die Gefühle an, die zum öffentlichen Image passen.
- Agiert die erworbene Persönlichkeit in den drei Zentralbereichen wie folgt aus:
  - durch ein erfolgreiches *männliches/weibliches Image* in sexuellen bzw. Zweierbeziehungen,
  - durch *Prestige* in der Gesellschaft/Gruppe,
  - durch die Schaffung von *Sicherheit*, um für die Selbsterhaltung zu sorgen. Geld und Besitztümer.
- Das Herz ist bei der Arbeit. Emotionen im Dienste einer Rolle fallen leicht.
- Ist ein Chamäleon. Gibt echte Gefühle zugunsten einer Rolle auf.
- Verwechselt wirkliche Identität mit Berufsrollenidentität.
- Der Zugang zu tiefen Emotionen fällt schwer. Die Aufmerksamkeit wendet sich Aufgaben zu.
- Freizeit macht ängstlich. Urlaub wird mit Aktivitäten vollgepackt.
- Tendiert dazu, das Glück in Image, Status und materiellen Objekten zu suchen.
- Ist ein Sofortexperte. Überschätzt eigene Fähigkeit.
- Mehrphasiges Denken. Erledigt viele Aufgaben zur selben Zeit.

- Sieht Aufgaben wie mit Scheuklappen. Wird zornig, wenn die Arbeit daran unterbrochen wird.
- Effiziente Führungskräfte, gute Verpacker, kompetente Werbeleute und Kapitäne von siegreichen Teams.

Erworbene Persönlichkeit

Jeder der neun Typen ist auf einen speziellen Informationsbereich konzentriert. Dreier sind auf hochprofilierte Leistung konzentriert. Alles, was diese Betrachtungsweise fördert, rückt in den Vordergrund, während anderes ausgeblendet wird. Das ist eine effiziente Denkweise, um etwas zustande zu bringen, und jeder macht sie sich im beruflichen Leben zu eigen. Wenn ein interessantes Projekt ins Spiel kommt, ist es ganz natürlich, daß wir einen Gang zulegen und wie die Dreier auf Leistung schalten.

Dreier wurden eher für das geliebt, was sie leisteten, als für das, was sie fühlten. Tun wurde mehr geschätzt als Fühlen. Das Image wurde eher geschätzt als Tiefe. Um in dieser Umgebung gedeihen zu können, lernten die Dreier als Kinder, gute Leistungen zu bringen, und stellten sich auf Erfolg ein. Sie lernten zu konkurrieren, mehrere Arbeiten auf einmal zu erledigen und sich ins rechte Licht zu rücken. Sie lernten, wie man andere beeindruckt. Wenn der Weg zur Liebe darin besteht, daß man ein Sieger sein muß, lernt man, eine Siegerfassade zu vermitteln.

Das Image kann täuschen. Es soll die Ergebnisse verbessern und nicht Bedürfnisse ausdrücken. Die Selbstdarstellung ändert sich der jeweiligen Situation entsprechend. Man wird der perfekte Liebhaber, der effiziente Macher, der Anführer des Rudels. Wenn Ihnen Ihre eigenen Gefühle unbedeutend und fremd erscheinen, können Sie trotzdem noch von sich eine gute Meinung haben, wenn Sie in den Augen der anderen gut dastehen. Ohne Steuerung durch ein starkes Gefühlsleben erscheint es einem natürlich, sich nach anderen Leuten zu richten, herauszufinden, wie man aussehen sollte, und den anderen zu geben, was sie haben wollen.

Wenn die Vermittlung einer entsprechenden Persona funktioniert, können Sie die charakteristischen Eigenheiten der Rolle annehmen. Sie vergessen, daß Sie ein Image vermitteln. Sie wissen nur, daß Sie es hassen, nicht gemocht zu werden, daß die Leute Sie mögen, wenn Sie erfolgreich erscheinen, daß Sie Ihre Darstellung willentlich ändern können und daß alle mit Ihnen zufriedener zu sein scheinen, wenn Sie gut aussehen. Wird diese Gewohnheit automatisch, hört die Selbstbeobachtung auf. Dreier können dann Opfer massiver Selbsttäuschung werden, unfähig, ihre eigenen Gefühle von denen zu unterscheiden, die zu einer Rolle gehören.
Dreier wachsen, wenn sie sich selbst und ihr Image auseinanderhalten können. Sie gewinnen Wahlfreiheit, wenn Sie sich selbst dabei zuhören können, wie Sie Werbung für sich machen, wie Sie Ihre Leistungen ins rechte Licht rücken oder wie Sie sich anpassen, um einen besseren Eindruck zu machen.
Dreiern kann von Menschen geholfen werden, die ihnen zeigen, daß es in einer Beziehung nicht um Scheingefühle, sondern um emotionale Tiefe geht; von Menschen, die Geduld haben mit der Gewohnheit der Drei, sich Gefühlen zu entziehen, und die dem Menschen Loyalität anbieten, ohne sich von der überzeugenden Fassade täuschen zu lassen.

Subtyp-Verhalten

Die Täuschung wird in Zweierbeziehungen, Gruppen und im Bereich der Selbsterhaltung ausagiert.

Männliches/weibliches Image in sexuellen bzw. Zweierbeziehungen

Dreier können Meister des äußeren Scheins sein. In Intimbeziehungen werden sie der Prototyp dessen, was dem Partner gefällt. Im Geschäftsleben ändert sich die Fassade, um möglichst viel Anklang zu finden. Ein Spitzenproduzent. Ein starker Konkurrent. Ein aufmerksamer Liebhaber. Der ideale

Partner. Der Akzent liegt auf Form und Oberfläche. Richtig aussehen und den besten Text haben. Wie übernehmen gute Kämpfer das Kommando bei geschäftlichen Zusammenkünften? Wie sollten aufmerksame Liebhaber ihr Haar stylen? Man macht die perfekten Orte für ein romantisches Essen ausfindig. Was für aktuelle Bücher lesen Spitzenkönner?
Der sexuelle Subtyp macht aus einer Eroberung eine Aufgabe. Um zu überzeugen, müssen Sie an sich glauben. Sie stellen Beziehungen her, indem Sie Selbstvertrauen ausstrahlen. Sie werfen den Angelhaken aus und beobachten, ob jemand anbeißt. Sie benützen Köder, die Ihnen Anerkennung bringen, und tragen die passende Maske.
Da Dreier ihre Identität durch eine Rolle zu erlangen suchen, werden sie selbst Rollenmodelle für die Eigenschaften, die ein Partner ansprechend findet, und reden sich dabei ein, daß die für diese Rolle angenommenen Gefühle echt seien. Das gewählte Image betont sexuelle Attraktivität, und es ist verwirrend, wenn der jeweilige Trend nicht zu Ihrer Natur paßt. Sie haben grellfarbige Sportkleidung zu tragen, auch wenn Sie kein Sportler sind. Wenn Sie eigentlich wie ein John-Wayne-Macho aussehen, paßt ein New-Age-Softie-Image nicht ganz.

Prestige in der Gesellschaft/Gruppe

Anonymität macht Sie ängstlich. Sie müssen in den Augen anderer etwas darstellen, sonst fühlen Sie sich wie ein Niemand. Oft wird »der Beste sein« mit »der Bestbekannte sein« verwechselt. Dreiern des sozialen Subtyps geht es mehr um unmittelbare öffentliche Sichtbarkeit als um einen privaten guten Ruf. Sie legen großen Wert auf Statussymbole, Titel, öffentliche Ehrungen und einflußreiche Verbindungen. Was für Schulen haben Sie besucht? Wie viele akademische Grade stehen vor Ihrem Namen? Kennen Sie berühmte Leute? Täuschung bedeutet auch, die Selbstdarstellung zu ändern, um gesellschaftlich auf sich aufmerksam zu machen. Möglicherweise sind Sie sich dessen gar nicht bewußt, wenn Sie in

die Rolle des allseits geschätzten Leistungsmenschen schlüpfen. Möglicherweise merken Sie gar nicht, daß Sie sagen, was die Gruppe hören will, oder daß Sie die Figur darstellen, die die anderen sehen wollen. Sie wissen nur, daß es weh tut, mitansehen zu müssen, wenn ein anderer im Mittelpunkt steht. Die anderen mögen zwar gut sein, aber Sie könnten besser sein. Es tut weh, ein Niemand in der Menge zu sein. Also beeinflussen Sie die Leute und werden gewählt. Im weiteren Verlauf nehmen Sie von selbst die Eigenheiten eines Prototyps an. Sie überlassen sich den angemessenen Gedanken und Gefühlen, wie ein Schauspieler, der sich allmählich in seine Rolle hineinversetzt. Sie fühlen sich sicher, wenn in Ihre Richtung geschaut wird.
Wenn Sie sich zwischen Gruppen hin und her bewegen, verfügen Sie über unterschiedliche Garderoben. Es ist wichtig, im Konzert oder beim Fahren eines Lastwagens die Rolle passend darzustellen. Sie zielen auf ein Image ab, das die Gruppe schätzt, und aufgrund des Grades der Wertschätzung, die Sie bei den anderen genießen, wissen Sie, wo Sie stehen. Wenn es nicht funktioniert, passen Sie sich an, weil Sie sich als ein Jemand fühlen, wenn Sie Anerkennung bekommen.

Sicherheit im Bereich der Selbsterhaltung

Vorrangiges Bemühen um Sicherheit, die man mit Geld erkaufen kann. Oft aus der Überzeugung heraus, daß man mit Geld Sicherheit kaufen kann, entwickeln Dreier des selbsterhaltenden Subtyps viele Fertigkeiten, um ihren Arbeitsplatz zu sichern. Sogar mit Reichtum in der Hinterhand haben Dreier große Angst davor, nicht mehr arbeiten zu können. Emotionales Überleben wird an Einkünften festgemacht, und sehr viel Aufmerksamkeit gilt dem Ansammeln von Vermögenswerten und Besitztümern. Der eigene Wert als Person wird mit materiellem Wert in Verbindung gebracht. Man kann sich selbst und die anderen über das Ausmaß des eigenen Erfolges täuschen, indem man das

Image eines Wohlhabenden vermittelt. Ein prächtiges Zuhause mit einer guten Adresse, teure Reisen, Designer-Kleidung.

Der Verlust von Vermögen kann als lebensbedrohend empfunden werden. Sie arbeiten weiter, denn wenn Sie aufhören, bekommen Sie Angst. Nichtausgebuchte Arbeitszeit erzeugt große Unruhe. Bei einem Job ohne Beförderung stellen Sie Ihren Wert in Frage. In der Arbeit führt die Sorge ums Überleben zu einer unbeirrbaren Konzentration auf die Punkte, auf die es ankommt. Freizeit beschwört das Gespenst von Krankheit oder Entlassung herauf. Sie arbeiten gern lange. Glück wird mit Wohlstand gleichgesetzt. Materieller Besitz wird zum Mittelpunkt Ihrer Beziehung, oft mit der Tendenz, finanzielles Wohlergehen mit emotionalem Vergnügen zu verwechseln. Sie werden sich erst nach dem nächsten Geschäft, der nächsten Beförderung, der nächsten Gehaltserhöhung entspannen.

Hauptthemen

Chamäleon

Dreier wissen, wie sie nach Ansicht anderer aussehen sollten, und sie sehen dann auch so aus. Sie wissen, was andere hören wollen, und sie lassen es sie hören. Sie sehen, was andere beeindruckt, und sie spielen dann diese Rolle. Da sie geschickt im Image-Management sind, können sie ihre Identität mitten im Satz ändern. Sie beginnen erst in der falschen Richtung, merken dann, daß die Sache nicht funktioniert, und stellen sich so reibungslos um, daß sie am Ende des Satzes eine akzeptable Meinung herausbringen. Sie nehmen die Schutzfarbe eines Images an, das die Gruppe respektiert. Indem sie sich das Aussehen, den Stil und den Status aneignen, den andere schätzen, können sie sich wie ein Schauspieler, der sich die Charakteristika einer Rolle zu eigen macht, in den Entwurf von sich selbst hineinverwandeln.

Mehrgleisige Aktivität

Im Interesse der Effizienz tun Dreier gern mehrere Dinge auf einmal. Wenn Sie von der Küche in den Keller gehen müssen, fallen Ihnen plötzlich all die kleinen Aufgaben entlang dieser Strecke ein. Auf der Arbeit gehen Sie den Gang hinunter zu einem anderen Büro und blättern dabei in Gedanken die einzelnen Punkte im Kalender durch, die dieses Büro betreffen. Vielleicht könnten Sie zwei Sachen auf einem Weg erledigen? Effizienz gibt Ihnen Schwung. Je mehr Sie tun, um so besser fühlen Sie sich. Also setzen Sie auf Quantität.

Wenn Sie sich auf eine Hauptaufgabe konzentrieren, belegen Sie mehrere Spuren zur gleichen Zeit. Sie erinnern sich an sachdienliche Einzelheiten, besinnen sich auf nützliche Kontakte und gehen in Gedanken die Liste für morgen durch, während Sie am Telefon mit der heutigen beschäftigt sind. Mehrere Projekte kulminieren oft zur selben Zeit. Um effizient zu sein, wenden Sie möglichst wenig Zeit für Details auf und gehen schnell zum nächsten Punkt und dann zum nächsten und zum übernächsten weiter. Handeln ist eine Form der Kontrolle. Leistungsmenschen fühlen sich sicher, solange sie aktiv beschäftigt sein können.

Konkurrenz

Dreier sind ehrgeizig. Sie lieben es, ihre Grenzen weit auszudehnen, sich voll zu engagieren und mit den Besten zu konkurrieren. Wie die meisten guten Wettkämpfer spielen sie, um zu gewinnen. Ein guter Opponent belebt das Spiel. Alles Ablenkende verschwindet, und Sie konzentrieren sich darauf, auf schnellstem, effizientestem Wege zum Ziel, zum Produkt oder zur Zuneigung eines Partners, einer Partnerin zu gelangen. Die Stärke des Konkurrenzdenkens liegt darin, daß die Arbeit getan wird, aber der Nachteil besteht in einem mangelhaften Feedback-System. Man sieht nur Aspekte, die das Ziel betreffen. Alles andere ist Nebensache.

Menschen, die in Konkurrenzsituationen stehen, handeln aufgrund selektiver Informationen. Sie können nicht innehalten, um zuzuhören. Sie sind zu konzentriert, um zu hören. Menschen und deren Möglichkeiten werden auf das reduziert, was sie zum Nutzen des Projekts tun können. Bei negativem Feedback arbeiten sie noch angestrengter, bei positivem werden sie schneller. Die Botschaft lautet: »Stör mich nicht, wenn ich arbeite.« »Ich rufe an, wenn ich fertig bin.«

Persönliche Vermarktbarkeit

Konkurrenz bedeutet Fähigkeiten und Selbstdarstellung. Die nordamerikanische Kultur ist vorwiegend eine Dreier-Kultur. Wir belohnen Jugendlichkeit und Vitalität. Wir unterstützen das System des Markts, der von der Konkurrenz lebt. Wir rechnen damit, von den Medien indoktriniert zu werden. Wir wissen, daß Werbung Fakten beschönigt. Werbung ist nicht etwa Lug und Trug, sondern die Produktbeschreibung wird auf die Wünsche der Öffentlichkeit zugeschnitten.

Außenorientierte Dreier übernehmen Rollen, die in der Öffentlichkeit Anklang finden. Ihre Identität hängt von der Wertschätzung ab, die einer attraktiven Erscheinung entgegengebracht wird. Es ist nicht etwa so, daß sie Lügen über ihr Leben verbreiten; es ist eher so, daß sie sich selbst wie ein Produkt vermarkten. Ihre berufliche Laufbahn spielt in ihrem Denken eine große Rolle. Sie finden heraus, was ein potentieller Arbeitgeber will, und werten die eigenen Leistungen in der Darstellung ein wenig auf. Sie achten darauf, was für Interessen ein Partner hat, und werden ein Experte dafür. Sie halten Ausschau nach charakteristischen Eigenschaften, die andere ansprechen, und beginnen, diese Eigenschaften zu verkörpern.

Machen-Können

Dreier lieben einen klaren Handlungsablauf mit einem festgelegten Ziel. Sie fühlen sich als Herren der Lage, wenn es etwas Konstruktives zu tun gibt; sie sind wütend, wenn ihre Arbeit unterbrochen wird. Ihre Wut verdeckt ihre tiefsitzende Angst, die Kontrolle zu verlieren. Wenn sie einen Sieg brauchen, reden sich Dreier ihre Fähigkeiten ein. »Ich weiß die Antwort. Kein Problem. Ich kann es.« Die Aufmerksamkeit verlagert sich auf das Endergebnis, und die Gefahr wird weniger wahrgenommen. Selbstzweifel passen nicht ins Bild. Die Schritte eins bis neun sind bereits vergessen, wenn sie bei zehn sind. Durch rasches Vorgehen überholen Dreier ihre Ängstlichkeit. »Wir improvisieren eben, wenn wir soweit sind. Los geht's.«

Betrügerei

Image täuscht und schützt. Es schirmt Dreier vor Zurückweisung ab. Funktioniert eine Beziehung nicht, kann man weiterziehen und sich vorkommen, als beginne man ein neues Leben, werde ein anderer, finde einen neuen Freundeskreis und habe neue Erwartungen. Dreier schauen nach vorn, in die Zukunft und auf den Erfolg. Sie trauern sehr wenig Vergangenem nach. Dreier, die sich kennen, wissen um den Unterschied zwischen ihrem Image und realen Gefühlen. Sie können zwischen einer Führungskraft und einem Bluffer unterscheiden. Es ist ein Augenblick der Wahrheit, wenn Dreier entdecken, daß sie hinter einer Maske leben. Sie haben das Gefühl, Heuchler zu sein und sich selbst zu verraten. Ihr Verhältnis zur Macht der Illusion macht sie ein wenig mißtrauisch. Sie können einen Heuchler erkennen, weil sie wissen, wie äußerliche Anziehungskraft wirkt. Es ist ein bedeutsamer Augenblick, wenn eine Drei ihr wahres Selbst in der Öffentlichkeit zeigt. Es ist so viel leichter, eine jeweils passende Fassade zu präsentieren.

Effizienz

Sicherheit liegt im Tun. Also ist die Vorstellung von Quantität und Effizienz reizvoll. Ziele und Programme laufen ununterbrochen und oft begleitet von dem ungeduldigen Gefühl, daß nicht genügend Zeit ist, um alles zu erledigen. Effizienz wird kalkuliert. Das Rollen bis zum Stopschild wird so genau abgestimmt, daß man nicht anhalten muß. Eine bestimmte Routine, durch die Hausarbeiten möglichst schnell erledigt werden.

Dreier planen schnell, um die für den einzelnen Gegenstand nötige Zeit zu verkürzen. Durch den fortlaufenden Druck von Aufgaben fällt es schwer, einfach dazusitzen und sich zu unterhalten. Dreier haben das Gefühl, daß das Leben schnell vorübergeht. Wenn ein Energieschub über sie kommt, sind sie die ersten, die aus dem Bett springen, die ersten auf dem Tennisplatz, und sie schlagen die meisten Bälle in kürzester Zeit. Sogar Sekunden zählen. Das Mittagessen besteht aus einem Sandwich im Auto oder am Computer, oder es wird für die Zeit vorgesehen, wo man in der Cafeteria nicht anzustehen braucht.

Die Gewohnheit des Hastens

Wenn ein Projekt auf Touren kommt, verengt sich die Aufmerksamkeit auf die Punkte, die die Sache voranbringen. Andere Interessen entfallen. Ablenkungen verschwinden. Ziele werden klar, wenn die einzelnen Teile in Bewegung sind. Man stellt Zeitpläne auf, kalkuliert die Kosten und ruft Leute an. Zweifel löst sich in Nichts auf, Fragen verschwinden. Man ist im Gang.

Ein Projekt kann auch Ihr Leben beherrschen. Es bestimmt Prioritäten. Es kontrolliert Ihre Zeit, Ihr Geld und Ihren Geist. Es bestimmt, wen Sie in Ihrem Leben behalten und wen Sie aufgeben. Haben Sie sich erst einmal festgelegt, können Sie nicht loslassen. Eine Bewußtseinsspaltung entwickelt sich. Das Projekt beschäftigt Sie, auch wenn Sie zu anderen Zielen übergegangen sind. Sie werden es nicht los. Sie richten Ihre Aufmerksamkeit auf den nächsten Schritt, und auf halbem Wege sind Sie in Gedanken schon wieder bei dem, was für den nächsten Schritt und den darauffolgenden benötigt wird, und zwischendrin gibt's keinen Halt. Kurze Anfälle von Besorgnis treten ein, wenn Ergebnisse ausbleiben. Sie passen sich schnell an, um die Ergebnisse zu maximieren, zuweilen mit dem Wunsch, die Ergebnisse so einzurichten, daß sie dem Ziel entsprechen. Das Schlüsselwort ist *Stop*. Es ist sehr schwer, zu stoppen und in sich hineinzuhorchen, wenn die Gewohnheit erst einmal die Oberhand hat.

Die Dynamik der Veränderungen: Sicherheit und Risiko

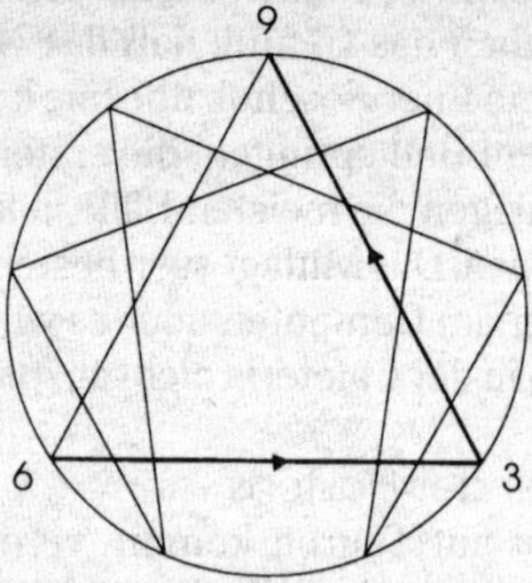

Abb.: Dynamik des Wandels für die Drei

Sicherheit

Paradoxerweise werden Dynamiker zaghaft und ängstlich, wenn sie eine sichere Beziehung eingehen. Ihre Stärke liegt im Führen, wo die Aufmerksamkeit auf Aufgaben und nicht auf Gefühle gerichtet ist. Tun ist leicht, aber die Gefühle, die durch eine Beziehung ausgelöst werden, sind Neuland. Es ist einem viel vertrauter, den Motor auf Touren zu bringen, als sich zu entspannen und den Blick nach innen zu richten. Durch eine sichere Lebenssituation, beispielsweise durch eine zufriedenstellende Arbeit oder eine gute Ehe, können Dreier ein angenehmes Arbeitstempo entdecken, aber die Hauptthemen werden vielleicht nicht in Frage gestellt. Im allgemeinen werden Selbstdarstellung oder ein hohes Profil als Zeichen von guter Leistung angesehen. Dreier ziehen es vor, auf einem Niveau zu arbeiten, das für die meisten von uns stressig wäre. Sie neigen dazu, eine Beziehung ihren Überstunden hintanzustellen, anstatt auf einen niedrigeren Gang hinunterzuschalten. Die Verlagerung zur Sicherheit erfolgt entweder auf Drängen des Partners, der mehr Intimität will, oder als Ergebnis einer Tragödie, die Gefühle gewaltsam an die Oberfläche bringt, oder wenn ein Leistungsmensch anderweitig zu der Überzeugung gelangt, daß sich Emotionen lohnen.

Das Positive an der Sicherheitsposition ist die Entdeckung realer Gefühle, die Einfühlungsvermögen und emotionale Loyalität ermöglichen. Das Unangenehme daran ist die entstehende Unsicherheit. Dreier zweifeln ihre Gefühle an. »Möglicherweise sind sie nicht echt.« Sie kommen sich wie ein Betrüger vor. »Ist es das, was ich fühlen sollte?« Plötzlich sind sie nicht mehr so selbstsicher und zuversichtlich. Die Aufmerksamkeit wendet sich Besorgnissen der Sechs zu, die aus der Dreier-Perspektive angegangen werden. Dreier werden davon abhängig, daß ihr Partner ihrem Image Auftrieb gibt. Sie wollen innige Liebe, betrachten sie aber gleichzeitig voller Mißtrauen. Eine verliebte Drei hat Angst, enttarnt zu werden. Hilfreich ist es, die »Enttarnung« eines Images als etwas Nützliches zu betrachten, die positiven Auswirkungen für Gesundheit und Familienleben hervorzuheben. Hilfreich ist es auch, zu erkennen, daß Zweifel das beharrliche Selbstbewußtsein einer Drei modifizieren kann. Indem sie lernt, Dinge noch einmal zu überdenken, abzuwägen und zu warten, lernt eine gestreßte Drei nicht nur zu lieben, sondern auch die Ruckzuck-Mentalität zugunsten echter schöpferischer Ideen loszulassen.

Risiko

Dreier legen ihr Herz in ihre Arbeit. Dadurch ist jede Bedrohung im Beruf höchst stressig. Eindeutige Streßfaktoren sind Entlassung, erzwungene Feierschichten oder Krankheit. Aber Dreier sind auch gefährdet, wenn eine wichtige Beziehung in die Brüche geht. Erste Anzeichen bestehen in der Mobilisierung der Dreier-typischen Abwehrmechanismen. Die Aufmerksamkeit beschränkt sich dann nur noch auf die jeweilige Aufgabe, durch die Angstgefühle abgestumpft werden. Wenn die Ängstlichkeit anhält, werden Dreier übermäßig tatendurstig. »Mir geht es sehr gut. Ich komme um Mitternacht heim und gehe morgens um sieben aus dem Hause.« Die eigentliche Aufgabe besteht darin, bei dem Impuls zu bleiben, der einer Handlung vorangeht, um so Gefühle zu entdecken. Aber angesichts von Mißerfolg schwenken Dreier in jede Richtung um, die es ihnen ermöglicht, den Schwung beizubehalten. Wenn kein Ausweg gefunden werden kann, erfolgt die Verlagerung zur Neuner-Position durch den Übergang von großen Projekten zu kleinen Aufgaben und Erledigungen.

Dreier auf der Minusseite ihres Risikopunktes schalten ab, indem sie viel Energie auf Trivialitäten verwenden. Kitschromane, Fernsehen und endlose Pflichten. Von außen sieht es nach Betäubung aus. Ängstlichkeit wird wohl erwähnt, aber es steckt nicht viel Emotion dahinter. Fragen des Selbstwertes stehen im Vordergrund. »Wer bin ich, wenn ich nicht produzieren kann?« »Was sollte ich deiner Meinung nach tun?« Am verletzlichsten sind Dreier morgens und nachts, wenn sie nicht durch Tätigkeit abgelenkt werden. Auf der Minusseite zeigt sich auch die Tendenz, dem Schicksal die Schuld zu geben. »Da konnte ich nichts machen.« »Das habe ich nicht zu verantworten.«

Am besten wird die Neuner-Position dazu benutzt, Vertrauen in einer Beziehung aufzubauen. Unfähig, auf der Höhe ihrer üblichen Leistungsfähigkeit zu funktionieren, müssen Dreier ihre Hoffnungen auf jemand anders setzen. Dadurch haben sie die Möglichkeit, die Schlußfolgerung aus ihrer Kindheit, daß nur Sieger Liebe verdienen, neu zu überdenken. Wenn man darauf gefaßt ist, wegen eines Versagens abgelehnt zu werden, ist man ungewöhnlich offen für Anerkennung. Wenn Sie Ihrer Meinung nach wenig zu bieten haben, sind Sie denen dankbar, die Ihnen die Hand entgegenstrecken. Viele Dreier berichten, daß sie sich während einer Krise im Arbeitsleben voll auf ihre Beziehung eingelassen haben. Sie fühlten zu einer Zeit, als sie das am wenigsten erwarteten, daß ihnen Liebe entgegengebracht wurde. Die Vorstellung, um seiner selbst willen geliebt zu werden, für das, was man ist, und nicht

für das, was man tut, kann bei Streß zu gelebter Wirklichkeit werden.
Hinweise zu Beziehungen zwischen Dreiern und anderen in Intimbeziehungen finden Sie in Teil III »Leitfaden für Beziehungen«.

Die Drei in der Liebe

Leben mit einer Drei

- Eine Drei fühlt sich geliebt wegen ihrer Leistungen und nicht dafür, wer sie ist.
- Eine Drei gestaltet Beziehungen als »wichtige Aufgabe«, die man erarbeiten kann.
- Eine Drei erwartet vom Partner, daß er Siegerimage und -stil zu schätzen weiß.
- Seien Sie sich dessen bewußt, daß Ihre Drei die Tendenz hat, Gefühle zu »machen«, Gemütsbewegungen durch Aktivität zu ersetzen und in die Rolle des perfekten Liebhabers zu schlüpfen, mit einer Textvorlage für zärtliche Worte.
- Helfen Sie Ihrem Partner, die Aktivität in der Intimbeziehung so weit zu verlangsamen, daß er selbst von tiefen Gefühlen berührt werden kann.
- Ihr Dreier-Partner wird keine »dunkleren« Emotionen dulden. Er möchte negatives Feedback ausblenden. »Laß uns dynamisch und zufrieden bleiben.« – »Laß uns etwas zusammen tun.« – »Laß uns Spaß haben.«
- Wenn eine Drei als Partner die Verantwortung für »negative« Gefühle anderer übernimmt (»Was soll ich tun, um dich glücklich zu machen?«), dann zeigen Sie ihr, daß es für Schmerz keine rasche Lösung gibt.
- Begreifen Sie, daß Ihre Drei Vorstellungen von Emotionen ohne weiteres mit realen Emotionen verwechseln kann.
- Und wenn reale Gefühle aufkommen, kann Ihre Drei in einer mißlichen Lage sein: »Habe ich das richtige Gefühl? Mache ich das richtig? Sag mir, was ich fühlen sollte.«

- So wird eine Drei besonders ängstlich, wenn das Handeln eingestellt wird und Gefühle hochkommen.
- Einer Drei als Partner muß versichert werden, daß sie um ihrer selbst willen und nicht als Prototyp des perfekten Partners geliebt wird.
- Das Herz einer Drei ist bei der Arbeit. Eine Drei braucht daher einen starken Anstoß von ihrem Partner, weniger Zeit für die Arbeit aufzuwenden.

Intimbeziehungen

Dreier haben die Tendenz, Gefühle zu »machen«. Dadurch sieht man, wie andere reagieren, und man stellt sich vor, man selbst wäre auch so, wenn tiefe Gefühle erforderlich sind. Sie sehen, wie sich die Gesichter anderer Menschen verändern, wenn sie Kummer haben oder von Liebe erfüllt sind, und Sie gewöhnen sich daran, sich so zu verhalten, während Sie gleichzeitig beobachten, wie Ihr Verstand überlegt, was noch alles zu tun ist. Gefühle zu spielen ist bei weitem nicht so bedrohlich, wie die Aufmerksamkeit nach innen zu richten und eine leere Stelle vorzufinden, wo eigentlich echte Gefühle aufsteigen sollten.

Die verschiedenen Typen von Menschen lieben alle auf ihre eigene Weise, und Dreier werben sehr überzeugend für optimistische, aktive Liebe, ohne zu sehen, wie eng diese Definition ist. Sie glauben, ihre optimistische, handlungsorientierte Herangehensweise sei das, was andere Liebe nennen, und verschleiern die Verwechslung von gespielten und wirklichen Gefühlen durch ihre Selbstsicherheit. Liebe ist, etwas gemeinsam zu tun, Liebe ist produktiv und glücklich. Liebe soll nicht überwältigend sein, etwas heraufbeschwören oder schmerzhaft sein. Wie könnte es anders sein, wenn sich Dreier doch als Kinder Liebe durch Leistung erworben haben?

Negative Emotionen lösen sofortiges Handeln aus. »Laß uns nicht darin herumwühlen. Wir können etwas gegen den Schmerz tun.« Handeln unterbricht Gefühle und verringert die Angst, aber da die Dreier im Namen von Gefühlen han-

deln, glauben sie, Wirklichkeit zu erleben. Ein erfolgreicher Leistungsmensch kann schockiert sein, wenn er entdeckt, daß zunächst sehr wenig Gefühl hochkommt, wenn er die Aktivitäten stoppt und die Aufmerksamkeit nach innen richtet. Freiwilliges Leiden ist der Drei völlig unbegreiflich. Dreier würden sich eher etwas Nützlichem zuwenden. Sie bekommen Angst, wenn sich der Partner seiner Traurigkeit hingibt. Sie denken, »dabei kommt nichts Gutes heraus«. Sogar geringe Unzufriedenheit ruft Ängstlichkeit hervor. Eine besorgte Drei denkt:, »Ich hätte schon eher etwas tun sollen. Lag es daran, daß ich etwas getan oder nicht getan habe? Was könnte man tun, um die Sache in Ordnung zu bringen, und kann ich es rasch tun?« Es ist anstrengend, sich hinzusetzen und etwas zu bereden. Es ist belastend, zu fühlen und nicht zu handeln.
Da sie erwarten, für Leistung geliebt zu werden, sind Dreier bereit, für ihre Partnerschaft viel zu tun. Sie wollen »für die Familie« sorgen. Sie wollen den Status »für uns«. Dreier kommen spät und müde nach Hause und wundern sich, warum das niemand zu schätzen weiß. Aus der Sicht der Drei ist das ein echtes Dilemma: Sie hat Angst, abgelehnt zu werden, wenn sie nichts tut, und wird abgelehnt, wenn sie etwas tut.
Es hilft, Zeit für die Intimität einzuplanen; weit davon entfernt, »mechanisch« zu sein, ist so ein Stundenplan für die Drei wie geschaffen. Herumhängen ohne feste Aufgaben. Eine abgemessene Dosis Liebe, ohne danach etwas vorweisen zu müssen. Spaziergänge ohne festgelegte Aktivitätspuffer. Laufschuhe nicht erlaubt. Nur ein Spaziergang ganz allein, dessen alleinige Aufgabe darin besteht, Gefühle hochkommen zu lassen. Es ist schwer, nur zu sein. »Wie fühlst du dich, wenn du bist?« – »Mache ich es auch richtig?«
Intimleben bekommt eine Bilderbuchqualität. Ein duftes Paar. Eine ideale Familie. Da wird gelernt und gemacht. Es ist enorm lohnend, die Familieninteressen zu fördern, gesunde Kinder heranzuziehen und das Leben zum Funktionieren zu bringen. Da sich Dreier der Produktivität verpflichtet fühlen, können sie eine Beziehung wie einen Tätigkeitsbereich be-

handeln. Liebe wird mit dem äußeren Anschein von Wohlbefinden verbunden. Ein Programm für Aktivitäten, Arbeiten für das Haus, für die Kinder, für uns.
Die Menschen, die Dreiern etwas bedeuten, nehmen an, Dreier hätten vollständigen Zugang zu ihren Gefühlen, anstatt sie erst entdecken zu müssen. Darin leisten die Dreier noch Vorschub, weil sie chamäleonartig Emotionen spielen können und diese mit eigentlichen Emotionen verwechseln. Wenn sich wirkliche Gefühle entwickeln, ist das ein großer Wendepunkt für Dreier. Es zeugt von dem Wert der Beziehung, in der sie sich öffnen. Ein Partner muß etwas bei einer Drei auslösen, damit sich eine Veränderung lohnt. Es wird erst schlimmer, bevor es besser wird. Der Schatten kommt ins Spiel. Gequält durch den Selbstverrat eines Lebens als Chamäleon kommt sich eine Drei wie ein Heuchler vor, wenn sich die Aufmerksamkeit vom Image löst und sich aufs Herz verlagert. »Wer bin ich ohne meine Rollen?« – »Wer sollte ich sein?«
Die Rolle täuscht zwar, schützt aber auch. Hat eine Drei beispielsweise die Identität eines Liebenden angenommen, kann sie glauben, bei einem Bruch sei es die Rolle, die abgelehnt werde. Dreier, die sich selbst beobachten, wissen, daß sie nicht das Image sind, das sie vermitteln. Zuweilen entsteht ein Bruch zwischen dem öffentlichen, leistungsbetonten Selbst und dem eher zurückgezogenen persönlichen Selbst, das sich zeigt, wenn das Aufgeben einer Rolle ungefährlich ist. Das private Selbst fühlt sich wie ein Betrüger und fragt sich: »Stimmt das, was ich sage, für mich? Ist das echt?«

Die Signale der Drei

Positive Signale

Dreier vermitteln eine optimistische Weltsicht. »Wir können Dinge wahrmachen.« Man empfindet sie als enthusiastisch und ermutigend. Im Handeln liegt Hoffnung. Dreier machen den Eindruck ausgesprochen praktisch denkender Menschen, haben sich dem Ziel, dem Team, der Familie, einem Ergebnis verschrieben. Leistungsmenschen können einsatzfreudige Führungskräfte sein. Man kann sich darauf verlassen, daß sie Verantwortung übernehmen, Aufgaben zu Ende führen und bereit sind, das Äußerste zu tun.

Negative Signale

Sie bemerken vielleicht, daß einer Drei nicht viel an Ihnen liegt, besonders nicht an Ihren Gefühlen. Dreier können künstlich oder oberflächlich wirken, weil sie sich ändern, um der Menge zu geben, was sie haben will. Dinge und Ziele könnten der Drei mehr bedeuten als Menschen. Es fällt ihr schwer, sich zu entspannen, loszulassen und Urlaub zu machen. Da eine Drei die Zeit für die Beziehung beschneidet und dabei die Wahrheit durch Halbwahrheiten mildert, kann man sich durch das Leistungsprogramm einer Drei manipuliert fühlen. Dreier können die Beziehungen zu Freunden im Privatleben einschlafen lassen, während Freunde aus dem Arbeitsleben bleiben.

Gemischte Botschaften

Wenn Dreier am produktivsten sind, sind sie sich ihrer selbst oft am wenigsten bewußt. Indem sie effizient von einem Projekt zum nächsten übergehen, können sie wie Roboter schaffen, wobei sie ihren Wert als Persönlichkeit in dem sehen, was sie produzieren und tun. Glück setzen sie oft gleich mit der Anerkennung durch andere und damit, daß sie haben, was andere wollen. Materieller Reichtum und öffentliche Auszeichnungen stehen im Vordergrund. Andere können das Streben nach materiellem Glück als Verpassen des ganzen Spektrums menschlicher Emotionen deuten. Es besteht eine Verwechslung zwischen dem Vergnügen an Dingen und emotionaler Befriedigung. Schnelles Weitergehen zum nächsten Projekt führt dazu, daß die Belohnung unvollständig bleibt. Die Drei bleibt nicht lange genug da, um die Freude am Vollbrachten ganz auszukosten. Das Sich-in-Aktivität-Stürzen ersetzt die eigentliche Aufgabe, die Dinge zu reflektieren und Freude zuzulassen. Hilfreich ist, wenn jemand, der einer Drei etwas bedeutet, die Beziehung als wichtige Aufgabe mit Zielen und Ergebnissen entwirft. Dreier müssen sehen, daß Bemühungen Ergebnisse bringen. Beziehungen können gedeihen, wenn Dreier die Zuversicht empfinden können, daß sie im Emotionalsein »gut werden« können.

Innere Signale

Dreier preschen gern vor. Um Einzelheiten kümmern sie sich später. Wenn das Projekt dann bereits zur Hälfte steht, könnte es zu spät sein, innezuhalten und den Kurs zu korrigieren. Die Gedanken sagen: »Ich weiß, was ich tue. Kläre mich auf, während wir weitermachen.« Es fällt schwer, Warnungen und negative Zeichen zu deuten, wenn man mittendrin ist. Zu wenig Zeit liegt zwischen Idee und Handeln. Keine Zeit zum Nachdenken. Einsprüche klingen wie Einmischungen. Dreier denken: »Damit können wir uns später befassen« oder »Das ist negatives Denken.« Kritik kann Dreier dazu bringen, sich noch mehr ins Zeug zu legen. Das Gefühl ist: »Diese Leute sind nur neidisch.« »Wir müssen als erste ankommen.« Energiegeladene Überzeugung und Ungeduld steigen auf. Die Gefühle sagen: »Das wird klappen. Setzen wir uns dafür ein.« Wenn die Energie aufsteigt, wird die innere Überzeugung mit der Vorstellung verquickt, wie es sich wohl anfühlt, »wenn ich das geschafft habe« oder »wenn ich gewählt werde«. Überschäumende körperliche Energie fühlt sich wunderbar an, und wenn diese Energie mit einem Image verbunden wird, kann das Image ohne Rücksicht auf seinen wirklichen Wert lohnend aussehen.

Dreier müssen lernen zu merken, wann ihr Verstand auf das erreichte Ziel und die Endergebnisse abhebt. Es hilft ihnen zu warten. Dreier, die sich ihrer selbst bewußt sind, können den Energieschub als Gedächtnisstütze benutzen. Sie fragen: »Dient dieses Ziel mir oder meinem Image?«

Die Drei in der Arbeit

Am Arbeitsplatz

- Setzt eigenes Können voraus. Der Sofortexperte.
- Verwechselt das reale Selbst mit der Berufsrolle. »Ich bin, was ich tue.«
- Nimmt Image und Gefühle einer Aufgabe an. Prototyp für den jeweiligen Beruf.
- Im Vordergrund stehen Effizienz und Zeitersparnis, auch wenn das bedeutet, Verfahren abzukürzen. Nimmt die Abkürzung. Tut mehrere Dinge auf einmal. »Details später.«
- Bleibt auf Expansionskurs, bis die Arbeit auf Widerstand stößt. Wertet dann die Optionen zugunsten des größtmöglichen Erfolges aus.
- Empfindet Wut, wenn Aufgaben und Ziele unterbrochen werden. Der Zorn bezieht sich gewöhnlich auf die Arbeit.
- Legt mehr Wert auf das Produkt als auf den Prozeß. »Wieviel habe ich produziert?«
- Für Fähigkeiten und Fertigkeiten in der Arbeit respektiert zu werden ist wichtiger, als gemocht zu werden.
- Bringt Leistung wie eine Maschine. Erwartet, daß andere auch so arbeiten.
- Vermittelt ein hochprofiliertes Image – Empfehlungsschreiben, gesellschaftliche Stellung, zu den wichtigsten Leuten gehören.
- Übt Macht über andere aus; wetteifert um Führungsrollen.
- Will freie Bahn zum Erfolg. Sucht festumrissene Ziele zu erreichen. Will Belohnung für Anstrengung. Erträgt keine mehrdeutigen Reaktionen oder Ergebnisse.
- Achtet selektiv auf positives Feedback. Das Image muß aufrechterhalten werden. Duldet keine Kritik. Wälzt die Verantwortung bei Fehlschlägen auf andere ab.
- Meidet Versagen. Wechselt die Spur. Findet eine Darstellungsweise, die funktioniert.
- Hat Schwierigkeiten, zwischen dem Bewundertwerden als

Führungskraft und dem Gemochtwerden um seiner selbst willen zu unterscheiden.

Führungsstil

Eine führende Stellung wird bevorzugt. Wenn die Selbstachtung durch Anstrengung erworben ist, werden die Ärmel hochgekrempelt. Unbegrenzte Energie steht zur Verfügung. »Los geht's. Ich schaffe es. Warum bist du müde?« Natürlich folgen einem die anderen. Natürlich machen sie mit. Die typische amerikanische Drei verhält sich im Geschäftsleben wie ein Quarterback beim Football und probiert jeden Trick aus, damit der Ball dorthin kommt, wo er hin soll. Das ist ein klassischer Führungsstil für ein rasch expandierendes Unternehmen, und der paßt zum Ideal der USA. Aber wie Chamäleons passen sich Dreier an jedes Milieu an. Eine japanische Drei wird sich aggressiv für prozeßorientierte Erleichterungen einsetzen, die für den Deming-Managementstil typisch sind. Wenn Mitbestimmung angesagt ist, wird ein guter Leistungsmensch zu dieser Art Führungskraft. Wenn die Leute einen Kämpfer wollen, klettert eine Drei in den Ring.
Wenn Dreier erst einmal im Gang sind, arbeiten sie wie mit Scheuklappen und hören nicht auf andere Meinungen. Man kann es sich nicht leisten, bei hoher Geschwindigkeit an sich zu zweifeln. Der Schwung allein treibt einen vorwärts. Man kann nicht zurückschauen. Auf das Ziel konzentriert, machen Dreier als Führungskräfte immer weiter, wenn sie nicht von einer starken Gegenkraft gestoppt werden. Dann wird gekämpft. Dreier als Führungskräfte sind mächtige Konkurrenten. Es geht ums Ziel, und jedes Risiko, das sie dort hinbringen kann, scheint gangbar zu sein. Dreier werden aggressiv schachern. Betteln und borgen. Bis zum Äußersten gehen und darüber hinaus. Anstatt unter Druck langsamer zu werden, expandieren Dreier. Jedes Risiko lohnt sich, wenn man schnell ist und als erster ankommt.
Der Widerwille gegen Unterbrechungen erschwert die Aufnahme neuer oder widersprüchlicher Informationen. Die Bot-

schaft an die Firma lautet: »Handeln!« Dreier delegieren in der Annahme, daß jeder im Interesse der Effizienz möglichst viel abkürzt. Die Qualitätskontrolle wird oft geopfert. Die Aufmerksamkeit richtet sich eher auf Quantität als auf Qualität, den Ausbau von Gelegenheiten auf Kosten der Qualität aktueller Verpflichtungen. Wenn die oberste Direktive »Tu es!« lautet, bleibt für Einzelheiten nicht viel Zeit. Folgt ein Unternehmen den Vorstellungen einer Drei, konzentriert es sich auf die Ausweitung der Ziele. Dreier können wunderbar mit bekannten Ideen experimentieren, sind aber gewöhnlich keine originellen Denker oder Neuerer. Sie wenden bekannte Ideen auf neue Situationen an und verpacken sie sehr gut. Originelles Denken nimmt viel Zeit in Anspruch, weil man über Ideen nachgrübeln und sich mit auftauchenden Fragen auseinandersetzen muß. Dreier haben keine Geduld für längere Suchprozesse. Sie wollen bekannte Lösungen aus bereits erfolgreichen Projekten heranziehen und diese unverzüglich auf neue Ziele anwenden. Sie gedeihen durch praktische Ergebnisse. Leistungsmenschen bekommen sehr viel Bestätigung für ihren persönlichen Stil. Die Welt liebt Sieger, und die meisten von uns sind durchaus bereit, jemanden nach vorn treten und das Kommando übernehmen zu lassen.

Konflikte

Dreier identifizieren sich mit Aufgabe und Rolle. Sie erwarten, daß alle anderen auch so motiviert sind, und sie geraten in Wut, wenn Projekte unterbrochen werden. Es geht ums Ziel, und für den Weg dorthin haben sie nicht viel Sinn. Ergeben sich Schwierigkeiten, kommt Ungeduld in eine Diskussion. Die Tatsache einer Unterbrechung ist so bedrohlich, daß Dreier entweder am liebsten den Unruhestifter feuern würden, oder selbst gehen und sich woanders verbessern wollen. Wenn Sie einer Drei, die auf ein Endergebnis konzentriert ist, schlechte Nachrichten zu bringen haben, tun Sie gut daran, das Ziel noch einmal zu bekräftigen und dann das Problem in möglichst wenig Worten zusammenzufassen. Eine gute Zusammenfassung würde so klingen: »Wir arbeiten überall wie geplant, bis auf einen Bereich; um den müssen wir uns kümmern.« Wenn Dreiern beteuert wird, daß ein Ziel noch zu erreichen ist, können sie sich für das gemeinsame Finden von Lösungen begeistern.

Aller Wahrscheinlichkeit nach kommt es zu Machtkämpfen zwischen Dreiern und anderen. Ist nur eine Führungsposition zu besetzen, zieht eine Drei alle Register, um diese zu bekommen. Der beste Weg, um eine solche Situation zu vermeiden, ist, eine auf Zusammenarbeit ausgerichtete Struktur aufzubauen, bei der effizient gearbeitet werden kann, und darauf hinzuweisen, daß wir alle vom selben Ziel profitieren können. Die kooperative Führungsstruktur muß von Anfang an eindeutig festgelegt sein. Ein Machtvakuum in der Leitung führt zu Krieg.

Konfliktlösung

Hinweise zur Vermittlung zwischen Dreiern und anderen finden Sie in Teil III »Leitfaden für Beziehungen«.

Dreier als Mitarbeiter

Dreier sind Menschen, die auf klassische Belohnung für gute Arbeit ansprechen. Dreier produzieren für Prämien und kämpfen um Titel. Sie achten ungewöhnlich stark auf Statusunterschiede. Am wohlsten fühlen sie sich in Arbeitssituationen mit festgelegten Zielen, Belohnungen für erbrachte Leistungen und verheißungsvollen Aufstiegsmöglichkeiten. Nichtanerkennung führt zu Konkurrenz. Wenn einer Drei nicht besondere Aufmerksamkeit zuteil wird, spürt sie es in der Magengrube. »Ich müßte es sein, der da oben den Vortrag hält.« – »Ich müßte im Rampenlicht stehen.« – »Ich könnte diese Arbeit auch machen.« Sie streben einen Arbeitsplatz an, der Aufstiegsmöglichkeiten bietet; wird aber der Weg nach oben blockiert, könnten sie durchaus das System manipulieren. Sie werden sich ihren Weg um diejenigen herum bahnen, die das Sagen haben, Lobbyisten für ihre eigenen Interessen sein und

Konkurrenzprogramme aufstellen. Sie wirken wie Windhunde, die an der Leine zerren.
Die Aufmerksamkeit der Dreier richtet sich auf ihre Leistung. Sie wollen wissen, daß sie gute Leistung bringen und dabei eine gute Figur machen. Am besten lernen sie, wenn das, woran sie arbeiten, eine bestimmte Funktion zu erfüllen hat. Sie konzentrieren sich auf unverzüglichen Gebrauch. »Was kann ich damit machen?« Wenn sie etwas benutzen können, wird das Material aufregend. Sie wollen eine tempogeladene anregende Tätigkeit. Sie wollen es packen. Sie wollen ein paar Grundprinzipien gezeigt bekommen und dann umgehend brauchbare praktische Anwendungsmöglichkeiten haben.
Dreier lernen beim Tun. Sie heben die Hand, um eine Frage zu beantworten, ohne zu wissen, was sie sagen sollen. Langatmige Theorien können sie nicht leiden. Da sie lieber handeln, lernen sie leichter durch Tun. Zögern liegt ihnen nicht. Sie springen hinein und improvisieren, ohne in Verlegenheit zu geraten, wenn sie etwas nicht sofort können. Sie wollen, daß die Sache in Bewegung kommt, und sie probieren aus, bevor sie nachdenken.
Getrieben von unmittelbar zu erreichenden Zielen und Ergebnissen, könnten sie dazu neigen, andere Möglichkeiten voreilig abzulehnen. Ein kurzfristiger Gewinn scheint ungeheuer attraktiv zu sein, wenn man zum Handeln gerüstet ist. Es scheint einfach leichter zu sein, zu einer Richtung überzuwechseln, die unverzüglich Erfolg verspricht, als sich erst einer langen Phase von Diskussion und Opposition auszusetzen. Dreier können Erfolg haben bei langfristigen Projekten, indem sie sie in kleine Abschnitte aufteilen, die Belohnungen und Anerkennung nach erfolgreichem Abschluß eines jeden Abschnitts bieten. Ein Essen im Zusammenhang mit einer Auszeichnung. Ein Artikel in der Firmenzeitung. Eine öffentliche Erfolgsmeldung.

Teamaufbau

Dreier werden gern Teams übernehmen wollen, wenn die Einflußsphären nicht speziell gekennzeichnet sind. Da sie handfeste Beweise für ihren Wert brauchen, werden sie sich freiwillig zur Verfügung stellen, Sitzungen zur gemeinsamen Problembewältigung veranstalten und sich darauf einstellen, noch spätabends zu arbeiten. Dieser Grad von Engagement wird seine Wirkung auf das Team nicht verfehlen. Einige werden darauf ansprechen, einige sich gedrängt fühlen, und andere werden zurückweichen. In Wirklichkeit geht es möglicherweise bei dieser ganzen Aufregung mehr um Anerkennung als um das Projekt. Dreier fühlen sich hilflos, wenn andere das Kommando übernehmen. Also wollen sie Eindruck machen.

Es ist wichtig, Dreier zu motivieren, indem man ihnen Möglichkeiten zeigt, wie das Ziel ihren eigenen Interessen entgegenkommt. Sie können leistungsfähige Mitspieler im Team sein, wenn sie sich mit dem Ziel identifizieren. Gewöhnlich sind sie eher fürs Spezielle als fürs Generelle da. Sie haben gern einen Fachbereich, in dem sie sich hervortun können, und werden aufrichtig am Ausbau ihrer Fertigkeiten und an neuen Anwendungsmöglichkeiten für ihr Fachwissen interessiert sein. Sie sind auch ungeheuer statusbewußt und werden sich selbst übertreffen, wenn sie sich in renommierter Gesellschaft befinden. Sie sind Tatmenschen. Sie garantieren im Grunde, daß das Projekt vorankommt. Identifizieren sie sich mit einem Team, dient dies mehr dem Projekt als privaten Zwecken.

Leistungsmenschen sind nicht detailorientiert. Es ist hilfreich, sie mit Leuten zusammen einzusetzen, die in Verfahrensfragen und Qualitätskontrolle gewissenhaft sind und die das Bedürfnis der Drei, Ergebnisse vorzuführen, ausgleichen. Dreier wenden oft Finessen im Interesse der Effizienz an und können den Wert von Ergebnissen in der Darstellung steigern, ohne zu bemerken, daß sie leicht übertreiben. Andere Spitzenspieler aktivieren das Konkurrenzdenken der Dreier.

Diese natürlichen treibenden Kräfte können vorteilhaft genutzt werden, wenn der Schwerpunkt richtig auf den Werten des Teams liegt. Dreier visieren die Mitte dessen an, was ihre Gruppe schätzt. Sie werden strapazierfähige Teamspieler, wenn das der geschätzte Prototyp ist.
Dreier können gut verkaufen und Werbung machen. Das kann eine nützliche Fertigkeit für das Team sein, könnte aber auch die Besorgnis wecken, daß vielleicht manipuliert wird. Leistungsmenschen können ihre Meinungen zu ein und derselben Idee mehrmals wechseln. Sie werden durch das motiviert, was für unterschiedliche Leute zu funktionieren scheint. Das kann Menschen, die mehr für eindeutige Handlungsabläufe sind, inkonsequent vorkommen. Dreier werden Reklame machen und sich dann anpassen, wieder für etwas Reklame machen und sich wieder anpassen und dabei auf Zustimmung bedacht sein. Es paßt zu Dreiern, wenn sie ihre eigenen Entscheidungen unterstreichen, um so Bedenken hinsichtlich ihrer Loyalität zu zerstreuen.
Um mit anderen zurechtzukommen, müssen Dreier ihre Ungeduld solchen Leuten gegenüber zügeln, die nicht gleichbleibend schnell arbeiten und Zeit zum Nachdenken und Diskutieren brauchen. Dreier fehlen selten wegen Krankheit am Arbeitsplatz und können mit Leuten nichts anfangen, die nicht funktionieren, wenn sie aufgebracht sind. Sie finden, daß Gefühle beiseite gelassen werden sollten, bis die Arbeit getan ist. »Laßt uns hier nicht herumsitzen.« »Wir wollen uns doch nicht in Emotionen wälzen.« Auf Menschen angewiesen zu sein, die um Details besorgt sind, macht Dreiern angst. Dasselbe gilt für Leute, die ihr Liebesleben mit ins Büro bringen. Für Dreier im Team kommen Gefühle im Teamgeist zum Ausdruck. Wenn sie sich mit Zielen und Ergebnissen voll identifizieren, können sie dahinsiechende Unternehmen wieder auf Vordermann bringen. Treten Schwierigkeiten auf, machen sie sich energisch an die Arbeit und schuften noch mehr. Und wenn das Team gewinnt, organisieren sie die Siegesfeier.

4. Vier: der Romantiker

	Tendenz der erworbenen Persönlichkeit	Aspekte der Essenz
geistig	Melancholie	Die ursprüngliche Quelle
emotional	Neid	Gleichmut/ Ausgeglichenheit

	Subtyp-Verhalten	
	sexuell (Zweierbeziehung):	Konkurrenzkampf
	sozial (Gruppe):	Scham
	selbsterhaltend:	Furchtlosigkeit/ Unbekümmertheit

Der Blickwinkel der Vier

Weltsicht

Etwas fehlt. Andere haben es. Ich bin verlassen worden.

Spiritueller Weg

Melancholie erinnert daran, daß etwas fehlt; es ist eine süße Traurigkeit aufgrund der Empfindung, etwas verloren zu haben. Aus spiritueller Sicht verlor das Kind die Verbindung zur Essenz bzw. zum wahren Sein, als sich seine Aufmerksamkeit Fragen des Überlebens zuwandte. Da das Kind keine Unterstützung durch die *ursprüngliche Quelle* bekam, wurde es akut empfindlich für das Verlassenwerden durch andere und den Verlust von Menschen, die ihm etwas bedeuten. Durch die Sehnsucht nach echten Bindungen versinkt der emotionale *Gleichmut (Ausgeglichenheit)* im Auf und Ab dramatischer Stimmungen. *Neid* erinnert daran, daß andere das Glück zu genießen scheinen, das der Vier vorenthalten wird. Ihr Trachten nach echten Augenblicken des Verbundenseins ahmt ein ständiges Gewahrsein der Essenz nach. Die Suche ist durch die Überzeugung motiviert, daß es mehr gibt als nur das gewöhnliche Leben. Wir würden nicht suchen, wenn wir vollkommen wären.

Akzente

- Sich hingezogen fühlen zu dem, was fehlt: zu Entferntem, Unerreichbarem und schwer zu Bekommendem.
- Neid ist der Glaube, daß andere das Fehlende besitzen. »Die sind glücklich.« – »Die fühlen sich geliebt.« – »Die sind zufrieden.«
- Agiert Neid (»andere genießen, und ich bin benachteiligt«) in den drei Zentralbereichen wie folgt aus:
  - im *Konkurrenzkampf* in sexuellen bzw. Zweierbeziehungen,
  - durch *Scham* im sozialen Bereich,
  - durch *Furchtlosigkeit/Unbekümmertheit* im Bereich der Selbsterhaltung.
- Melancholie ist die süße Traurigkeit des Getrenntseins. Auch wenn sie auf der Wahrnehmung beruht, etwas verloren zu haben, ist Melancholie ein süßer Zustand, der viele Empfindungen hervorruft.
- Das Gefühl, von einem geliebten Menschen verlassen worden zu sein, hält die Selbstachtung gering. »Ich wäre nicht verlassen worden, wenn ich mehr wert wäre.«
- Stimmung, Umgangsformen, Luxus und guter Geschmack sind äußere Stützen, um die Selbstachtung zu erhalten. Ein einzigartiges Image soll die innere Scham überspielen.
- Das Gefühl, anders zu sein als andere, wird zu einem Gefühl von Einzigartigkeit. »Emotional bin ich etwas Besonderes. Durch mein Leid stehe ich abseits.« Außenseiter.
- Sehnt sich nach dem, was zum Glück fehlt – dem abwesenden Geliebten, einem fernen Freund, der Vereinigung mit Gott.
- Unduldsam gegenüber Mittelmäßigkeit und dem prosaischen Leben. Gewöhnliche Gefühle sind im Vergleich zu

erhöhter innerer Intensität flach. Meidet das Gewöhnliche.

- Intensiviert Stimmungen: Steigert sie durch Verlust, Phantasie, künstlerische Verbindung und dramatische Handlungen. Königs- und Königinnendramen.
- Beendet Beziehungen und nimmt sie wieder auf. Die Aufmerksamkeit richtet sich auf das Beste dessen, was fehlt, und auf die Mängel. »Wann funkt es wieder zwischen uns?« Strebt nach dem Unerreichbaren; stößt es weg, wenn es zum Greifen nahe ist. Dieses Wechselverhalten verstärkt
  - Gefühle des Verlassenseins und des Verlustes, führt aber auch
  - zu emotionaler Empfindsamkeit und Tiefe und der Fähigkeit, andere in Krisen und Schmerz zu unterstützen.

Erworbene Persönlichkeit

Ganz von einer emotionalen Welt in Anspruch genommen, fühlen sich Romantiker zu Beziehungen hingezogen. Liebe und Verlust stehen im Vordergrund der Aufmerksamkeit. Man fühlt sich vollständig, wenn zwei Herzen sich begegnen. Weit davon entfernt, negativ zu sein, ist die durch Verlust hervorgerufene Melancholie außerordentlich attraktiv. Durch Gefühle, die kommen und gehen und wiederkommen, wird eine Verbindung zum Universum und zueinander hergestellt. Man berührt sich durch Freude und Schmerz.

Neid wirkt wie ein bohrendes Messer im Herzen, wenn andere das Glück genießen, nach dem man sich selbst sehnt. Die anderen scheinen zufrieden zu sein, scheinen mit ihrer Arbeit und ihren Familien glücklich zu sein, scheinen sich erfüllt zu fühlen. Einem selbst aber ist das versagt. Es ist nicht eine Frage der Eifersucht; die anderen sollen durchaus ihr Vergnügen haben. Aber wenn Sie sehen, daß andere glücklich sind, erinnert es Sie daran, daß Sie es nicht sind. Neid nährt Ihr Trachten nach den Dingen und dem Status, die andere anscheinend glücklich machen – Geld, ein einzigartiger Lebensstil, Anerkennung, Partner. Das Suchen danach agieren Sie aus, indem

Sie immer wieder den Zyklus von Verlangen, Erringen, Enttäuschtsein und Ablehnung durchlaufen. Vierer zieht es zum Unerreichbaren hin, und sie stoßen es beiseite, wenn es in Reichweite kommt. Wenn Beziehungen, die einmal attraktiv waren, in das Stadium der Ablehnung geraten, erscheinen sie wieder attraktiv, und der Zyklus beginnt von neuem.

Wenn die Gewohnheit des Schlußmachens und Wiederanfangens in Beziehungen zum Automatismus wird, hört die Selbstbeobachtung auf. Sie sind sich nicht bewußt, daß Sie sich selektiv auf die positiven Aspekte einer entfernten Beziehung konzentrieren. Sie wissen nur, daß die Trennung von jemandem, dem Sie sich verbunden fühlen, unerträglich ist, daß Sie der emotionale Mittelpunkt im Leben dieses Menschen sein möchten und daß es abscheulich ist, von Menschen umgeben zu sein, die zwar weniger Tiefe haben, es aber doch irgendwie fertigbringen, glücklich zu sein.

Wenn Sie diesen Aufmerksamkeitsstil beibehalten, kommen Ihnen Ihre augenblicklichen Beziehungen im Vergleich zu der Verheißung einer abwesenden Person fade vor. Sie stellen fest, daß Sie einen Fehler gemacht haben, daß das Glück woanders liegt. Es scheint Ihnen nur natürlich zu sein, Ihre augenblickliche Situation aufzugeben und zu versuchen, die ferne Hoffnung wiederzubeleben. Vierer wachsen, wenn sie ein Glas als halbvoll und nicht halbleer wahrnehmen. Sie wachsen, wenn sie sich zufrieden fühlen und wissen, daß sie genug von dem haben, was sie brauchen. Man gewinnt Handlungsfreiheit, wenn man bei einer tiefempfundenen Verbindung bleiben und beobachten kann, wie sich der Geist entzieht, weil er sich etwas anderes wünscht.

Vierern wird geholfen durch Menschen, die ihnen etwas bedeuten, die in der Phase des Vor-und-Zurück in einer Beziehung ruhig bleiben, die das Gute im Hier und Jetzt sehen und die in Zeiten eines intensiven emotionalen Auf und Ab unbeirrt bleiben können.

Subtyp-Verhalten

Der Neid wird in Zweierbeziehungen, Gruppen und im Bereich der Selbsterhaltung ausagiert.

Konkurrenzkampf in sexuellen bzw. Zweierbeziehungen

Neid aktiviert die Zweierbeziehung durch Konkurrenz. Es ist eine belebende Energie, die Depressionen und Grübeleien über Verluste überwindet. Es ist ein »Dir-werd-ich's-schon-zeigen«-Energieschub, der Berge versetzen kann. Konkurrenz geht in zwei Richtungen: in ein Streben nach Anerkennung (»Mein Wert steigt, wenn ich besondere Aufmerksamkeit erlange«) und in Rivalität mit Leuten, die Anerkennung beanspruchen, die man für sich selbst will. Konkurrenz gegen Rivalen kann zu Haß werden. Indem man den Wert der anderen herabsetzt, reduziert man auch den eigenen Neid. Man liegt auf der Lauer, um die anderen aus dem Feld zu schlagen. Vierer des sexuellen Subtyps sind genauso aggressiv wie Dreier in der Verfolgung ihrer Ziele; aber durch das Motiv des Neids konzentrieren sie sich ebenso sehr auf Heruntermachen der Konkurrenten wie auf das Ziel selbst. Konkurrenz schafft Energie, aktiviert und wirkt garantiert gegen Depressionen.
Konkurrenzkampf-Vierer wollen besondere Aufmerksamkeit von besonderen Leuten, von den Einzigartigen, den Hervorragenden und den wenigen besonders Talentierten. Der Plebs ist völlig irrelevant, wenn man die Aufmerksamkeit des Adels haben kann. Geringe Selbstachtung wird abgewehrt, indem man Leute von Wert hofiert. Mentoren und bedeutende Vorbilder sind attraktiv. Dies alles kann entweder zu befriedigenden Beziehungen führen oder sich zu Manövern hochschaukeln, bei denen verführt und wieder verstoßen wird. Wer wird zurückgewiesen? Wer hat die Macht? Wenn Sie der Zurückweisende sind, setzen Sie den Wert des anderen herab und meiden die Gefahr, selbst verlassen zu werden. Das Hin und Her von Verlassen und Verführung ist eine Form der Kontrol-

le. Nicht zu weit weg, sonst vermissen Sie den anderen. Nicht so nahe, daß Sie nicht mehr ohne den anderen leben können. Der sexuelle oder Zweierbeziehungs-Subtyp konkurriert gewöhnlich nicht mit Freunden, kann aber höchst feindselig gegenüber Leuten auf demselben Gebiet oder gegenüber einem ablehnenden Partner sein. Er ist besonders anfällig für Neid, wenn ein Partner davongeht, um eine erfolgreiche neue Beziehung aufzunehmen.

Scham im sozialen Bereich

Im sozialen Bereich können Schamgefühle aufkommen, wenn Sie das Empfinden haben, nichts wert zu sein. Sie schämen sich, wenn Sie nicht mithalten können. Neidgefühle entstehen, wenn Sie sich mit anderen vergleichen. Sie scheinen nicht die Vorzüge der anderen zu besitzen. Bei geringer Selbstachtung wächst die Scham, wenn Sie bei anderen die Eigenschaften sehen, die gesellschaftlichen Respekt garantieren. Sie haben das Gefühl, den Maßstäben nicht gerecht zu werden, denen andere entsprechen, Sie empfinden eine innere Unzulänglichkeit, die andere unweigerlich erkennen werden. Durch die geringe Selbstachtung, die oft auf tatsächlichen Verlusten in der Vergangenheit beruht, bleibt dauernd die Illusion, daß andere besitzen und genießen, was Ihnen fehlt.

Eine Diskrepanz besteht zwischen dem Mangel an Liebe in Ihrem Leben und den feineren Gefühlsqualitäten in den Beziehungen anderer. Vierer des Scham-Subtyps können sich selbst attackieren, indem sie nach dem verhängnisvollen Makel suchen, der ihr Dasein so unzulänglich macht. Ein wertvoller Mensch würde sich bestimmt nicht verlassen fühlen.

Sie haben eine panische Angst vor Ablehnung, vor der Entdeckung jenes schicksalhaften Makels. Sie möchten sich am liebsten verstecken vor einem forschenden Blick, wollen keine Begegnungen mit anderen Menschen, die den Defekt ans Licht bringen könnten. Sie entwickeln eine ungewöhnliche Sensibilität für Anzeichen von Geringschätzung und parallel dazu das Verlangen nach Anerkennung. Ausgeschlossen zu werden ist schrecklich, und noch schlimmer ist es, die Namen derer zu hören, die eingeladen wurden. Oft wird das Image gesteigert, um sich zu schützen: Mitgliedschaften in Eliten, einzigartige Selbstdarstellung, attraktives und etwas unnahbares Aussehen, sich von der Menge abheben.

Furchtlosigkeit/Unbekümmertheit im Bereich der Selbsterhaltung

Auf Messers Schneide zu leben ist attraktiv, wenn Sie die Traurigkeit Ihrer Lage verspüren. Warum nicht alle Bedenken in den Wind schlagen, wenn Sie zwischen Hoffnung und Verzweiflung hängen? Der furchtlose Charakter hat etwas Suizidales an sich, eine Art Sichausliefern ans Schicksal. Die durch Zyklen von Verlangen und Verlust entstehende innere Krise verleiht gewöhnlichen Vorkommnissen außergewöhnliche Lebendigkeit. Der Tanz am Rande des Abgrundes verschont Sie von der langweiligen Routine des Lebens. Ein Leben auf Messers Schneide macht ein sonst vielleicht banal erscheinendes Dasein bedeutsam und intensiv.
Die Selbsterhaltung ist gekennzeichnet durch ein dringendes und verwegenes Verlangen nach den Dingen, die Befriedigung verheißen. Neid löst sich auf in Luxus, entspannt sich in sinnvollem Gespräch und verschwindet in eleganter Umgebung. Romantiker können grundlegende Bedürfnisse der Selbsterhaltung ignorieren, um statt dessen einem Traum zu folgen. Das Verlangen nach Verbindung wird so zwingend, daß unerschrockene Vierer hoch pokern und alle Bedenken in den Wind schlagen können, um den erträumten Lebensstil wahrzumachen. Setzt nach der Verwirklichung des Traumes Unzufriedenheit ein, neigen Vierer des selbsterhaltenden Subtyps dazu, die Grundlage ihrer Sicherheit zu zerstören. Vermögen werden angehäuft, verloren und wieder angehäuft. Geliebte werden verführt, verstoßen und wieder zurückgeholt. Man wollte es, man hat es bekommen, man hat es zerstört und nun sieht es wieder interessant aus.

Stimmung, Umgangsformen und Stil

Ein spektakuläres Image kann das »Kleine-graue-Maus-Syndrom« kaschieren. Das Gefühl, innerlich klein und unbedeutend, langweilig wie eine graue Maus zu sein, kann durch Federschmuck und eine kultivierte Fassade maskiert werden. Das Gefühl der Unzulänglichkeit – »Ich bin nicht so gut wie die anderen« – wird hinter der Barrikade der Selbstdarstellung eingeschlossen. Vierer kleiden sich geschickt, richten ihre Wohnung eigenwillig ein und brauchen eine ästhetische Umgebung. Das äußere Leben kann eine Kunstform zur Kompensation von Unzulänglichkeiten des Lebens werden. Ein Leben als Kunst verschreibt sich originellen und unverwechselbaren Themen. Vierer verachten das Oberflächliche. Sie fühlen sich durch Alltägliches und Kommerzielles beleidigt. Eine anmutige Art, originelles Gespräch und Kerzenlicht halten das Banale außen vor.

Emotionale Intensität

Vierer zieht es zu den Situationen menschlichen Daseins, die emotionale Intensität auslösen. Notfälle auf Leben und Tod, Telefonseelsorge für Selbstmordgefährdete, kreative Durchbrüche und Meditationshallen. Es reizt sie, den Schleier des gewöhnlichen Daseins zu zerreißen und einen tiefen und endgültigen Seinsbereich zu finden, der das Banale hinter sich läßt. Auf das Alte, auf Rituale und Zeremonien sprechen Vierer an. Sie schwingen mit, erschaudern, erleben die Schmerzen anderer Menschen. Diese empfindsame Hinwendung zu ewig bedeutungsvollen Themen ist ein Gegenmittel für Gefühle von Getrenntsein und Verlust.
Es geht vor allem um echte Gefühle. »Ist dies eine echte Begegnung der Herzen, oder ist es nur eine oberflächliche Verbindung?« »Ist dies ein tiefempfundener Augenblick oder nur ein vorübergehender Einfall?« Vierer fühlen sich nicht wohl unter Menschen, die ihre Gefühle denken und sich aus Emo-

tionen zurückziehen, die emotional seicht sind und nicht in die Tiefe gehen. Das Bestehen auf Intensität macht Beziehungen stürmisch. Vierer wollen bewegt, mitgerissen, zu Höherem und Besserem getragen werden. Sie wollen sich in etwas hineinstürzen und gegen Ebbe und Flut widersprüchlicher Emotionen ankämpfen. »Wir waren doch einmal so tief verbunden. Kann es nicht wieder so werden wie früher?« Vergangenes, Künftiges und Entferntes ziehen die Aufmerksamkeit der Vier an. Bedeutsame Augenblicke gibt es selten in der Gegenwart.

Mit sich selbst beschäftigt

Der Schmerz des Getrenntseins schafft die illusionäre Vorstellung, daß andere ein Glück genießen, das ihnen vorenthalten wird. Vierer sehnen sich nach der vollkommenen emotionalen Verbindung, an die sie sich aus ihrer Kindheit, »aus der Zeit, bevor ich verlassen wurde«, zu erinnern scheinen. Sie sehen Beziehungen der Gegenwart unter dem Blickwinkel jener vergangenen Zuneigung. Beziehungen sollten ständig dynamisch, verzehrend, leidenschaftlich und von Leben erfüllt sein. Sie hegen die Illusion, daß sie durch Liebe wieder vollständige Zufriedenheit erlangen können. Mit sich selbst beschäftigt und tief in ihre Emotionen eingesponnen, sehen Vierer andere Menschen nicht objektiv. Sie sehen die Aspekte anderer Menschen, die etwas Emotionales aus der Vergangenheit anklingen lassen.

Vierer finden es schwierig, das Interesse aufrechtzuerhalten, wenn sie endlich bekommen haben, wonach sie sich sehnten. Was man hat, ist nicht so unwiderstehlich wie die Jagd danach. Die Sehnsucht ist das Eigentliche. Begehren motiviert. Sie haben sich einen Augenblick lang als vollkommen empfunden, und dann war's vorbei. Das Suchen ist bedeutsam und sinnvoll, aber das Vergnügen der Suche würde enden, wenn das Ziel erreicht ist.

Vierer beschreiben Depressionen als schwarzes Loch. Sie fühlen sich hilflos und unfähig zu handeln. Kein Ausweg. Das Leben setzt aus, während sie stundenlang an die Decke starren. »Wenn es nur anders wäre.« – »Ich habe einen schrecklichen Fehler begangen.« Vierer fühlen sich der Flut der Depression ausgeliefert. Sie scheint ihren Lauf zu nehmen und zu enden, wann sie will. Vierer wollen, daß andere ihnen zuhören, daß sie ihre Geschichte anhören. Sie wollen, daß andere ernst nehmen, wie schwierig es gewesen ist. Ihr Beharren darauf, daß es zu etwas führt, wenn man sich tief in seine Gefühle hineinbegibt, entnervt solche Typen, die negative Gefühle meiden. Vierer fühlen sich bedrängt von Menschen, die rasche Lösungen wollen, die versuchen, sie »in Ordnung zu bringen«, sie aufzuheitern und zum Lächeln zu bringen.
Vierer fühlen sich unbeachtet und übersehen, wenn ihr Schmerz ins Triviale hinabgezogen wird. Sie sind zu unglaublichen Höhen und Tiefen fähig. Das volle Spektrum – nicht nur das Himmelhoch-Jauchzen – ist interessant. Sie sehen, daß andere auf gewöhnliches Glücklichsein aus sind, anstatt die ganze Skala menschlicher Emotionen – von reiner Freude bis hin zu den düsteren Tiefen des Schmerzes – auszukosten. Melancholie beispielsweise ist eine bevorzugte Stimmung. Ein süßes Sich-Erinnern an das, was fehlt. Ein Gefühl des Verbundenseins mit Abwesenden und fernen Orten. Den Tod verstehen. Bewahrt in der Voreingenommenheit ihrer Neurose, blieb der Vier die Erkenntnis erhalten, daß wir auf der Ebene der Essenz alle miteinander verbunden sind.
Auf der Ebene der Persönlichkeit können Vierer launenhaft sein und selbstvergessen an der Veredelung ihrer privaten Emotionen arbeiten. Depressionen verfliegen oft durch Aktivität. Tätigwerden verlagert den Fokus der Aufmerksamkeit vom Selbst auf die Umgebung. Einige Vierer vertreiben einsetzende Depressionen durch Hyperaktivität. Sie wirken wie Dreier; sie bleiben in Bewegung, bringen viel zustande und wissen die ganze Zeit über, daß es bei ihnen um tiefes Gefühl

geht und nicht um Anerkennung ihrer Arbeit. Es gibt drei Arten von Vierern – chronisch deprimierte, hyperaktive und solche, die sich zwischen emotionalen Hochs und Tiefs hin und her bewegen. Vom Standpunkt des Enneagramms betrachtet, »lehnen sie sich auf die Flügel«: Beeinflußt von der Fünf, wenn sie sich zurückziehen, beeinflußt von der Drei, wenn sie sehr aktiv sind, und beeinflußt von beiden, wenn sie dazwischen hin- und herpendeln.

Elitedenken

Während Einser perfektionistische Maßstäbe haben, haben Vierer elitäre. Romantiker sind einmalig und etwas Besonderes, nicht leicht zufriedenzustellen. Verachtung für das prosaische Leben kann sich entwickeln. Sie fühlen sich in Banalitäten befangen und von Mittelmäßigkeit umgeben, sie sehen sich tief im Sumpf in den Kaufhäusern, in denen nur Plastikmenschen herumlaufen. Gewöhnlichen Beziehungen gehen sie aus dem Wege. Sie wollen Wunder. Bedeutsame Begegnungen und liebenswürdige Fremde. Unter Millionen müssen sie den einen finden, der sie versteht.
Da Vierer glauben, anders zu sein und nicht richtig verstanden zu werden, identifizieren sie sich leicht mit Menschen, die leiden. Sie haben Verständnis für Enttäuschungen und fühlen sich zu Menschen hingezogen, die in Schwierigkeiten sind. Ihr Wesen ist im Einklang mit den Benachteiligten, mit Geächteten und Exzentrikern, Verlassenen und Verwaisten. Das Gefühl des Unverstandenseins schlägt leicht in das Gefühl um, jemand Ungewöhnliches zu sein. Ein kostbarer Edelstein, durch Leiden geläutert. Ein Mensch, den der Schmerz hoch empfindsam gemacht hat. Der sekundäre Gewinn der Vier, sich der Elite zugehörig zu fühlen und »tiefer« als gewöhnliche Menschen zu empfinden, kann dazu führen, daß einfaches Glücklichsein unbeständig und schwer zu fassen ist.

Die Dynamik der Veränderungen: Sicherheit und Risiko

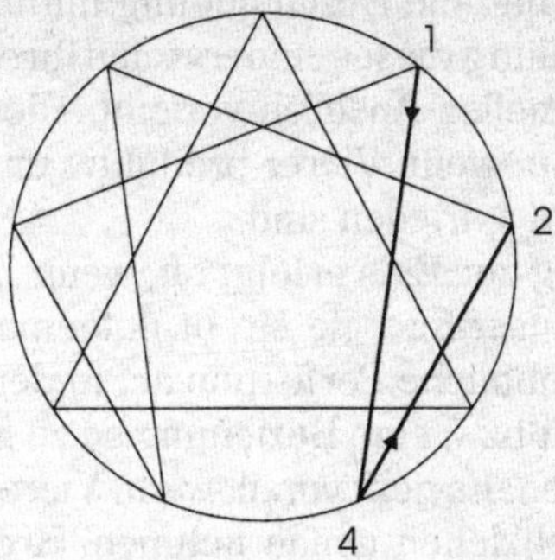

Abb.: Dynamik der Veränderungen für die Vier

Sicherheit

Die ersten Anzeichen von Sicherheit wirken wie eine Abmilderung der Hauptzüge der Vier. Die Traurigkeit verfliegt, und das Bedrücktsein läßt nach. Projekte scheinen sowohl interessant als auch möglich zu sein. Beziehungen bekommen eine realistische Perspektive, in der positive und negative Elemente gleichzeitig wahrgenommen werden. Alles, was zufrieden macht, durchbricht die Gewohnheit der Vier, sich auf das Fehlende zu konzentrieren. Sie beginnt, nicht ein halb leeres, sondern ein halb volles Glas zu sehen.

Sicherheit bedeutet für die Vier das Gefühl, genug zu haben. Wenn man mit dem, was man hat, zufrieden ist, spielt es keine Rolle, was andere besitzen oder nicht. Die Vorzüge einer Beziehung bzw. eines Projektes reichen aus, um sich zu engagieren und mitzumachen. Die Aufmerksamkeit verlagert sich von der vorrangigen Beschäftigung mit sich selbst nach außen, den anderen und der Welt zu. Befreit von der Nabelschau, kooperiert die Vier in viel höherem Maße.

Das Kennzeichen des Typs ist seine Einmaligkeit in Stil und

Selbstdarstellung. Das bedeutet nicht, daß Vierer universal talentiert wären, und es bedeutet sicherlich nicht, daß sie von Natur aus begabter sind als die anderen acht Typen. Es stimmt jedoch, daß die Beschäftigung mit ihrem Anderssein und der Darstellung dieses Andersseins ihren Unternehmungen einen originellen Anstrich verleiht. Dieser Zug von Originalität entsteht, wenn Vierer produktiv und an ihrem Platz im Enneagramm zufrieden sind.

Die Verlagerung zur Eins erfolgt oft, wenn Ziele verwirklicht werden. Die Einser-Energie strebt gutgemachte Originalität bzw. außergewöhnliche Perfektion an. In der Praxis bedeutet dies, ein Projekt bzw. eine Beziehung so zu gestalten, daß sie gut funktionieren. Es geht voran, wenn Vierer es mit dem Bis-zum-Ende-Durchziehen genau nehmen. Kreative Ideen werden umgesetzt. Produkte werden verfeinert. Romantiker sagen, daß sie die Präzision und die Klarheit der Gedanken lieben, zu der es kommt, wenn sie wie Einser arbeiten können.

Das Negative am Sicherheitspunkt zeigt sich bei Vierern sehr deutlich. Die Geschichte von der Prinzessin auf der Erbse trifft auf sie zu. Kleine, erbsenartige Schwierigkeiten werden als bedeutsame Ärgernisse empfunden. Der Partner macht nichts richtig. Langeweile setzt ein, und die verdrießliche Prinzessin bzw. der launische Prinz ist eben zu empfindlich, um ein gewöhnliches Leben zu führen. Die Phase des Zurückweisens aus dem Hin und Her der Beziehung gewinnt die Oberhand. Enttäuschte Romantiker sind äußerst sarkastisch. Rachsüchtiges Herziehen über Freunde oder Kollegen soll es ihnen heimzahlen, daß sie die geringe Selbstachtung der Vier »verursacht« haben. Paradoxerweise werden Vierer oft angespannt, wenn die Dinge sicher und vorhersagbar werden. Intimität kann Spannungen bei Leuten auslösen, die in ihrer Vergangenheit oft verlassen worden sind, und diese Spannungen führen dazu, daß sie alles liegen- und stehenlassen und sich davonmachen. Vierer in der Sicherheit der Eins können eine gute Beziehung sabotieren. Eine Krise entsteht. Sie wollen aussteigen. »Ich fühle mich verletzt, und ein anderer hat

Schuld.« Lieber auf und davon, als wieder verlassen zu werden.

Risiko

Das übliche Image von Vierern hat mit dem Besonderssein zu tun. Sie sind der einzige unter Milliarden, nicht etwa die gewöhnliche Sorte. Ihre übliche Art, zu verführen, sieht nicht vor, daß sie sich an den Geschmack anderer anpassen. Man soll merken, daß man es mit einem verführerischen außerirdischen Wesen, einem Schatz, einem unerwarteten Fund zu tun hat.

Wenn eine Vier jemanden verliert, verstärken die ersten Zeichen des Drucks ihre Abwehrmechanismen. Gefühle der Trauer und des Verlassenseins vertiefen sich. Wenn die Abwehrmechanismen der Vier nicht genügen, erfolgt eine Verlagerung zur Zwei, zur Perspektive eines Gebers. Vierer gehen auf andere zu, um dem Verlust entgegenzuwirken. Das Positive, wenn eine Vier die Betrachtungsweise einer Zwei übernimmt, ist ein echter Durchbruch. Die Aufmerksamkeit verlagert sich vom Selbst auf andere, und dadurch kann eine Depression überwunden werden. Sich auf die Bedürfnisse anderer zu konzentrieren, reduziert die Voreingenommenheit auf die eigenen Bedürfnisse. Wenn Sie anderen etwas geben, kommen Sie aus sich heraus und unterbrechen damit Ihre Beschäftigung mit dem eigenen Verlust. Die Aufgabe besteht darin, aus freien Stücken zu geben, statt zu geben, um zu bekommen.

Vierer können ihre Selbstdarstellung verändern, wenn sie sich bedroht fühlen. Sie gehen auf andere zu, um zu gefallen. Hier ist die Phase des Aufnehmens einer Beziehung akzentuiert. Sie sehen das Beste in dem, was fehlt, und sie tun etwas für die Beziehung, wenn sie auseinanderzugehen scheint. Die Anziehungs- bzw. die Verführungsphase bei Beziehungen ist für Vierer, die auf das Einmalige aus sind, etwas Anstrengendes. »Warum soll ich dir nachlaufen?« »Kämst du zu mir, wenn ich wertvoller wäre?«

Die Vier in der Liebe

Leben mit einer Vier

- Denken Sie immer daran, daß eine Vier das Gefühl hat, daß etwas fehlt. Andere haben das, was fehlt. Konzentriert auf die Gefühlsqualität in den Beziehungen anderer, macht die Vier sich Gedanken: »Die haben es. Ich nicht.«
- Es könnte Sie leicht zur Verzweiflung bringen, daß Ihre Vier Entferntes und Unerreichbares reizt, und daß sie gern an jemanden denkt, der nicht da ist – an die geisterhafte Geliebte, den fernen Freund, den unerfüllten Traum.
- Rechnen Sie damit, daß es eine komplexe Beziehung wird. Nichts ist einfach. Es geht um Tiefe und nicht um Spaß.
- Seien Sie darauf gefaßt, daß die Vier die »Seichtheit« gewöhnlichen Fühlens nicht leiden kann. »Das kann doch nicht alles sein.« Sabotage, Leiden und dramatische Akte intensivieren die Beziehung.
- Einer Vier kommt die Gegenwart unwirklich vor. Die ganze Beziehung ist darauf ausgerichtet, mit Hilfe der Liebe das »eigentliche« Selbst hervortreten zu lassen. Die endgültige Enthüllung, der transzendente Augenblick, das Wiedererwachen der Seele.
- Es ist immer etwas los: Stimmung, Umgangsformen, Luxus und guter Geschmack als Rahmen für die Beziehung. Einzigartige Selbstdarstellung entschädigt für das Gefühl, etwas zu entbehren. Gefühle unter Kontrolle zu halten als Kunstform. Andeutungen im Gespräch, ästhetische Distanz, die Bedeutung eines besonderen, kurzen Blicks. Beziehung durch romantische Idealisierung.
- Für eine Vier zählt Streben nach Glück, nicht das Glücklichsein; eine verfeinerte und bittersüße emotionale Sensibilität. Die Stimmung der Melancholie. Liebe ist vielschichtig und macht viele Phasen durch. Die Phasen des Loslassens dauern ungewöhnlich lange.
- Eine Vier schwelgt in Erinnerungen an Menschen aus der Vergangenheit und freut sich auf künftige Liebhaber und Er-

fahrungen. Den Gelegenheiten des Augenblicks wird nur wenig und nur dann und wann Aufmerksamkeit entgegengebracht.

- Die Aufmerksamkeit ist auf das Vor und Zurück in der Beziehung gerichtet. Eine Vier konzentriert sich auf Ihre negativen Aspekte, solange Sie anwesend sind, und auf positive aus der Sicherheit der Distanz.
- Diese Art, Aufmerksamkeit zu zeigen, verstärkt die Verlassenheits- und Verlustgefühle der Vier, führt aber auch dazu,
  - daß sie sich in Ihre emotionale Lage hineinversetzen und Sie unterstützen kann, wenn Sie Schmerzen erleiden.

Intimbeziehungen

Im Mittelpunkt des Lebens einer Vier steht emotionaler Kontakt. Wenn das Gefühl angesprochen ist, scheint alles andere fade zu sein. Dazu kann es in ungewöhnlichen Augenblicken kommen – ein Wetterwechsel, ein auffallendes Profil, ein kurzes Gespräch nebenbei, der Schrei eines Kindes. Wenn das Herz berührt wird, sind Vierer bereit, diesen Gefühlen sofort nachzugehen und Bedenken in den Wind zu schlagen, um den emotionalen Gegenpart zu finden. Dieses tiefsitzende Bedürfnis macht eine normale Beziehung schwierig. Da Verbindung ihr Leben bestimmt, wollen Vierer, daß ihr Partner emotional absolut präsent ist. Sie wollen unerschütterliche Ergebenheit und werden extrem nervös, wenn sie befürchten, verlassen zu werden.

Vierer sind wie Kinder, die die Nase an die Fensterscheibe drücken in der Hoffnung, jemand Vertrautes zu erblicken. Sie freuen sich, wenn jemand um die Ecke kommt, den sie kennen; Hoffnungen kommen auf, wenn sie ein bestimmtes Gesicht erwarten. Die Hoffnung schlägt in Wut um, wenn Fremde vorübergehen. Das falsche Lachen, die falschen Augen, ein ungewohnter Gang. Vierer haben zu lieben gelernt, was gerade um die Ecke ist. »Warum hast du mich nicht mitgenommen? Warum war ich es nicht wert? Kommst du wieder zurück?«

Die Suche nach Liebe entwickelt sich schon früh. Bedeutsame Augenblicke, Möglichkeiten der Verbindung, Erregungen, die leicht dahinschwinden. Es wäre schrecklich, wieder zu verlieren. Zu leiden. Die Spannung wächst, bis Sie sich losreißen müssen. Sie fürchten die Entdeckung jenes inneren Mangels, der dazu führte, daß Sie in der Kindheit verlassen wurden, und ziehen sich vor der Nähe zurück. Sie steigen aus der Gegenwart aus und konzentrieren sich auf etwas schwer zu Erreichendes. Verlust ist der vertraute Hinweis auf Zuneigung. »Ich war mir nicht sicher, ob ich dich liebte, bis wir auseinandergingen, und dann hast du mir wieder sehr gefehlt.«

Kennzeichnend für Beziehungen ist bei Vierern das Vor-und-Zurück-Muster in ihrem Verlangen. Sie beten andere an, wenn sie sie begehren, und sind gehässig, wenn sie sie nicht begehren. Probeweises Verlassen hat den Charakter eines Racheaktes. »Mir ist zuvor weh getan worden, und nun tust du mir weh.« – »Wirst du jetzt gehen, weil ich das Schlimmstmögliche gesagt habe?« Beziehungen müssen dieses Schlußmachen und Wiederanfangen überleben, denn dadurch entsteht schließlich Vertrauen. Vierer distanzieren sich, wenn andere sie wollen, und sie sehnen sich nach Zuneigung, wenn andere gehen wollen.

Vierer schützen sich durch Anwesenheit und Distanz. Sie verführen und verstoßen. Vierer sind verrückt nach jemandem, wenn sie von ihm verlassen werden; aber die Sache wird recht ungewiß, wenn der andere sich festlegen will. Die Vor-und Zurück-Tendenz wirft ein Schlaglicht auf das Besorgtsein der Vier um die Echtheit ihrer Gefühle. »Ist das eine wirkliche Verbindung oder etwas Oberflächliches?« – »Ist unsere Liebe dauerhaft oder nur eine flüchtige Idee?« Vierer leben in einem wechselnden emotionalen Klima. Sie brauchen einen Anker, ein Bollwerk, einen Stützpfeiler. »Ist das zufällig oder echt?« Herzensverbindungen sind zerbrechlich. Stimmungen wechseln leicht. »Reicht das aus, um mich zu halten?« – » Kann diese Partnerschaft das Beste in mir zutage fördern?« Menschen, die den Vierern etwas bedeuten, müssen jener Anker sein und die stürmische Atmosphäre des Verlassenwerdens auswettern. Vor allem sollten sie während der Vor-und-Zurück-Phasen bei der Stange bleiben.

Die Signale der Vier

Positive Signale

Vierer gestalten ihr Leben als Kunstwerk und schaffen Kunst, um ihr Leben zum Ausdruck zu bringen. Der Leidenschaft verschrieben, ziehen sie andere in einen Zyklus von Liebe und Haß, Kreativität und Schmerz hinein. Sie wollen Ihre Gefühle. Sie stürzen Sie in emotionale Tiefen. Sie können Sie in alle Dimensionen des Gefühls verstricken.

Negative Signale

Vierer können einem das Gefühl vermitteln, unzulänglich zu sein und die Aufmerksamkeit der Vier nicht ganz zu verdienen. Etwas, das Sie getan haben, hat die Vier enttäuscht. Wenn Sie anders wären, wäre die Vier zufrieden. Es ist Ihre Schuld. Sie stoßen auf Widerstand, wenn Sie versuchen zu helfen, und bekommen ein schlechtes Gewissen, nicht mehr getan zu haben. Sie fühlen sich verletzt und befremdet durch die sarkastische Zurückweisung der Vier in der Wegstoßphase einer Intimbeziehung. Sie müssen die Scherben wiederkehrender Krisenzyklen aufsammeln. Vierern sind die eigenen Gefühle wichtiger als Ihre.

Gemischte Botschaften

Liebe und Haß können zusammentreffen. Vierer können schwierig sein, wenn es dazu kommt. Da sie Beziehungen idealisieren und das Verlassenwerden fürchten, lieben sie die Teile, die ins Bild passen, und lehnen zugleich den Rest ab. Die Botschaft lautet: »Ich liebe dich, auch wenn mich das unglücklich macht.« Vierer fühlen sich am wohlsten zwischen den Polen; nicht zu weit weg, um Sie nicht zu verlieren,

und nicht so nahe, daß sie riskieren, wirklich erkannt zu werden.
Die Gewohnheit des Vor und Zurück in einer Beziehung vermittelt Menschen, die Vierern etwas bedeuten, gemischte Botschaften. In dieser Rolle stellen Sie fest, daß Sie zärtlich geliebt werden, wenn Sie weit fort sind, sich aber herabgesetzt fühlen, wenn Sie zu nahe kommen. Da Vierer Angst vor dem Verlassenwerden haben, verstoßen sie, bevor sie verstoßen werden. Sie springen ab und sabotieren das Vertrauen in einer Beziehung. Nach der Krise wollen sie Sie vielleicht wieder zurückhaben.

Innere Signale

Neid tarnt sich als Verlangen nach Dingen, die fehlen. Die Gedanken sagen: »Hätte ich nur ihr Haar, ihre Kleidung, ihren Status. Hätte ich nur seinen Reichtum, seine Familie, seinen Ruhm.« Es scheint mit Recht traurig zu sein, daß einige reichlich haben, während andere leiden müssen. Es erscheint unfair. Die Gedanken sagen: »Ich wäre glücklich, wenn mein Leben nur anders wäre: Wenn mein Mann sich anders verhielte, wenn mein Körper schöner aussähe, wenn meine Frau bereit wäre, sich zu ändern.« Es scheint kein Zeichen von Neid zu sein, die eigene Lage zu verbessern. Es scheint doch offensichtlich zu sein, daß man einen Fehler gemacht hat. Die Gefühle sagen: »Das hier funktioniert nicht. Meine Liebe stirbt. Meine Kreativität steht auf dem Spiel.« Übersehen wird bei dieser Daseinsweise, daß Vierer zwar bemerken, woran sich andere erfreuen, sie sich aber selten an dem erfreuen, was sie selbst haben. Die Gedanken sagen selten: »Ich habe die Liebe, die ich brauche, um kreativ zu sein, aber mein Selbsthaß hält mich zurück.« Es ist hilfreich, nicht nach dem zu schauen, was Ihnen fehlt, sondern sich auf das zu konzentrieren, was Sie haben. Es hilft, das eigene Wohlergehen anzuschauen und seinen Wert schätzenzulernen. Neid wird entschärft, wenn Sie an der Gegenwart teilhaben können, ohne darauf achtzugeben, was die anderen haben. Die Gedanken sagen vielleicht: »In meinem Leben erkenne ich das Gegenstück zu dem, was anderen zuteil wird.« Die Gefühle sagen vielleicht: »Ich bin jetzt zufrieden. Ich habe genug.«

Die Vier in der Arbeit

Am Arbeitsplatz

- Will an etwas Besonderem arbeiten. Aufgaben, die Kreativität, ja sogar Genie verlangen, etwas Exzentrik in der Präsentation, eine einmalige Herangehensweise ans Geschäftsleben.
- Muß sich am Arbeitsplatz mit den persönlichen Vorstellungen und Ideen respektiert fühlen.
- Die Effizienz ist stimmungsabhängig. Die Aufmerksamkeit wird von Aufgaben abgezogen, wenn das Gefühlsleben die Oberhand gewinnt. Kann das Geschäftsleben durch eine Liebesgeschichte sabotieren.
- Will Verbindung mit besonderen Autoritäten, mit solchen Fachleuten, die eher für Qualität als für Beliebtheit stehen.
- Fühlt sich erniedrigt durch plebejische Arbeit, wobei jede Vier diese anders definiert. Gartenarbeit kann etwas für den Plebs sein. Geschäftsführer zu sein aber auch.
- Fühlt sich zu Aufgaben berufen, in denen Emotionen eine große Rolle spielen: Berater für Menschen in Trauer, Schmerz und Problemen, Kämpfer für die Belange von Tieren, Telefonseelsorge für Selbstmordgefährdete zu später Nachtzeit.
- Aggressiv und scharf gegenüber Konkurrenten oder Ebenbürtigen im selben Arbeitsbereich. Fühlt sich zu erfolgreichen Menschen außerhalb der eigenen Interessensphäre hingezogen.
- Gedeiht nicht in einer Umgebung, in der enge Zusammenarbeit mit Menschen erforderlich ist, die qualifizierter, angesehener oder besser bezahlt sind.

Dort, wo es um Konkurrenz geht, wirken und handeln Romantiker wie Dreier. Der Prototyp des Leistungsmenschen ist die geschätzte Maske im Geschäftsleben, die wir uns alle an unserem Arbeitsplatz gern aufsetzen. Wir sollen alle wie Dreier aussehen und uns möglicherweise auch so fühlen, um erfolgreich zu konkurrieren. Vierer, besonders der auf Konkurrenz bedachte Subtyp, werden durch materielle Belohnungen und Anerkennung stark motiviert. Sie sind nicht zu übersehen, belastbar und gewöhnlich zu sehr mit weltlichen Dingen beschäftigt, als daß sie depressiv werden könnten. Vierer sind sich aber auch sehr der Diskrepanz zwischen der Maske im Geschäftsleben und dem fühlenden Selbst bewußt. Dreier arbeiten für Ziele und Ergebnisse. Ihr Motiv ist, den Sieg zu erringen. Vierer erreichen Ziele und Ergebnisse, um sich von anderen zu unterscheiden. Romantiker führen mit Energie und sehr konkurrenzorientiert in der Aufschwungphase, wenn es etwas zu beweisen gilt. Eine Vier als Führungskraft riskiert sogar den Bankrott. »Warum nicht mit fliegenden Fahnen untergehen, wenn es um soviel geht?« Dort, wo es etwas zu riskieren gibt, ist sie oft effizienter als beim bloßen Weitermachen. Eine solche Führungskraft fühlt sich von Einzelheiten belastet. An der Routine gibt es nichts zu beweisen. Wenn Langeweile einsetzt, können Romantiker ihre eigenen bisherigen Bemühungen sabotieren. Ein Desaster erweckt das Interesse dann von neuem. Erfolg scheint unerreichbar und daher wieder verlockend.

Das Muster des Vor und Zurück in Beziehungen gilt auch im Geschäftsleben. Vierer sind aktiv beim Anstreben schwer zu erreichender Ziele, aber bei der Realität der Durchführung beginnen die Probleme. Es ist einfach nicht so interessant, wenn kein Drama stattfindet. Eine Vier als Führungskraft will emotional engagiert bleiben.

Vierer glänzen in einem Geschäftsgebaren, bei dem einmalige Präsentation zählt. Ein origineller Beitrag, ein Auftreten, mit dem gerechnet werden muß, Zeichen setzen im Fachbereich. Hängt ihr Selbstwert mit Erfolg zusammen, identifizieren sie sich voll mit ihrer Arbeit. Jedoch schwindet ihre Aufmerksamkeit, wenn es sich einfach nur um eine zu erledigende Arbeit handelt. Wenn das Interesse erlischt, verschwinden Vierer, angezogen von einem neuen Interesse, das sich emotional frisch anfühlt. Sie verkaufen sich oft in einem hochbezahlten Job, um eine Nebenkarriere zu finanzieren, die ihnen etwas bedeutet. Vierer unterscheiden regelmäßig zwischen dem, »was ich für meinen Lebensunterhalt tue« und dem »wer ich wirklich bin«. Was sie am Tage machen, kann etwas ganz anderes sein als ihre Nebenbeschäftigung. Bankier/Dichter, Wissenschaftler/Tänzer, Konkurrent am Tage/Freund in der Nacht.

Sie finden oft Arbeit, die einer wertvollen Sache dient. Sie führen, wenn ihr Herz dabei ist, und sie verlieren das Interesse, wenn die Herausforderung bestanden ist. Sie haben einen Sinn dafür, Leute zusammenzubringen, die zueinander passen, und Konkurrenz abzubauen, indem sie anderen ermöglichen, sich emotional sicher zu fühlen. Sie haben die Gabe, andere dazu zu bringen, ihr Bestes zu geben, besonders in der dramatischen Atmosphäre geschäftlicher Expansion: »Das kriegen wir hin.«

Konflikte

Menschen fühlen sich in der Gegenwart einer Vier oft unzulänglich. Erst kam man sich attraktiv vor, und plötzlich wird man fallengelassen. Man hatte sich daran gewöhnt, sich als etwas Besonderes zu fühlen, und nun ist das, was man sagt, auf einmal irrelevant. Man hat das Gefühl, die Vier schon zu lange in Anspruch genommen zu haben. Die Unterhaltung wird schal. Also ziehen Sie sich zurück, um die Sache zu überdenken, und plötzlich erscheint der Romantiker wieder. Bei klassischen Konflikten ist das Verführen und Verstoßen mit im Spiel. Ein Beispiel aus dem Geschäftsleben wären Vierer, die Bekanntes nicht noch einmal machen, sondern einen neuen und aufregenderen Weg gehen wollen. Wenn ein Unterneh-

men in der Konsolidierungsphase ist, fühlen sich Vierer schnell eingeengt und lassen das an jedem aus, der in ihre Nähe kommt.
Sie fühlen sich zu Vortrefflichem auf verschiedenen Arbeitsgebieten hingezogen, können aber gegenüber direkten Konkurrenten bissig sein. Vierer als Erfinder bewundern vielleicht andere Erfinder, solange diese auf anderen Gebieten Erfindungen machen. Da sie Anerkennung brauchen, um ihr Selbstwertgefühl zu stärken, bestehen Vierer oft darauf, daß ihre Freunde sich entscheiden: »Magst du meine Arbeit oder die meines Konkurrenten?« – »Auf wessen Seite stehst du?«

Konfliktlösung

Hinweise zur Vermittlung zwischen Vierern und anderen finden Sie in Teil III »Leitfaden für Beziehungen«.

Vierer als Mitarbeiter

Vierer als Angestellte müssen sich als etwas Besonderes fühlen. Sie kommen voran, wenn sie von wichtigen Leuten auf ihrem Gebiet anerkannt werden. Vergünstigungen und Sonderbehandlung sind ausschlaggebend. Sie haben es nicht gern, »wie die anderen« zu sein. Sie wären als Teil der Menge nicht glücklich. Vor allem sollte man Kritik in Form von Vergleichen vermeiden. »Warum hast du das nicht genauso gut gemacht wie John? Du könntest es wohl besser machen als Susi oder Jane!« Vierer vergleichen sich schon von selbst mit anderen und konzentrieren sich von vornherein eher auf John, Susi oder Jane als auf die Freude über eine gut gemachte Arbeit.
Vierer brauchen es, gehört und um ihre Meinung gebeten zu werden. Sie können eine ganz gewöhnliche Arbeit interessant machen, solange sie deren Wert sehen. Da sie in einmaliger Weise an gewöhnliche Dinge herangehen, regen sie andere an, Routinedinge in einem anderen Licht zu sehen. Sie erheben das Gewöhnliche. Sie machen Banalitäten bedeutsam. Sie können Holz hacken und Wasser tragen, wenn die Aufgabe

Tiefe hat. Es geht darum, Vierer herauszufordern; um ihr Interesse wachzuhalten, müssen sie inspiriert werden. Sie sind berühmt dafür, sich für lohnende Dinge zu engagieren. Wenn die Arbeit solch eine gute Sache sein kann, finden sie ihren eigenen Wert im Dienst.

Teamaufbau

Die Illusion der Vier, etwas Besonderes zu sein, steht in ihrer Bewertung höher als ihre Rolle als Teammitglied. Vierer haben in ihren eigenen Dramen die Hauptrolle zu spielen und wollen nicht, daß talentierte Schauspieler in Nebenrollen ihnen die Schau stehlen. Tätigkeitsbereiche sollten aufgeteilt sein. Nach Möglichkeit sollte die Vier in speziellen Sachbereichen eingesetzt werden. Meiden Sie Konkurrenzsituationen. Vermeiden Sie Vergleiche zwischen Teammitgliedern. Spielen Sie das Team hoch und den Star herunter. Romantiker kommen ans Ruder für ein wertvolles Projekt, das von ihren Bemühungen abhängt. Vierer sind genauso fähig wie Dreier, Aufgaben zu bewältigen, an die sie glauben, jedoch anders als bei Dreiern müssen ihre emotionalen Bedürfnisse befriedigt werden. Gruppenplanung ist keine gute Idee. Vierer hassen es, wenn in der Öffentlichkeit über sie hinweggegangen wird, und könnten ihre Gefühle gegenüber ihren Mitspielern mit deren produktiven Fähigkeiten verwechseln. Sie können in ein persönliches Drama hineingeraten. »Wenn ich talentierter als John bin, sollten meine Ideen akzeptiert werden und nicht seine.« Vierer können sich persönlich angegriffen fühlen, wenn ihre Ideen in Frage gestellt werden. Sie können ganz auf Abwehr gehen und rachsüchtig werden, wenn sie sich übersehen fühlen.

Sie geben ihr Bestes, wenn sie einen eigenen Aufgabenbereich haben, hoch geschätzt von Autoritäten, die über und jenseits der Grenzen des jeweiligen Projektes stehen. Besondere Anerkennung kann genauso wichtig sein wie eine Gehaltserhöhung. Wenn Vierer Autoritäten herausfordern oder unproduktiv werden, könnte es sein, daß sie damit einfach nur den

Wunsch nach Anerkennung ausdrücken. Vierer wollen verstanden werden. Es muß nicht immer nach ihrem Willen gehen, aber sie müssen merken, daß ihre Gefühle zur Kenntnis genommen werden.

5. Fünf: der Beobachter

	Tendenz der erworbenen Persönlichkeit	Aspekte der Essenz
geistig	Geiz	Allwissenheit
emotional	Habgier	Nichtanhaften
	Subtyp-Verhalten	
	sexuell (Zweierbeziehung):	Vertrauen
	sozial (Gruppe):	Totems
	selbsterhaltend:	Burg/Heim

Der Blickwinkel der Fünf

Weltsicht

Die Welt ist aufdringlich. Ich brauche privaten Freiraum, um nachzudenken und um meine Energien aufzutanken.

Spiritueller Weg

Alle Potentiale der Essenz sind insofern »paranormal«, als ihr Erkenntnisvermögen jenseits der Grenzen des Denkens liegt. *Allwissenheit* gilt eindeutig für eine Bewußtseinsdimension, die nicht durch Intellekt oder Analyse vermittelt wird. Es ist ein genaues Wissen, das in Erscheinung tritt, bevor Angaben analysiert werden, und es eröffnet ein breites Spektrum an nichtlinearem und prophetischem Wissen, das durch logisches Denken nicht zu begreifen ist. Geht man davon aus, daß die Hauptthemen des Typs Aspekte der Essenz nachahmen, so wird hier das Potential für die Allwissenheit bzw. das reine Wissen dadurch nachgeahmt, daß eine Fünf sich ein Leben lang zu Information und privatem Studium hingezogen fühlt. *Geiz* gegenüber sich selbst und anderen kann einen gewissen Grad dieser so sehr geschätzten Unabhängigkeit garantieren, denn wenn man weniger Bedürfnisse hat, spürt man weniger Druck, nach etwas die Hand auszustrecken. *Habgier* kann sich im Hinblick auf die Mittel entwickeln, die das private Überleben sichern. Wissen, Geld, Energie und Zeit zu schützen, wird psychologisch wichtig. Der Wunsch, die Wirklichkeit durch die Kraft des Intellekts zu begreifen, kann als der Versuch des Kindes angesehen werden, sich von schmerzhaften Emotionen abzukoppeln und eine wenn auch schwache Verbindung zum *Nichtanhaften* des Geistes zu bewahren, das zum Gewahrsein der Essenz zurückführt.

Akzente

- Sehnt sich nach Privatsphäre, einem Ort, um allein zu sein und um nach dem Zusammensein mit anderen wieder aufzutanken.
- Mag Grenzen und Begrenzungen. Mag präzise Absprachen. Will sorgfältige Festlegungen von Zeit, Programm und Verantwortlichkeiten.
- Glaubt, daß Wissen Macht sei. Besonderes Wissen ist der Schlüssel zur Macht.
- Minimalist. Kann mit sehr Wenigem überleben und mit noch weniger auskommen.
- Gierig nach den wenigen Dingen, die für das geistige Überleben notwendig sind. Privater Freiraum, Wissen und das Allernotwendigste.
- Agiert die Habgier nach dem für das geistige Überleben Notwendigen in den drei Zentralbereichen wie folgt aus:
  - durch *Vertrauen* in den besonderen Bindungen der sexuellen bzw. Zweierbeziehungen,
  - durch *Totems* – ein Hingezogensein zu den Ideen und Menschen, die die gesellschaftliche Kultur beeinflussen,
  - durch die *Burg* bzw. einen privaten Lebensraum/*Heim*, wo er vor Eindringlingen sicher ist.
- Schnallt den Gürtel enger, um unabhängig zu bleiben. Geht nicht auf andere zu.
- Segmentiert. Die verschiedenen Lebensbereiche sind von-

einander getrennt. Freunde aus dem einen Interessenbereich werden möglicherweise nicht den anderen vorgestellt.
- Fühlt sich von Ereignissen ohne zeitliche Begrenzung zermürbt. Geht gern nach einer Zusammenkunft gleich weg.
- Läßt sich ungern in etwas hineinziehen. Das kann mühsam werden, denn Liebe und Haß erfordern Engagement.
- Koppelt sich von Emotionen ab. Das kann mit spirituellem Nichtanhaften verwechselt werden.
- Fühlt sich von den Erwartungen und Emotionen anderer ausgelaugt.
- Schätzt Gefühlskontrolle. Emotionen können am besten erlebt werden, wenn man allein ist.
- Genießt Geistiges: Wissen, Informationen, analytische Systeme.
- Beobachtet das Leben vom Standpunkt eines unbeteiligten Beobachters aus. Dieser Aufmerksamkeitsstil kann
  - zum Gefühl führen, von den Ereignissen des eigenen Lebens isoliert zu sein, oder
  - zur Einnahme eines unparteiischen Standpunktes, der nicht von Furcht oder Verlangen beeinflußt ist.

Erworbene Persönlichkeit

Wir alle übernehmen in Zeiten des Mangels die Weltsicht der Fünf. Wenn wir nicht genug Energie haben, um unsere Bedürfnisse zu befriedigen, schränken wir unsere Erwartungen ein. In einer Mangelwirtschaft lernen wir, mit weniger auszukommen – weniger Engagement, weniger Waren und weniger emotionalem Kontakt. Weniger erzeugt mehr – mehr Zeit, mehr Energie und mehr Autonomie gegenüber anderen. Weniger vereinfacht alles. Weniger Wünsche, weniger Bedürfnisse, weniger Regeln und Verpflichtungen. Befreit von einem Teil unserer emotionalen Last und allein mit unseren Gedanken, könnten wir uns auf Fünfer-Art von der stillen Fülle des Geistes ernähren lassen.

Das Zuhause der Fünf gleicht einer Burg. Kaum gesehen werden, kontrollierter Kontakt und ununterbrochene Zeit für sich selbst. Der Geist wird ein guter Kamerad, ein endlos unterhaltsamer Freund. Der Geist ist auch ein Zufluchtsort, in den absolut niemand eindringen kann. Fünfer haben nicht unbedingt das Bedürfnis, anderen ihre Gedanken mitzuteilen. Bei einem Leben im Geiste kann man in bemerkenswerter Weise ohne fremde Hilfe auskommen. Beobachter haben nicht das Gefühl, daß ihnen etwas fehlt, solange sich kein Verlangen einschleicht.

Es gibt bestimmte körperliche und emotionale Bedürfnisse, deren Erfüllung ein Einsiedlerleben möglich macht, und wenn ein wichtiger Bestandteil fehlt, entwickeln Fünfer ein beharrliches Verlangen, den benötigten Gegenstand zu bekommen. Da sie Autonomie schätzen, mögen sie es nicht, Bedürfnisse zu haben, und diese Wut nährt ihr Verlangen. Es wird dann zu einer zwingenden Notwendigkeit, bestimmte Personen, bestimmte Bücher oder einen bestimmten kleinen Schatz zu besitzen, der in ihre Einsamkeit eingedrungen ist. Habsucht ist ein zorniges Verlangen nach dem Besitz, ist eine Gier, die die Distanziertheit außer Kraft setzt. Man wird so hungrig, daß man die Hand ausstrecken muß.

Wenn diese Gewohnheit automatisch wird, hört die Selbstbeobachtung auf. Sie wollen nicht dazu gezwungen werden, Gefühle zu haben. Sie wollen keine Bedürfnisse in Ihrem Leben. Sie versuchen loszulassen, aber es geht nicht. Sie haben etwas nicht, Sie müssen es aber haben, und um es zu besitzen, müssen Sie die Hände danach ausstrecken. Gefangen zwischen emotionaler Leere und der Angst, von anderen vereinnahmt zu werden, beginnen Sie, Zugang zu Ihren Gefühlen zu finden. Fünfer wachsen, wenn sie Geist und Emotionen miteinander verbinden. Sie wachsen, indem sie Leidenschaft im Leben finden. Man gewinnt Handlungsfreiheit, wenn man eine spontane Welle von Emotionen verspüren und sich dabei beobachten kann, wie man einen Rückzieher macht, bis man wieder leer ist.

Menschen, die der Fünf etwas bedeuten, können ihr/ihm

durch die Ängste hindurchhelfen, die mit einer emotionalen Öffnung verbunden sind, indem sie in die Beziehung nicht unter der Hand ihre eigenen emotionalen Themen einschleusen, indem sie das Bedürfnis der Fünf nach Zeit, Eigenleben und Freiraum respektieren, indem sie auf übertriebene Intellektualisierung hinweisen und indem sie der Fünf die Sicherheit vermitteln, die sie braucht, wenn sie sich öffnet.

Subtyp-Verhalten

Die Habgier wird in Zweierbeziehungen, Gruppen und im Bereich der Selbsterhaltung ausagiert.

Vertrauen in sexuellen bzw. Zweierbeziehungen

Ein Vertrauensverhältnis ist ein sehr privates Band. Dritte haben daran keinen Anteil. Fünfer halten ihre Privatsphäre oft dadurch aufrecht, daß sie ihre emotionalen Bindungen voneinander trennen. Diese Gewohnheit nährt eine Art Gier nach intensiven, kurzen und höchst bedeutungsvollen Begegnungen. Habsucht in Zweierbeziehungen zeigt sich in einem Befaßtsein mit wichtigen Enthüllungen und emotionalen Bindungen, die Zeiten des Getrenntseins überdauern können. Vertrauenspersonen sind die wenigen, mit denen sich eine Fünf »versteht«. Der private Berater, der persönliche Augenblick, die geheime Liebesaffäre.

Besondere Bindungen sind geistige Schätze. Sie können im stillen immer wieder erlebt und in der Phantasie wiedererschaffen werden. Sie sind nicht nur deshalb von Bedeutung, weil sie dünn gesät sind, sondern auch, weil sie tief in den Geist eingebettet sind. Fünfer des sexuellen Subtyps sagen, daß sie sich zu sexuellem Ausdruck als Gegenstück des Intellektualismus hingezogen fühlen. Sie sagen auch, daß eine Freundschaft, an die sie sich erinnern, in ihrer Phantasie für immer weiterleben kann, und daß bedeutsame Begegnungen nach Belieben wiedererschaffen werden können. Da Beob-

achter Gefühle in der Zurückgezogenheit hochkommen lassen, verblaßt eine im Gedächtnis bewahrte Liebesgeschichte nicht.
Einsamkeit ist ein Nebenprodukt des Isoliertseins. Sie mögen noch so interessant sein, irgendwann werden Sie Ihres Geistes überdrüssig. Sie können nur eine bestimmte Zeit lang lesen, denken und Ihre Phantasie spielen lassen. Dann sehnen Sie sich wieder nach Erfahrung. Sie werden auf andere zugehen müssen. Vertrauensvoller Austausch kann durch Geheimnistuerei sehr belastet werden. »Nur wir beide haben dieses Einvernehmen. Wir zwei von Millionen wissen davon.« Fünfer zensieren vertrauliche Dinge sorgfältig. Es ist niederschmetternd, wenn private Enthüllungen an die Öffentlichkeit kommen und Vertrauen enttäuscht wird.

Totems in der Gesellschaft/Gruppe

Die Totems eines Stammes sind Bindeglieder zwischen den gigantischen Kräften der Natur und dem begrenzten menschlichen Geist. Sie sind Symbole verschlüsselter Botschaften über das Wissen der Ahnen, und sie sind der Knotenpunkt, an dem die Welt in ihrer Gesamtheit mit dem individuellen Bewußtsein verbunden ist.
Das Beschäftigtsein der Fünf mit dem Geist als Quelle von Macht kann sich zu einer leidenschaftlichen Suche nach »Machtinformation« entwickeln. Habsucht im sozialen Bereich unterstreicht das Interesse an Ideen und Menschen, die die Kultur beeinflussen. Fünfer fühlen sich zu Systemen hingezogen, die menschliches Verhalten erklären, suchen nach der zentralen Formel für ein bestimmtes Wissensgebiet und interessieren sich für die produktiven Denker, die die Ideengeschichte prägen können.
Fünfer des sozialen Subtyps kommen an Orten zusammen, wo ernsthaft studiert wird. Sie mögen Schachklubs, Mathematikseminare, Yogazentren und Musikveranstaltungen. Fünfer rangeln nicht um einen Platz im sozialen Bereich. Sie wollen in den inneren Kreis geholt werden. Sie möchten ihr Denken

»bei Leuten, die Bescheid wissen« in einem Rahmen verfeinern, der wunderbar frei ist von Schmeichelei und Smalltalk. Intellektuelle Meisterschaft reizt Menschen, die im Kopf leben, sehr. Mit dem richtigen und richtig verstandenen Modell kann man die eigentliche Bedeutung von Geschehnissen begreifen. Totem-Fünfer fühlen sich hingezogen zu Analysesystemen, die das Wirken gesellschaftlicher Kräfte in großen Zusammenhängen darstellen: politische Voraussagen, Börsenanalysen, Psychoanalyse und das Bewußtseinsmodell des Enneagramms. Hier können Ereignisse durch die Beherrschung des Verstandes vorausgesagt werden. Wissen ist Macht, und vorgewarnt zu sein bedeutet, gewappnet zu sein. Insider-Informationen haben Schutzfunktion.

Burg/Heim im Bereich der Selbsterhaltung

Gefangen zwischen einer aufdringlichen Welt und den Freuden des Privatlebens, neigen Fünfer zur Beschränkung ihrer Kontakte und Besitztümer. Kleine Luxusgegenstände können extravagant erscheinen. Fünfer sind die Minimalisten des Enneagramms. Nachtisch könnte zu Völlerei führen. Nur einen Schluck kochendheißen Kaffee. Ein winzig kleines Stück Süßes. Sie sind stolz darauf, mit sehr wenig auszukommen. Dadurch wird das, was sie besitzen und bei sich tragen, wichtig. Ihre Ungebundenheit hängt von einem privaten Ort ab, an den sie sich zurückziehen und wo sie nachdenken können, umgeben von vertrauten Dingen. Ihr Heim bietet ihnen Zuflucht vor neugierigen Augen, anstrengenden Begegnungen und belastenden Verpflichtungen. Man kann seine Gedanken an einem geschützten Ort, der mit Erinnerungen und bedeutungsvollen Andenken bevölkert ist, erforschen.
Mangelgefühle sind der Grund für die Gier nach einem unabhängigen Privatleben. Fünfer des selbsterhaltenden Subtyps horten alles, was sie benötigen, um ihre Freiheit zu sichern. Zeit für Eigenes und persönlicher Freiraum können als genauso lebensnotwendig wie Sauerstoff empfunden werden. Die meisten Beobachter speichern entscheidende Informationen

und nicht Geld oder Besitz. Es erscheint natürlich, mit kostbaren Dingen sparsam umzugehen. Sparsamkeit bedeutet Unabhängigkeit. Sie brauchen in der Zukunft nicht mittellos dazustehen, wenn Sie jetzt ans Sparen denken. Sie werden nicht von anderen abhängig sein, wenn Sie für sich selbst genug haben. Fünfer können sogar in Zeiten, wo sie genug haben, sich selbst gegenüber knauserig sein. Enthaltsam zu sein und mit Wenigem auszukommen, macht ihnen Spaß, denn das hält sie frei von all den Verwicklungen, in die sich stürzen müßten, um mehr zu bekommen.

Hauptthemen

Feste Beziehungen

Schluß machen ist leicht. Es ist viel schwerer, in einer Beziehung zu bleiben, als sie aufzugeben. Wenn Fünfer mit jemandem auf relativ engem Raum zusammenleben, ist für sie damit viel mehr Verpflichtung verbunden als für Menschen, die viel Aufmerksamkeit mögen. Fünfer messen eine sich vertiefende Beziehung oft, indem sie sagen: »Ich kann immer noch ohne« oder »allein wäre ich auch noch glücklich«. Die schwerste Entscheidung ist die, zu bleiben. Zu bleiben bedeutet, sich dem Schmerz zu öffnen. Sie können keinen Mangel empfinden, wenn Sie insgesamt so gut wie nichts empfinden, aber Ihre innere Leere wird sichtbar, wenn Sie Verlust verspüren.

Wenn Fünfer sich auf die Liebe einlassen, lassen sie sich auf Mühe und Kampf ein. Sie entscheiden sich für den Kampf statt für die Sicherheit des Allein- und Ungestörtseins. Sie entscheiden sich für die Gewißheit, etwas zu verlieren. Es ist eine sorgfältig erwogene Entscheidung. Diese Beziehung ist es wert, sich der schrecklichen Kluft zwischen Ideen und praktischer Realität zu stellen. Für Fünfer hat Liebe weniger mit einem romantischen Verhältnis als damit zu tun, daß ein bestimmter Mensch den Preis des Schmerzes wert ist.

Verzicht

Geistiges Leben trägt sich in verblüffender Weise selbst. Bedürfnisse erscheinen mitunter eher als Ideen denn als Empfindungen. Leidenschaften sind eher Vorstellungen als Gefühle. Ein Besitz, der normalerweise Verlangen wecken würde, kann auf einen Gedanken reduziert werden. Der Gedanke an diesen wünschenswerten Besitz, sorgfältig im Geist verankert, kann nach Belieben neuerschaffen und sorgfältig gehütet werden. Eine aufreibende Interaktion kann in Gedanken durchexerziert und ad acta gelegt werden, ohne ausagiert zu werden.

Im Kopf zu leben kann die Illusion des Nichtanhaftens erzeugen. Sie verspüren zwar kein tiefes emotionales Verlangen bzw. besitzen kein Objekt der Begierde, können aber Gedanken über Menschen, die Ihnen etwas bedeuten, und über Wünsche so tief in sich verankert haben, daß sie zu einer eigenen Wirklichkeit werden. Das Verhalten der Fünfer kann wie spirituelles Nichanhaften aussehen, da sie sehr wenig besitzen und möglicherweise nur wenig emotionale Bedürfnisse haben. Aber echter Verzicht bedeutet, etwas aufzugeben, was man haben könnte.

Geheimleben

Beobachter passen sich normalerweise gern an die Rollen und Erwartungen an, die andere für sie bereithalten. Ein Job, eine Familie, eine bestimmte Stellung in der Gemeinschaft. Der Anschein der Konformität ist zwar die einfachste Möglichkeit, um zurechtzukommen, aber Fünfer können auch Gefallen an dem Gedanken finden, davonzugehen und Dinge zu tun, auf die niemand in seiner wildesten Phantasie auch nur käme. Beobachter segmentieren ihr Leben zuweilen in mehrere unterschiedliche Bereiche, die sich nicht überlappen. Sie haben möglicherweise ungewöhnliche Interessenkombinationen und unterschiedliche Freundeskreise, die einander nicht vorgestellt werden. Durch Segmentierung können sie sich private Freiräume erhalten. Sie investieren ein Stück von sich selbst in jeden Bereich, aber niemand bekommt alles.

Fünfer haben kunstvolle, durchdachte Strategien, um sich ihre privaten Freiräume zu wahren. Sie können ihre Gefühle zurückhalten, Informationen zensieren, das Denken vom Fühlen trennen, vertrauliche Bindungen in Beziehungen entwickeln und Geheimleben führen. Bei den Geheimnissen handelt es sich fast nie um etwas Verbotenes, aber sie können tiefe Freiheitsgefühle bewirken. Heimlichkeit ist ein Schatz, denn sie garantiert Autonomie. Sie gehen, wenn niemand es erwartet. Eine perfekte Flucht in die Ungestörtheit.

Einsamkeit

Fünfer leiden nicht unter Einsamkeit, solange ihr Rückzug in das Alleinsein freiwillig ist. Sie gehen anderen aus dem Wege, um zu überleben, und die Zurückgezogenheit wird als etwas Gutes und Sicheres empfunden, solange auf der anderen Seite der Tür jemand da ist. Die Fünf entscheidet sich bewußt dafür, sich herauszuhalten, wenn es einen Grund gibt, sich abzuschirmen. Wenn aber niemand an die Tür klopft, kann sich Zurückgezogenheit wie Gefängnis anfühlen. Sich-Heraushalten hat seinen Sinn, wenn Invasion droht. Aber die Strategie kann als lebensbedrohlich empfunden werden, wenn man vom Leben abgeschnitten ist. Zurückgezogenheit wird zur Isolierung, wenn sie nicht selbstgewählt ist, wenn Sie sich so eingeigelt haben, daß es Ihnen unmöglich zu sein scheint, auf andere zuzugehen. Um wieder mit den anderen in Kontakt zu kommen, müssen Sie den Anfang machen, sich offenbaren, sich zur Verfügung stellen, und all das ist schmerzhaft, wenn Sie nicht gesehen werden wollen.

Mangelwirtschaft

Aus der Distanz gesehen, erscheint vielen, was getan wird, ohne Sinn. Warum laufen die Leute herum und verschwenden sich an Trivialitäten? Aus Angst, in all das hineingezogen zu werden, womit andere sich befassen, überlegen Fünfer ganz

genau, wo sie ihre Zeit und ihre Kräfte einsetzen wollen. Sie sparen eher Energie, als sich zuviel vorzunehmen.
Es kommt Ihnen als Fünf sinnlos vor, sich an zahlreiche Pläne und Möglichkeiten zu verschwenden, wenn man nicht genau abschätzen kann, wieviel Zeit und Mühe es kosten wird, etwas Handfestes zuwege zu bringen. Fernab von vielen der Wünsche und Vergnügungen, die die Hektik menschlichen Tuns nähren, beobachten Sie und warten auf etwas Bedeutsames.

Distanz

Fünfer können an die Öffentlichkeit gehen und doch reserviert bleiben. Wenn das Denken vom Fühlen abgekoppelt ist, können Sie emotionale Geschehnisse beobachten. Sie brauchen keine verschlossenen Türen oder ausgefeilten Tricks, um Verwickeltwerden zu vermeiden, wenn Sie sich von Ihren Gefühlen losmachen können. Sie können sich unterhalten und auf andere reagieren, ohne wirklich dabei zu sein. Sie können weit weg sein, obwohl Sie vor einer Menge stehen und jeder Sie sieht.
Die Distanziertheit kann sein, als beobachteten Sie, wie Sie eine bereits geprobte Szene spielen. Sie sind sich Ihres Körpers nicht bewußt, während Sie die Rolle spielen. Sie können sogar charmant und witzig sein. Es macht Ihnen nichts aus, daß Hunderte zuschauen. Sie haben keine Angst, solange Sie nicht betroffen sind.
Es handelt sich eher um einen inneren Vorgang, eine Bewußtseinsspaltung, als um ein separates Es, Er oder Sie in einem physischen Raum. Fünfer können distanzierte Wahrnehmungsweisen interessant beschreiben: »Es ist, als sehe ich mich in einem dreifachen Spiegel.« – »Ich sehe mich an und sehe, wie ich mich ansehe.« – »Ein Teil von mir ist nicht mit mir verbunden.«
Distanz kann zu einer psychologischen Tugend erhoben werden. Mentale Typen besitzen eine gewisse Arroganz, weil sie meinen, sich über die primitiveren emotionalen Ausdrucksformen erhoben zu haben. Wollust ist etwas für niedrigere Wesen.

Zornige Leute können sich nicht kontrollieren. Das Rezept für verletzte Gefühle ist, sie fallenzulasen. Wenn sie noch weh tun, denken Sie doch an etwas anderes. Begehren führt einen in die Irre und gerät irgendwann zwangsläufig außer Kontrolle. Distanzieren Sie sich, bevor Sie an der Angel hängen.

Eigenleben

Für Fünfer bedeutet Privatsphäre weit mehr, als nur seine eigenen vier Wände zu haben und die Tür hinter sich zuschließen zu können. In der Öffentlichkeit verhalten sich Fünfer oft reserviert und warten, bis sie allein sind, um noch einmal alles gefühlsmäßig durchzugehen, was sie im Laufe des Tages erlebt haben. Sie brauchen Zeit, um ihre Gedanken noch einmal Revue passieren zu lassen, um ihre Gefühle an die Oberfläche kommen zu lassen und um in Gedanken durchzugehen, was der nächste Tag bringt. Die Rückschau bietet ihnen eine emotionale Grundlage, und das Vorausschauen soll emotionale Erschütterungen und potentielle Verlegenheiten ausschließen. All diese innere Arbeit vollzieht sich hinter verschlossenen Türen. Es ist zermürbend, wenn Sie Ereignisse voraussehen, erneut überdenken und gleichzeitig erleben müssen. Dann erledigen Sie tatsächlich die Arbeit von drei Personen.

Partner denken oft, durch das Reserviertsein kämen die »realen« Gefühle von Fünfern nicht an die Oberfläche. Gefühle sollten doch unmittelbar sein und gleich auf der Stelle voll zum Ausdruck gebracht werden, statt daß man sie durchdenkt, wenn man mit sich allein ist. In solchen Fällen verweisen Fünfer stets auf den Schaden, der durch mangelnde Kontrolle der Gefühle entsteht. Natürlich ist an beiden Sichten etwas Wahres.

Habgier

Habgier ist eine der sieben Todsünden, die einigen Kommentar verdient. Wie könnte der losgelöste Enneagramm-Typ Gier haben? Auf Enneagramm-Podien sind Teilnehmer, die mit allen Fünfer-Themen etwas anfangen können, immer ganz

perplex, wenn die Rede auf Habgier kommt. »Ich? Ich nicht! Ich komme mit sehr wenigem aus.«
Eine Möglichkeit, die Leidenschaft der Fünf festzustellen, ist, den Sicherheitspunkt zu überprüfen. Achter und Fünfer sind von dem Bedürfnis getrieben, sich fremder Dominanz zu widersetzen. Mit ihrer scheinbar aggressiven Haltung suchen Achter eigentlich sicherzustellen, daß niemand sie beherrscht. Sie widersetzen sich Aufdringlichkeiten, indem sie gegen andere vorgehen, während Fünfer ihren Widerstand genauso stark durch Unnachgiebigkeit leisten. Die Angst vor dem Beherrschtwerden ist genau dieselbe. Man verteidigt sich nur unterschiedlich dagegen. Achter kontrollieren durch kraftvolle Präsenz, und Fünfer kontrollieren, indem sie Zeit und Raum horten.

Die Dynamik der Veränderungen: Sicherheit und Risiko

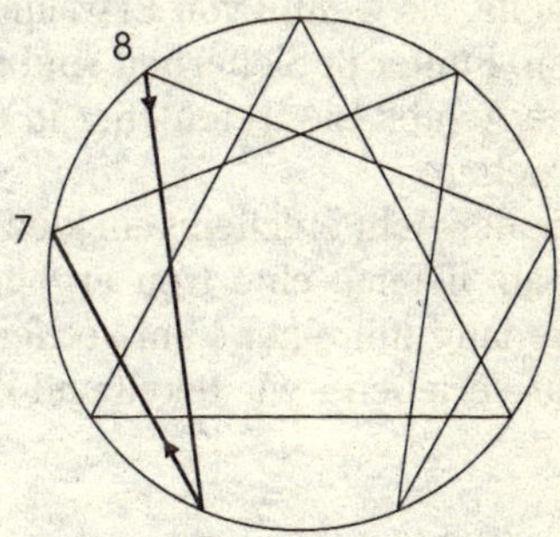

Abb.: Dynamik der Veränderungen für die Fünf

Sicherheit

Da Beobachter ihre Sicherheit in der Burg finden, verteidigen sie dort üblicherweise ihr Territorium und üben eine etwas gebieterische Kontrolle in häuslichen Angelegenheiten aus. Sie können sich zu Hause wie Achter verhalten. Wenn sie sich im Büro sicher fühlen, werden sie die Routine kontrollieren wollen. Es ist nicht so, daß sich Fünfer in Achter »verwandeln«, sondern es ist mehr so, daß sichere Lebenssituationen die wichtigsten Abwehrmechanismen bei der Fünf lockern, so daß eine Boß-Perspektive zum Vorschein kommen kann.

Sex kann für Fünfer ein wichtiger Sicherheitsbereich sein. Es ist nonverbale Kommunikation auf hoher Ebene, die ungefähr eine Stunde dauert und dann vorbei ist. Obwohl Fünfer in erster Linie mental orientiert sind, können sie sich, wenn sie in Sicherheit sind, in ihrem Körper recht wohl fühlen. Sie mögen körperliche Empfindungen, sportliche Betätigungen und Sexualität und können sogar an gelegentlichen Raufereien Freude finden.

Positiv ist am Sicherheitspunkt, daß sich ein kraftvolles Leben entwickelt. Fünfer in Sicherheit sind körperlich und emotional beteiligt. Sie können kontaktfreudig sein, zornig werden und im Streit ihren Mann stehen. Das wird oft als Anzapfen einer gesunden Kraftquelle, als Gefühl von Erwachen und echtem Leben beschrieben. Fünfer in Sicherheit sind genauso direkt und mitteilsam wie Achter. Sie treten eher in Aktion, als daß sie sich zurückzuziehen.

Auf der Minusseite der Acht erscheint ein kleinlicher Tyrann. Nachstehenden Satz lieferte eine treu ergebene Neun, die über dreißig Jahre lang mit einer Fünf verheiratet war: »Sie sollten ihn zu Hause erleben – wie Jekyll und Hyde.«*

Risiko

Die Siebener-Persönlichkeit kommt zum Vorschein, wenn die wichtigsten Abwehrmechanismen des Beobachters – Rückzug und Isolierung – nicht wirken. Dann zeigt sich eine sozial akzeptable Fassade, gewinnend und kontaktfreudig; aber es

* Gestalten aus einem Roman von R. L. B. Stevenson, die eine Person verkörpern; d. Ü.

macht keinen Spaß. Aus der Fünfer-Perspektive gesehen, kann die extrovertierte und scheinbar zufriedene Selbstdarstellung der Sieben ungewohnte innere Spannung verdecken. Improvisierenmüssen ist entsetzlich. Fünfer fühlen sich auf einem Siebener-Territorium mit ungewissem Ausgang und unbegrenzten Möglichkeiten oft aufgerieben. Der Hauptabwehrmechanismus des Wissens, um gewappnet zu sein, verliert seine Wirkung, wenn es zu viele Alternativen gibt und zuviel zu tun ist. Wenn man nur mehr Zeit zum Nachdenken hätte.
Die Tatsache, daß Fünfer in der Siebener-Position von anderen als offen und freundlich begrüßt werden, trägt zum gewohnten Gefühl der Entfremdung bei. »Genau. Die Leute können nicht unter die Oberfläche schauen.« – »Sieh mal, wie oberflächlich die sind.« Die Minusseite der Sieben kommt ihnen wie ein nervöses inneres Stimmengewirr vor. Eine Informationsflut. Man kann nicht mehr klar denken und sich entspannen. Dieses ganze Aktivsein trägt zu der Furcht bei, in die Anliegen anderer hineingezerrt zu werden. Die Fünf fühlt sich zu sehr in Anspruch genommen. Auf der Minusseite des Risikopunktes schweift die Aufmerksamkeit in der verzweifelten Suche nach irgendeiner raschen Lösung herum, um Zeit zu gewinnen und Mittel zu sparen.
Aus der Fünfer-Perspektive kann die Plusseite der Sieben darin bestehen, daß sich eine echte Fähigkeit herausbildet, den Strom der Ereignisse zu genießen, anstatt sich innerlich gegen Überraschungen abzuschotten. In so einer Situation kann das Risiko die soziale Ängstlichkeit abschleifen. In der Siebener-Position muß man so schnell handeln, daß es möglich wird, sich hineinzustürzen und unvorbereitet zu improvisieren.

Die Fünf in der Liebe

Leben mit einer Fünf

- Da eine Fünf verzögerte Reaktionen hat, können ihre Gefühle an die Oberfläche kommen, wenn sie allein ist. Sie findet Intimität in zurückgezogener Träumerei. Große Zärtlichkeit kann sich entwickeln, ohne daß Worte oder längerer persönlicher Kontakt nötig wären.

- Der Rückzugszyklus der Fünf kann zu Gefühlen des Isoliertseins und zu dem Wunsch führen, sich von anderen aus der Reserve locken zu lassen. Sie sitzt fest zwischen dem Wunsch nach Kontakt und dem Wunsch zu gehen.
- Intimität kann Distanzierung auslösen. Menschen im Leben der Fünf könnten folgende Botschaften bekommen: »Ich komme noch ohne dich aus« oder »Ich stehe zwar zu dir, aber ich werde nicht mit dir leben.«
- Sie könnten segmentiert, von anderen Lebensbereichen einer Fünf getrennt werden.
- Rechnen Sie damit, daß eine Fünf Intimität ohne Worte ausdrückt. Eine Fünf spürt, daß Gefühle leichter an die Oberfläche gelangen, wenn sie nicht ausgesprochen werden müssen.
- Wenn eine Fünf emotional an Ihnen hängt, kann sie äußerst besitzergreifend werden. Sie könnten sich wie ihr Rettungsanker vorkommen.
- Partner bekommen sehr viel Unterstützung, wenn die Fünf von persönlichen Verpflichtungen frei ist und sich nicht gezwungen fühlt, zu reagieren.
- Sich-Heraushalten ist die übliche emotionale Haltung der Fünf. Partner sollten daher »negative« Gefühle wie Zorn, Eifersucht und Rivalität sowie auch »positive« Gefühle wie Sexualität und Zärtlichkeit als mögliche Zeichen dafür deuten, daß die Beziehung sich vertieft.

Intimbeziehungen

Wenn Ihr wichtigster Abwehrmechanismus die Loslösung ist, kann es gefährlich erscheinen, sich zu verlieben und sich einem anderen Menschen anzuschließen. Die Trennung des Denkens vom Fühlen ist ein starker Abwehrmechanismus. Fühle nicht. Kämpfe nicht. Laß nicht zu, daß andere dich kontrollieren. Achter kontrollieren durch die Macht ihrer Präsenz

und Fünfer durch Mangel an Präsenz. Fünfer koppeln sich ab, und indem sie sich innerlich von sich selbst lösen, hören sie damit auf, Energie oder Emotionen zu geben.
Wenn Sie distanziert sind, kann das Leben über Sie hinweggehen und an Ihnen vorbeigleiten, als habe es nie stattgefunden. Emotionen sind erforderlich, um sich ein Ereignis einzuprägen und es zu etwas Bedeutsamem zu machen. Eine ganze Episode kann dem Bewußtsein entfallen, wenn sie nicht tief genug empfunden wird, um behaltenswert zu sein. Distanziertsein hat Schutzwert. Es mildert unerwartete emotionale Erschütterungen und dämpft unangenehme Vorkommnisse. Das Leben verläuft ruhig und angenehm, wenn man nicht gefühlsbetont ist. Warum starke Gefühle haben, wenn aus ihnen Leid entsteht? Sich von Emotionen zu lösen, neutralisiert tatsächlich das Negative. Aber mit der Zeit könnte das Abschneiden Ihrer eigenen Reaktionen wie eine Amputation sein. Indem Sie sich die Quelle von Emotionen versagen, berauben Sie sich der Erfahrung.
Bindungen einzugehen, die Jahre andauern sollen, erschüttert die Unabhängigkeit. Es ist viel leichter, ohne jemanden auszukommen, als zu spüren, wie wichtig er einem ist. Fünfer fühlen sich zuweilen wie »hereingelegt«, wenn andere ihnen emotional wichtig werden. Ihre Privatsphäre ist bloßgelegt. Plötzlich können sie berührt, gesehen, geliebt und bewegt werden.
Fünfer sagen, daß ungewollte Emotionen sich wie Besessenheit anfühlen. Ungewohnte Begierden, genährt von der Wut einer Acht. Fünfer haben Wünsche und hassen das Wünschen. Sie fühlen sich benutzt. »Wie kann es das Leben wagen, mich so fühlen zu lassen?« Starke Emotionen kommen ihnen vor, als gäben sie einer Schwäche nach. »Warum von einer Schwäche beherrscht werden?« – »Ich brauche das nicht.«
Die meisten Abwehrmechanismen von Fünfern kommen in den Anfangsstadien einer Beziehung zum Vorschein, wenn verschlossene Türen und unerwiderte Botschaften noch funktionieren. Die Fünf öffnet die Tür nur einen Spalt weit, denn

wenn erst einmal Gefühle in ihre Abgeschiedenheit eindringen, wird Distanzierung unmöglich.
Sie werden der aktive Teil in einer Beziehung mit einer Fünf. Sie rufen wahrscheinlich als erster an und schlagen Unternehmungen vor, stellen fest, daß Sie Andeutungen fallen lassen, wenn Sie Informationen benötigen. Und nach einem großartigen Abend miteinander müssen Sie unter Umständen mit einer längeren Phase des Schweigens rechnen. Fünfer können diese Distanzierungsmaßnahmen einsetzen, ohne das bewußt zu beabsichtigen. Ihre Emotionen als Partner/Partnerin wirken fordernd. Ihre Bedürfnisse könnten zu Verwicklungen führen. Da Fünfer allergisch gegen Beherrschtwerden sind, müssen sie sich zurückziehen und nachdenken.
Interessanterweise können Beobachter außerordentlich emotional sein, wenn man ihnen nicht sagt, daß sie es sein sollen. »Sollen« riecht nach Zwang, und da zieht sich eine Fünf zurück. »Sollen« riecht nach Ausplünderung, und da gibt die Fünf weniger. »Sollen« riecht nach Aufdringlichkeit. »Was willst du denn jetzt?« und »Wann willst du es?« »Sollen« ist wie ein rotes Tuch. Wenn sie etwas »sollen«, suchen Fünfer das Weite. Eine Fünf schaut Sie möglicherweise gern an, aber wenn Sie sagen »sieh mich an, sieh mich an«, tut sie's nicht.
Die Faustregel lautet: Tragen Sie Ihre Absichten vor und lassen Sie Fünfern dann Zeit zum Überlegen. Lassen Sie sie kommen, wenn sie wollen, und machen Sie Ihres weiter, wenn sie nicht kommen. Beobachter haben empfindsame Vorstellungen über das Menschsein. Sie können mitfühlende Zuhörer sein und solide Unterstützung bieten, solange Sie nicht darauf bestehen, daß sie Ihre Gefühle teilen.
Als leidenschaftliche Informationssammler haben Fünfer es nicht gern, gesehen oder ausgefragt zu werden. In einer intimen Beziehung nicht gesehen zu werden bedeutet, die wichtigsten Grenzen von Unabhängigkeit, Unberechenbarkeit, Autonomie und Zurückgezogenheit respektiert zu wissen. Unabhängigkeit hat etwas damit zu tun, sich davonmachen zu können, ohne daß jemand weiß, wohin man geht. Fünfer können

manchmal für Stunden verschwinden, und keiner weiß, wo sie sind. Dann tauchen sie wieder auf, ohne Erklärungen abzugeben. Das ist beunruhigend, wenn man eine beständige Anwesenheit erwartet. »Wo warst du denn?« »Weg.« Unabhängigkeit bedeutet auch Überwachung von Informationen. Fünfer beantworten Fragen normalerweise in knapper und zurückhaltender Form und rücken nicht mit mehr heraus als nötig. Als ob das Ungesagte nicht existierte. Wenn Sie wissen wollen, warum Sie bei einer Entscheidung nicht berücksichtigt wurden, könnten Sie zu hören bekommen: »Du hast mich ja nie danach gefragt.«

Sensibel für die Bürde der Bedürfnisse anderer Menschen, wollen Fünfer emotionale Autonomie. Sie können Ihrerseits wohl abhängig und gefühlsbetont sein, aber Fünfer wollen in solche Gefühle nicht hineingezogen werden. Die Fünf bringt gerade genug Aufmerksamkeit auf, um herauszufinden, was Sie wollen, überlegt, wie man effizient darauf reagiert, gibt, worum Sie gebeten haben, und denkt dann: »In Ordnung, ich habe meine Schuldigkeit getan. Jetzt kannst du gehen.« Durch Geben können Fünfer Zeit für sich gewinnen. »Du hast es bekommen. Nun geh und freu dich drüber. Mich aber laß allein.«

Beobachter tun alles, um ihre innere Welt bzw. »das wirkliche Ich« zu schützen. Partner, die glauben, das Privileg zu genießen, an dieser inneren Welt teilzuhaben, berichten von einer intelligenten, unkonventionellen und erstaunlich phantastischen Wirklichkeitssicht. Der Geist einer Fünf ist oft – zuweilen eindringlich – auf tiefe und bedeutende Fragen eingestellt.

Die Signale der Fünf

Positive Signale

Da eine Fünf einen unbelasteten Lebensstil zu schätzen weiß, bringt sie ein feinfühliges Wahrnehmungsvermögen mit in eine Beziehung. Hoch geistig, wissend und nachdenklich. Fünfer sind Reisende im Reiche des Geistes. Fünfer haben einen feinen Geschmack. Sind Asketen und Ästheten. Nur ein Kissen in einem leeren Raum. Ein kleines Scheibchen Eßbares. Objektiv und ruhig in Krisenzeiten. Menschen, denen andere ohne weiteres etwas anvertrauen können.

Negative Signale

Partner könnten sich bei Fünfern ausgeschlossen, nicht dazugehörig und vernachlässigt fühlen. Das dauernde Bedürfnis der Fünf nach Zurückgezogenheit wirkt wie Ablehnung. Die Last des Anstoßgebens und des Konfrontierens fällt auf Sie. Die Selbstkontrolle der Fünf sieht aus wie ein Horten von Zeit, Raum, Energie und Zugänglichkeit. Man hat den Eindruck von Überlegenheit und Geheimniskrämerei – intellektueller Arroganz –, als stehe die Fünf über der Notwendigkeit, ihren Gefühlen Ausdruck zu verleihen, und brauche sich nicht zu erklären.

Gemischte Botschaften

Fünfer sind sehr schwer hervorzulocken, wenn sie sich nach innen wenden. Sie signalisieren deutlich »Bleib weg«, als stünde ihnen »Nicht stören« ins Gesicht geschrieben. Wenn sie gerade eine passende soziale Rolle spielen oder unter Streß stehen (Punkt Sieben), kann man schwer sagen, ob sie ansprechbar sind oder nicht. Energiegeladene und anscheinend interessierte Fünfer können in Wirklichkeit hinter einer sozialen Pose versteckt sein oder sich selbst dabei beobachten, wie sie gerade jemanden ins Gespräch ziehen. Wenn sie ihre Sache überzeugend machen, könnten andere irrtümlicherweise einen echten Kontaktwunsch darin erblicken. Es kann ein Ratespiel werden. Ist die Fünf ansprechbar oder nicht? Wer weiß? Das Signal wirkt zwar einladend, aber es könnte auch Tarnung sein.

Innere Signale

Wenn Fünfer nicht mitmachen wollen, wird die Energie aus einer Situation ganz einfach allmählich abfließen. Fünfer kön-

nen sich so eindeutig zurückziehen, daß Sie das Gefühl haben, angestrengt mit jemandem zu reden, der weit entfernt und nicht vor Ihnen steht. Wenn Sie versuchen, wieder Leben in die Situation zu bringen, wird alles Bemühen in einem Vakuum versickern, bis Sie sich physisch ausgezehrt fühlen.
Fünfer empfinden Ihre Energie und Ihr Interesse als Verlangen nach Aufmerksamkeit. Isoliert von ihren eigenen unmittelbaren Gefühlen, haben sie Schwierigkeiten mit der Spontaneität. Die Gedanken sagen: »Ich bin unvorbereitet. Ich weiß nicht, was ich tun soll. Ich brauche Zeit zum Nachdenken.« Bitten, die zuviel offenlassen, machen ihnen Angst. Da kann man sich nicht vorbereiten. Es könnte mit einer Demütigung enden. Die Gedanken sagen: »Reagiere nicht. Investiere nicht. Wenn du da mitmachst, wollen diese Leute nur noch mehr.« Die Gefühle sagen: »Da komme ich doch nie durch. Das lohnt die Zeit nicht. Ich habe nicht genug Zeit. Ich muß Zeit sparen.« Da Fünfer keine Erfahrung mit Gefühlsausbrüchen haben, können sie völlig abschalten, wenn sie nicht vorbereitet sind. Denken ist schwer, wenn Gefühle an die Oberfläche gelangen, denn das untergräbt die Stabilität. Fünfer verspüren dann das dringende Bedürfnis, allein zu sein und ein stilles Fleckchen zu finden, um sich zu beruhigen. Hält der Druck an, kann das Denken von Fünfern unzusammenhängend werden. Fünfer sagen: »Die Aufmerksamkeit ist wie festgeklebt an einzelnen Ideen. Man erinnert sich nur noch an Brocken, die nichts miteinander zu tun haben.« Der Augenblick bleibt stehen. Es scheint, als hätte dieser Tag keinen Morgen gehabt, als hätten Sie schon immer in der Öffentlichkeit auf dem trockenen gesessen, ohne sich verstecken zu können. Die Gedanken sagen: »Ich komme da nie heraus. Ich kann nirgends hin. Ich muß wieder dorthin zurück, wo ich hingehöre.« Die Gefühle bestätigen die Notwendigkeit zu fliehen. Man empfindet es nicht als Habgier, daß man abrupt eine Unterhaltung beendet und nach einem Ausgang sucht. Es erscheint einem, als wolle man das wenige von sich selbst retten, das noch eine Chance zum Entkommen hat.

Der blinde Fleck bei der Leidenschaft der Habgier ist, daß sich die Aufmerksamkeit fast ausschließlich auf lebenswichtige Dinge konzentriert, die einem weggenommen werden könnten, und nicht auf die neutraleren Aspekte einer Beziehung. Hilfreich ist es, den Faktor Überraschung zu reduzieren. Fünfer ziehen sich zusammen, wenn sie unerwartet gefragt, berührt oder besucht werden. Sie entspannen sich, wenn sie genau wissen, was sie zu erwarten haben.

Die Fünf in der Arbeit

Am Arbeitsplatz

- Hat ein Gefühl begrenzter Energiereserven. Will nicht, daß eigene Zeit und Energie für anderer Leute Vorhaben benutzt werden.
- Arbeitet hart für den Lohn der Ungestörtheit und für die Freiheit, persönliche Interessen zu verfolgen. Arbeitet, um sich Autonomie zu erkaufen.
- Braucht Berechenbarkeit. Will vorher Bescheid wissen, um gewappnet zu sein. Erwartet Protokolle von der letzten Sitzung und die Namen derjenigen, die an der nächsten teilnehmen werden.
- Die Aufmerksamkeit gilt anderen in der Umgebung, die die Fünf als aufdringlich empfindet. Findet es oft schwierig, sich in Gegenwart anderer zu konzentrieren.
- Erstarrt, wenn ihr unerwartet eine Frage gestellt wird oder wenn eine spontane Reaktion erforderlich ist. Muß sich zurückziehen, um sich eine Meinung zu bilden.
- Meidet konsequent Konflikte. Errichtet eine Mauer aus schriftlichen Mitteilungen und Sekretärinnen als Schutz gegen emotionale Szenen.
- Schätzt eine sachliche Entscheidungsfindung. Der Einsatz von Gefühlen als Entscheidungshilfen kommt der Fünf wie ein Verlust von Kontrolle vor. Kann gewöhnlich Schmeicheleien und charismatische Führungstätigkeit durchschauen.

– Extrem produktiv als Entscheidungsträger, wenn sie sich in einer geschützten Position befindet und nicht zu Interaktionen an vorderster Front gezwungen ist.

Führungsstil

Eine Fünf führt hinter geschlossenen Türen und von einem Schreibtisch voller Telefone aus. Im allgemeinen arbeitet sie mit einem aggressiveren Typ zusammen, besonders Dreiern. Die Fünf ist gewöhnlich als Denker/Analytiker positioniert, und der selbstsichere Typ übernimmt die Vertretung nach außen. Wenn öffentliche Präsentationen erforderlich sind, könnten Beobachter eine entsprechende Pose einnehmen; den richtigen Look und eine auswendig gelernte Rede. Fünfer können in einem extrovertierten, sogar einnehmenden Stil führen, wenn dies die Bedingungen erfordern. Ich habe einmal eine Fünf interviewt, die eine Schiffswerft leitete. Dieser Mann war sehr direkt, machte sehr auf Macho und hätte leicht als Acht durchgehen können. Er beschrieb sich selbst als jemand, der auf der Werft »die Runde macht«. Er sagte, er stehe seit achtzehn Jahren täglich von seinem Stuhl in seinem Privatbüro auf, verfluche die Tatsache, daß er hinausgehen müsse, und sobald er an der Tür sei, »beobachte er sich selbst dabei«, wie er Befehle brülle. »Man muß richtig wirken«, sagte er. Fünfer gleiten in die Maske einer öffentlichen Figur wie in eine Rolle. Als Führungskräfte können sie extrovertiert wirken, wenn sie wissen, was auf sie zukommt. Sie können das Kommando übernehmen, delegieren und mit Notfällen fertig werden, aber möglicherweise verlieren sie praktisch jedes Interesse, wenn die Aufgabe erledigt ist.
Beobachter konzentrieren sich mehr auf Ideen und auf eine Selbstdarstellung, die dafür sorgt, daß diese Ideen ankommen, als auf zwischenmenschliche Kommunikation. Sie liefern die Meldung ab, ohne etwas zu beschönigen. Sie legen das Problem dar, ohne Kanten abzurunden, und warten darauf, daß die anderen mit ihrem Beitrag herausrücken. Es ist ein abgekartetes Spiel. Die Fünfer-Führungskraft will Fak-

ten, und um sie zu bekommen, wirft sie einen blutigen Kadaver auf den Tisch und wartet darauf, was die anderen sagen. Jeder im Raum will natürlich wissen, wo der Chef steht, bevor man sich mit dem Kadaver befaßt, aber der Chef macht nicht den Anfang. Beobachter tun gut daran, mit einem Berater zusammenzuarbeiten, der ein Gefühl für zwischenmenschliche Beziehungen hat und der unterscheiden kann zwischen einer unverblümten Darlegung von Fakten und einer Darstellung, die Kooperation und Unterstützung bewirkt.

Ist ein Projekt erst einmal auf die Füße gestellt, können Fünfer schnell delegieren. Um ihre Ungestörtheit zu wahren, werden sie spezielle Kontakte für »vertrauliche« Zusammenkünfte mit den Abteilungsleitern einführen und nicht mit allen zur gleichen Zeit zu tun haben wollen. Jeder Bereich wird angehört, jedoch so, daß Informationsübermittlung und gegenseitige Hilfe zwischen den verschiedenen Bereichen eines Vorganges nicht gefördert wird. Dem Beispiel der Leitung folgend, könnten die Abteilungsleiter dann beginnen, ihre privaten Informationen in der Hoffnung auf Verbesserung ihrer eigenen Position geheimzuhalten oder auszutauschen. Schlimmstenfalls läuft das Ganze auf Cliquenwirtschaft und geheime Rivalitäten zwischen den verschiedenen Bereichen hinaus, wobei die Aufmerksamkeit darauf konzentriert ist, die Leitung unter Ausschluß der Öffentlichkeit zu beeinflussen.

Da Fünfer hochgradig abstrakt denken können, sind sie in der Lage, eine Fülle von Informationen auf eine Kernaussage zu reduzieren. Es geht darum, ein anwendbares inneres Image zu schaffen und dieses wahrheitsgemäß nach außen zu reproduzieren. Eine Fünf in leitender Stellung kann warten. Sie gerät nicht kurzfristig in Panik, solange grundlegende Notwendigkeiten berücksichtigt sind. Immer der anfänglichen Idee folgend, kann sie enorme Schwierigkeiten bewältigen und dabei neue Informationen mit ihrem ursprünglichen Plan in Verbindung bringen. Sicher im Geist verankert, sind die

Kernideen verhältnismäßig unempfindlich gegenüber den Aufregungen eines Geschäftszyklus.

Konflikte

Bei Fünfern wird üblicherweise beklagt, daß man an sie nicht herankommt. Sie sind einfach nicht da. Sie können durchaus auf einem Stuhl sitzen und Fragen beantworten, aber sie strahlen nichts aus. Da kommt nichts herüber. Dieser Stil ist besonders niederschmetternd für Leute, die persönlichen Kontakt brauchen und die sich mit den Menschen, mit denen sie arbeiten, verbunden fühlen wollen. Wenn man nicht gerade zum Kreis der Eingeweihten gehört, könnte man das Gefühl haben, für einen Beobachter zu arbeiten statt mit ihm.

Es ist leicht, die eigenen Interessen auf die leere Leinwand der Selbstdarstellung einer Fünf zu projizieren. Geringe Gemütsbewegung kann leicht als Zustimmung mißdeutet werden, und fehlende Opposition kann mit Unterstützung verwechselt werden. Bei so wenig Ausstrahlung denkt man leicht, daß die Fünf zustimme, soweit man das beurteilen kann. Man könnte genauso leicht Desinteresse in die Fünf projizieren. Leider trägt diese Dynamik zu den Entfremdungsgefühlen der Fünfer bei. Wenn andere ihre Absichten sowieso falsch deuten, warum sollen sie da mehr Informationen geben? Hilfreich ist es, sich am Ende einer Besprechung für eine formale Zusammenfassung Zeit zu nehmen, so daß alle wissen, wo jeder steht. Da kann es natürlich die Kategorie »unentschlossen« geben, aber es ist wichtig, daß die Position und Betrachtungsweise der Fünfer eindeutig zu erkennen ist.

Mangelnde Information über den Prozeß der Entscheidungsfindung bei Fünfern ist eine klassische Schwierigkeit. Der leere Bildschirm gibt plötzlich eine endgültige Entscheidung bekannt, die anscheinend ohne Beteiligung der Betroffenen gefällt wurde. Unfähig, mit Konflikten umzugehen, und mit wenig Abwehrmechanismen gegen öffentliche Konfrontation ausgestattet, ziehen Beobachter sich zurück, denken nach und entscheiden im stillen Kämmerlein. Eine Entscheidung, die viele Menschen angeht, kommt dann womöglich als schlichte Bekanntmachung heraus. »Da. Das wäre es.« Keine weiteren Erklärungen. Alle, die das entgegenzunehmen haben, müssen darin eigenmächtige, gefühllose Absicht sehen.

Konfliktlösung

Hinweise zur Vermittlung zwischen Fünfern und anderen finden Sie in Teil III »Leitfaden für Beziehungen«.

Die Fünf als Mitarbeiter

Ein Großraumbüro mit vielen Schreibtischen, ohne Trennwände und mit Angestellten, die mittags essen gehen und über ihre Beziehungen reden, ist für eine Fünf die Hölle. Fünfer wollen Grenzen. Sie sind gern allein mit ihren Projekten und betrachten einen eigenen Raum und ihr eigenes Telefon als echten Anreiz. Da sie sich leicht überwältigt fühlen, wollen sie genau wissen, wieviel Zeit und Energie aufzubringen ist. »Was soll ich machen? Wieviel ist da zu tun? Und wie lange dauert das?« Da ihnen Aufdringlichkeit zuwider ist, bringen sie in einer Atmosphäre mit zuviel Input nichts zustande.

Das Denken von Fünfern vollzieht sich nicht primär in großen Zusammenhängen. Sie konzentrieren sich auf ein Stück Information, legen es ad acta und denken dann über etwas anderes nach. Die einzelnen Stücke brauchen nicht miteinander in Verbindung zu stehen. Jedes kann für sich allein untersucht und dann wie ein Stift auf einem Brett in den Gesamtzusammenhang eines großen Bildes eingeordnet werden. Das Denken in großen Zusammenhängen könnte bei Fünfern als großes Brett mit klar markierten Kanten dargestellt werden, die die theoretische Frage eingrenzen. Das Brett ist voll von einzelnen Informationsstücken, die die Grundmuster der Theorie zeigen sollen, sobald sie an der richtigen Stelle stehen. Es wird fortlaufend nach neuen Informationen gesucht, und jedes passende Stück wird in das Gesamtbild eingefügt, jedoch als Stück für sich.

Das unzusammenhängende Denken macht es schwierig, die

Aufmerksamkeit schnell zu verlagern. Die Lernkurve fällt dramatisch, wenn es zu Unterbrechungen oder Aufgabenverschiebungen kommt. Tritt jemand plötzlich ins Zimmer, wendet sich die Aufmerksamkeit dieser Störung zu, und es fällt Fünfern schwer, ihre Gedanken neu zu konzentrieren. Fünfer denken immer nur an eine Sache bzw. nur an ein Konzept und gehen dann zur nächsten Überlegung weiter. Sie geraten durcheinander, wenn die Diskussionsinhalte allzu plötzlich wechseln. »Ich verstehe die Frage nicht«, ist die übliche Reaktion von Fünfern, wenn das, was sie gerade erörtert haben, plötzlich nicht in einen neuen Begriffsrahmen paßt. Fünfer können mental erstarren, wenn sie zu schnell ihren Fokus wechseln müssen. Da sie sich auf ihren Verstand verlassen, kann eine plötzliche Veränderung des Gesamtzusammenhangs ihnen etwas bedrohlich vorkommen. Derselbe Aufmerksamkeitsstil unterliegt der Segmentierung der verschiedenen Lebensbereiche. Fünfer engagieren sich sehr für den Bereich, der sie im jeweiligen Augenblick beschäftigt. Die Sache von zehn bis Mittag mag sehr interessant gewesen sein, aber abends ist sie möglicherweise nur noch eine verschwommene Erinnerung. Fünfer konzentrieren sich sehr, aber wenn sie ihre Aufmerksamkeit dann etwas anderem zuwenden – aus den Augen, aus dem Sinn.
Als Angestellte arbeiten sie, um sich ihre Unabhängigkeit zu erkaufen. Anhäufung von Reichtum für einen luxuriösen Lebensstil interessiert sie nicht. Anreize für Mitarbeiter, wie Titel und Vergünstigungen, betrachten sie gemeinhin als eine Form der Verführung, die das Management einsetzt, um die Leute an das System zu binden. Fünfer fühlen sich oft von den Interessen anderer Leute manipuliert. Sie hassen es, wenn ihre Energie einem Arbeitgeber zugute kommt. Ihren Erfolg messen sie an der Autonomie gegenüber einem System von Belohnungen, Titeln, und scheinbar endlosen hierarchischen Verwicklungen. Fünfer empfinden es als höchstes Glück, ein anständiges Gehalt dafür zu bekommen, daß sie ihren persönlichen intellektuellen Interessen in ei-

nem eigenen Büro nachgehen, mit Mitarbeitern, die eifrig Daten liefern.

Teamaufbau

Besprechungen stellen eine Belastung dar, wenn sie nicht spezifisch und themengebunden sind. Endlose Diskussionen sollten vermieden werden. Die Denkweise von Fünfern eignet sich nicht für tempogeladene Brainstorming-Sitzungen, wo die Diskussionsinhalte plötzlich von einem begrifflichen Rahmen zum anderen wechseln. Fünfer langweilen sich und schalten ab, wenn die Diskussion durcheinandergerät. Es hilft, die Tagesordnung vorher bekanntzugeben, damit die Sitzungsteilnehmer Zeit haben, sich vorzubereiten. Dem Brainstorming sollte eine genau festgelegte Zeit in der Tagesordnung zugewiesen werden.

Beobachter haben es gern, für einen kleinen, klar abgegrenzten Fachbereich verantwortlich zu sein. Sie lieben spezielle Fragen, die auch ihre eigenen Interessen ansprechen, sind aber nicht bereit, sich in zweifelhafte, noch nicht durchdachte Bereiche zu begeben. Fünfer auszufragen ist fast unmöglich. Man bekommt nur, was sie bereitwillig geben, und man bekommt es in dem Kontext, den sie wählen. Fünfer schätzen genaue Fragen. Erwarten Sie nicht, daß die Fünf Ihre Fragen ausweitet, daß sie Sie aus der Reserve lockt oder vielleicht um Informationen bittet, die sie eventuell für sich benötigt. Die Fünf ist es einfach nicht gewöhnt, auf andere zuzugehen. Sätze wie »Ich hab's Ihnen nicht gesagt, weil Sie mich nicht danach gefragt haben« oder »Ich habe Ihnen genau das gegeben, worum Sie mich gebeten haben« können zu Klagen unter Teammitgliedern führen. Fünfer zensieren ihre Informationen und halten oft etwas zurück, ohne das zu bemerken. Um einer Fünf genau die Information zu entlocken, die Sie benötigen, müssen Sie Ihre Fragen entsprechend zuschneiden.

Haben sich Fünfer erst einmal für eine Aufgabe entschieden, sind sie nicht mehr aufzuhalten. Schwierige, lohnende Projekte sind ihr Element. Das Problem selbst spornt sie an, nicht

Belohnungen und Vergünstigungen. Sie können sich jahrelang ohne Unterstützung durch öffentliche Anerkennung für einen kleinen, unabhängigen Arbeitsbereich einsetzen. Dieser Einsatz behindert zuweilen gute Kommunikation. Fünfer fangen Feuer und isolieren sich. Sie rufen Teammitglieder dann vielleicht nur noch an, wenn Dienstliches zu besprechen ist, bitten um etwas, das sie brauchen, und legen wieder auf. Indem sie ihre Zurückgezogenheit schützen, erwecken versteckte Fünfer den Anschein, daß sie mehr nehmen als geben, weil der Kontaktverlauf unveränderlich aus Anruf, Frage, Entgegennahme und Auflegen besteht, ohne daß Erklärungen gegeben werden.
Hilfreich ist, Fünfer im Team aus der Reserve zu locken, damit sie zeigen, was sie wirklich wollen. Sollten sie sich scheuen, den ersten Schritt zu tun, dann lassen Sie sie am Ende der Besprechung das Ganze zusammenfassen. Gehen Sie nicht davon aus, daß sich Fünfer ihrer Isoliertheit bewußt sind oder daß sie sich durch mangelnden Kontakt unbedingt benachteiligt fühlen. Kommen Sie der Fünf auf ihrem eigenen Gebiet entgegen – mit projektbezogenen Informationen.

6. Sechs: der loyale Skeptiker

	Tendenz der erworbenen Persönlichkeit	Aspekte der Essenz
geistig	Zweifel/Feigheit	Glaube
emotional	Angst	Mut

	Subtyp-Verhalten	
	sexuell (Zweierbeziehung):	Stärke/Schönheit
	sozial (Gruppe):	Pflicht
	selbsterhaltend:	Herzlichkeit/Wärme

Der Blickwinkel der Sechs

Weltsicht

Die Welt ist ein bedrohlicher Ort. Ich stelle Autoritäten in Frage.

Spiritueller Weg

Zweifel hat etwas mit dem Verlust von *Glauben* zu tun. Als Kind reagierte die Sechs mit *Angst* auf den Verlust der beständigen Sicherheit der Essenz, und damit begann eine lebenslange Beschäftigung mit dem *Mut.* Angst erzeugt Abhängigkeit von Regeln und einer schützenden Autorität, und das ist eine Nachahmung der Gewißheit des Glaubens. Der Angsttyp des Enneagramms hat eine Parallele in der Kategorie des zweifelnden Verstandes im Buddhismus, bei der sich die Aufmerksamkeit vom Glauben auf intensives inneres Infragestellen verlagert. Erfolg und Wohlwollen scheinen besonders zweifelhaft zu sein. Dieser *Zweifel* und diese *Feigheit* sind ein natürlicher Ausgangspunkt für die Entwicklung von Glauben.
Der Weg des Glaubens beginnt bei den festen Überzeugungen, die man bei psychisch reifen Menschen findet. Jedoch

wie alle Eigenschaften, die ihren Ursprung in der Essenz haben, kann Glauben das Bewußtsein verwandeln.

Akzente

- Denken ersetzt Tun. Zögern. Bild des hypnotisierten Kaninchens.
- Tatenlosigkeit verstärkt die Ängstlichkeit. Sich stets das Schlimmste vorstellen. Kämpfen oder Flüchten. Die kontraphobische Sechs – auf Konfrontation bedacht und wagemutig – greift an; die phobische Sechs – verstohlen, verängstigt – flieht.
- Agiert die Angst in den drei Zentralbereichen wie folgt aus:
  - durch *Stärke/Schönheit* in sexuellen bzw. Zweierbeziehungen.
  - durch *Pflicht* und Einhaltung der Gesetze der Gesellschaft;
  - durch *Herzlichkeit/Wärme*; was persönliches Überleben garantiert.
- Hat hohe Ziele, die oft nicht erreicht werden.
- Die Ängstlichkeit erreicht ihren Höhepunkt bei Erfolg. Erfolg bedeutet, sich feindlichen Kräften auszusetzen.
- Gedächtnisschwund hinsichtlich Erfolg und Vergnügen. Setzt sich oft erfolgreich für gesellschaftlich Benachteiligte ein. Der loyale Kamerad in der Not. Derjenige, der die in Schwierigkeiten geratene Firma umstrukturiert.
- Ambivalentes Verhältnis zur Autorität. Sucht entweder Schutz bei der Autorität oder rebelliert gegen sie.
- Stellt die Motive anderer in Frage, besonders die von Autoritäten.
- Identifiziert sich mit gesellschaftlich Benachteiligten. Stellt sich an die Spitze der Oppositionspartei.
- Fürchtet sich davor, eigenen Zorn einzugestehen. Fürchtet den Zorn anderer.
- Stellt die heiklen Fragen. Will Zweifel ausräumen. Will eine Erklärung.
- Skepsis. Die buddhistische Kategorie des zweifelnden Verstandes. Eine »Ja, aber...«-Haltung bzw. »das funktioniert

vielleicht nicht«. Sieht die Hintertürchen. Ausgezeichneter Beseitiger von Störungen.
- Tastet die Umgebung nach Anzeichen von Sicherheit und Gefahr ab. Aktiviert das persönliche Radargerät. Dieser Aufmerksamkeitsstil bestätigt,
  - daß die Welt ein bedrohlicher Ort ist, führt aber auch
  - zum Erkennen der Motive, der Bedürfnisse und der inneren Welt anderer.

Erworbene Persönlichkeit

Wir alle machen uns die Betrachtungsweise der Sechs zu eigen, wenn wir uns gefährdet fühlen. Kriegsgebiete, dunkle Straßen, eine Klippe an der Bergstraße. Wir nehmen all unseren Mut zusammen. Das Adrenalin zwingt uns, zu kämpfen oder zu fliehen. Entweder reißen wir uns zusammen und verteidigen uns, oder wir laufen davon und gehen in Deckung. Das Enneagramm erklärt beide Reaktionen. Phobische Sechser verstecken sich, und wenn sie sich in die Enge getrieben fühlen, unterwerfen sie sich. Kontraphobische Sechser haben genau so viel Angst, fordern aber ihre Ängste aggressiv heraus.

Als Kinder lernten die Sechser Adrenalin kennen. Sie lernten, wachsam zu sein, Autorität zu hinterfragen und »herauszubekommen, was wirklich gemeint ist«. Skeptisch und vorsichtig, suchen sie versteckte Absichten mit demselben Ernst zu ergründen, mit dem Dreier nach Image und Erfolg streben. Sechser zweifeln Autorität an, während Dreier Führungsrollen übernehmen.

Paradoxerweise kann Erfolg Angst machen. Gesehen zu werden, bedeutet angegriffen zu werden. Eine Sechs sucht nach Anhaltspunkten. »Kann man dir vertrauen?« Der Verstand gewinnt die Oberhand. Wird diese Gewohnheit automatisch, hört die Selbstbeobachtung auf. Die Sechs ist zum Widerstand bereit und zweifelt, ob sie Unterstützung bekommt. Überflutet von Befürchtungen, tritt das Denken an die Stelle des Tuns. Wenn die Vorstellung des schlimmstmöglichen Falles die Oberhand gewinnt, ist Handeln unmöglich.

Sechser wachsen, indem sie den Glauben an Menschen wiedergewinnen. Sie wachsen, indem sie lernen, anderen zu vertrauen. Sie gewinnen Entscheidungsfreiheit, wenn sie mentale Angst von echter Gefahr zu trennen vermögen und beobachten können, wie Hoffnung aufkommt und dann zu Zweifel wird. Hilfe bekommen sie von Menschen, die ihnen etwas bedeuten, die die Sechs beruhigen und ermutigen, die standfest bleiben, wenn die Zukunft zweifelhaft aussieht, und die treu zu ihrem Wort stehen.

Subtyp-Verhalten

Die Angst (Furcht) wird in Zweierbeziehungen, Gruppen und im Bereich der Selbsterhaltung ausagiert.

Stärke/Schönheit in sexuellen bzw. Zweierbeziehungen

Wenn Sie Angst vor anderen haben, kann Zuneigung bei Ihnen ein Gefühl von Hilflosigkeit auslösen. Sie fühlen sich von Ihren eigenen Gefühlen manipuliert. Sie sind jemandem ausgeliefert. »Was ist, wenn dieser Mensch mich gar nicht liebt?« »Was ist, wenn er seine Meinung ändert?« Sie sehnen sich nach Bestätigung, das ist demütigend. Sie fürchten, verlassen zu werden, das gibt Ihnen das Gefühl von Schwäche. Sie ziehen sich zusammen und beginnen, die Aufrichtigkeit anderer anzuzweifeln, ohne sich dessen bewußt zu werden. »Die haben das bloß aus Höflichkeit gesagt.« – »Die waren einfach nur freundlich.« Es wäre schrecklich, zu vertrauen und wieder verraten zu werden. Zweifeln scheint da realistischer zu sein. Kraft und Schönheit stellen Macht zur Schau, sind eine Maske, um den Zweifel zu verdecken. Das Motiv ist, Loyalität an sich zu ziehen und zur Verfügung zu haben. Die Macht der Schönheit. Die Überlegenheit der Kraft. Sechser respektieren Macht aller Art: Ideen, die Achtung gebieten, Ästhetik, die den Verstand der Menschen gefangenzunehmen vermag. Der Grund für die vorrangige Beschäftigung mit diesem Thema ist

der, daß eine schöne und weise Umgebung ein beruhigendes Feedback bietet. Wenn die Umgebung schön ist und die Menschen human sind, kann man sich entspannen.
Die zwanghaften Aspekte des Subtyps werden bezeichnenderweise dadurch ausagiert, daß man herausfinden will, ob man Kollegen bzw. Partner beeinflussen kann. Ein beeindruckender Intellekt. Ein gefährlicher Opponent. Eine gutaussehende Frau. Ein bemerkenswerter Mann. Die Machthaltung wird üblicherweise dadurch ausagiert, daß körperliche Stärke/Schönheit gepflegt, eine Reihe von Liebesbeziehungen unterhalten bzw. ein dominierender Intellektualismus gepflegt wird. Selbst ein ängstlicher Mensch kann sich mächtig fühlen, wenn die anderen denken, er sei stark, schön, sexy und klug.
Die vorrangige Ausrichtung auf Stärke oder Schönheit kann auch bei anderen Persönlichkeitstypen vorkommen, aber bei der Sechs ist das Motiv fürs Stark- oder Schönsein Angstbewältigung. Die Angst verflüchtigt sich, wenn Menschen, die uns etwas bedeuten, zu uns aufschauen, wenn wir den Respekt von Kollegen bzw. eines Partners haben. Die Voreingenommenheit für Macht ist oft verbunden mit risikobereitem kontraphobischem Verhalten, das ja auch Unsicherheit überspielt. Aber die Aufmerksamkeit des sexuellen Subtyps konzentriert sich darauf, einen Kollegen oder Partner zu beeinflussen. Das Hauptinteresse an Stärke/Schönheit in Zweierbeziehungen ist bei phobischen Sechsern offensichtlicher, weil es sich von einem ängstlichen Verhaltensstil abhebt.

Pflicht im sozialen Bereich

Hier wird Angst durch gegenseitige Verpflichtung und Engagement in Schach gehalten. Die Bedürfnisse der Gruppe bestimmen das Verhalten, so daß man weiß, woran man ist. Der Selbstzweifel läßt nach, wenn Meinungen bestätigt und durch die Macht kollektiver Autorität gestützt werden. Wir können nicht isoliert werden und werden nicht angegriffen.

Sechser können sich hingebungsvoll ihrer Familie widmen, sich für gesellschaftlich Benachteiligte einsetzen und sich zu jenen Inseln geistiger Gesundheit hingezogen fühlen, wo Menschen gesellschaftlich engagiert sind. Gemeinden, politische Verbände, Selbsthilfegruppen und die Kirchen sind Beispiele dafür. Sechser haben oft eine tiefe Bindung an eine gesellschaftliche Gruppe oder eine gute Sache. Die zwanghafte Variante des sozialen Engagements äußert sich in rituellen Pflichten, deren Erfüllung durch Schuldgefühle und Angst vor dem Verlassenwerden motiviert ist. Das Einhalten der Regeln sichert den Platz in der Gruppe.

Sechser des sozialen Subtyps sind zu enormer Selbstaufopferung für eine Sache, für die Familie und für Ideale fähig. Wie alle Sechser sind sie oft am effektivsten, bevor der Erfolg einer Sache endgültig erreicht ist, wo Stärke als »wir gegen die« mobilisiert werden kann. Besonders wirksam ist ihr Einsatz, wenn die Pflicht ruft. Sie können in Notlagen andere aufmuntern und in einer Situation der Neustrukturierung heldenhaft handeln. Der Ruf der Pflicht setzt Handlungsfähigkeit frei. Es ist leicht, etwas für eine Sache zu tun, aber persönlicher Erfolg kann beängstigend sein.

Herzlichkeit/Wärme im Bereich der Selbsterhaltung

In Gesellschaft von Freunden vergeht die Angst. Sie können sich bei Menschen entspannen, die Sie kennen und akzeptieren. Sie haben eine gemeinsame Geschichte, wissen, was zu erwarten ist, brauchen also nicht auf der Hut zu sein. Sechser fühlen sich sicher bei Menschen, die sie mögen, und sie fühlen sich gefährdet, wenn sie nicht gemocht werden. Sie brauchen ständig Rückversicherung. »Liebst du mich noch?« Distanz und Schweigen lassen Zweifel aufkommen: »Hat sich zwischen uns etwas geändert?« – »Was denkst du jetzt?« Ohne eine Realitätsüberprüfung werden sie Opfer ihrer eigenen Phantasie und fangen an, sich zu fragen: »Warum bin ich nicht angerufen worden?« – »Vielleicht ist alles vorbei.« Es könnte sogar ein Gefühl der Erleichterung aufkommen, wenn der An-

ruf ausbleibt. Keine Sorgen mehr nötig, es wäre sowieso nichts draus geworden.
Unmerklich verlagert sich die Aufmerksamkeit vom Zweifel zur Phantasie und von der Phantasie zur Wirklichkeit, bis man zu der Überzeugung gelangt ist, daß es vorbei ist. Sechser erkennen nicht, daß sie sich selbst angst machen, daß sie den Glauben verloren haben. Sie sind schockiert, wenn der Anruf schließlich doch kommt und eine heitere Stimme am anderen Ende der Leitung ist, die nicht weiß, daß sich alles geändert hat. Es ist peinlich zu sehen, wie leicht man den Glauben an die Menschen verlieren kann.
Wenn sie ermutigt werden, verschreiben sich warmherzige Sechser der Freundschaft. Wenn Ihre Sicherheit an andere Menschen gebunden ist, wollen Sie diese verstehen. Sie kommen anderen Menschen näher, wenn Sie ihren Zorn entwaffnen und sich mit ihnen in Freundschaft zusammentun, indem Sie für sie eintreten, sich auf ihre Seite schlagen. Das Band herzlicher Freundschaft motiviert zum Handeln. »Zusammen stehen wir es durch«, »Ich mache es für euch« und »Wir sind nicht allein«. Ängste verschwinden, wenn Sie sehen, daß jemand Sie mag. Menschen beschützen diejenigen, die sie mögen.
Da Sicherheit an Freundschaft gebunden ist, ist eine Veränderung in der Zuneigung sehr bedrohlich. Als würde man wieder in eine feindliche Welt zurückgeworfen werden. Die Überlebensstrategie der Sechs ähnelt der der Zwei. Selbsterhaltungs-Sechser und Zweier wollen gefallen und gehen auf andere zu. Beide Typen richten sich auf andere aus, um sich sicher zu fühlen. Der Unterschied ist der, daß Zweier ihre Identität finden, indem sie es anderen recht machen, während Sechser nicht ihre Identität ihrem jeweiligen Gegenüber entsprechend verändern. Warmherzige Sechser suchen zu gefallen, um sich sicher zu fühlen.

Hauptthemen

Projektion

Sechser sind wachsam. Ihre Aufmerksamkeit ist hoch konzentriert, und wenn sie in Unruhe versetzt werden, suchen sie in ihrer Umgebung nach Anhaltspunkten, um ihre innere Unsicherheit zu erklären. Die Umgebung wird plötzlich bedeutungsvoll. Gesichter und Gesten scheinen eine Antwort auf die unausgesprochenen Fragen auszustrahlen »Magst du mich? Bin ich in Sicherheit?« Als würden geheimgehaltene Emotionen deutlich gezeigt: »Ich habe dich wanken sehen. Ich habe dich erstarren sehen.« Das Ungesagte tönt laut wider: »Deine Stimme ist weicher geworden. Ich habe gespürt, daß du dich entspannst.«

Alle neun Typen projizieren bis zu einem gewissen Grade, insofern sie Aspekte von sich selbst, die unter Abwehrmechanismen versteckt sind, anderen Menschen zuschreiben. Aber Projektion ist fast ein Synonym für den Blickwinkel der Sechs. Die Gefahr scheint so deutlich »da draußen« zu sein, bis man Feedback bekommt, wie dieser Ingenieur, eine Sechs, der eines Abends eine Party besuchte:

> *Meine Frau und ich sind spät abends nach einer Party auf dem Nachhauseweg. Unsere Amy, ein Teenager, sitzt am Steuer. Sie hat gerade erst ihren Führerschein gemacht. Amy fährt eine kleine Landstraße entlang und genießt das Tempo, während ich innerlich erstarre. Ich hasse es, immer der nervende Elternteil zu sein, und denke, meine Frau, die Eins, müßte doch merken, was los ist. Wissen Einser nicht immer, wenn jemand etwas falsch macht? Warum sagt sie also nichts? Warum immer ich? Ich stütze mich mit dem Arm gegen das Armaturenbrett und überlege: »Einser warten darauf, daß man den ersten Schritt macht, und dann kritisieren sie einen.« Inzwischen habe ich das Gefühl, daß sie mich schweigend verurteilt: Sie wartet darauf, daß ich Amy stoppe, und dann wird sie sagen, ich sei halt angespannt. Als wir schließ-*

lich zu Hause ankommen, koche ich bereits. Ich hasse es, wenn sie herumnörgelt, und das passiert in letzter Zeit häufig. Sie ist eine Eins, oder? Die wissen immer, wenn etwas falsch läuft, und deshalb weiß ich, sie hat absichtlich nichts gesagt. Ich steige aus und öffne die Hintertür mit einem Ruck. In demselben Augenblick, wo ich meine Frau aufwachen sehe, sage ich: »Warum mußt du immer nörgeln?« »Aber Henry«, entgegnet sie, »ich habe geschlafen, seit wir von der Party fort sind.«

Gewißheit

Zweifel können beschwichtigt werden, wenn jemand anderes den ersten Schritt macht. Sechser sind von Menschen, die den Anfang machen und sie attraktiv finden, leicht zu beeindrucken. Etwas zu bekommen ist ungefährlicher, als den ersten Schritt tun zu müssen. Beständigkeit ist wichtig. Sagen Sie die Wahrheit, und bleiben Sie auch am nächsten Tag dabei. Unwahrheit löst Argwohn aus und ist sehr schwer zu vergeben.

Sechser wollen wissen, was Sie wollen und was Sie denken, denn das beseitigt Zweifel. Sie können auf ruhige, freundliche Menschen zugehen, werden aber argwöhnisch gegenüber Launenhaftigkeit und doppeldeutigen Absichten. Wenn sich die Gefühle eines anderen ändern, nehmen sie das persönlich, denn es ängstigt sie. Gestern haben sie sich bei diesem Menschen noch wohl gefühlt. Jetzt nicht mehr. Nun nehmen sie nur noch das Schlimmste an. Die ganze Beziehung steht in Frage. »Warum bist du böse auf mich?« »Was habe ich getan?« Sechser drängen unglücklicherweise immer gerade dann auf Bestätigung, wenn gestreßte bzw. schlechtgelaunte Partner am allerwenigsten dazu geneigt sind, sie zu geben.

Sechser brauchen Gewißheit. Ist die Nachricht gut, können sie angenehm überrascht sein. Ist sie schlecht, wissen sie zumindest, wo sie stehen. Schlechte Nachrichten sind nichts Neues für einen Typ, der immer das Schlimmste annimmt. Mit Schwierigkeiten kann man sich auseinandersetzen, aber Unbekanntes lähmt. Alles könnte passieren. Man kann sich nicht vorbereiten. Sechser werden von ihrer eigenen Phantasie festgenagelt, wenn die Nachricht ungewiß ist. Am besten beruhigt man sie, indem man das Grundsätzliche in Ordnung bringt. Bringen Sie eine Sechs dahin, ihre Ängste auszusprechen, und gehen Sie sie der Reihe nach durch. »Wenn das ernst wird, brauche ich Geld, ein Auto und eine Bleibe.« Stellen Sie dann fest, daß das Wichtigste zur Verfügung steht. Ordern Sie Geld, einen Wagen und eine potentielle Bleibe. Regen Sie zum Schluß dann die Sechs dazu an, sich vorzustellen, wie alles im besten Falle ausgehen könnte, und ermutigen Sie sie, das ebenfalls laut auszusprechen.

Zweifel

Der Zweifel der Sechs nimmt die Form eines inneren Infragestellens an. Äußere Erscheinungsbilder werden überprüft. Die Oberfläche ist weniger interessant als das, was darunter liegt. Motivationen, die sich aus dem Unbewußten melden, sind zwingender als ein freundliches Lächeln. Die objektive Welt wird nach tieferer Bedeutung durchsucht. Das Auge geht unter die Oberfläche. Ein hübsches Gesicht, beeindruckende Kleidung, feine Manieren – und was sonst noch? Äußerlichkeiten zu hinterfragen scheint zunächst nichts mit Zweifel zu tun zu haben. »Was versteckt sich dahinter?« – »Was denken die?« – »Was ist das Motiv?« – »Worauf können wir uns verlassen?« Diese allgegenwärtigen interessanten Fragen könnte man leicht klischeehaft als negatives Denken abtun, besonders wenn naheliegende Antworten bei der Suche nach tieferem Sinn übersehen werden. Sechser sind berühmt dafür, gegen Telegrafenmasten zu rennen, weil sie allzu sehr mit anderen Dingen beschäftigt sind. Sie übersehen das Naheliegende. »Ein Erdbeben? Wo? Hab‘ ich verpaßt. Aber sieh mal das interessante Gesicht da!« Den äußeren Anschein außer acht zu lassen, scheint überhaupt nichts mit Mißtrauen zu tun zu haben. Eindeutige Bemerkungen auseinanderzunehmen scheint nichts Negatives zu sein. Verborgene Absichten anzunehmen erscheint realistisch. Zweifel sieht nicht nach Zynismus aus.

Hilfreich sind Realitätsüberprüfungen. Zweifel schwinden bei ehrlicher Prüfung. Es ist nützlich, positives wie negatives Denken zum Ausdruck zu bringen und sich direktes Feedback zu holen. Sind diese Wahrnehmungen falsche Vorstellungen, Intuitionen, Projektionen oder Zweifel?

Der Advokat des Teufels

Zweifel kann ein ungewöhnliches Urteilsvermögen hervorbringen. Der Verstand der Sechs ist angelegt auf das Hinterfragen, auf das Verwerfen von Naheliegendem und auf das Durchdringen zunächst unverständlicher Bedeutungen. Über paranoide Aufmerksamkeit kursiert der Witz, daß eine Frage wie »Hallo, wie geht es?« nach ihrer geheimen Bedeutung untersucht wird. »Hallo? Wie's mir geht? Warum willst du das wissen?« Sicherheit hängt vom Wissen um die Absichten der anderen ab. »Könnte ich übers Ohr gehauen werden?« – »Warum willst du das wissen?« Zweifel ist gewöhnlich die Suche nach Absichten. Was ist die Absicht hinter den Fakten?
Eine ungewöhnliche geistige Präzision entwickelt sich aus dem negativen Hinterfragen. Der Verstand der Sechs zweifelt, stellt die entschlackte Aussage neu hin und zweifelt wieder, bis kein Zweifel mehr besteht. Es ist die angemessene Geisteshaltung für einen Detektiv. Sechser sind beeindruckende Entstörer; Zweifel werden bestätigt, wenn sich etwas Offensichtliches als fragwürdig oder falsch herausstellt. Sechser sehen die Löcher in einem Argument und die Ungereimtheiten in einer Beweisführung. Sie sehen den Kontext, der die Diskussion beeinflußt. Vor allem sehen sie die Absicht. Was sind hier die Motive? Sind sie unterdrückerisch oder freundlich?

Etwas tun

Zweifel kann Depressionen auslösen. Man verliert das Selbstvertrauen, ist überzeugt, daß man es nicht schafft. Es kommt ja doch nichts dabei heraus. Warum also erst den Versuch unternehmen? Im Gegensatz zur körperlichen Depression verschwinden durch Zweifel herbeigeführte Depressionen, wenn jemand oder etwas zum Handeln aufruft. Die Herausforderung besteht darin, Sechser zu mobilisieren, ohne wie eine tyrannische Autorität zu wirken, sie zum Handeln zu veranlassen, ohne als Polizist dazustehen. Die beste Medizin ist ein gutes Beispiel. Tun Sie Ihren Teil, nicht aber den der Sechs. Die Sechs kann dann ihre Aufgabe leichter ausführen, weil Ihr Teil funktioniert. Sechser sind selten von sich aus aktiv. Den ersten Schritt zu tun, besonders in Richtung Erfolg, fühlt sich an, als tappte man in eine Falle. Weil es angst macht, allein, ungeschützt und erfolgreich zu sein, kann Ermutigung wie eine bewußte Täuschung empfunden werden. In den Augen von Sechsern könnten Komplimente bedeuten, daß sie als Autorität hingestellt werden sollen. Ehrliche Unterstützung kann sich anfühlen, als werde man wieder in eine feindliche Welt geworfen.

Es hilft, wenn man möglichst viele Ungewißheiten entfernt. Reagieren ist viel leichter als von sich aus zu agieren, weil man weiß, worauf man gefaßt sein muß.

Autorität

Sechser erinnern sich an negative Autoritätsfiguren. Dadurch überschätzen sie die Macht anderer und neigen dazu, die eigene anzuzweifeln. Sechser haben das Bedürfnis, vor Autoritäten Rechenschaft abzulegen, Erklärungen zu geben, um Erlaubnis zu bitten, um sicherzugehen, daß die Macht auf ihrer Seite steht. Sie suchen einen geschützten Ort. Viele Sechser heiraten, um sich geschützt zu fühlen, und fühlen sich von Einrichtungen wie Armee oder Kirche angezogen, weil diese Sicherheit verheißen. Aber wie alle »Lösungen«, die einen Identitätsverlust mit sich bringen, führt Unterwerfung zur Rebellion. Die (phobische) Bereitschaft zur Unterwerfung und das (kontraphobische) Rebellierenwollen beruhen auf einer Überbewertung des Ausmaßes der Autorität anderer.

Sechser müssen auf sich selbst gestellt sein und sich von ihrer eigenen Autorität leiten lassen, anstatt nach außen zu schauen. Sie täten gut daran, sich mit ihrer Angst vor Aggression auseinanderzusetzen. Aus der Sicht der Sechs ist Selbständigkeit gleichbedeutend mit dem Konflikt mit Autoritäten, und so ein Konflikt kann eskalieren. Die schrecklichen Folgen werden in der Phantasie immer wieder durchgespielt. Mächtige Leute werden erzürnt sein, und was dann?

Die Dynamik der Veränderungen: Sicherheit und Risiko

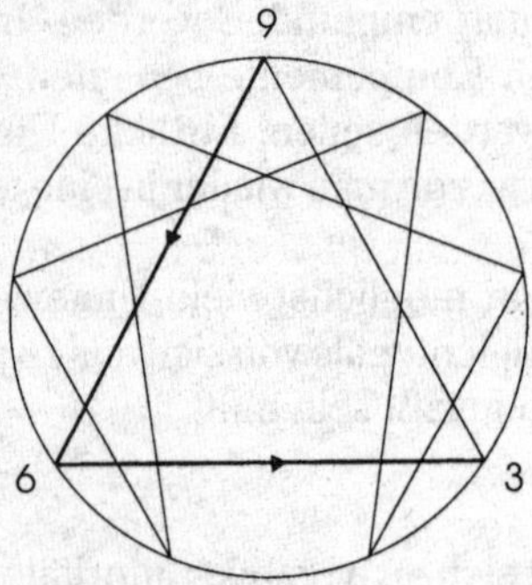

Abb.: Dynamik der Veränderungen für die Sechs

Sicherheit

Eine Sechs in Sicherheit kann sich entspannen. Der Verstand läßt los, die Gedanken beruhigen sich, und das Körperbewußtsein kommt zurück. Es ist, als käme man wieder zu sich. Arbeit an der Selbstentfaltung bringt für einen entfremdeten Typ wie die Sechs einen unerwarteten Vorteil mit sich. Die Angst ist nicht annähernd so attraktiv wie einige der anderen Leidenschaften. Es gibt kein imposantes aufgeblasenes Ego, keinen Gewinn. Kein nennenswertes Image, keinen geschwollenen Stolz. Entdecken Menschen erst einmal die Zwänge ihrer Leidenschaft, sind sie motiviert, sich zu ändern;

aber für die Sechs liegt der Vorteil in der unverzüglichen Erleichterung. Sie wissen, wie weh es getan hat, wenn der Schmerz nachläßt. Sechser ertappen sich vielleicht nicht dabei, wie sie sich gerade das Schlimmste vorstellen, aber es fühlt sich gut an, wenn es wieder vorbei ist.

Eine entspannte Sechs macht sich möglicherweise Sorgen, ihren Biß zu verlieren. Ich habe einmal einen Radiologen interviewt, der davon überzeugt war, daß er fachlich noch besser wurde, wenn er etwas paranoid war. Wir haben herzhaft gelacht über den paranoiden Arzt, der in seinen Röntgenstrahlen nach Hinweisen auf versteckte Absichten suchte, aber mein Gesprächspartner dachte tatsächlich, seine Wachsamkeit ließe nach, wenn er entspannt und zufrieden war. Sechser haben eine Schärfe der Aufmerksamkeit, die in der Tat ein Nebenprodukt der unbewußten Gewohnheit sein könnte, ihre Umgebung nach Gefahren abzusuchen. Wenn diese mentale Tendenz nachläßt, verlagert sich das Gewahrsein in den Körper. Die Sinne werden bewußter, zuweilen beglückend bewußter, jedoch die »natürliche«, gewohnte Aufmerksamkeit ist gestört. Den Biß zu verlieren, bedeutet in der Sprache von Sechsern, keinen Halt mehr zu haben, sich verschwommen zu fühlen, über den ganzen Raum verbreitet und nicht mehr im Verstand verankert zu sein.

Auf der Minusseite der Neuner-Position hat man das Gefühl, als ginge einem die Initiative verloren. Man hat weniger Adrenalin, weniger Antrieb und zuweilen weniger Interesse. Das Leben wird langsamer. Wenn Sie nicht von Ängstlichkeit getrieben werden, scheinen Sie viel Zeit zu haben. Es ist einfach alles nicht mehr so wichtig. Kein Problem. Es sieht von außen friedlich aus. Drinnen ist nicht viel los. Sie haben vielleicht echte Sorgen, daß Sie sich an die Friedfertigkeit der Neun gewöhnen und die Motivation verlieren könnten.

Auf der Plusseite der Neuner-Position öffnet sich die Sechs anderen Menschen und der Umgebung. Ohne den Schutzschild der Wachsamkeit sind Sexualität, Vergnügen und Gemeinschaft viel mehr möglich. Eine Sechs in der Neuner-Position verspürt die Güte der Menschen, und zwar nicht als Idee, sondern als greifbare Wirklichkeit. Es kann für einen mentalen Typ bestürzend sein, bei Sinneseindrücken und Gefühlen zu bleiben. Man gerät etwas in Panik, spürt das Bedürfnis, sich in die eigenen Gedanken zurückzuziehen, um herauszubekommen, was los ist. Loyale Skeptiker brauchen ungefährliche Möglichkeiten der Entspannung. Sport bietet eine gute Gelegenheit, zwischen dem Im-Körper-Sein und dem Im-Verstand-Sein zu unterscheiden.

Risiko

Die ersten Anzeichen von Streß zeigen sich bei der Sechs als Verstärkung der Abwehrmechanismen. Ein Gefühl des Grauens stellt sich ein. Schreckliches könnte geschehen, aber dafür gibt es eigentlich keinen Grund. Phobische Sechser können lange in diesem Geisteszustand verharren. Es sieht so aus, als laufe jemand mit hängendem Kopf im Kreise herum und tue nichts von sich aus. Es tut gut, sich zu entspannen, aber die Tendenz ist eher, sich anzuspannen. Sie wollen gerettet werden. Sie wollen, daß ein anderer es für Sie tut. Sie wollen raus. Erreicht die Spannung einen kritischen Punkt, löst sie Kampf oder Flucht aus. Die kontraphobische Sechs erträgt das Warten nicht und geht schnell zum Handeln über. Man fühlt sich besser, wenn man erst einmal in Bewegung ist. Es wird wie Fortschritt empfunden, selbst wenn man auf der Flucht ist. Die Bewegung zur Drei kann entweder Energie bringen oder Furcht einflößen. Man hat Energie, aber man rennt um sein Leben. Wenn sich die Aufmerksamkeit auf die Aufgabe verlagert, kann das Freiwerden von Energie konstruktiv sein. Sechser können handeln, weil sie nicht im Verstand festhängen. Es fühlt sich an wie ein Handeln im Angesicht von Gefahr. Eine Prüfung ist zu bestehen, ein Kind ist zur Welt zu bringen, einer Herausforderung ist zu begegnen. Die Sache geht schlecht aus, wenn das Adrenalin die Phantasievorstellung des schlimmstmöglichen Falls auflädt. Es ist, als erlebten Sie einen Gruselfilm, in dem Sie gegen sich selbst kämpfen. Auf der Minusseite des Risikoverhaltens befinden sich Sechser in einem stotternden Start-und-Stop-Muster, das zwischen dem Aufbieten aller Kräfte und dem Kapitulieren hin- und herwechselt, wobei es schließlich zum Absturz kommt, wenn einem das Adrenalin ausgeht. Die Plusseite des Risikos hängt davon ab, ob Sie Ihre Konzentration weiter auf die Aufgabe richten und sich entspannt in die Energie fallenlassen, anstatt sich zu verkrampfen.

Die Sechs in der Liebe

Leben mit einer Sechs

- Eine Sechs hinterfragt Ihre Absichten, mißtraut Ihrer positiven Haltung, fragt sich, was Sie wirklich denken und schätzt Romantik gering.
- Eine Sechs kann eine loyale Verbündete und stark in Beziehungen sein, in denen »wir gegen die Welt« stehen; kann hingebungsvoll Unterstützung leisten.
- Eine Sechs will Bestätigung, um Zweifel zu überwinden. »Wirst du mich immer lieben?« Darauf gibt es keine richtige Antwort. Eine positive Reaktion führt zu Zweifeln an Ihrer Aufrichtigkeit, weitere Beteuerungen werden notwendig und so weiter.
- Eine Sechs neigt dazu, ihre eigene Unzufriedenheit zu projizieren. Beispielsweise leugnet sie, daß ihre Augen überall hinwandern, indem sie »sieht«, daß sie sich zu jemand anderem hingezogen fühlt.
- Machen Sie sich darauf gefaßt, daß sich eine Sechs mit den Problembereichen einer Beziehung identifiziert, die dann zu Schwerpunkten ihrer Aufmerksamkeit werden.
- Eine Sechs will eher Sie beeinflussen (beispielsweise durch Warmherzigkeit, durch ein Band der Pflichttreue oder durch sexuelle Potenz), als selbst beeinflußt zu werden. Eine Sechs findet es schrecklich, wenn ihr eigenes Verlangen

geweckt wird und wenn sie erkennt, daß sie für das, was andere tun, offen ist. Sie zeigt lieber Stärke, indem sie anderen bei der Erreichung ihrer Ziele hilft; sie ist zu bedeutender Selbstaufopferung fähig.

- Rechnen Sie nicht damit, daß eine Sechs fähig ist, die Quelle für Spannungen in der Intimbeziehung auszumachen. »Habe ich Angst, Schwäche zu zeigen? Spüre ich möglichen Verrat?« Eine Sechs erwartet, verletzt zu werden, wenn sie in der Wachsamkeit nachläßt.
- Eine Sechs sucht nach Anhaltspunkten in Ihrem Verhalten. »Was geht unter der Oberfläche vor sich? Wie handelst du anderen Leuten gegenüber? Was denkst du wirklich von mir?« Sie braucht Bestätigung.

Intimbeziehungen

Eine Sechs ist stark in Gedanken und in der Vorstellungskraft, schwach im Durchhalten. Eine Liebesgeschichte, die anfänglich interessant zu sein schien, wird plötzlich fragwürdig. Eine ausweglose Situation. Wenn Sie etwas unternehmen, werden Sie verletzt. Wenn nicht, kommen Sie zu kurz. Begehren ist schrecklich, weil Sie etwas wollen. Sie wollen die Beziehung, aber sie wird vielleicht nicht von Dauer sein. Sie möchten es gern versuchen, aber es ängstigt Sie. Wenn das Denken an die Stelle des Tuns tritt, werden gute Ideen auf unbestimmte Möglichkeiten reduziert. Sie wollen, aber dabei könnte eine Menge falsch laufen. Es ist sicherer, nicht zu wollen, wenn Sie es sowieso nicht haben können.

Von außen gesehen wirken Sechser ambivalent, weil sie zwischen Glauben und Zweifeln hin- und herschwanken. Aus der Sicht einer Sechs ist der Wunsch durchaus klar, aber seine Erfüllung kaum wahrscheinlich. Sechser haben widersprüchliche Gefühle über den positiven Ausgang einer Sache. Zweifel ist auch eine sichere Rückzugsposition. Sie haben zwar Gefühle, aber Sie zweifeln sie auch an. Sie können sich voll und in jeder Hinsicht – körperlich, finanziell und emotional – auf eine Beziehung einlassen und doch noch Zweifel haben. Das

Schöne an dieser Position ist, daß Sie sich ganz zu einer Partnerschaft bekennen und sich doch voll der negativen Möglichkeiten bewußt sein können. Sie sind stolz darauf, Image und Fassade zu durchschauen, und lassen sich gewöhnlich nicht von äußerem Glanz täuschen.

Wenn eine Sechs von Zeit zu Zeit Zweifel anmeldet, bedeutet dies nicht, daß sie die Beziehung verlassen will. Eigenartigerweise kann sie gerade aufgrund des Zweifels bleiben, denn das lockert die Spannung zwischen dem Begehren und dem Sich-bedroht-Fühlen durch dieses Begehren. Mit Zweifeln kann man dahintreiben, ohne Angst zu haben. Zweifel verringert die Furcht. Sie sind sich nicht gänzlich sicher. Sie können die Klippen sehen, und dadurch ist es nicht bedrohlich. Probleme sind vertrautes Territorium. Da kann man etwas in Frage stellen und etwas verbessern.

Eine langfristige Beziehung hat sicherlich auch Zeiten, in denen gezweifelt wird. Solche Sorgen müssen dargelegt werden, oder sie werden für eine Sechs zu Tatsachen. Durch das Äußern von Zweifeln kann man Vertrauen gewinnen; es kann aber auch eine rechte Tortur für den Partner sein. Wenn beispielsweise eine Sechs sagt: »Wirst du mich immer lieben?«, so klingt das wie eine Frage, die das Engagement des Partners anzweifelt. Wenn diese Bitte um Bestätigung zu einer Zeit kommt, wo der Partner voll hinter der Beziehung steht, wird er sich verständlicherweise fragen, ob hier eine Projektion im Spiel ist. Die Frage der Sechs »Wirst du mich immer lieben?« kann aber auch verstanden werden als: »Ich liebe dich jetzt. Ist es ungefährlich?« Die Sechs hat ein Aufwallen von Liebe verspürt und bekommt Angst. Anstatt über die Abhängigkeit der Sechs verärgert zu sein, könnte ein Partner einfach die Grundlage der Beziehung noch einmal bestätigen. Wenn man weiß, daß Sich-Verlieben für Sechser mit Zweifeln beladen ist, kann eine Frage wie »Wirst du mich immer lieben?« vielleicht einfach nur bedeuten »Hast du seit heute morgen deine Meinung geändert?«

Ein Partner kann während einer Zweifelsattacke als Erinnerungsvermögen des Paares funktionieren. Da sich die Sechs durch Liebe gefährdet fühlt, zweifelt sie daran, daß alles gut ausgeht. »Ich kann dir nicht glauben. Wann läßt du mich im Stich?« Ein Partner kann helfen, indem er fest bleibt und noch einmal die genauen Bedingungen für die Beziehung von seiner Seite aus nennt. Übertreiben Sie nichts. Verteidigen Sie sich nicht. Überreden Sie nicht. In Vertrauenskrisen brauchen Sechser Stimmigkeit. Sie haben Angst, einen anderen Menschen ohne den Schutzschild des Zweifels zu lieben.

Durch die liebenswerten Aspekte dieser Unsicherheit entstehen viele stabile, langwährende Ehen. Wenn Sechser erst einmal davon überzeugt sind, daß die Ehe dauern wird, tragen sie im allgemeinen mehr als ihren eigenen Anteil an der Verantwortung. Sie sind gewöhnlich pflegeleichte Partner. Sie verlangen nicht viel Aufmerksamkeit und sind ungewöhnlich loyal gegenüber den Menschen, denen sie vertrauen. Sie machen ihre Sicherheit und damit ihre Loyalität an einer bestimmten Person fest. »Jemand, der quasi zur Familie gehört.« – »Einer der unseren.« Sechser gewinnen Menschen lieb, nicht ein Image, nicht einen Status oder das, was einer hervorbringen oder beschaffen kann. Diese Hingabe geht bis zum Opfer. Für loyale Sechser kommen ihre Lieben an erster Stelle.

Eine erschreckte Sechs wird plötzlich aktiv. Erreicht die Paranoia ihren Höhepunkt, erfolgt Kampf oder Flucht. Jeder Streit wird erschwert durch die Angst der Sechs vor Aggressionen. Andere wirken bedrohlich. Was sie sagen, klingt unheilvoller, als es Absicht ist. Streitende Sechser sind zornig, weil sie zum Narren gehalten wurden. »Ich habe dir geglaubt.« Sie haben vergessen zu zweifeln. Sie waren unvorbereitet. Wie dumm. »Siehst du, ich hätte dir nie trauen sollen.« Zorn nährt eine nervöse Grandiosität. Eine Machtdemonstration. Aller Mut zusammengenommen. »Ich bin stark. Ich habe keine Angst.« Sechser können jemanden einschüchtern, wenn sie bedroht werden. Aggression überspielt Zweifel. Ihre Phantasie bauscht die Macht des anderen auf. Sie sind auf das Schlimmste gefaßt. Unter Umständen testen sie das Ausmaß

der Gefahr. Sie ködern den anderen. »Wie zornig kannst du werden?«
Ohne sich dessen bewußt zu werden, bieten Sechser ihren Partnern nun die beste Gelegenheit, Zweifel abzubauen. Der Partner sollte den Augenblick nutzen, indem er ruhig versichert, daß er an die Beziehung glaubt. »Ich habe dich letzte Woche geliebt. Von meiner Seite aus hat sich nichts geändert. Ich liebe dich jetzt und werde dich noch genauso lieben, wenn dieser Streit vorbei ist.« Jetzt ist der Partner nicht mehr so gefährlich. Die Sechs hat alles riskiert. Sie ist wütend geworden, und das Schlimmste ist nicht geschehen.

Die Signale der Sechs

Positive Signale

Sechser zeigen sich gegenüber den wenigen, denen sie vertrauen, gegenüber einer Sache, gegenüber jemandem, der sie beschützt, und gegenüber Freunden sehr loyal. Sie bleiben denen treu, die keine Macht haben oder die ängstlich sind. Sechser sind die loyalen Skeptiker. Sie wagen den Zweifel. Sechser sind schöpferisch denkende Menschen mit kritischem Verstand und hochentwickeltem Vorstellungsvermögen. Sie können unerschütterlich zu ihren Verpflichtungen stehen, auch wenn sie sich der negativen Seiten ihres Partners voll bewußt sind. Sie lieben den anderen, wie er ist. Nicht sein Image.

Negative Signale

Eine Sechs neigt zu Projektionen; sie deutet Dinge in Beziehungen hinein, die dort gar nicht sind; sie neigt zum Kontrollieren durch überbeschützendes Verhalten, durch das Treffen von Sicherheitsvorkehrungen; sie informiert andere nicht über Änderungen in ihrem Denken bzw. spricht nicht davon, daß Zweifel sie befällt. Sechser haben eine ambivalente Haltung zur Möglichkeit des guten Ausgangs einer Sache; dadurch zaudern sie, vermeiden oder führen etwas nicht zu Ende. Schwierigkeiten mit Autoritäten drücken sich in Unterwerfung oder in Aggression aus. Man muß auf widersprechendes Denken bei ihnen gefaßt sein, auf ein »Ja, aber...« und darauf, daß sie einen entgegengesetzten Standpunkt einnehmen.

Gemischte Botschaften

Nicht geäußerter Zweifel erzeugt widersprüchliche Signale. Man kann nicht immer sagen, ob die Sechs einen mag. Sechser stellen die Beziehung in Frage, wollen aber nicht Schluß machen. Der andere glaubt, willkommen zu sein, aber dann ändert es sich. Sechser sind in den Anfangs- und Planungsphasen einer Beziehung eindeutig interessiert. Wenn es dann ans Handeln geht, drehen sie plötzlich durch, und alles ist ungewiß. »Bist du sicher, daß das klappt? Was meinst du? Wie können wir sicher sein?«

Innere Signale

Sechsern Komplimente zu machen ist schwer. Positives Feedback begreifen sie einfach nicht. Ihre Gedanken sagen: »Du hörst etwas Gutes über dich. Merk dir's.« Aber ihre Gefühle machen nicht mit. Die Sechs denkt: »Das klingt aufrichtig und könnte wahr sein.« Plötzlich zweifelt sie. Zweifel macht die eigene Wahrnehmung unglaubwürdig. Sechser hören zwar die Worte, glauben sie aber nicht ganz, weil sie nicht in ihre Gefühle eindringen. Die Gedanken sagen: »Du bist ja nur höflich. Wann wirst Du mich enttäuschen?« Sechser denken nicht etwa, daß man lügt, sondern die Komplimente kommen ihnen einseitig vor. Was ist da nicht gesagt worden? Wie sieht das vollständige Bild aus? »Warum äußerst du deine Zweifel nicht?« Sechser tun gut daran, um Klarstellungen zu bitten und nachzufragen. Es hilft ihnen, sich auf die konkret gesagten Worte zu konzentrieren und sich mit dem Gefühl darauf einzulassen. Eine Realitätsüberprüfung ist dringend erforderlich, um Zweifeln entgegenzuwirken. Es ist auch nützlich, eine Unterhaltung noch einmal durchzugehen, andere um Wiederholung des Gesagten zu bitten und Zweifel laut zu äußern. »Was hast du damit wirklich gemeint?«

Die Sechs in der Arbeit

Am Arbeitsplatz

- Hat starke analytische Fähigkeiten. Die Aufmerksamkeit wendet sich dem Anzweifeln und dem Überprüfen entgegengesetzter Positionen zu. Zweifel und Beargwöhnen des Offensichtlichen führen zu Klarheit.
- Die Macht von Autoritäten wird überbewertet. Die Sechs stattet Personen, die ein autoritatives Image ausstrahlen, mit weit mehr Macht aus, als diese tatsächlich besitzen. Sie fühlt sich durch den Vergleich geschwächt.
- Reagiert auf die eigene Schwäche, indem sie Schutz bei einer Autorität sucht (loyal ist) oder den Versuch unternimmt, diese zu Fall zu bringen (rebelliert). »Zu Füßen liegen oder an die Kehle gehen.«
- Versucht, durch einen Superhelden-Status innere Ängstlichkeit zu kompensieren. Muß sich anderen beweisen. Selbstbeherrschung. Durchhalten. Der Furcht trotzen.
- Kann handeln und sich voll engagieren, wenn wenig Aussicht auf Erfolg besteht. Tritt in Wettstreit, wenn die Chancen gegen einen Sieg stehen. Verteidigt gesellschaftlich Benachteiligte. Schafft den Turnaround im Geschäftsleben.
- Prüft Argumente. Hat ein Gespür für die Schwachstellen in jedweder Position. Die loyale Opposition. »Ja, aber...« Der Advokat des Teufels. »Laß uns die andere Seite bedenken.«
- Handlungshemmung. Hat Schwierigkeiten, effektiv bei der Sache zu bleiben, wenn Erfolg sichtbar wird, und sich zu konzentrieren, wenn kein Widerstand auftritt. Zweifel setzen ein, bis die positiven Möglichkeiten irreal zu sein scheinen.
- Neigt dazu, große Erfolge herabzusetzen. Macht Fehler, verliert Zeit und läßt die entscheidenden Dateien im Computer abstürzen. Fühlt sich in exponierten erfolgreichen Si-

tuationen gefährdet. Schreckt zurück im Glauben, daß niemand Autorität mag.
- Hat Schwierigkeiten, herauszubekommen, was im Zusammenhang mit Erfolg die Spannung auslöst. »Ist es, weil meine Untergebenen Autorität nicht mögen?« – »Wird ein Angriff hinter den Kulissen vorbereitet? Steht eine Machtübernahme bevor?« – »Warum freue ich mich nicht über den Sieg?«

Führungsstil

Seltsamerweise kann eine Sechs in der Not wach werden. Sehen Sie sich Sechser-Geschäftsführer an, wenn die Firma auf eine Pleite zusteuert. Achten Sie auf den Quarterback, dem noch mehrere Meter fehlen und der nur noch zwei Minuten zu spielen hat. Sechser führen oft mit mehr Klarheit und Kraft, wenn ein Unternehmen neu organisiert werden muß, als wenn ein leichter Sieg in Aussicht steht. Zweifel verschwinden, wenn man es mit einer genau einschätzbaren Schwierigkeit aufnehmen kann anstatt mit einem phantasierten Szenario des schlimmstmöglichen Falles. Etwas Gezieltes in die Hand zu nehmen mobilisiert Reserven an Stärke und Intelligenz, die weit über das übliche hinausgehen. Ängste schwinden, wenn man voll im Tun aufgeht, weil die Angst zum größten Teil im Kopf steckt. Die innere Situation ändert sich, wenn die Bedingungen für einen Sieg reif sind. Paradoxerweise verringern sich dann Vitalität und Interesse. Man zaudert, wenn kein Widerstand da ist. Organisatorische Fragen treten in den Vordergrund, und man ist auf eine Weise übervorbereitet, wie man es während der Krise niemals war. Entscheidungen werden hinausgezögert. Mehrere Handlungsverläufe sind zu erwägen. Der Vorgesetzte will Gewißheit, bevor er einen Kurs einschlägt. Es ist von unschätzbarem Wert, wenn man ehrliches Feedback direkt nach einem erfolgreichen Abschluß bekommt. »Ehrliches Feedback« sollte für Sechser maßvolle, intelligente Opposition mit enthalten. Welcher Teil einer erfolgreichen Präsentation ist

nicht angekommen? Wer hat zu Mittag welche Kritik geäußert? Zu dick aufgetragene Komplimente klingen nicht echt. Andere Leute erscheinen nicht klug, wenn sie nichts Konstruktives zu sagen haben.
Sechser nehmen gegenüber sichtbaren Erfolgen eine ambivalente Haltung ein. Sie scharen sich oft um eine aussichtslose Sache. Ihr eigener Glaube erwacht, wenn sie den Glauben anderer stärken. Ihre Überzeugungen werden durch die Zustimmung ihrer Schüler gefestigt, wenn sie Lehrer sind. Sie sind gute Führungskräfte, wenn der Erfolg der Sache durch Hindernisse bestimmt wird. Die Hindernisse fokussieren die Aufmerksamkeit der Sechs. Man muß sie bewältigen. Sind sie dann beseitigt, steht man plötzlich wie auf einem Präsentierteller.
Wenn Sie sich selbst als Underdog sehen, kann es schockierend für Sie sein, sich in der Rolle einer Autorität wiederzufinden. Um die Führungsrolle zu behalten, müssen Sie sich die Stoßkraft der Underdog-Rolle erhalten. Es ist viel schwerer, einen Aktionsplan zu entwerfen, wenn es keinen Widerstand gibt. Sie schenken Bereichen, in denen Schwierigkeiten bestehen, mehr Aufmerksamkeit als positiven Alternativen. Der Erfolg hängt dann von einem verläßlichen System der Durchführung ab, damit der Schwung nicht nachläßt. Ein regelmäßiges Feedback von einem respektierten Mentor oder von einer in der Sache erfahrenen Person hilft Ihnen außerordentlich, aufkommende Zweifel zu überwinden.
Alle negativen Erwartungen sollten erst ausgesprochen werden, bevor sich die Aufmerksamkeit positiven Alternativen zuwendet. Die Ausführung von Expansionsplänen sollte unverzüglich so in Gang gesetzt werden, daß der heikle Übergang vom Erfolg zur Expansion durch eine unveränderbare Struktur geschützt wird. Funktioniert die neue Phase erst einmal, ist die Sechser-Führungskraft wieder als Entstörer tätig.
Positiv ist am Zweifel, daß er einen Vorgesetzten dazu bringen kann, ehrlich zu bleiben. Erfolgreiche Sechser werden gewöhnlich nicht überheblich. Sie sehen sich als Menschen, die

viele Ängste gemeistert haben, und brennen darauf, das nächste schwierige Problem anzugehen. Genauso wie die Einser als die Perfektionisten des Enneagramms konzentrieren sich die Sechser auf die Mängel. Sie verfeinern und verbessern immer wieder und können lange mit großer Kraft und Ausdauer arbeiten. Sie brauchen keinen sofortigen Lohn.

Konflikte

Die klassischen Konflikte betreffen die Zweifel der Sechs. »Ja, aber...« ist die übliche Haltung. In einer Woge der Begeisterung beginnt die Sechs zu warnen. »Ja, aber...« – »Haben Sie bedacht...« – »Wie ist es mit der anderen Seite?« Genauso wie der Perfektionismus der Eins wird dieses Denken als negativ empfunden. Niemand will über schwierige Fragen nachdenken, wenn gerade Begeisterung herrscht. Es ist nützlich, Grundregeln für Diskussionen festzulegen. Eine Zeitspanne für Brainstorming, wo alles möglich ist, und ebensoviel Zeit, um Fehler zu suchen und zu beseitigen.
Die antiautoritäre Haltung der Sechs ist ein potentieller Konfliktbereich. Manche Sechser hassen es einfach, gesagt zu bekommen, was sie tun sollen. Sechser arbeiten sehr gut in einem Team mit Leuten, die keine Bedrohung für sie darstellen und die sie ausreden lassen, ohne zustimmen zu müssen. Die antiautoritäre Haltung läßt oft nach, wenn sich Sechser sicher fühlen und einige Erfolge hinter sich haben.

Konfliktlösung

Hinweise zur Vermittlung zwischen Sechsern und anderen finden Sie in Teil III »Leitfaden für Beziehungen«.

Die Sechs als Mitarbeiter

Eine Sechs ist entweder »einer von uns« oder Rebell. Die loyale Sechs erhält sich ihre Sicherheit durch Pflichtbewußtsein und durch entgegenkommendes Verhalten in der Gruppe. Der Rebell bestimmt auf aggressive Weise, wer in Sicherheit ist. Rebellische Sechser provozieren. Sie rütteln am Status quo, bloß um zu sehen, wo jeder einzelne steht. Jegliches Angebot von Akzeptanz vermindert ihre Ängstlichkeit. Das Zugehen auf eine Sechs in einer Haltung, die irgendwie nach Freundschaft aussieht, wird von der Sechs gewöhnlich begrüßt. Bekannte Größen sind ungefährlich. Sechser wollen wissen, was andere denken.

Sicherheit ist ein Schlüsselbegriff. »Was geschieht in Zukunft?« ist eine Hauptsorge. Alles, was die Zukunft sichert, ist eine Erleichterung. Sechser sprechen auf klare Richtlinien, klare Strafen und einen klaren Dienstweg an, der nicht abhängig ist von Günstlingswirtschaft bzw. davon, wen man in der Hierarchie kennt. Sie sind höchst schöpferisch und kooperativ, wenn man ihre Ideen und ihre Bemühungen anerkennt, besonders wenn sie durch ihre Arbeit eine sichere Zukunft mit aufbauen. Sie können ihre eigene Belohnung hintanstellen, und sie unterstützen andere bereitwillig, wenn sie sich in Sicherheit fühlen. Wenn Sechser sehen, daß die Leitung loyal ist, sind sie ihrerseits ungewöhnlich loyal.

Sicherheit liegt in einem vollständigen Informiertsein. Lieber schlechte Nachrichten als frisierte oder verheimlichte Informationen. Irrtum wird leicht vergeben, wenn der Irrtum bekannt ist. Heimlichtuerei aber wird als Manipulation empfunden und macht Sechser rebellisch. Ein ungleiches Machtarrangement löst Furcht aus. Sechser wollen Einzelheiten, wenn ihre Sicherheit vom Wohlwollen einer Autorität abhängt.

Sechser fühlen sich äußerst unwohl, wenn sie mit den Leuten in Wettstreit treten müssen, die sie täglich sehen. Eine ausweglose Situation, die Paranoia auslöst. Sie haben ein schlechtes Gewissen, wenn sie sich gegen andere durchsetzen, und sie fühlen sich nicht wohl, wenn sie nicht ihr Bestes geben. In beiden Fällen denken sie, daß die Interessen anderer gegen ihre gesetzt werden. Es gibt Sechser, die verheißungsvolle Karrieregelegenheiten ganz einfach deshalb aufgegeben haben, weil sie in einer auf Konkurrenz orientierten Umgebung keine gleichbleibend gute Arbeit leisten konnten.

Kontrollierte Konkurrenz ist jedoch etwas Gutes für zweifelnde Sechser. Sie können sich besser konzentrieren, wenn sie den Gegner kennen, wenn klare Grundregeln bestehen und sie Zeit zur Vorbereitung haben. Gerichtssäle sind ein gutes Beispiel. Als Rechtsanwälte bei Gerichtsverhandlungen treten sie in einen kurzen, genau überwachten und höchst aggressiven geistigen Wettbewerb; und wenn alles vorbei ist, geht jeder seiner Wege.

Teamaufbau

Einer Sechs geht es sehr um zwischenmenschliche Beziehungen am Arbeitsplatz. Ihr Sicherheitsgefühl hängt so sehr davon ab, akzeptiert zu werden, daß die Frage, mit wem Sechser zusammenarbeiten, für sie genauso wichtig sein kann wie die Arbeit selbst. Gemocht zu werden bedeutet für sie, dazuzugehören, für ihren eigenen Beitrag anerkannt zu werden, Berührungspunkte zu finden, in denen sie mit den anderen übereinstimmen, zu wissen, daß man miteinander auf derselben Seite steht und daß man das Spiel mit den anderen gemeinsam spielt. Gute Teamarbeit ist eine natürliche Erweiterung von Sicherheit, wogegen Konkurrenz eher Wert auf persönliche Bemühungen legt. Intensive Interaktion zwischen einigen wenigen kann die endgültige Realitätsüberprüfung sein. Paranoia vergeht, wenn Gewißheit herrscht.
Die Sechs muß lernen, wie man richtig mit öffentlicher Anerkennung umgeht. Ist die Sechs ein Star, wäre es am besten, wenn er oder sie auf diesem Gebiet Beifall erhält und ansonsten von den anderen wie ihresgleichen behandelt wird. Eine Sechs, die in Schwierigkeiten ist, sollte persönlich von einer Autorität ermutigt und nicht »öffentlichem Gelächter« ausgesetzt werden. Befinden sich aggressive Stars in einem Team, wird die Sechs diese entweder herausfordern, um die Machtverhältnisse auszugleichen, oder, wenn sie sich beherrscht fühlt, wird sie unter Umständen mit anderen Spielern ein »Wir-gegen-die«-Bündnis anzetteln. Sechser sind auf Machtbeziehungen ausgerichtet. Bevorzugte Konstellationen sind: Team gegen Leitung, Team als Ganzes in Konkurrenz zu anderen

Teams oder ein Team von Leuten, die nicht miteinander konkurrieren, sondern durch wechselseitige Übereinkunft miteinander zurechtkommen. Die unangenehmste Konstellation ist ein Team von Konkurrenten, die sich regelmäßig sehen müssen.

Wenn die Geborgenheit einer gleichbleibenden Umgebung und eine einigermaßen ungefährdete Zukunft gegeben sind, sind Sechser geborene Teamspieler. Im Zuendeführen sind sie schwach, aber sie sind höchst kreativ, geben Anstoß zu Ideen und sind großartig darin, Störungen zu suchen und zu beseitigen. In einem Milieu der Unsicherheit gedeihen sie nicht gut. Sie stellen leicht die guten Absichten anderer Leute in Frage. Von gemischten Botschaften, versteckten Bündnissen und der Notwendigkeit, um Aufmerksamkeit konkurrieren zu müssen, werden sie garantiert abgeschreckt. »Warum gute Ideen vorbringen, die vielleicht gestohlen werden?« – »Warum sich ausbeuten lassen?« – »Wem kann ich trauen?« In dem Bedürfnis, bei anderen gut aufgehoben zu sein, werden Sechser entweder kreative, loyale Mitspieler oder, wenn sie sich benachteiligt fühlen, Störer.

7. Sieben: der Epikureer

	Tendenz der erworbenen Persönlichkeit	Aspekte der Essenz
geistig	Planen	Arbeit
emotional	Unmäßigkeit/ Unersättlichkeit	Nüchternheit

	Subtyp-Verhalten	
	sexuell (Zweierbeziehung):	Reizempfänglichkeit
	sozial (Gruppe):	Opferbereitschaft
	selbsterhaltend:	Verteidigung Gleichgesinnter

Der Blickwinkel der Sieben

Weltsicht

Die Welt ist voller Gelegenheiten und Möglichkeiten. Ich freue mich auf die Zukunft.

Spiritueller Weg

Mit dem häufig gebrauchten Wort *Arbeit* kann ein Aspekt der Essenz beschrieben werden, bei dem es um gerichtete Aufmerksamkeit geht. Spirituelle Arbeit hängt von der Fähigkeit ab, sich nach innen zu wenden und zwischen äußerer und innerer Wirklichkeit unterscheiden zu können. Wird der Geist durch die Freuden des äußeren Lebens fasziniert, verkommt spirituelle Arbeit zu angenehmem *Planen* und zu *Unmäßigkeit/Unersättlichkeit* nach Lebenserfahrungen. *Nüchternheit* ist ein weiteres allgemein gebräuchliches Wort, das auf eine Rückkehr zur Essenz durch Mäßigung, Konzentration und Engagement hinweist.

Akzente
- Die Sieben sucht nach Anregung und Höhepunkten. Meidet Beschränkungen.
- Will die Energie in Gang halten. Verläßt die Party, solange sie noch interessant ist.
- Erlebt Geistesfreuden. Optionen, Pläne und Möglichkeiten. Bilder und Ideen.
- Setzt an die Stelle tiefer oder schmerzhafter Gefühle positive Alternativen. Reden, planen, phantasieren.
- Agiert die Unmäßigkeit in den drei Zentralbereichen wie folgt aus:
  - durch *Reizempfänglichkeit* in sexuellen bzw. Zweierbeziehungen;
  - durch *Opferbereitschaft* und das Akzeptieren von Beschränkungen infolge von Verpflichtungen gegenüber anderen;
  - durch *Verteidigung* Gleichgesinnter. Fühlt sich sicher durch Zugehörigkeit zu einer Gruppe.
- Die Sieben bringt Ideen und Tatsachen durcheinander. Im Kopf ist es bereits erledigt.
- Konzentriert sich auf sich selbst. Bemerkt die Bedürfnisse oder Schmerzen anderer nicht.
- Durch Selbstsicherheit und eine wohlwollende Selbsteinschätzung werden die eigenen Fähigkeiten überschätzt. »Ich kann alles.« – »Die anderen denken gut von mir.« Ist narzißtisch.
- Ebnet Autoritäten ein. »Ich bin wie die Autorität.« Erwartet Anerkennung.
- Fühlt sich in der Hierarchie entweder überlegen oder unterlegen. »Wir sind alle gleich« bedeutet in Wirklichkeit: »Du machst deins, und ich mache meins.« Wird sie nicht in Frage gestellt, fühlt sie sich in der eigenen Begabtheit überlegen. Bei Infragestellung fühlt sie sich getroffen und unterlegen. Versucht, mit Charme den Status der Überlegenheit wiederzuerlangen.
- Meidet Konflikte mit Autoritäten. Fällt »durch die Maschen«.

- Zerstreut Furcht. Bezaubert und entwaffnet. Redet sich aus Schwierigkeiten heraus.
- Betrachtet Charme als Hauptabwehrmechanismus. Eine Sieben ist ein Angsttyp, der aktiv freundschaftliche Kontakte zu anderen herstellt.
- Macht Winkelzüge. Täuscht etwas vor. Rutscht und gleitet über schwierige Stellen.
- Tarnt Angst durch das Gefühl von Langeweile. »Das wirkt einengend.« Langeweile tarnt auch Widerwillen. »Die anderen sind beschränkt.«
- Wird zornig, wenn eigene Fähigkeit angezweifelt wird. Bekommt schreckliche Angst, wenn ihr Charme nicht wirkt.
- Weiß Spontaneität zu schätzen.
- Mag Abmachungen mit offenem Ausgang und facettenreiche Aufgaben.
- Mag die Anfangs- und Planungsphasen. Zögert endgültige Festlegung und Beendigung hinaus.
- Setzt Informationen zueinander in Beziehung und systematisiert sie. Dieser Aufmerksamkeitsstil führt zu Engagement mit Hintertürchen und Ersatzlösungen sowie auch
  - zu rationalisiertem Eskapismus aus schwierigen bzw. schmerzhaften Situationen oder
  - zum Finden von Verbindungen, Parallelen und ungewöhnlichen Übereinstimmungen. Hat Talent zu nichtlinearen Analysen, entfernten Assoziationen und zur Synthese unterschiedlicher Systeme.

Erworbene Persönlichkeit

Die Welt der Sieben ist voller Möglichkeiten, Ideen, Abenteuer und Pläne für eine leuchtende Zukunft. Das Leben ruft, aber das wahre Vergnügen ist geistiger Art. Der Geist einer Sieben hungert nach Erfahrungen. Er nimmt die Zukunft vorweg. Er schwelgt in Gedankenverbindungen und genießt Zeit und Raum.

Siebener denken oft an die Freuden ihrer Kindheit. Die guten Zeiten bleiben im Gedächtnis, die schlechten scheinen zu verblassen. Solange dem Geist das Forschen und Phantasieren offensteht, ist der Schritt ins Vergnügen ein Schritt weg vom Schmerz. Da es Siebenern um Leben und Tätigsein geht, sind sie die Optimisten des Enneagramms. Alles ist in Ordnung, wenn man einer guten Zeit entgegensieht. Das Leben ist okay, wenn die Energie zu fließen beginnt.

Unersättlichkeit ist ein Bankett der Erfahrungen. Sie stopfen Ihr Wochenprogramm voll, und Sie füllen den Geist mit Plänen. Enttäuschungen treten kaum zutage. Andere Möglichkeiten sehen attraktiv aus. Plötzlich taucht da eine ganz neue Idee auf. Gestützt von dem Gefühl, etwas wert zu sein, gehen Siebener ihren Interessen nach. Sie gehen dorthin, wo sie willkommen sind, und sie streben Menschen zu, von denen sie geschätzt werden. Getragen von dem Gefühl, innerlich wertvoll zu sein, können sie durchs Leben gehen, ohne viel von den Schmerzen anderer zu merken. Menschen sind faszinierend, und jeder Tag bringt seine eigenen Erfahrungen. Die Aufmerksamkeit wendet sich dem nächsten Ereignis zu, und das Leben geht weiter.

Wenn das Gefühl, Ansprüche stellen zu können, automatisch wird, hört die Selbstbeobachtung auf. Sie sehen dann nicht, daß Sie allzu positiv denken. Sie verwischen Möglichkeiten und Wirklichkeit. Sie wissen nur, daß es Sie ärgert, gesagt zu bekommen, was Sie tun sollen, daß Einschränkungen das Produkt kleinkarierten Denkens sind, daß Regeln ärgerlich und wahrscheinlich unwichtig sind und daß es Ihnen wie Sterben vorkommt, wenn Ihre Möglichkeiten schwinden.

Siebener wachsen, indem sie bleiben anstatt fortzugehen. Sie wachsen, wenn sie sich mit Schmerz auseinandersetzen. Sie gewinnen Handlungsfreiheit, wenn Sie sich festgelegt haben und dann beobachten können, wie Ihre Aufmerksamkeit zersplittert. Es ist hilfreich, noch eine Minute zu bleiben, statt zu gehen.

Geholfen wird Siebenern von Menschen, die ihnen etwas bedeuten, die in einer Beziehung Freud und Leid akzeptieren, die die Bedürfnisse und den Wert von Freunden bemerken, die sehen, wenn Interessen beginnen, sich nach allen Seiten auszubreiten, und die einen Rahmen für Gefühlstiefe setzen.

Subtyp-Verhalten

Die Unmäßigkeit/Unersättlichkeit wird in Zweierbeziehungen, Gruppen und im Bereich der Selbsterhaltung ausagiert.

Reizempfänglichkeit in sexuellen bzw. Zweierbeziehungen

Unersättlichkeit nach anregenden Zweierkontakten wird mit Charme ausagiert. Andere sind für Siebener eine Quelle immerwährender Anziehungskraft. Der erste zündende Einfall ist der beste. Der Reiz des Neuen ist stimulierend. Denk nur, wohin das führen könnte! Stell dir vor, wie das wäre! »Das ist es!«

Die reizempfänglichen Siebener können von kurzen Begegnungen gefesselt sein und den Geschichten anderer wie gebannt folgen. Die Entdeckungsphase ist herrlich. Neue Figuren und eine brandneue Handlung. Siebener sind außenorientiert und schließen leicht Bekanntschaften. Sie lieben neue Informationen und sind bemerkenswert vorurteilsfrei. Sie sind liebenswürdig. Man möchte ihnen von sich selbst erzählen, ihnen die eigenen Träume berichten.

Siebener des sexuellen Subtyps passen sofort mit dazu. Sie harmonieren gleich mit Ihnen. Machen Pläne. Da funkt es zwischen Ihnen. Die unmittelbare Nähe, die durch das Einander-Mitteilen von Gedanken und Vorstellungen entsteht, erweckt ein Gefühl der Verbundenheit. In diesem Augenblick scheint das keine Andeutung zu sein. Es klingt durchaus wie eine Möglichkeit. »Sie waren auf Hawaii? Ich sehe, es hat Ihnen gefallen. Fahren Sie wieder hin? Da würde ich auch gern hinfahren.« Sagenhafte Möglichkeiten. »Wo sind Sie am liebsten auf diesem Planeten? Da würde ich gern hin.« Es klingt wie eine Tatsache.

Epikureer sind wirklich gewordene Menschen aus Ihren Träumen. Konzentriert auf ihre eigenen Möglichkeiten und darauf, wie Ihre Geschichte zu ihnen paßt, sind sich Siebener oft nicht bewußt, welche Wirkung sie ausüben. Sie gehen davon aus, daß man sie mag. Sie sind aufrichtig interessiert, und dann ist es an der Zeit, wieder etwas anderes zu machen. Reizempfängliche Siebener in langjährigen, monogamen Ehen sagen, daß sie mit dem Gefühl fertig werden mußten, durch nur eine Beziehung eingeschränkt zu sein. Verbindlichkeit bedeutet auch Verzicht, und das hat gewöhnlich mit Schmerz zu tun. »Das soll schon alles sein?«

Opferbereitschaft in der Gesellschaft/Gruppe

Die Gruppeninteressen von Siebenern spiegeln oft eine idealisierte Gesellschaftsordnung wider. Sie opfern Vergnügen des Augenblicks, um Zukunftsträume wahr werden zu lassen. Sie bilden langfristig angelegte Interessengruppen in gesellschaftlichen Fragen, in der Kommune und in der Kirche. Unersättlichkeit berührt den sozialen Bereich über Gruppen mit gleichen Neigungen. Siebener mögen Menschen, die ihren Sinn für ihren inneren Wert spiegeln, die dieselben philosophischen Ideale haben und die Freude an denselben Tätigkeiten empfinden. Es ist schön, unter Menschen zu sein, die einander mögen. Das Ziel der Siebener ist es, anregende Gesellschaft zu haben, während sie genau denselben Tätigkeiten nachgehen, denen sie auch allein nachgehen würden.

Siebener des sozialen Subtyps sehen in der Anzahl der Beteiligten ein Kraftpotential, sind sich aber auch sehr der Einschränkungen bewußt, die andere für den Gruppenprozeß darstellen. Es ist schwer, sich nicht als Märtyrer zu fühlen, wenn andere sich abmühen und Schnitzer machen. Was für eine Zeitverschwendung. Sie können in Gruppenvorhaben keine Alleingänge machen, wünschen sich jedoch, Sie könnten es. Opferbereite Siebener sind Geiseln für ihresgleichen.

Autoritäten einzuebnen ist von großer sozialer Bedeutung. Keiner führt, und niemand folgt. Keiner oben und niemand unten. Siebener hassen die Beschränkungen durch Regeln. Sie schaffen Autoritäten ab, indem sie jeden zur Autorität machen. Sie mögen eine Machtstruktur, in der alle gleich sind, weil diese ihre persönliche Freiheit garantiert, aber auch deshalb, weil sie sich nicht gleich in Menschen hineinversetzen können, die andere Bedürfnisse haben. Siebener wollen nicht von den Gedanken und Schwierigkeiten anderer bestimmt werden. Sie hassen es, gemäß den Vorstellungen, die jemand anderes von Vergnügen hat, mitgezerrt zu werden.

Die Verteidigung Gleichgesinnter als Strategie der Selbsterhaltung

Siebener dämpfen ihre Überlebensängste durch die Bildung von Wahlfamilien aus Menschen, die dieselben Möglichkeiten zu schätzen wissen, und aus Freunden, die demselben Traum anhängen. Siebener tröstet es, wenn ihre positiven Überzeugungen von Menschen widergespiegelt werden, die dieselben Werte schätzen und denselben Sinn für Vergnügen am Leben haben. Gleichgesinnte sind nicht Familienangehörige durch Geburt, sondern die wenigen Vertrauten, bei denen man sich darauf verlassen kann, daß sie ihren Anteil an perfekter Zukunft verwirklichen. Man kann sich an Freunde wenden, wenn die eigenen Träume erschüttert worden sind. Sie kommen einem zu Hilfe, wenn man sich entmutigt fühlt. Sie verteidigen den Traum.

Siebener des selbsterhaltenden Subtyps können sich wie altmodische Wanderprediger verhalten. Sie besuchen ihre Freunde, um Neuigkeiten zu erfahren und zu sehen, wie die Projekte vorankommen. Sie fühlen sich sicher, wenn die verschiedenen Bereiche eines Planes für das künftige Leben gedeihen. Gleichgesinnte könnten ohne weiteres durch ihre gemeinsame Freundschaft mit einer Sieben zusammengebracht worden sein, die sich von ihnen angezogen fühlte, weil sie alle ihren Platz in einer kollektiven Möglichkeit hatten. Jeder Verteidiger ist für die Sieben persönlich interessant, und jeder könnte seinen Beitrag zur Vision leisten. Gärtner, Reisende,

Familien mit Kindern, Ärzte, Tänzer, Mystiker und Priester. Siebener des selbsterhaltenden Subtyps fühlen sich bestätigt, wenn sie sehen, daß für die verschiedenen Bereiche eines vollkommenen Lebens gesorgt ist. Sie nehmen die Unterhaltung genau an der Stelle wieder auf, wo sie vor Monaten aufgehört haben, als sei inzwischen keine Zeit vergangen. Da gibt es Geistesblitze, neue Verflechtungen von Informationen, über die nachzudenken ist, und eine unersättliche Gier nach positiven Zukunftsvisionen und Kameraden für den Weg dorthin.

Hauptthemen

Möglichkeiten

Der Sieben ist es wichtig, angeregt und heiter zu bleiben. Man hat so viel zu tun und nachzudenken, daß es selten langweilig wird. Epikureer haben häufig langwährende persönliche Interessen wie z. B. Musik, Laufen, Kegeln oder Schach. Diese Aktivitäten werden programmiert oder können verbleibende Restzeiten während des Tages ausfüllen. Die Geige wird herausgeholt, die Sportschuhe werden angezogen, oder Sie denken über ein Schachproblem nach. Sie machen Pläne und stellen Listen auf, jedoch nicht, um sich an sie zu halten oder sie umzusetzen. Der eigentliche Grund ist der, viele Möglichkeiten zu erkennen und zur Verfügung zu haben.
Mit den mannigfaltigen Auswahlmöglichkeiten sichern Sie sich gegen das Gefühl ab, steckengeblieben zu sein. Sie tun alles, was in Ihrer Macht steht, um die Freiheit des Denkens und die Freiheit der Möglichkeiten zu gewährleisten. Müssen Sie etwas Unangenehmes tun, sorgen Sie dafür, daß es auf der anderen Seite etwas Angenehmes zu tun gibt. Dann können Sie weiterhin optimistisch in die Zukunft schauen.

Positives Phantasieren

Phantasie hat eine solche Macht, daß sie Ihnen auch Enttäuschungen bereiten kann. Im Geist ist alles möglich. Die schönsten Frauen, die aufmerksamsten Männer. Sie können kostbare Erinnerungen in einer einzigen Träumerei wieder hervorholen – ein schönes Zuhause, ein Lieblingskind und Hintergrundmusik. Wie im Film. Im Vergleich dazu kann die Wirklichkeit eine niederschmetternde Enttäuschung sein. Die leibliche Existenz kann sich einfach nicht mit dem Vergnügen des Geistes messen. Folglich erschrecken Sie über das Mißverhältnis zwischen Ideal und Wirklichkeit, wenn Gedanken zu Tatsachen werden. Sie können über eine echte Leistung ungehalten sein. Sie ist eben nicht so interessant, wie Sie erwartet haben. Was kommt als nächstes?

Hinauszögern

Fünfer, Sechser und Siebener sind die Angsttypen des Enneagramms. Kennzeichnend für einen Angsttyp sind eine ambivalente Haltung gegenüber Autoritäten und Hinauszögern. Siebener schieben Dinge auf, weil sie sich mit zu vielem einlassen. Ein guter Gedanke löst gleich eine ganze Kette von Assoziationen aus. Da gibt es endlose Möglichkeiten, eine Unzahl von Plänen, die immerfort neue hervorbringen. Leitideen geraten aufs Abstellgleis. »Warum ist diese Versammlung einberufen worden?« – »Nun stehen wir wieder am Anfang.« Aufschieben hat etwas damit zu tun, daß Ihnen die strahlende Welt der Möglichkeiten lieber ist als die bedrohliche Grelle der Tatsachen. Ein abgeschlossenes Projekt ist Kommentaren und Kritik ausgesetzt, wogegen man vorbereitende Gedanken frei kreisen lassen und genießen kann. Die Kraft der Phantasie kann das Problem verkomplizieren. Die Phantasie erfüllt Gedanken mit Größe. Wenn Sie sich in der realen Zeit abrackern, dauert alles immer länger, als Sie es sich vorgestellt haben. Defekte Geräte, wütende Konkurrenten und Rückenschmerzen sind nie Bestandteile eines Planes.

Selbstbezug

Mehrere Typen des Enneagramms haben narzißtische Tendenzen. Achter beispielsweise könnten als knallharte Narzißten angesehen werden – »entweder es geht nach meinem Willen oder gar nicht«. Siebener sind sanfte Narzißten – sie gehen dorthin, wo sie ihren Willen durchsetzen können. Beide Typen sind selbstbezogen. Sie wissen, was sie wollen, und sind weniger sensibel für die Bedürfnisse anderer. Siebener gehen davon aus, daß das, was ihnen gefällt, jedem gefallen würde. Wie könnte es anders sein? Das macht doch Spaß. Jeder andere in der gleichen Lage würde auch so denken. »Die würden das genauso empfinden wie ich, oder zumindest würden sie das tun, wenn ich es ihnen erklären könnte.« Siebener sind oft schockiert, wenn ihr Handeln hinterfragt wird. »Du verstehst das nicht. Du warst nicht dabei. Das hättest du auch so gemacht.«

Siebener denken oft von sich, sie seien sensibel für die Gefühle anderer. Die Wahrheit ist jedoch, daß ihnen Leute, die nicht ihrer Meinung sind, beschränkt vorkommen. Siebener fasziniert alles, was ihr Interesse gefangennimmt. Das Wandern von einer positiven Erfahrung zu nächsten verstärkt ihren Glauben, daß die Menschen um sie herum ihre Vision teilen. »Wer mich liebt, will auch, was ich will.« Wenn das einmal nicht so ist, dann nur deshalb, weil es nicht richtig erklärt worden ist.

Es ist zunächst für Siebener nur schwer verständlich, wieso Vergnügen destruktiv sein kann. Vergnügen sollte idyllisch sein, innig, unterstützend und gegenseitig stärkend. Wenn es das nicht ist, liegt die richtige Handlungsweise woanders. Schuldgefühle kommen selten ins Bild. Positives Wohlwollen hat seinen Lohn in sich. Was mit Liebe getan wird, müßte eigentlich in Ordnung sein.

Umdeutung

Etwas umzudeuten heißt, einem bestimmten Ereignis einen neuen Rahmen zu geben bzw. es in einen neuen Gesamtzusammenhang zu übertragen. Diese Technik kann in einem alten Problem neue Elemente zutage fördern und dem Handeln entscheidend neue Richtungen geben. Sie kann auch zur

Flucht benutzt werden, indem man den Kontext einer Vereinbarung so neugestaltet, daß er nun Hintertürchen enthält, durch die man entschlüpfen kann. Die Warte, von der aus ein Epikureer das Leben betrachtet, eignet sich zu positivem Umdeuten. Es ist eine Hauptstütze seiner optimistischen Lebenshaltung, und die Denkweise ist durchaus erwägenswert. Ich habe mich einmal mit einer Sieben über die Umweltverschmutzung in der San Francisco Bay unterhalten, und er meinte dazu:

> *Ich sehe eher die Schmetterlinge auf einem Abfallhaufen als den Abfall selbst. Ein Abfallhaufen liegt nicht ewig da, und deshalb überlege ich, was ich mit dem Müll mache. Der Haufen selbst will mich etwas lehren, und die Botschaft interessiert mich. Es ist Kompost. Er spielt im Kreislauf von Sterben und Werden eine Rolle. Er verbindet Schmetterlinge mit dieser Unterhaltung, mit der Menschheit und dem Rest des Lebens. Kompostieren ist eine Aufgabe, die Menschen zusammenbringen kann. Die Gemeinschaft könnte ihr Hauptaugenmerk darauf lenken. Es ist nicht so, daß Müll plötzlich etwas Schönes wird, sondern er ist in meinem Geist ein Grund geworden, daß Menschen zusammenkommen.*

Anspruch-Haben

Siebener gehen ihren Interessen nach. Das Leben sollte ein Abenteuer sein. »Haben wir nicht alle ein gutes Leben verdient?« – »Ich bin hier, um zu wachsen.« – »Haben wir nicht alle das Recht zu lernen?« Konzentriert auf die Erfahrungsbereiche, die angenehm und lebensspendend sind, mögen es Siebener, herausgefordert zu werden, und sie gehen davon aus, daß sie aus neuen Erfahrungen Nutzen ziehen werden. Sie sind aufrichtig an Menschen interessiert, die etwas zu bieten haben, und sie reduzieren ihre Autorität, indem sie einen neutralen gemeinsamen Nenner finden, der für beide interessant ist. »Wo sind Sie auf Ihren Reisen gewesen?« – »Welchen Sport treiben Sie?« – »Sie scheinen sich für Kunst zu interessieren.« Die Welt scheint für Sie zu sorgen, wenn Sie sich unter großherzige, freundliche Menschen begeben. Sie lernen so viel, wenn Sie sich dem Leben öffnen. Der Fehler bei diesem Gedankengang liegt in der Erwartung von Wohltaten. Offen fürs Leben sein bedeutet, offen für Lernen und Abenteuer zu sein. Opfer und Schmerz sind da einfach nicht von Interesse.

Leidvermeidung

Siebener nennen im allgemeinen folgende Techniken, um schmerzhaften Erfahrungen aus dem Wege zu gehen: Umdeutung des schmerzhaften Ereignisses in eine Lernerfahrung, Aufstellen eines neuen Planes, Ablenkung der Aufmerksamkeit durch etwas Angenehmes in der Umgebung oder Deutung eines Ereignisses als »interessant« und wert, sich darauf einzulassen, weil man daraus lernen kann. Jedes Umdeuten, auch der Gedanke, »dieser Schmerz ist eine Erfahrung des Reifens«, macht ein mit Leid verbundenes Vorkommnis eher zu einem belehrenden als zu einem empfundenen Gefühl.

Es fühlt sich nicht wie Leidvermeidung an, wenn man Schmerz als unbedeutend abtut. Halt dich nicht dabei auf. Damit setzen wir uns später auseinander. Diese Fähigkeit, negative Erfahrungen beiseite zu schieben, hat ihr Für und Wider. Auf der positiven Seite können Siebener andere aufmuntern, indem sie all das Positive sehen, das geleistet werden kann. Sie können auch leichter vergeben als die meisten, weil sie sich an die glücklicheren Augenblicke erinnern. Auf der negativen Seite geben Siebener oft nicht zu, wenn sie im Unrecht sind, oder wollen sich nicht mit Schwierigkeiten auseinandersetzen.

Wenn Schmerz in den Mittelpunkt rückt, werden Siebener gewöhnlich eher das isolierte Ereignis diskutieren als den Gesamtkontext, der schließlich zu diesem Ereignis führte, oder die Tatsache, daß die Diskussion lange hinausgeschoben wurde. Es ist fast unmöglich, Siebener auf eine »Negativdiskussion« darüber, wie ihr Charakter von anderen gesehen wird, festzunageln. Ja, man kann ein paar Minuten damit verbringen, einen speziellen Vorfall zu besprechen. Aber versuchen Sie nur nicht, eine Sieben als Person ins Unrecht zu setzen.

Aufgelegter Schwindel

Es ist wichtig, eine gute Meinung von sich zu haben, denn jede Infragestellung des Selbstwertes öffnet dem Leid Tür und Tor. Es fällt Ihnen leicht, ein idealisiertes Image von sich zu pflegen, wenn Sie in der Zukunft und in Ihren Möglichkeiten leben. Sie können sich ohne weiteres vorstellen, bereits dort angekommen zu sein, statt nur möglicherweise dort zu sein. Selbstwertgefühl kann entweder rechtmäßig erworben sein, oder es kann dadurch erzeugt werden, daß man sich auf Gedanken wie »Das könnte ich, wenn ich's versuchen würde« oder »Ich habe es schon fast geschafft« konzentriert.

Es ist für Siebener wichtig, Beziehungen zu haben, in denen wirklich gearbeitet wird. Siebener können derart charmant sein, daß es leichtfällt, das Leben so zu gestalten, das es interessant und unkompliziert ist. Oberflächliche Beziehungen können viel mehr Spaß machen als solche, die emotionales Engagement verlangen. Wenn man sich auf Tiefe einläßt, hat man zwangsläufig Zeiten, in denen man wächst und leidet. Wenn Sie als Persönlichkeit bereits »fertig« sind, brauchen Sie ja nicht an sich zu zweifeln bzw. seelisch zu wachsen. Wachstum kann genauso leicht so verstanden werden, daß es bedeutet, neue Fertigkeiten zu entwickeln oder sich in Bereichen wie dem Sport selbst herauszufordern. Sie lernen gern und sind auf neue Erfahrungen aus, aber es erfordert Reife, zu erkennen, daß Wachstum auch bedeuten kann, das eigene Selbstbild in Frage zu stellen.

Es scheint nicht produktiv zu sein, eine positive Einstellung anzuzweifeln. Siebener wählen sich Tätigkeiten aus, die sie mögen, und sie fühlen sich zu Menschen hingezogen, von denen sie als liebenswert empfunden werden. Das überlegene Gefühl, es geschafft bzw. zumindest fast geschafft zu haben, wird unterstützt durch ein positives Feedback-System, das einem den

Selbstwert bestätigt. Es erfordert einen Schlag gegen das Image, das man von sich selbst hat, um Gefühle der Unterlegenheit hochkommen zu lassen. Üblicherweise erfolgt dieser Schlag oft während der Krise in der Lebensmitte bzw. dann, wenn das Glück jemand anderem lächelt. Die Spielregel lautet, die gute Meinung von sich zu behalten, aber wenn sich Minderwertigkeitsgefühle zeigen, könnten Sie der Versuchung erliegen, mit Charme entwaffnen zu wollen, zu rationalisieren, umzudeuten und Entschuldigungen als rechtfertigende Erklärungen auszugeben. Das Spiel kann zu einem Schwindel werden, wenn Ihr idealisiertes Selbstbild in Frage steht.

Die Dynamik der Veränderungen: Sicherheit und Risiko

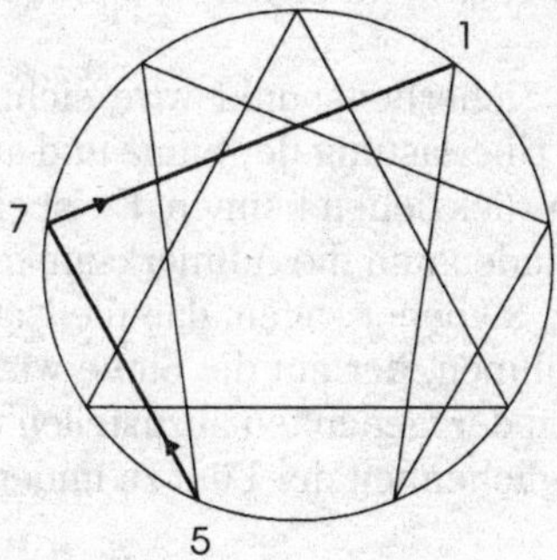

Abb.: Dynamik der Veränderungen für die Sieben

Sicherheit

Eine Sieben verwandelt sich nie in eine Fünf. Der Rückzug erfolgt eher aus einer Siebener-Perspektive. Wenn sie gedrängt wird, sich festzulegen, zieht sich die Sieben oft in sich selbst zurück, um über ihre Möglichkeiten nachzudenken. Siebener,

denen die Sicherheit einer guten Entscheidungsmöglichkeit geboten wird, können zusammengezogen und etwas geizig wirken. Sichere Lebenssituationen können paradoxerweise eine Entscheidungskrise herbeiführen. Selbst eine gute Auswahl wird im Vergleich zu all den Möglichkeiten, die die Phantasie bietet, als schrecklich empfunden. Siebener wirken zu keiner Zeit zorniger oder bedrückter als dann, wenn sie strategische Entscheidungen zu treffen haben.
Sich festzulegen wird als Aufgeben aller anderen Möglichkeiten empfunden. Sich mit so wenig zufriedenzugeben fühlt sich an wie eine schreckliche Begrenzung. Die Fünfer-Position kommt zum Vorschein, wenn die Sieben gedrängt wird, sich zu entscheiden. Um das zu können, muß sie die Entscheidung zu ihrer eigenen Sache machen, anstatt sich von Bedürfnissen anderer gedrängt zu fühlen. Es ist eine Zeit ruhiger, eingehender Selbstüberprüfung, und sie kommt im allgemeinen in der Mitte des Lebens, wenn es immer weniger Auswahlmöglichkeiten gibt.
Das Positive am Sicherheitspunkt wird sichtbar, wenn sich Siebener aus der Überlastung der Sinne und aus dem überstimulierten Kopf zurückziehen können. Es ist eine Zeit, um die eigene Mitte zu finden und die Aufmerksamkeit neu auf Prioritäten zu richten. Siebener sagen, daß die Natur oder ein anderer äußerer Rahmen, der auf die Sinne wirken kann, hilft, das Herumflattern der Gedanken abzustellen und die relative Ruhe und Ausgeglichenheit der Fünf zu finden.

Risiko

Unter Druck bewegen sich Siebener zur Eins, die in der Meditationspraxis »der urteilende Verstand« genannt wird. Man vergleicht sich mit anderen. »Bin ich im Vergleich zu anderen besser oder schlechter?« Die Siebener-Version des urteilenden Verstandes konzentriert sich auf Benachteiligungen. »Johns Frau läßt ihn im Land herumreisen. Meine nicht.« »Meine Frau verdient Geld und hilft uns durchzukommen. Johns Frau tut das nicht.« Es geht um Genuß, um Haben oder

Nichthaben, und nicht so sehr um die vorrangige Aufmerksamkeit der Eins auf richtig und falsch. Urteile tauchen auf, wenn die Sieben sich eingeschränkt fühlt, und sie verschwinden rasch wieder, wenn Zufriedenheit einkehrt. Werturteile von Siebenern betreffen eher Einschränkungen von Vergnügen als ethische Überlegungen.
Positiv ist am Risikopunkt, daß er zu einer Klarheit der Absichten und zu moralischem Engagement führt. Siebener schwafeln nicht und halten nicht Ausschau nach Hintertürchen, wenn sie sich für eine schwierige Aufgabe voll einsetzen. Das ist im Grunde eine der besten Positionen für die Sieben. Es wird etwas zu Ende gebracht, und zwar perfekt. Kein i-Punkt fehlt, und das Vergnügen entsteht daraus, daß man seine Arbeit gut gemacht hat.

Die Sieben in der Liebe

Leben mit einer Sieben

- Das Hauptproblem ist, eine Sieben dazu zu bringen, das Problem zu sehen.
- Ein idealer Partner ist jemand, der eine Sieben über alles liebt und ihr Gesellschaft leistet, wenn es ihr gutgeht.
- Eine Sieben braucht viel Anregung, Abenteuer und unbegrenzte Möglichkeiten zur Betätigung. Da es ihr sehr schwerfällt, negative Gefühle zu ertragen, versucht sie gewöhnlich, Meinungsverschiedenheiten zu verwischen und Situationen angenehm zu machen. »Sollten wir nicht zum Abendessen und zu einer Show gehen?«
- Eine Sieben will einen Partner, der die hohe Meinung, die sie von sich selbst hat, widerspiegelt.
- Eine Sieben ist liebenswürdig, wenn man sie bewundert. Aber sie macht andere bzw. die Situation lächerlich oder wertet sie ab, wenn sie selbst in Frage gestellt oder untergeordnet wird. Sie ist entweder nett zu anderen oder macht sich über sie lustig.

– Sie reagiert ausgesprochen sensibel auf Langeweile und Wiederholungen in Beziehungen. Eine Sieben kann sich für neue Interessen begeistern und einen entzückenden Lebensstil pflegen, um den Funken am Leben zu erhalten.
– Eine Sieben geht mit dem Fluß der Energie. Sie will Menschen begegnen und wieder gehen, will im Hochgefühl erscheinen und mit einem zufriedenen Gefühl scheiden, wiederkommen, wenn der Strom sie erneut zusammenbringt.
– Machen Sie sich darauf gefaßt, daß eine Sieben wütend wird, wenn der Fluß unterbrochen wird. Sie will nicht von jemandem heruntergeholt werden, der ihr geistig unterlegen ist.
– Eine Sieben bemerkt sofort die Einschränkungen, wenn Sie eine feste Bindung verlangen. Siebener können jahrzehntelang in festen Beziehungen leben, ohne sich bei dem Konzept woh lzu fühlen. Langfristige Bindungen sind »Prozesse« und Abenteuer.
– Eine Sieben geht multidimensional an Intimbeziehungen heran. Sie ist von Ihren verschiedenen Aspekten fasziniert. Sie wird viele verschiedene Dinge mit Ihnen tun wollen und Ihre Träume und Aktivitäten unterstützen.

Intimbeziehungen

Eine Sieben wird in Partnerschaften als optimistisch beschrieben. Siebener sind selbständig, geben sich selbst die Richtung und gehen vielen Interessen nach. Mentale Listen kommen oft ins Spiel. »Das ist eine interessante Möglichkeit.« – »Laß uns versuchen, das noch mit einzubauen.« Die Liste der Möglichkeiten ist ständig im Fluß. Prioritäten können sich jederzeit ändern. Hört eine Aktivität auf, interessant zu sein, können Siebener schnell zur nächsten übergehen. Wird ein Projekt langweilig, muß es falsch angegangen worden sein. Der Ausweg aus der Schwierigkeit liegt in Richtung Vergnügen.

Siebener haben Mühe, negative Emotionen auszuhalten. Es ist für sie fast unmöglich, sich hinzusetzen und sich schlecht zu fühlen. Ihr Geist geht unverzüglich weiter zu einer positi-

ven Möglichkeit – zu etwas Angenehmem, das sie weiterbringt, zu etwas Interessantem in der mentalen Liste. Es ist nicht wichtig, sich tatsächlich aufzumachen und den Punkt auf der Liste abzuhaken; schon durch die bloße Möglichkeit fühlen sie sich besser. Bestehen ihre Partner darauf, etwas Belastendes zu diskutieren, haben Siebener das Gefühl, als würde man sie zwingen, etwas Unangenehmes auszuhalten. Wenn sie da nicht herauskommen können, können Siebener sehr zornig werden. »Mir kommt es vor, als kämpfte ich um mein Leben. Meine Freiheit wird mir genommen. Daß mich jemand tatsächlich in meiner Bewegungsfreiheit einschränken und zum Bleiben zwingen könnte und mich nicht gehen läßt, wohin ich will, empfinde ich als riesige Zeitverschwendung.«
Es ist typisch für Siebener, daß sie erst versuchen, viele unterschiedliche Lösungen und viele unterschiedliche Auswege zu finden, bevor sie so richtig wütend werden. Sie sind schwer in die Enge zu treiben, wenn sie nach einem Ausweg suchen. Sie sind auf ein positives Ergebnis und auf eine gute Meinung von sich festgelegt, und in ihrer Wortwahl sind sie aalglatt.
Siebener können einem ein X für ein U vormachen. Nicht daß man etwa unrecht hätte. Man kapiert es nur nicht. Man denkt beschränkt. Wenn Sie eine Sieben mit der Hand in der Plätzchendose erwischen, wird die Sieben Ihnen eine engstirnige Haltung zu diesen Plätzchen vorwerfen. Sie haben ja nicht über die umfassenderen Themenbereiche der Versorgung und der Süße des Lebens nachgedacht. Die Diskussion wird in einen größeren Zusammenhang gebracht und dadurch niveauvoller. Ist die Begriffsbestimmung erst einmal auf die wahre Bedeutung der Ernährung ausgedehnt, fällt eine Handvoll Kekse doch einfach durch die Maschen.
Junge Siebener können sich ihre eigene Wirklichkeit machen. Sie legen sich zwar auf einen Prozeß fest, jedoch nicht auf dessen nähere Einzelheiten. Sie können Erfundenes so umdeuten, daß daraus angenehme Tatsachen werden. Sie können Schlüsselworte wie Autorität so neu definieren, daß sie mit ih-

rer eigentlichen Bedeutung nicht mehr übereinstimmen. Für Siebener kann Autorität zum Beispiel bedeuten, »weiß etwas darüber« anstatt »ist darin Meister«. In diesem neu definierten Kontext sind Anfänger bereits Autoritäten, wenn sie zufälligerweise ein bißchen mehr wissen als die Leute um sie herum. Entschlossen, das Leben als aufregend und erfreulich zu empfinden, geben Epikureer der Wirklichkeit noch einen besonders positiven Drall. Spontaneität ist absolut unerläßlich. Der Abenteuer-Ansatz beinhaltet die Möglichkeit, Neues aufzunehmen und es umgehend auszuprobieren. Siebener können sich selbst in die Lage bringen, endgültige Entscheidungen im allerletzten Augenblick treffen zu müssen, und zwar nicht aus Verantwortungslosigkeit, sondern weil sie es so schätzen, ihre Meinung noch ändern zu können. Intimität bedeutet oft auch die Spontaneität gemeinsamer Phantasie. Wir nehmen an der Zukunft des anderen teil, indem wir uns die Möglichkeiten eines ausgefüllten gemeinsamen Lebens miteinander ausmalen.

Strategische Entscheidungen können schwierig sein. Sich für etwas zu entscheiden bedeutet ja, andere Möglichkeiten ungenutzt zu lassen. Die Notwendigkeit der Wahl macht offenkundig, daß man nicht alles haben kann; und das gefährdet künftige Zufriedenheit. Der Verstand des Epikureers fixiert sich auf die schwindende Möglichkeit. »Denk bloß, wozu diese Möglichkeit hätte führen können.« – »Ich habe gerade ein Stück des Traumes verloren.« Zwischen Entscheidungsmöglichkeiten festzusitzen, kann lähmend sein, und Siebener zögern oft bei endgültigen Entscheidungen. Eine Entscheidung fühlt sich nicht endgültig an, selbst wenn man schon im Flugzeug sitzt. Entscheidungen, die Möglichkeiten einschränken, werden widerwillig akzeptiert. Die Sieben ist zornig oder deprimiert. Zorn bedeutet, Schuld zuzuweisen. »Es ist deine Schuld, daß ich mich schlecht fühle.« – »Du hast mich in diesen Schlamassel gebracht.« Begrenzt zu sein wird als erniedrigend empfunden. Als sei man in eine Falle geraten. Siebener sehen Einschränkungen, wenn sie sich in

Not fühlen. »Jemand hält mich zurück.« Beschuldigungen sind ein Zeichen mühevollen Ringens. Die Sieben leidet. Noch eine Minute, und man könnte einen Riesenfehler machen. Diese Entscheidung könnte zu ständigem Streß führen.

Junge Siebener wollen alles erleben. Viele erreichen das volle Ausmaß ihrer Möglichkeiten erst später im Leben. Unzufriedenheit kann ein gutes Zeichen sein. »Ich wiederhole mich.« – »Das hier habe ich schon früher gemacht.« – »Ich weiß, worauf das hinausläuft.« Gewöhnlich kommt es zu einer Krise, wenn man sich zu wirklicher Hingabe entscheiden muß. Eine »nüchterne« bzw. zielstrebige Sieben hat immer noch die angenehmen Zerstreuungsmöglichkeiten eines komplexen Geistes, kann aber auch in den einschränkenden und schmerzhaften Phasen einer Bindung treu und beharrlich bleiben. Menschen, die ihnen etwas bedeuten, können Siebenern helfen, ihre Beziehungen zu vertiefen, indem sie die Zeichen rationalisierter Vermeidung bemerken, die Aufmerksamkeit der Sieben wieder in die Gegenwart zurückholen und sogenannte negative Emotionen begrüßen, wenn sie angebracht sind.

Die Signale der Sieben

Positive Signale

Munter und positiv. Einfallsreich und erfinderisch. Die täglichen Aufgaben sind von Vergnügen erfüllt; eine faszinierende Art, das Leben anzugehen. Die Menschen im Leben einer Sieben bekommen Auftrieb durch optimistische Zukunftsvisionen und werden dazu ermuntert, ihr volles Potential zu akzeptieren. Siebener können bewirken, daß Gewöhnliches außergewöhnlich und großzügig aussieht. Einfache Spaziergänge im Park können Schnittpunkte für die Zyklen der Natur und der Jahreszeiten werden. Das Lachen eines Kindes geht durch Zeit und Raum.

Negative Signale

Das narzißtische Ausgerichtetsein der Siebener auf persönliche Vorhaben und Vergnügen erweckt den Eindruck, daß sie gleichgültig bzw. unzuverlässig sind. Man fängt an, sich ihnen unterlegen zu fühlen. Siebener sind aufgeschlossen und spontan, man selbst sieht dagegen engstirnig und abhängig aus. Zorn, Depressionen und andere sogenannte negative Emotionen kennzeichnen einen als geringeres Wesen; wäre man weiterentwickelt, würde man sich nicht so fühlen. Wenn sich Siebener bedroht fühlen, tun sie überlegen. Die Meinungen des anderen sind ein Zeichen seines geringeren Vorstellungsvermögens.

Gemischte Botschaften

Ein Lebensstil mit zahlreichen Optionen sendet viele Botschaften aus. Siebener legen sich anscheinend auf Gegensätzliches fest, aber da sie auf die Ähnlichkeit der Absichten hinter ihren Optionen konzentriert sind, halten sie sich für konsequent. Wenn sich junge Siebener beispielsweise verlieben und dann das Gefühl haben, es sei an der Zeit, wieder zu gehen, haben sie dabei vielleicht keine Gewissensbisse. Die nächste Liebe ist auch ein Teil des Prozesses, das Lieben zu erlernen. Also sind beide Liebesgeschichten von demselben hohen Zweck geleitet. Da beide Beziehungen demselben Zweck dienen, sind sie gewissermaßen dasselbe. Keine wurde beendet, und keine wurde neu begonnen, denn beide entstammten derselben guten Absicht. Und da niemand ausgewählt bzw. verlassen wurde, sind die Möglichkeiten, Schluß zu machen oder zu bleiben, immer noch offen, und es ist durchaus möglich, wieder auf die erste Affäre zurückzukommen, wenn das Interesse daran sich wieder entwickelt.
Die Botschaft an die Menschen, die der Sieben etwas bedeuten, lautet: »Ich bin hier, wenn ich will, und ich gehe, ohne mich dabei unwohl zu fühlen.« Damit kann man fertig werden, wenn man sich auf die ständigen Bedürfnisse des Paares konzentriert, wie etwa die Gründung einer Familie oder ein tiefes

gemeinsames Interesse. Die Aufmerksamkeit für die Beziehung wird in ihrer Intensität immer schwanken, aber Siebener sind treu, wenn sie sich einmal ernsthaft festlegen.

Innere Signale

Siebener sagen, es sei schwierig, zwischen einer echten Richtung und einem plötzlichen Abschwenken zu unterscheiden. Sie bleiben zwischen Möglichkeiten stecken, und es fällt ihnen schwer zu entscheiden, in welche Richtung sie gehen sollen. Die Aufmerksamkeit verlagert sich dramatisch auf das, was geopfert werden müßte, wenn man eine Möglichkeit auswählt. Sie kommen nicht weiter mit ihrer Entscheidung. Stell dir bloß die Möglichkeiten vor, die über Bord geworfen werden müßten. Die Zukunft erscheint einem trostlos, wenn man einen Teil des Traumes fortwirft. Man könnte ja eine gute Möglichkeit voreilig verworfen haben. Die Gedanken sagen: »Ich werde da hineingestoßen. Das nützt einem anderen. Ich werde zurückgehalten.« Ein Unbeteiligter sähe, daß die Handlungsfähigkeit gelähmt und ein Vorankommen nicht möglich ist. Die Gefühle sagen: »Möglicherweise verliere ich die Chance meines Lebens. Was für ein Opfer. Ich muß noch warten, ehe ich mich entscheide.« Siebener kann es verwirren, wie andere auf ihre Unentschlossenheit reagieren. Sehen die denn nicht, daß sich die Umstände ändern könnten? Siebenern fällt es schwer, jegliche realisierbare Möglichkeit zu verwerfen. Die Gedanken sagen: »Man sollte sich für seine Entwicklung einsetzen; man muß sich treu bleiben. Man wächst und verändert sich stets. Die näheren Einzelheiten sind Nebensache.«

Die Sieben in der Arbeit

Am Arbeitsplatz

– Bietet für Autoritätsprobleme eine angenehme Lösung. Will Autorität einebnen. Dadurch kann entweder ein faires Arrangement unter Gleichen oder eine Situation entstehen, in der gesichert ist, daß niemand Anordnungen erteilen darf. Wenn niemand Anordnungen erteilt, kann jeder es so machen, wie es ihm gefällt.

- Es kann vorkommen, daß eine Sieben auf undurchführbaren Ideen und wirkungslosen Vorgehensweisen besteht. Ideen und Theorien sind ihr lieber als deren Durchführung. Sie sucht lieber bei Aufgaben neue Wege, als daß sie sich mit Routine abgibt.
- Geht eher durch die Maschen als in eine Konfrontation hinein. Eine antiautoritäre Haltung, die Regeln umgeht, indem sie Begriffsbestimmungen ausdehnt.
- Ist sehr aktiv bei Projekten mit offenem Ausgang, die nicht in Routine ausarten. Netzwerke, Pläne, Synthetisieren von Ideen und Ansätzen. Verbindet Projekte mit anderen Interessenbereichen.
- Ist vom eigenen Können überzeugt und hat ein hohes Selbstwertgefühl. Mißt sich an anderen, um dieses Selbstgefühl lebendig zu erhalten. »Bin ich überlegen oder unterlegen?« – »Stehe ich darüber oder darunter?« – »Habe ich dieses Projekt im Griff, oder wird es mich unterkriegen?« Das positive Selbstbild kann durch negatives Feedback beschädigt werden.
- Neigt dazu, anderen etwas vorzumachen, um deren Unterstützung zu bekommen. Deutet Einwände um. Bauscht Möglichkeiten auf. Bringt eine einleuchtende Idee vor, ohne sich über Möglichkeiten der Absicherung Gedanken zu machen. Bietet überzeugende allgemeine Prinzipien mit einer Menge kleiner Hintertürchen an. Macht Vorschläge, die wie Versprechen klingen.
- Es ist herrlich, mit einer Sieben zusammenzuarbeiten. Sie kann in schweren Zeiten versöhnlich und kreativ sein.

Führungsstil

Die Stärke der Sieben liegt darin, verschiedene Arten von Informationen in ein zusammenhängendes Schema bringen zu können. Siebener als Führungskräfte sind stark in positiven

Zukunftsvisionen. Sie sehen in unterschiedlichen Systemen die Koordinierungsmöglichkeiten und bringen auf höchst originelle Weise Einzelheiten zusammen. Erfolgreiche Siebener findet man oft in Berufen, in denen es darum geht, einfallsreich und erfinderisch sowie in seinem Denken den anderen voraus zu sein.

Oft wortgewandt und überzeugend, können sie die Bestrebungen der Mitarbeiter eines Projekts in Worte fassen und uneigennützige Unterstützung für ihre Ziele mobilisieren. In einer auf Tempo orientierten, sich schnell verändernden Umgebung, in der Planung und das Verknüpfen von Einzelheiten erforderlich sind, sind sie in Höchstform. Am besten arbeiten sie in den frühen Phasen eines Projektes, denn sie können unter Druck schnell denken und handeln. Sie sind eher Planer als praktische Verwirklicher. Verwandlungskünstler und Leute mit Ideen. Üblicherweise laufen bei ihnen mehrere Projekte zur selben Zeit, oder sie sind in mehreren Bereichen eines Vorhabens aktiv. Siebener sind Menschen, die gern mehr als ein Buch zur selben Zeit lesen. Ein Buch für jedes Zimmer im Haus.

Ihre Entscheidungsfindung kann chaotisch sein. Eine Sieben als Führungskraft ist am effektivsten in der Planungsphase und tut gut daran, sofort zu delegieren, wenn der Plan steht. Am besten ist, man hält Siebener von Verpflichtungen frei, die sich wiederholen. Da sie sich leicht langweilen, können sie ihre Meinung ändern oder plötzlich abschwenken. Auf einmal verlagern sich die Prioritäten, und die Mitarbeiter müssen die Scherben aufsammeln. Wenn Sie für eine Sieben arbeiten, dann seien Sie auf Programmänderungen gefaßt, die mit der Arbeit anscheinend nichts zu tun haben. Es kann unbestimmte bzw. widersprüchliche Anweisungen und mangelnde Überwachung geben. Es kommt zu einer Krise, und der Siebener-Vorgesetzte geht in Urlaub.

Werden Siebener nicht anderweitig informiert, könnten sie annehmen, die Sache komme vorwärts. Sie können auch Überbringern schlechter Nachrichten die Schuld in die Schuhe schieben. Sie wollen wirklich, daß jemand anders die Ideen verwirklicht, und können durchaus willens sein, einen Schuldigen zu finden, wenn Schwierigkeiten sie in die Enge treiben. Siebenern fällt es schwer, ihre eigenen Fehler zu sehen. Gestützt auf ein idealisiertes Selbstbild, fühlen sie sich von der Unvollkommenheit anderer behindert. Der Plan sah doch fehlerlos aus. Wenn die Sache schiefgegangen ist, muß jemand, der den Plan ausgeführt hat, einen Schnitzer gemacht haben. Anstatt ihren Anteil an einem Mißerfolg zu erkennen, rationalisieren Siebener, interpretieren alles neu, bringen die Sache in neue Zusammenhänge und deuten um. Die überarbeitete Fassung dessen, was wirklich geschehen ist, klingt auf jeden Fall besser.

Manager müssen manchmal improvisieren. Erfolg hängt von konsequenter Durchführung und vom Abbrechen unbrauchbarer Richtungen ab. Der Persönlichkeitstyp eines Managers prägt sich unter Umständen stärker aus, wenn er versucht, in der unberechenbaren Umgebung einer Sieben festen Boden zu finden. Ohne klares Signal von der Leitung kann eine Eins als Manager starrer, eine Zwei mehr auf andere bezogen, eine Drei anmaßender werden usw.

Konflikte

Kurzfristige Vorteile, gewonnen durch Flucht vor Einschränkungen, führen zum langfristigen Leid der verpaßten Gelegenheiten – ohne Leid kein Vorwärtskommen. Der Wunsch der Siebener, Autoritäten einzuebnen, und ihre mangelnde Bereitschaft, das tatsächliche Niveau ihrer Fähigkeiten zu akzeptieren, kann zu Konflikten mit anderen führen. Es kann passieren, daß sie immer wieder dieselben Fehler machen. »Das habe ich schon einmal erlebt.« Sie neigen dazu, Konflikten aus dem Weg zu gehen und besonders Kritik abzuwehren, die ihr Selbstbild ramponieren könnte.

Beim klassischen Konflikt geht es um übertriebene, vielversprechende Pläne, die schlecht ausgeführt werden. Die Ergebnisse werden rationalisiert. Sie sind eigentlich in Ordnung. Sie waren so, wie wir sie von Anfang an hätten erwarten sollen. Siebener geraten in Schwierigkeiten, wenn es wirklich ums Detail geht. Man wirft ihnen vor, nicht ihren Anteil an der Last zu tragen.

Konfliktlösung

Hinweise zur Lösung von Konflikten zwischen Siebenern und anderen finden Sie in Teil III »Leitfaden für Beziehungen«.

Die Sieben als Mitarbeiter

Mit einer Sieben zu arbeiten, kann viel Spaß machen. Siebener lieben den Vorgang des Arbeitens, den gegenseitigen Respekt und das Engagement, zu dem es während eines Projektes kommt. Das Produkt ist vielleicht gar nicht so wichtig wie der Prozeß, weil es am spannendsten ist, zu sehen, welche Richtungen sich aus einer einzigen Idee ergeben. Was Autoritäten sagen oder nicht, mag von zweitrangiger Bedeutung sein. Siebener hören gern Kollegen sagen: »Das war wunderbar. Sie haben eine großartige Arbeit geleistet, und es hat mir wirklich Freude gemacht, mit Ihnen zu arbeiten.« Von seinesgleichen akzeptiert zu werden, ist das, worauf es wirklich ankommt.

Siebener sind Menschen, die sich ihre Anerkennung bei sich selbst holen. Sie sind aus sich selbst heraus motiviert, besonders in den frühen und aufregenden Phasen eines Projektes. Ihre Tendenz, Autorität einzuebnen, erscheint unter Umständen als Schwierigkeit, die Grenzen der Organisation zu verstehen. Es ist relativ leicht, durch die Maschen zu fallen, Autoritäten zu umgehen oder entgegenkommend zu erscheinen, während man in Wirklichkeit die Regeln beugt.

Im Einebnen von Autorität drückt sich der Wunsch der Sieben nach unbegrenzter Freiheit aus. »Einer, der wie ich ist, wird mir nicht sagen, was ich tun soll.« – »Einer wie ich will dasselbe wie ich.« Gleichgesinnte sind die unabhängigen und emotional autonomen Spiegelbilder der Sieben, und sie werden sie nicht daran hindern, das zu tun, was sie wollen.

Siebener lernen ihre Sache schnell. Sie mögen tempogeladene interessante Aufgaben mit vielen Handlungsmöglichkeiten. Sie arbeiten gern nach einem grob skizzierten System, und sie können im Verlauf der Arbeit durch Erfahrung lernen. In Routine und vorhersagbarer Umgebung sind sie tendenziell weniger leistungsstark.

Teamaufbau

Siebener im Team sorgen für kreative Ideen und Interesse an Neuentwicklungen auf ihrem Fachgebiet. Sie halten den Informationsstrom im Gange. Sie sind über mögliche Anwendungsformen neuer Technik und verwandte Interessengebiete auf dem laufenden. Sie sind gern Verbindungsleute zu anderen Gruppen, die an ähnlichen Dingen arbeiten. Siebener sind gute Repräsentanten. Sie können ein Produkt ins rechte Licht rücken und sind aufrichtig daran interessiert, das Wohlwollen anderer zu erlangen.
Sie kommen schnell von der Idee zum Handeln und können Beispiele für nützliche Risikobereitschaft sein. Sie mögen neue Möglichkeiten, neue Richtungen und neuartige Vorgehensweisen. Sie können Möglichkeiten auf eine Weise sehen, wie sie nüchternen Denkern nicht gegeben ist, und sie experimentieren gewöhnlich gern. Sie sind gut für Beratungen mit anderen Bereichen eines Projektes und finden oft raffinierte Möglichkeiten, um augenscheinliche Hindernisse zu umgehen. Zu Schwierigkeiten kommt es üblicherweise, wenn die Sieben auf unhaltbaren Vorgehensweisen besteht und im Hinblick auf Routine starrsinnig wird. Die Schlußphasen eines Projektes können den Ansatz zu mehreren glänzenden neuen Möglichkeiten signalisieren.
Schwierigkeiten mit Teammitgliedern konzentrieren sich normalerweise auf das »unrealistische« Insistieren einer Sieben darauf, daß Möglichkeiten tatsächlich vernünftige Vorgehensweisen seien, sowie auf die Gewohnheit der Sieben, ihre Aufmerksamkeit zwischen mehreren unterschiedlichen Interessen aufzuspalten. Es ist hilfreich, wenn die Sieben sich wohl

genug fühlt, Schwierigkeiten anzusprechen und um Hilfe zu bitten. Daß sich ein Epikureer auf eine Sache ernsthaft einzulassen beginnt, bemerkt man daran, daß er für das kämpft, woran er glaubt, und daß er nicht der Mittelpunkt der Party sein muß.

8. Acht: der Boß

	Tendenz der erworbenen Persönlichkeit	Aspekte der Essenz
geistig	Rache	Wahrheit
emotional	Wollust/Exzeß	Unschuld

	Subtyp-Verhalten	
	sexuell (Zweierbeziehung):	Besitzstreben/ Hingabe
	sozial (Gruppe):	Freundschaften suchen
	selbsterhaltend:	befriedigendes Überleben

Der Blickwinkel der Acht

Weltsicht

Die Welt ist ein ungerechter Ort. Ich verteidige die Unschuldigen.

Spiritueller Weg

Die vorrangige Beschäftigung der Acht mit Gerechtigkeit deutet auf ein Suchen nach *Wahrheit* hin. Würde sich die ungeteilte Wahrheit durchsetzen, bräuchte man keine Kontrolle. Aus spiritueller Sicht sah das Kind, wie Wahrheit verdreht und Unschuld verraten werden konnte. Achter waren einst ebenso unschuldig, verletzbar und schutzlos. Als Kind stellte die Acht fest, daß *Unschuld* als Schwäche aufgefaßt wurde, daß die Starken die Schwachen beherrschten und daß das Gute im Leben denjenigen zufiel, die die Macht übernahmen. Die unvermeidliche Konfrontation nährte die Sehnsucht nach *Rache* und mobilisierte Stärke, Energie und Wollust nach Bedürfnisbefriedigung. Achter verwechseln ihre subjektiven Bedürfnisse mit objektiver Wahrheit. Die Aufrechterhaltung persönlicher Macht wird mit Beschützen verwechselt und ahmt den Dienst an der objektiven Wahrheit nach. Es ist der Versuch eines Kindes, für faire Behandlung zu sorgen und die Verbindung zur ungeteilten Wahrheit der Essenz zu sichern.

Akzente

- Ist besorgt um Gerechtigkeit und fairen Einsatz von Macht. Meidet Schwäche.
- Kontrolliert den eigenen Besitz und persönlichen Raum. Kontrolliert das Territorium.
- Exzeß als Lebenshaltung. Hat leichten Zugang zu Energie und Zorn.
- Lebensgier. Strebt nach Befriedigung. »Wenn etwas gut ist, dann laß es uns holen.«
- Agiert die Wollust/den Exzeß in den drei Zentralbereichen wie folgt aus:
  - durch *Besitzstreben/Hingabe* in sexuellen bzw. Zweierbeziehungen,
  - durch Suche nach *Freundschaft* in sozialen Beziehungen,
  - durch *befriedigendes Überleben* im Bereich der Selbsterhaltung.
- »Entweder wie ich es will, oder gar nicht.« Hat Schwierigkeiten, andere Standpunkte zu begreifen.
- Unduldsamkeit gegenüber Unterschieden tarnt die Angst, benachteiligt zu werden.
- Überlebensgroß – zuviel, zu laut, zu viele.
- Setzt Grenzen. Erlebt andere als Kontrollinstanz und handelt zur Selbstverteidigung.
- Betrachtet Regeln als einschränkend. Testet Grenzen und Folgen aus.
- Verwechselt eigennützige Versionen der Wahrheit mit objektiver Gerechtigkeit.
- Zartere Gefühle und Anlehnungsbedürfnis kommen zum Vorschein, wenn es ungefährlich ist.

- Hat einen Alles-oder-nichts-Aufmerksamkeitsstil, der sich auf Extreme konzentriert. Entweder fair oder unfair, Krieger oder Schwächling. Dazwischen gibt es nichts.
- Dieser Aufmerksamkeitsstil kann zur Leugnung persönlicher Schwäche führen oder
- zur Fähigkeit, Macht angemessen im Dienste anderer auszuüben.

Erworbene Persönlichkeit

Wir alle machen uns die Betrachtungsweise der Acht zu eigen, wenn wir die Wahrheit deutlich erkennen und dann entsprechend handeln. Eine mächtige Kraft und innere Stärke wallt auf, die man nicht verraten kann. Der Verstand hört auf, Fragen zu stellen. Emotionen werden in voranstürmendem Handeln weggefegt. Wir sind bereits in Bewegung, bevor wir wissen, was wir tun werden, und wir hören uns sprechen, bevor wir wissen, was wir sagen werden. Es hat nichts mit Mut zu tun. Wenn die Wahrheit auf dem Spiel steht, können wir uns nicht zurückhalten, selbst wenn wir es wollten.

Achter wurden in ihrer Kindheit wegen ihrer Stärke respektiert. Selbstbehauptung galt mehr als Unterwerfung. Gebraucht wurden Anführer und nicht Regeln. Es schien etwas Natürliches zu sein, für die Wahrheit einzutreten, die Unschuldigen zu verteidigen und gegen Autoritäten, die Unschuldige ausnutzen, mobil zu machen.

Wenn Respekt durch Kraft erlangt wird, lernen Sie, Ihre Gefühle unter Kontrolle zu halten. Sie können nicht gleichzeitig verletzlich und unbesiegbar sein. Sie können sich nicht um die Bedürfnisse anderer kümmern, wenn diese darauf bedacht zu sein scheinen, Ihre Bedürfnisse nicht zur Kenntnis zu nehmen. Sie können sich nicht mit Zärtlichkeit, Furcht oder Bedauern auseinandersetzen, wenn Sie an der Kampffront stehen. Das oberste Ziel ist, das Territorium einzunehmen und als erster am Ziel zu sein.

Wollust entwickelt sich aus einer Kriegsmentalität. Sie wissen, wofür Sie sich einsetzen, Sie wissen, wer gegen Sie ist, und Sie lernen, Energiereserven abzurufen, um Ihre Position zu verteidigen. Da Sie an die Gerechtigkeit Ihrer Sache glauben, testen Sie die Loyalität Ihrer Kameraden und schützen Ihre Grenze, Ihre Vorräte und Ihre Informationen. Sollte sich der Krieg in die Länge ziehen, verschanzen Sie sich in einem kleinen, sicheren Gelände, schonen Ihre Kraft und bereiten sich darauf vor, jederzeit loszuschlagen. Sie entwickeln eine großkalibrige Lebenshaltung. Der Energieschalter ist entweder an- oder ausgeschaltet. Wenn das Leben interessant ist, fließt Energie. Ein überlebensgroßes Verlangen, gesehen, gehört und beachtet zu werden. Ein eskalierendes Bedürfnis, sich sein Teil zu sichern. Ein Drang, noch mehr von allem zu bekommen, was lebenswichtig und gut ist, und es als erster zu erhalten.

Wenn die Dominanzstrategie gut funktioniert, ist es möglich, daß Sie vergessen, wie Sie auf andere wirken. Sie vergessen, um Rat zu fragen, andere zu informieren bzw. ihre Zustimmung einzuholen. Sie wissen nur, was Sie brauchen, und Sie werden alles Verfügbare einsetzen, um es zu bekommen. Sie merken nicht, daß Sie anmaßend bzw. fordernd geworden sind. Sie wissen nur, daß Sie es hassen, wenn Ihnen etwas vorenthalten wird, daß Einwände dumm klingen und daß Hindernisse Nebensache sind. Energie steigt auf, wenn Sie daran denken, daß Sie benachteiligt werden könnten, und sie bringt Ihnen Geschwindigkeit, Schläue und Willensstärke. Wird diese Gewohnheit automatisch, hört die Selbstbeobachtung auf. Die Ergebnisse sind vorhersagbar. Sie bleiben als einziger auf dem Schlachtfeld zurück, wenn der Krieg gewonnen ist.

Achter wachsen dadurch, daß sie ihre Vorstellungen von Gerechtigkeit in Frage stellen, daß sie sich anhören, was die anderen zu sagen haben, und daß sie warten lernen. Sie gewinnen Handlungsfreiheit, wenn Sie sich sicher genug fühlen, um Ihre Position zu lockern, und wenn Sie sich dabei beobachten können, wie Sie die Kontrolle übernehmen, indem Sie das Ganze eskalieren lassen. Achtern wird durch Menschen im Leben geholfen, die ihrer eigenen Version der Wahrheit treu bleiben, die unter Beschuß nicht von der Stelle weichen, die gerecht handeln und die ihre Macht beispielhaft im angemessenen Dienst an anderen einsetzen.

Subtyp-Verhalten

Die Wollust/der Exzeß wird in Zweierbeziehungen, Gruppen und im Bereich der Selbsterhaltung ausagiert.

Besitzstreben/Hingabe in sexuellen bzw. Zweierbeziehungen

Achter leben Wollust in Zweierbeziehungen durch eine besitzergreifende Haltung gegenüber Intimpartnern und Freunden aus. Jeder Aspekt der engen Beziehung muß erforscht werden. Alle Geheimnisse müssen mitgeteilt werden. Achter wollen alles wissen. Sie wollen Ratschläge erteilen, um Rat gefragt werden und an Entscheidungen teilhaben. Sie übernehmen oft das Kommando im Leben eines Menschen, den sie lieben. Achter des sexuellen Subtyps gehören zu den stärksten Energiepunkten im Diagramm. Durch die Verbindung von körperlichem Elan und dem Hang zur Dominanz sind sie zupackend in der Liebe und dominierend im Geschäftsleben. Sie sind schnell dabei, abzuwehren, was sie für Übergriffe auf ihr privates Territorium halten. Von anderen Menschen werden sie als schonungslose Rivalen empfunden.
Ein Teil des Vergnügens bei Zweierbeziehungen liegt für Achter im Kampf um Kontrolle. Das Kämpfen ist das eigentlich Interessante. Siegen kann das Interesse auslöschen. Durch den Kampf um Kontrolle bekommen Beziehungen lebensspendende Energie, und die Acht kann testen, wie stark, ehrlich und fürsorglich ein Partner ist – all dies sind ja wesentliche Aspekte, wenn man sich binden will. Besitz bedeutet Zugang zum Körper, zum Verstand und zum Geist des Intimpartners, wann immer sich die Gelegenheit dazu bietet. Hingabe bedeutet, Loyalität und Zuneigung eines Partners ganz zu besit-

zen und sich gewiß zu sein, daß der andere einen nicht benachteiligen wird. Wenn Sie wissen, welche Absichten ein anderer mit Ihnen hat, ist es endlich ungefährlich, die Kontrolle aufzugeben.

Freundschaften suchen in sozialen Beziehungen

Gute Zeiten werden noch besser, wenn man gute Freunde hat, die nicht wanken und sich ehrenvoll behaupten. Freundschaft ist eine Weise, einander durch erprobte Bündnisse verbunden zu sein. Wenn jemand auf Ihrer Seite steht, können Sie darauf vertrauen, daß er Sie bis zu Ende anhört. Freunde sind ein sicherer Informationskanal. Sie fühlen sich von einem Freund nicht gegängelt, wenn er Sie auf Ihre blinden Flecke aufmerksam macht; er wird Ihre Schwächen nicht ausnutzen und vertrauliche Informationen nicht manipulieren bzw. mißbrauchen. Achter zeigen ihre Gefühle in »geschlossener Gesellschaft«. Sie können unterschiedliche Gesichtspunkte ausprobieren, indem sie die Meinung eines Freundes in Erwägung ziehen. Freundschaft beruht auf gegenseitiger Achtung und gemeinsamen Zielen. Bei Menschen, denen Sie vertrauen, brauchen Sie nicht auf der Hut zu sein.
Achter sind oft Einzelgänger und können als reizbar und aggressiv angesehen werden. Einladungen zu Geselligkeiten und Gruppen von Gleichgesinnten sind ihnen daher besonders liebt. Sie können eine ununterbrochene großangelegte Suche nach Freundschaft veranstalten. Ihre Zeit ist voll ausgebucht, sie nehmen den Volleyballplatz in Beschlag, und sie haben ein legendäres Stehvermögen bei Zechgelagen. Sie lieben Marathon-Gespräche und tiefschürfende Diskussionen über wichtige Themen, die je nach Geschmack von Baseball bis Zen reichen. Die leidenschaftliche Suche nach Freundschaft hat im allgemeinen mit Kameradschaft zu tun. Man kann voll aus sich herausgehen, denn man hat seine Grenzen gegenseitig ausgelotet. Man weiß, daß man Schutz genießen wird, daß alles im Geist der Freundschaft gesagt wird, und man möchte sich seinerseits um die Freunde kümmern. Die

Acht ist großzügig mit Zeit und Aufmerksamkeit, denn bei Freunden ist es ungefährlich, den Ball zurückzuschießen, alles Erdenkliche zu sagen, voll aufzudrehen und die Energie sprudeln zu lassen.

Befriedigendes Überleben im Bereich der Selbsterhaltung

Achter des selbsterhaltenden Subtyps üben Hoheitskontrolle über Raum, persönlichen Besitz und einen ständigen Vorrat an materiellen Annehmlichkeiten des Lebens aus. Es ist wichtig, ein gutes Sicherheitssystem für das Haus zu haben, einen Nachbarschafts-Wachdienst einzurichten, jedes Fenster und jede Tür zu überprüfen, bevor Sie schlafen gehen. So sehen die Kämpfer ums Überleben aus: Sie beschaffen sich einen persönlichen Bunker gegen Eindringlinge, wollen einen Ort haben, den niemand betreten kann, und Besitztümer, die niemand anrühren kann. Zufriedenheit hängt davon ab, die einfachen, unkomplizierten Notwendigkeiten des Lebens zu haben. Gerade genug zu haben, befriedigt am meisten. Die Sicherheit einer vertrauten Umgebung, das Wissen darum, daß Ihr Abendessen, Ihre Katze und das Buch, welches Sie gerade lesen, in Reichweite sind. Sie können sich entspannen, wenn Sie sich körperlich zufrieden fühlen.

Überlebensorientierte hocken sich in kleine, geschützte Räume. Sie fürchten, daß ihnen etwas vorenthalten werden könnte, daß sie Mangel am Notwendigsten leiden und allein im Regen stehen müßten. Sie entwickeln daher ein ausgeklügeltes Versorgungssystem, damit sie niemals Not leiden: Lebensmittelklubs, kompetente Wäschereien und einen Eisenwarenladen, der absolut alles vorrätig hat. Es braucht nichts gehortet zu werden; aber wenn die Überlebensgier sie überfällt, wissen sie genau, wohin sie gehen müssen, um zehn Pizzasorten, interessante Gespräche und einen Filmmarathon zu bekommen. Es macht sogar noch mehr Spaß, wenn Freunde auf dem Weg zum Besuch bei der Acht bei der Videothek vorbeifahren.

Dann kann sich die Acht unterhalten, bis die Pizza gebracht wird und das erste Video läuft.
Die Angst vor der Benachteiligung fördert ein starkes Augenmerk auf das Wohlbefinden. »Wo ist mein Füllfederhalter? Mein Lieblingskochtopf?« – »Wo hab' ich denn bloß meine bequemen Schuhe gelassen?« Ein verlegter Schuh bringt einen aus der Fassung. Das Unbehagen könnte ja eskalieren. Wenn ein anderer die Schuhe weggestellt hat, kann das wie eine Invasion empfunden werden, ein Domino-Effekt, bei dem soviel Unvorhersagbares geschehen könnte. Diesmal waren es die Schuhe. Und was kommt als nächstes? Sie wollen nicht, daß Ihre Schuhe in den Schrank zurückgestellt werden oder Ihre Post sortiert wird, weil bei dem Durcheinander etwas Wichtiges verlorengehen könnte. Zur Sicherung des Wohlbefindens tragen Sie mehrere Lagen Kleidung, falls sich die Temperatur ändern sollte, und Sie sammeln Informationen darüber, wo man essen kann, wenn Sie neues Territorium betreten. Sie holen sich Ihren Reiseplan und die Landkarten und überprüfen dreimal Ihre Fahrkarten und das Hotel, damit Sie nie festsitzen.

Hauptthemen

Unschuld

Unschuld ist ein Wort für eine der Eigenschaften höheren Seins. Es beschreibt ein offenes und ungeschütztes Bewußtsein, das außerhalb der Grenzen der Persönlichkeit liegt. Wenn Kinder Kontakt wollen, gehen sie offen auf das zu, was ihnen gefällt. Sie spüren, was sie brauchen, sie wissen, wieviel sie davon wollen und wann sie genug haben.
Wie alle Kinder befanden sich auch Achter einmal in einem Zustand der Unschuld, vor nichts geschützt und ohne Machtmittel. Sie befanden es schnell für nötig, sich zu verschließen, zu kapieren, was gespielt wird, aggressiv zu sein, ein guter Gegner zu werden und zu lernen, sich zu wehren.

Wut

Wut ist die Emotion der Wahl. Sie ist schnell entflammbar und wird leicht zum Ausdruck gebracht. Es ist schwierig, eine Beziehung zu jemandem zu haben, dem man nicht auf die Zehen treten kann. Jeder, der interessant genug ist, um Sie zu reizen, wird zur Zielscheibe, denn wenn die Energie hochkommt, können unbedeutendste Zwischenfälle Reaktionen auslösen, die es in sich haben. Es dauert Jahre, bis Sie verstehen, wie Sie wirken, bis Sie sehen, was auf der anderen Seite geschieht, wenn die Leute Ihre Wut erleben. Sie fühlen sich erleichtert und freuen sich, die Wahrheit gesagt zu haben, wie Sie sie sehen; jedoch die Auswirkungen auf die anderen sind verheerend. Wenn Sie wütend werden, fühlen Sie sich besser, aber das kann Ihre Partnerschaft ruinieren.
Achter fühlen sich geschlagen, wenn sie nicht sagen können, was sie denken. Es bleibt ihnen im Sinn, und im Geiste schreiben sie Briefe, bis sie ihre Meinung äußern können. Es ist wichtig, die Sache auf den Tisch zu bringen, nicht unbedingt, damit sie siegen, sondern weil sie das Gefühl haben, die Wahrheit aufs Spiel zu setzen, wenn etwas nicht gesagt wird. Sie sind auf der Hut davor, mißbraucht oder ausgenutzt zu werden. Wenn jemand ihnen auf der Autobahn die Vorfahrt nimmt oder im Geschäftsleben ihren Preis unterbietet, nehmen sie das persönlich. Das könnte ja einreißen. Damit muß man sich sofort auseinandersetzen, bevor die Sache außer Kontrolle gerät. Ist die Wut erst einmal zum Ausdruck gebracht, löst sie sich auf. Alles ist gesagt, und Ihre Aufmerksamkeit wendet sich anderem zu. Achter können nach einem Streit gleich wieder zur Freundschaft zurückkehren. »Wo sind denn alle hin?«

Kontrolle

Wenn Sie der Auffassung sind, daß die Wahrheit im Streit zutage tritt, wird es Sie faszinieren, wie die Leute mit Aggressionen umgehen. Sind sie heimtückisch? Verschweigen sie etwas? Zetteln sie hinter Ihrem Rücken etwas an? Sind sie fair? Bestrafen sie? Manipulieren sie? Brechen sie zusammen? All diese Informationen sind lebenswichtig für jemanden, der wissen muß, was passiert, wenn er Macht aufgibt. Wenn Sie die Welt für ungerecht halten, müssen Sie sicher wissen, was Sie zu erwarten haben, bevor Sie in Ihrer Wachsamkeit nachlassen. Achter sind daher weit mehr daran interessiert, vorauszusagen, wie andere sich in einem Streit verhalten, als daran, bei einer Auseinandersetzung zu gewinnen. Sie führen zuweilen einen kleinen »Streßtest« durch, um zu sehen, wie andere unter Druck handeln. Wenn die anderen den Test bestehen, ist Freundschaft mit ihnen ungefährlich.

Grenzen

Eine Acht registriert aggressive Tricks ganz genau. Manipulationen, passive Aggression und das Verschweigen von Informationen kommen ihr genauso aggressiv vor wie ehrliche Wut. Auf versteckte Feindseligkeit reagieren Achter mit direkter Konfrontation. Der sich daraus ergebende Konflikt wirkt auf Leute, die ihre Wut mit anderen Abwehrmechanismen in Grenzen halten, furchterregend. Das führt zu der irrigen Annahme, Achter seien von Natur aus gewalttätig. Die meisten Bosse sind erschüttert, wenn sie erkennen, daß sie körperlich gefährlich wirken. Sie sind perplex, wenn andere Leute zurückzucken, bloß weil sie gerade mal losschreien. »Warum? Ich habe nie jemanden geschlagen!« Indem Achter lernen, ihre Wirkung auf andere abzumildern, können sie Vertrauen aufbauen. Behutsames Vorgehen und eine ruhige Stimme wirken Wunder, weil sie zeigen, daß Wut kontrolliert werden kann. Partner können Achtern helfen, indem sie bereit sind, an deren Taktiken zu appellieren. »Kämpfe fair.« – »Bestrafe nicht.« Setzen Sie Grenzen: »Das tut mir weh.« Vor allem, seien Sie bereit, die Sache zu besprechen. Setzen Sie die Zeit fest. »Ich komme in einer Stunde wieder zurück und rede mit dir.«

Exzeß

Begierde ist das leidenschaftliche Verlangen nach Befriedigung. Wenn Achtern etwas Wünschenswertes in den Kopf kommt, sind sie sich weder der Folgen ihres Redens oder Handelns besonders bewußt, noch nehmen sie die Reaktionen anderer deutlich wahr. Statt dessen geht es ihnen vor allem darum, die Kontrolle über eine Quelle der Befriedigung zu erlangen und möglicher Frustration zuvorzukommen. Ist das Ziel erst einmal gesetzt, erscheinen ihnen Hindernisse gering. Ihre Aufgabe ist es, möglichst schnell zu bekommen, was sie wollen.

Es ist eigentlich schwer, Vergnügen zu empfinden, wenn der Körper zu sehr stimuliert ist. Es kommt zu einer Betäubung des Empfindungsvermögens, verbunden mit einem übermäßigen Begehren. Bosse sind berühmt für ihre hohe Schmerzschwelle und dafür, daß sie die Wirkungen von Alkohol erst verspüren, wenn sie unterm Tisch liegen.

Wenn das Verlangen nach Befriedigung erwacht, scheinen Ersatzmittel langweilig zu sein. Wenn Sie etwas wollen, warum sollten Sie da nicht alles tun, um es zu bekommen? Wenn das Verlangen Sie packt, gibt es keine Grenze, bis Sie über die Grenze hinweg sind und sich wiederfinden, wie Sie nach einem Saufgelage wieder zu sich kommen. Achter sagen oft, bei Exzeß-Attacken fühlten sie sich als Herren der Lage – wenn sie zu schnell fahren, zu viel essen oder extrem hohe Anforderungen an Liebespartner und Freunde stellen. Ein Teil des Vergnügens besteht darin, zu sehen, wie weit man gehen kann, ohne daß es einem etwas ausmacht, wie hart man im Nehmen ist, ohne nachzugeben, wie lange man weitermachen kann, ohne die Anstrengung zu verspüren. Daraus folgt: Wenn Sie Energie zu verbrennen haben und die Kontrolle über Ihre Reaktionen Ihnen ein Gefühl der Macht gibt, werden Sie jede Menge des Guten brauchen, um das Vergnügen tatsächlich zur Wirkung kommen zu lassen.

Selbstvergessenheit

Ein Boß tut kaum je den ersten Schritt. Eigentlich müßte man ja denken, mit all dem Energievorrat und ihrem Einsatz für Gerechtigkeit und Wahrheit würden sie die Initiative ergreifen. Aber Achter reagieren sehr viel eher, als daß sie agieren. Sie stellen eher einen bekannten Standpunkt in Frage, verfeinern ein etabliertes Verfahren oder verbessern eine bestehende Idee. Mit der Neun als Ankerpunkt liegt die Triade 8–9–1 dort, wo das Enneagramm die Selbstvergessenheit ansiedelt. Achter büßen ihre Prioritäten durch exzessives Verhalten ein und benutzen Wut, um zu verteidigen, was sie wollen. Neuner ersetzen ihre eigenen Prioritäten durch das Verschmelzen mit vielen Standpunkten, und sie zeigen ihre Wut indirekt. Einser ersetzen Prioritäten durch »korrektes Tun« und erkennen ihre Wut nur an, wenn sie von ihrem Recht überzeugt sind.

Die emotionalen Bedürfnisse von Achtern stammen oft aus den verborgeneren, empfindsamen Tiefen ihrer Natur. Im Interesse des Überlebens können Achter ihre zarteren Gefühle unterdrücken. Dadurch fällt es ihnen schwer, ihre Bedürfnisse zu erkennen. Sie finden es leicht, eine Meinung zu vertreten, Schutz zu gewähren und für die Gerechtigkeit zu streiten, aber es ist schwierig für sie, sich daran zu erinnern, worauf es wirklich ankommt.

Gerechtigkeit

»Üben Achter Selbstjustiz?« wird oft in Enneagramm-Kursen gefragt. »Sind sie auf Rache aus?« Das Rachemotiv hat damit zu tun, daß die Acht einen Ausgleich herstellen möchte, damit sie sich nicht mißbraucht oder ausgenutzt fühlt. Sie haben vielleicht die erste Runde verloren, aber das Spiel ist noch nicht aus, wenn Sie Revanche suchen. Sie werden es dem anderen wahrscheinlich nicht tatsächlich heimzahlen, aber es ist angenehm zu wissen, daß Sie es tun könnten. Kompromisse zu schließen kann sich anfühlen, als zeige man Schwäche, als biete man seinen Feinden die Kehle dar. Kompromisse erscheinen einem als Aufforderung zu weiterem Mißbrauch. Es ist möglich, Achter durch eine Lösung zu beschwichtigen, bei der sie das Gesicht wahren können und wo auf beiden Seiten der Stolz erhalten bleibt. Drängt man Achter in eine Ecke, wer-

den sie an Rache denken; aber ein ehrenhafter Gegner fordert ihre Vergeltung nicht heraus. Stellen Sie klare Regeln auf, und zeigen Sie die Konsequenzen. Demütigen Sie den Verlierer nicht. Seien Sie fair.
Rache hat eine aktive und eine passive Komponente. Achter, die passive Rache üben, werden möglicherweise Informationen fälschen oder einem Widersacher nützliche Informationen vorenthalten. Der Widersacher braucht nicht zu wissen, daß Rache geübt wurde. Es geht darum, die Rechnung zu begleichen. Aktive Rache betrachten Achter gewöhnlich als eine Form der Gerechtigkeit. »Die haben mich übervorteilt. Die haben unfair gehandelt und sollten bestraft werden.«

Die Dynamik der Veränderungen: Sicherheit und Risiko

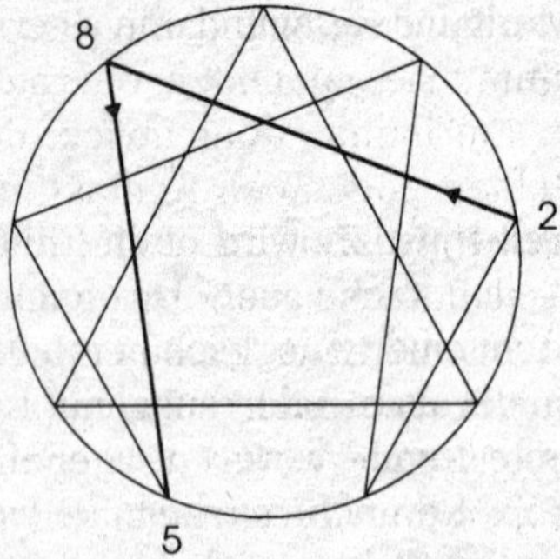

Abb.: Dynamik der Veränderungen für die Acht

Sicherheit

Vertrauen entwickelt sich gewöhnlich durch Konfrontationen zwischen zwei Menschen, und ist Vertrauen erst einmal errungen, lockert sich der Abwehrmechanismus der Acht; dann ist es ungefährlich, auf Menschen zuzugehen, von denen sie akzeptiert wird, und auch ungefährlich, ihre anlehnungsbedürftige Seite zum Vorschein kommen zu lassen. Achter können zutiefst von Menschen angerührt werden, die die Acht so mögen, daß sie auf sie zugehen. Gewöhnt daran, Einzelgänger zu sein, sind sie im Inneren ihres Herzens dankbar, wenn sich jemand zu ihnen hingezogen fühlt. Bosse, die sich geborgen genug fühlen, um zum Verhalten des Gebers überzugehen, wollen behilflich sein. Sie können außerordentlich großzügig, romantisch und aufmerksam sein. Und ganz plötzlich können sie ihre Unterstützung auch wieder zurückziehen. Dieses aggressive Geben und Nehmen zeigt ganz deutlich, wer die Oberhand hat.

Achter sind nach außen hin besitzergreifend und insgeheim sentimental. Für Sex und Aufmerksamkeit treten sie in offenen Wettstreit, ziehen sich aber oft zurück, wenn es ihnen wirklich auf etwas ankommt. Es besteht eine enge Verbindung zwischen Wut und Wollust. Das eigentliche Wutempfinden ist angenehm, kraftvoll und reinigend. Sie wissen, wo sie stehen, ihr Kopf ist klar, und sie empfinden Vertrauen, weil alles gesagt worden ist. Ein intimer Augenblick, der leicht sexuell werden kann. Achter mögen den Kontakt im Kampf, im Sex und beim Abenteuer mit Menschen, die sie lieben. Der Trick ist dabei, den Gesichtskreis groß genug zu machen, um die Aufmerksamkeit einer Acht zu fesseln. Ist eine Sache, der die Aufmerksamkeit gilt, von beiderseitigem Interesse, mildert sich die Überlebensstrategie des Vorgehens gegen andere von selbst zu Kooperation ab. Achter machen aus ihren Intimpartnern Freunde. Ihre Freundschaften überdauern meist die anfängliche sexuelle Anziehung.

Die Plusseite der Zwei manifestiert sich darin, daß die Acht in unterstützender Absicht auf andere zugeht und nicht in einer aggressiven Haltung. Achter auf der Schattenseite der Zwei manipulieren die Zuneigung ihrer Partner durch strategische Großzügigkeit. Das Geben wird dazu benutzt, das Leben eines anderen zu kontrollieren.

Risiko

Bei den ersten Zeichen von Streß verstärken sich die Grundabwehrmechanismen der Acht. Wenn diese Mechanismen im Laufe der Zeit nicht mehr greifen, geht die Acht zu der zurückgezogeneren, reservierten Haltung der Fünf über. Bringt Widerstand keine Ergebnisse, neigt die Acht dazu, sich zu entfernen. Eine verschlossene Tür, sehr wenig Kommunikation und eine Zeit der Introspektion. Wenn die Sache wieder handhabbar wird, tauchen Achter wieder auf, oft ohne Erklärung. Sie verspüren wie Fünfer keine große Lust, über den Inhalt dessen zu sprechen, was sie denken, wenn sie allein sind. Viele Achter sagen, daß sie die Fünfer-Position mögen – stundenlanges Alleinsein, oft mit intellektuellen Dingen beschäftigt. Manche Achter könnten ohne weiteres für eine Fünf gehalten werden, und zwar einfach deshalb, weil sie nicht in das Klischee des extrovertierten, herzhaften Bosses passen. Sie sehen eher wie zurückhaltende Intellektuelle aus, die lieber allein gelassen werden möchten.

Auf der Plusseite der Fünfer-Position steht Selbstwahrnehmung: Achter, die sich selbst und andere beobachten und Ausschau nach versteckten Motiven und Bedeutungen in ihrem Tun halten. Selbstbeobachtende Achter sind sehr stark, weil sie ihre Erkenntnisse in realen Situationen testen können. Da sie kontaktfreudig sind, haben sie den Vorteil, daß sie mit anderen so verkehren, wie die meisten Fünfer das nicht tun. Auf der Minusseite der Fünfer-Position finden wir ganz einfach psychische Verleugnung, die physisch ausagiert wird. Sendeschluß. Viel An-die-Wand-Starren ohne Einsichten. Warten auf das Ende des Tiefs, bis es nicht mehr so riskant ist.

Die Acht in der Liebe

Leben mit einer Acht

- Eine Acht mag Partner, die unabhängig und stark sind. Sie hat Spaß am Streiten, an Sex und an Abenteuern als Möglichkeiten der Kontaktherstellung. Da eine Acht in der Sexualität tiefe Freude erlebt, ist sie bereit, es ihren Partnern an Intensität gleichzutun.
- Ihre Lebensgier und ihr Verlangen nach Anregung bedeuten spätes Aufbleiben, kernige Vergnügungen und Gelage. Zuviel, zu laut, zu viele Leute. Wenn etwas gut ist, will sie mehr davon.
- Die Neigung der Acht zum Exzeß, zum Alles-oder-Nichts, nur Arbeit und kein Spiel oder nur Spiel und keine Arbeit, könnte den Partner mit der Aufgabe belasten, die verschiedenen Lebensbereiche im Gleichgewicht halten zu müssen.
- Durch Zeiten strenger Herrschaft, auf die Ungehorsam folgt, demonstriert die Acht Macht. Erst macht sie die Regeln, dann verletzt sie sie, um den Reiz zu erhalten, wenn Langeweile einsetzt.
- Sie braucht Kontrolle und wird daher versuchen, die Absichten des anderen vorauszusehen.
- Ihre Angst vor dem Kontrolliertwerden verschiebt sich auf die territoriale Kontrolle von Zeitplänen, persönlichem Eigentum und physischem Raum.
- Da eine Acht Zweideutigkeit oder mangelnde Information nicht ausstehen kann, werden kleine Versehen des Partners/der Partnerin möglicherweise als Vertrauensbruch empfunden. Die Acht könnte das Gefühl haben, daß man ihre Optionen ignoriert oder sie nicht an der Entscheidungsfindung beteiligt hat.
- Wenn sie von zarteren Gefühlen berührt wird, kann eine Acht Gefühle leugnen, indem sie sich zurückzieht, Langeweile vorschützt oder sich selbst zurückliegender Missetaten beschuldigt.
- Eine Acht läßt sich selten von anderen kränken. Wird sie

emotional verletzt, will sie die Umstände manipulieren, um sich zu rächen. Rachegedanken werden ihrem Gefühl der Verletzlichkeit zuvorkommen.
- Partner werden feststellen, daß eine Acht in Schwierigkeiten ein Stützpunkt ist und in gefährlichen Zeiten einen starken Rückhalt bietet.

Intimbeziehungen

Einer Acht geht es vor allem um persönliche Freiheit. Achter hassen es, sich kontrolliert zu fühlen. Sie sind bereits durch zu viele Vorschriften, zu viele Bürokraten und zu viele hirnrissige Autofahrer auf der Straße belastet. Der Verkehr ist ein kleines Beispiel für die innere Lage der Achter. Wenn die Energie fließt, wollen sie sich zwischen den Autos hindurchschlängeln und die Autobahn entlangbrausen. Aber damit ist es nichts – sie sitzen angeschnallt in einem geistlosen Sumpf fest.
Viel von ihrem scheinbar herrschsüchtigen Verhalten dient in Wirklichkeit dazu, sicherzustellen, daß niemand sie beherrscht. Sie fürchten, daß jemand, der Macht hat, seinen Vorteil ausnutzt. Daher wollen Achter nicht ignoriert und nicht zum Gehorsam gezwungen werden. In Beziehungen legen sie außerordentlich großen Wert auf Unabhängigkeit. Achter können bis zum Umfallen arbeiten, um für jemanden zu sorgen, den sie lieben, besonders wenn ihnen nicht gesagt wird, daß sie es tun sollen. Aber es gesagt zu bekommen oder Liebe nur unter der Bedingung von Wohlverhalten zu bekommen, löst ihren Widerstand aus. Regeln sind da, um gebrochen zu werden. Selbst Regeln, die ihren eigenen Interessen dienen, sind schwer zu befolgen, weil Kontrolle sich immer wie Zwang anfühlt. Überzeugt, durch Abhängigkeit machtlos zu werden, können Achter zarte Gefühle leugnen. Sie mißverstehen Zärtlichkeit unter Umständen als Abhängigkeit. Sex kann sie bewegen, ohne Nähe auszudrücken. Kompromißbereitschaft kann als Schwäche angesehen und Akzeptanz mit Furcht gleichgesetzt werden. Zartere Gefühle sind ein echter Nachteil, wenn man glaubt, dadurch Manipulationen ausge-

setzt zu sein und die Kontrolle zu verlieren. Achter sind extrem direkt. Man weiß, was sie wollen, denn sie sagen es einem, und man weiß, was sie mögen, denn sie laden einen zum Mitmachen ein. Zufriedene Achter bringen die Party mit. Sie sind großzügig mit Zeit, Gespräch und Energie und haben ein ziemliches Stehvermögen. Sie nehmen automatisch an, daß andere auch soviel Energie haben und sich ebenso gern vergnügen. »Das sieht gut aus, das wollen wir haben.« »Das ist gut, das machen wir noch einmal.« Durch diese aggressive Lust auf Befriedigung entsteht die Illusion von Verfügungsmacht. Wenn man etwas Gutes erst einmal kennengelernt hat, kommt es einem vor, als könne man damit immer weitermachen, und dann neigt man dazu, subtilere Dinge zu vergessen. Achter sind auch Bauchtypen, die ihren eigenen Interessen entsprechend fühlen und handeln und sich oft nicht um die Folgen kümmern. Sie reagieren auf ihre eigenen Bedürfnisse. »Handelt nicht jeder in seinem eigenen Interesse?« »Die Menschen sollten sich um sich selbst kümmern.« Man muß Achter freiheraus in Frage stellen, weil sie das mit ihren Motiven selten tun. Da sie auf ihre eigenen Ziele konzentriert sind, wissen sie möglicherweise nichts von den Gefühlen der anderen. Sie können unbeabsichtigt selbstsüchtig sein, einfach deshalb, weil ihr Denken ihren eigenen Zielen gilt und sie sich wenig um die Reaktionen anderer kümmern.

Gelangweilte Achter sind anstrengend. Sie lassen sich keinen langweiligen Abend gefallen, können nicht durch Charme zum Mitmachen überredet und auch nicht bestochen werden, brav zu sein. Seien Sie darauf gefaßt. Es kann passieren, daß der Abend sich von eisigem Schweigen zu Geschichten weiterentwickelt, durch welche die Gäste polarisiert werden. Achter geben Ihnen öffentlich einen Wink, hängen herum, gähnen und zeigen auf die Uhr. »Können wir nicht langsam gehen?« Die Lösung liegt im Unabhängigsein. Man kann Achter nicht mitschleifen, aber wenn die Möglichkeit offensteht, machen Achter mit, wann sie wollen. Tun Sie Ihres. Beziehungen zu Achtern müssen Konfrontation in sich einschließen. Achter müssen testen, was sich andere alles gefallen lassen, müssen wissen, ob es ungefährlich ist, die Kontrolle aufzugeben. Sie können über Trivialitäten wütend werden, denn Konflikte sind oft Machtproben. Durch Streit kann man sich näherkommen. Bist du fair? Bist du ehrlich? Gibst du nach, oder hältst du dagegen? Diese Fragen sind von großem Interesse für jemanden, der Angst vor emotionaler Abhängigkeit hat. Achter können ihre Beziehungen durch Konflikte, Unternehmungen, Abenteuer oder Sex beleben. Nur mit zarteren Gefühlen haben sie keine Erfahrung. Genauso wie die Zweier reagieren sie in Beziehungen empfindlich auf Ablehnung. Hilfe beim Umgang mit zarteren Gefühlen können sie durch Menschen in ihrem Leben bekommen, die ihnen etwas bedeuten, die unumwunden ehrlich sind, die in Auseinandersetzungen fest bleiben, die nicht manipulieren, die ihnen keine Informationen vorenthalten und die ihre Liebe nicht von gutem Benehmen abhängig machen.

Die Signale der Acht

Positive Signale

Eine Acht kann ihren Lieben unglaubliche Unterstützung gewähren. Sie will den anderen aufbauen, will testen und Vertrauen entwickeln, so weit, daß Sie ein Teil ihres Lebens werden. Sie bringen Aufregung und Intensität in eine Beziehung. Sie wollen anderen Zugang zur Lebenskraft eröffnen und zu den Quellen der Energie. Sie stellen Kontakt her und wollen das Reich des Vergnügens und der Befriedigung erkunden. Sie sind mutig, entschlossen und ausdauernd, gerechtigkeitsliebend, ehrlich, geradeheraus und bescheiden. Eine Acht ist keine Mogelpackung.

Negative Signale

Achter verteidigen ihr exzessives Verhalten durch Leugnung und Wut, oft mit Gegenanschuldigungen an Menschen, die ihnen etwas bedeuten. »Ich bin nicht herrschsüchtig. Aber du.« – »Ich mache keinen Ärger, sondern du.« Es kann geschehen, daß Achter durch Einschüchterung und Aufdringlichkeit das Heft an sich reißen. Sie können Grenzen übertreten, wenn ihr irregeleiteter Gerechtigkeitssinn zu Verletzungen von Rechten und Eigentum führt. Achter können Menschen strafen, die sie lieben, und wenn die Verleugnung aufhört, bestrafen sie gnadenlos auch sich selbst. Schuldgefühle wenden sich nach innen, wenn sie sehen, welche Rolle sie selbst bei ihren Schwierigkeiten spielen.

Gemischte Botschaften

Ein Boß kann den Eindruck erwecken, daß zwei Seelen in seiner Brust wohnen: eine rauhe Schale mit einem weichen Kern. Die Querverstrebung im Diagramm zwischen Acht und Zwei verweist auf den Konflikt zwischen dem Vorgehen gegen andere und dem Wunsch, auf sie zugehen zu wollen. Ein emotionaler Geber wird von einem dominanten Boß geschützt.

In Beziehungen wollen Achter die Menschen schützen, die sie lieben; sie müssen sich auch selbst gegen ihre zarten Gefühle schützen. Es wirkt bedrohlich, anderen Vertrauen entgegenzubringen, abhängig zu werden und sich Gedanken darüber zu machen, was andere denken. Die Unduldsamkeit gegenüber Schwäche stützt das zwanghafte Bedürfnis, Ungerechtigkeiten wiedergutzumachen, Menschen in Schutz zu nehmen, denen ihre Liebe gilt, und Rechnungen zu begleichen. Ihre Partner in Liebe und Arbeit sind oft verwirrt. »Bist du liebevoll, oder bist du zornig?« – »Stehst du zu mir, oder bist du gegen mich?« Die Wahrheit ist – beides trifft zu.

Achter können ausgesprochen offen und empfindsam gegenüber anderen sein, wenn die Verleugnung zarter Gefühle aufhört. Da sie jedoch leicht erschrecken und wieder argwöhnisch werden, können sie gegenüber denselben Menschen strafwütig und lieblos sein, wenn auch nur der geringste Hinweis vorliegt, daß sie übervorteilt werden.

Innere Signale

Genauso wie bei der Neun folgt die Energie der Acht dem Trägheitsgesetz, d. h. ein in Ruhe befindlicher Körper neigt dazu, in Ruhe zu bleiben, und ein in Bewegung befindlicher Körper neigt dazu, in Bewegung zu bleiben. Das Trägheitsgesetz ist für eine Acht ein Alles-oder-nichts-Phänomen. Der Schalter steht auf »ein« oder »aus«. Wenn ein physisches Warnsignal einsetzt, fällt es Achtern schwer, zwischen Handeln und Wut zu unterscheiden, und es ist ihnen fast unmöglich, innezuhalten und ihre eigene Gewißheit in Frage zu stellen. Es erscheint ihnen nicht gewaltsam, unverzüglich zu handeln. Nichts zu tun wäre dumm.

In ihrer Angst vor Benachteiligung neigen Achter dazu, voreilig zu handeln. Sie können Zweideutigkeiten, gemischte Botschaften oder unklare Beklommenheitsgefühle praktisch nicht ertragen. Bei Unbehagen wird sofort danach gesucht, woher es rührt. Die aufkommenden Signale sind Zorn und Schuldzuweisung. Die Gedanken sagen: »Ich fühle mich unwohl. Wer ist dafür verantwortlich?« Die Gefühle sagen: »Warum sollte ich mich unwohl fühlen müssen? Das wäre unfair.«

Ohne sich dessen bewußt zu sein, werden Achter provokant, wenn sie herauszubekommen versuchen, warum sie sich bedroht fühlen. Die Gedanken sagen: »Was verbirgst du vor mir? Was denkst du? Ich werde dich mal auf die Probe stellen!« Durch Streit sinkt die Spannung unverzüglich. Energie wird entladen, das Unbehagen schwindet, und der Geist kann sich ausruhen. Die Nachwirkungen sind geradezu schockierend. Achter glauben, die Spannung geklärt zu haben, sehen sich aber nun den Folgen gegenüber.

Die innere Aufgabe besteht darin, Vorwürfe gegen andere als Signal für die eigene Verletzbarkeit zu erkennen. Vorwürfe zu machen fühlt sich stark und sicher an, ist das Gegenteil von Schwäche oder Zweifeln. Die Gedanken sagen: »Gib zu, was du getan hast. Steh dazu, und wir können weiter Freunde bleiben.« Die Gefühle sagen: »Zeig dich stark. Das könnte eskalieren. Zeig nicht deine Kehle.« Es erscheint Achtern instinktwidrig, Überlegungen anzustellen wie »Ich gehe vielleicht von einer falschen Vermutung aus. Sei nicht voreilig in deinem Handeln. Es ist ungefährlich, noch zu warten.« Reife ist notwendig, damit Achter in ihrem Druck nachlassen und ihre Annahmen in Frage stellen, wenn der Verstand beginnt, Vorwürfe zu machen.

Die Acht in der Arbeit

Am Arbeitsplatz

- Kontrolliert die Hierarchie im Büro. Setzt Grenzen, um sich zu schützen. Wer trägt die Verantwortung? Ist die Leitung fair?
- Kann Kompromisse als Schwäche ansehen.
- Übernimmt die Führung. Die Aufmerksamkeit richtet sich auf diejenigen, die starke Bewerber um die Kontrolle des Projektes, der Firma oder der Loyalität der Gefolgschaft sind. Respektiert eine ehrliche Führung. Mag würdige Gegner.
- Die Acht polarisiert andere unbewußt in Fraktionen. Will wissen, wo jeder steht. Provoziert, um klare Antworten zu bekommen.
- Ist um Gerechtigkeit und Schutz besorgt.
- Wut ist direkt. Keine heimlichen Vorhaben. Ist nicht nachtragend, wenn Wut zum Ausdruck gebracht wird.
- »Entweder geht's, wie ich es will, oder wir legen die Sache still.« Betrachtet die eigene Meinung als die richtige Einstellung.
- Macht solche Regeln geltend, die seine/ihre Vorteile sichern. Unterläuft Regeln, die das nicht tun.
- Die Acht verlangt, voll informiert zu werden. Veränderungen in Details können die Besorgnis auslösen, manipuliert zu werden.

Acht und Drei sind die dominierenden Stile im amerikanischen Geschäftsleben. Achter sind direkt und bestimmt. Sie sind innen wie außen. Sehr gefragt als Bahnbrecher, sind sie in den Vorwärtsphasen von Operationen hoch geschätzt. Wir alle stellen uns hinter Bosse, wenn wir einen Schlachtplan brauchen, insbesondere in Zeiten der Expansion. Wir wollen, daß sie den Sturmangriff beim Umschwung eines Unternehmens anführen, daß sie die Truppen zur Übernahme der Geschäftsleitung sammeln und den Gegner so hart treffen, wie sie können. Hoch effektiv, wenn die Gefühle polarisiert sind, können Achter ihre nachgiebige Seite so lange verleugnen, bis die Arbeit getan ist. Gewappnet gegen die Wut ihrer Opponenten, können sie Folgen in Form von realem Schaden eher kalkulieren als den Schaden an zerbrechlichen Egos. Sicher in ihrer Führungsrolle, können sie dynamische Figuren des öffentlichen Lebens sein. Macht zentralisieren sie lieber, anstatt sie zu delegieren. Üblicherweise gibt es einen Plan zur Reorganisation von oben nach unten, der die Entfernung von Ballast, Heuern und Feuern sowie eine allgemeine Machtdemonstration enthält. Im allgemeinen stellen sie sich dann vor eine »handverlesene« Gruppe »meiner Leute«.
In Konsolidierungsphasen sind Bosse als Führungskräfte vielleicht nicht so effektiv. Tägliches Management ist weit weniger aufregend als offener Wettstreit, und die Energie, die in Notfällen so effektiv zum Einsatz kommt, kann dazu führen, daß die Acht Ärger macht. Ohne eine konstruktive Betätigungsmöglichkeit können Achter als Führungskräfte das Interesse verlieren. Am besten, man lenkt ihre Aufmerksamkeit wieder neu auf nützliche Projekte, bevor es Schwierigkeiten gibt. Vollblut-Achter, die jede Menge Energie haben, messen kleinen Vorfällen oft große Bedeutung bei. Sie können bei geringfügigen Verstößen zornig werden und sich in Geschäftsangelegenheiten einmischen. Der emotionale Treibstoff, der sie zur Macht gebracht hat, muß ja irgendwohin, und er wird

aller Wahrscheinlichkeit nach in Trivialitäten abreagiert. Wenn Achter Wut am falschen Ort ausleben, können unbedeutende Vorkommnisse riesige Ausmaße annehmen, und kleine Verfahrensfragen können einen regelrechten Krieg auslösen.

Selbstoffenbarung ist der Schlüssel zur Zusammenarbeit mit Achtern. Sie müssen der Meinung der Acht nicht zustimmen, aber Sie müssen sagen, was Sie denken. Entschärfen oder frisieren Sie Informationen nicht aus Angst vor scharfen Gegenreaktionen. Verschweigen Sie nichts. Handeln Sie nicht eigenmächtig. Fragen Sie um Rat, wenn Sie im Zweifel sind. Ständiges Berichterstatten ist sehr wichtig, um ein Vertrauensverhältnis mit Achtern aufzubauen. Es ist durchaus in Ordnung, einer Acht als Führungskraft schlechte Nachrichten zu bringen. Mit denen kann sie umgehen; aber keine Nachrichten sind der Tod. In ihrer Angst vor Benachteiligung sind Achter ohne weiteres in der Lage, schon in einem unabsichtlichen Versehen Anzeichen von Verrat zu erkennen.

Bosse hassen es, durch mangelnde Informiertheit Angriffsflächen zu bieten. Sie werden sich durch Verfahrenspannen betrogen fühlen. »Ist das nur die Spitze des Eisberges?« – »Ich will die Fakten.« Vorwürfe sind die erste Verteidigungsmaßnahme. »Wer ist dafür verantwortlich?« – »Ich verlange einen Bericht.« Vorwürfe werden leicht zur Geringschätzung. Wenn Sie nichts tun, sieht das so aus, als gäben Sie Ihre Schuld zu. Bosse wollen sicher sein, daß sich das Problem nicht auswächst. Wenn Sie beschuldigt werden, nehmen Sie die Bürde der Verantwortung auf sich. Ein Boß wird wissen wollen, wie Sie sich unter Beschuß verhalten. Kümmern Sie sich um Belege für Ihre Position. Achter überprüfen ganz bestimmt Details. Kommen Sie nicht mit Ausreden oder Schuldzuweisungen. Setzen Sie sich dem Scheinwerferlicht aus. Legen Sie Ihre Erklärung auf den Tisch. Definieren Sie den Umfang des Problems, damit die Acht weiß, daß es sich nicht ausweitet. Tragen Sie Ihre Empfehlungen vor und fügen Sie noch ein System von Direktberichten hin-

zu, damit die Acht persönlich prüfen kann, ob die Sache vorangeht.
Achter haben Schwierigkeiten mit dem Delegieren, und wenn sie's schon tun, dann wachen sie mit Adleraugen über die Ergebnisse. Delegieren ist schwer, weil Bosse Kontrolle wollen. Vielleicht wissen Sie nicht, daß Sie getestet werden, wenn die Acht Sie beim Arbeiten beobachtet. Wenn Sie einen Teil gut machen, kommt vielleicht gleich der nächste nach. Die Acht wird beobachten, wie Sie mit allen Teilen umzugehen verstehen, bevor sie Ihnen Macht in die Hand gibt.
Keine Nachrichten sind gute Nachrichten. Sie erfahren unverzüglich, wenn es Probleme gibt. Keine Nachrichten bedeuten, daß Sie auf Kurs bleiben sollen. Achter sind sparsam mit Komplimenten und Lob. Eine Stichprobe, nach der keine Nachricht kommt, bedeutet, Sie können mit Volldampf weitermachen. Sie könnten ein sehr wichtiges Ziel erreicht haben und weitermachen, ohne sich bewußt zu werden, daß Sie Erfolg hatten. Die gute Nachricht erfahren Sie dann wahrscheinlich aus zweiter Hand. Beifall kommt spärlich. »Wir kommen voran« könnte bedeuten: »Das war ein Volltreffer.«

Konflikte

Unfair und ungerecht sind Wörter mit Signalwirkung. Man muß den Unterschied erkennen zwischen rein persönlicher Unzufriedenheit und dem Zorn einer Acht als frühem Warnzeichen für weitverbreitete Unzufriedenheit in der Firma. Achter müssen aktiv werden, wenn sie sich bedroht fühlen. Sie werden oft als Störenfriede empfunden, wenn sie sich in Wirklichkeit für die Belange anderer stark machen. Achter äußern oft die Unzufriedenheit von Leuten, die nicht an die Öffentlichkeit gehen wollen, und werden zuweilen in ganz unfairer Weise als Miesmacher abgestempelt. Da sie wenig daran interessiert sind, Dinge feinfühlig vorzubringen, kann es geschehen, daß sie als aggressive Nörgler angesehen werden, was dann oft der Glaubwürdigkeit der Probleme schadet, die sie aufs Tapet bringen.

Zweideutigkeiten und gemischte Botschaften sind für Achter ein rotes Tuch. Sie drängen auf Klarheit und werden nicht ruhen, bis sie sie bekommen. Der klassische Konflikt betrifft die Kampftechnik. Achter kämpfen, um zu siegen. Wittern sie Zweideutigkeiten oder Betrug, können sie zum Rufmord übergehen. Wozu Ziele diskutieren, wenn man es mit Schwächlingen und Lügnern zu tun hat? Eine verärgerte Acht wird über Ihren Kopf hinweg etwas tun und jede Einflußmöglichkeit manipulieren. »An wen geht Ihr Bericht?« – »Wie ist der Beschwerdeweg? Wen kennen Sie, den ich auch kenne? Die werde ich darüber informieren!« Achter bauschen eine Sache noch auf, während Sie erwarten, daß sie nachgeben würden. Kompromisse kommen ihnen wie Kapitulationen vor. Mediation ist etwas für Waschlappen. Sie wollen klare Belohnungen und Strafen, und sie werden wahrscheinlich bis zum äußersten gehen, um zu sehen, ob Sie die Konsequenzen ziehen. »Es sieht so aus, als hätte ich verloren, aber man hat mir Zugeständnisse gemacht«, ist ein Schlüsselsatz.

Konfliktlösung

Hinweise für die Vermittlung zwischen Achtern und anderen finden Sie in Teil III »Leitfaden für Beziehungen«.

Die Acht als Mitarbeiter

Die Acht ist eigentlich der Boß, selbst wenn Sie zu bestimmen haben, und dieses Anspruchsdenken festigt oder ruiniert ihre Beziehungen. Gereifte Achter sind Führernaturen, aber ihre unreifen Gegenstücke sind eine Katastrophe am Arbeitsplatz. Das Hauptaugenmerk liegt auf der Machtstruktur. Wer hat das Sagen, und ist dieser Mensch fair? Ausgesprochen praxisbezogen in ihrer Herangehensweise, stehen Achter mit beiden Beinen in der Wirklichkeit und betrachten alles unter den Gesichtspunkten von Lebensunterhalt, Sicherheit und Nutzen. Für Zeit und Mühen wollen sie ein faires Entgelt, und sie sind bereit, Systeme, die sie für fair halten, tatkräftig zu unterstützen. Eine reife Acht organisiert den Schutz für die Unschuldigen der Firma, und dadurch entsteht oft gute Kommunikation mit der Leitung. Dasselbe Manöver kann aber auch zu einer Bühne für persönliche Machtdemonstration werden. Unreife Achter sind antiautoritär. Sie führen durch Einschüchterung und konzentrieren sich auf Ungleichheiten in Status, Geld und Macht. Ihr Dominanzstreben erzeugt Gegendruck, und das führt zu möglichen Schwierigkeiten mit Autoritäten. Sie haben die Illusion, unbesiegbar zu sein. Junge Achter neigen zu Exzessen und Raubbau an sich selbst, was sich am Arbeitsplatz als Leugnung ihrer physischen Grenzen ausdrücken kann. Das führt möglicherweise zur Erschöpfung oder zu Schäden. Selbstschädigendes Verhalten kann ihre Leistungsfähigkeit beeinträchtigen. Rechnen Sie bei übelgelaunten Angestellten nicht auf Mitarbeit. Sie werden das System zu ihrem eigenen Vorteil arbeiten lassen und alle Mittel einsetzen: Bummelstreiks, demonstratives Verlassen des Arbeitsplatzes, Petitionen und Streiks. Verhalten Sie sich bei widerspenstigen Achtern nicht doppeldeutig. Um respektiert zu werden, müssen Sie Grenzen setzen und Strafen anwenden. Die Acht ist eine Position im Enneagramm, wo Grenzen und Strafen zu besserer Mitarbeit führen können.

Teamaufbau

Ein Boß kann ein großartiger Spieler sein. Achter sind hingebungsvolle Wettkämpfer und arbeiten bis zum Umfallen, wenn sie interessiert sind. Sie nehmen Schwierigkeiten auf sich, statt ihnen aus dem Weg zu gehen, und sie bringen es oft einfach kraft ihrer persönlichen Präsenz zu Schlüsselpositionen. Achter können Besprechungen einfach nicht ausstehen. »Wieder ein Formular, das wir ausfüllen sollen?« »Holt doch diese Verwaltungsleute aus ihren Sesseln! Laßt die für ihr Geld arbeiten!« Achter kontrollieren Details, wenn sie spüren, daß sie über die größeren Probleme keine Kontrolle haben. Sagen Sie, worum es Ihnen geht, geben Sie Ihre Meinung bekannt, und gehen Sie. Paradoxerweise können Achter schrecklich gekränkt sein, wenn sie bei gesellschaftlichen Ereignissen ausgeschlossen werden. Sie kommen vielleicht nicht, aber eingeladen werden müssen sie. Die zwischenmenschlichen Beziehungen unter Teammitgliedern sind ihnen sehr wichtig. Der einfachste Weg ist ein allwöchentliches Gott-sei-dank-es-ist-Freitag-Mittagessen. Etwas, worauf man sich freuen kann. Für Achter ist Freundschaft gleichbedeutend mit Sicherheit.

Geben Sie der Acht einen abgesteckten Bereich, in dem sie was zu bestimmen hat. Achter sind eher Einzelgänger als Teamarbeiter, und sie übernehmen das Kommando, ohne es zu merken. Sie machen weiter, bis jemand Stop sagt. Setzen Sie klare Grenzen für die Zuständigkeiten. Achter sind bereit zur Zusammenarbeit, wenn ihre Einflußsphäre nicht bedroht wird, aber sie sind sehr revierorientiert, wenn sie Raum, Geräte oder Informationen mit anderen teilen müssen. Sie werden sich an die Beratungen und den ständigen Informationsfluß eines Teams anpassen müssen. Achter in Aktion steuern nach einem vorher festgelegten Handlungsplan auf das Ziel zu. Sie gehen nicht so leicht vom Kurs ab, wenn sie erst einmal in Bewegung sind. Sie schlagen geradewegs los und kümmern sich sehr wenig um neue Entwicklungen, wenn der Plan erst einmal konzipiert ist.

Um sie zur Kooperation zu bewegen, muß man deutlich Ziele und Anreize nennen und sagen, wer die Ehre einsteckt. Achter eignen sich ausgezeichnet für Nebenrollen, wenn fair gespielt wird. Benachteiligen Sie sie nicht bzw. verlangen Sie nicht von ihnen, daß sie sich beweisen.

Achter können den Eindruck erwecken, als hätten sie an einer Idee großes Interesse, während sie in Wirklichkeit nur laut darüber nachdenken. Sie mögen lautstarke Diskussionen; das kann den Eindruck erwecken, als seien sie streitsüchtig. Typen, die sich vor Wut durch Rückzug schützen, geben wahrscheinlich klein bei, oder – schlimmer noch – sie kommunizieren hinter dem Rücken der Acht. Aufrichtig interessierte Achter haben eine Art der Hilfsbereitschaft, die ihre Verletzbarkeit überdeckt. Sie schubsen und drängeln. Wenn sie Interesse ausdrücken, ist das ein sehr gutes Zeichen. Achter werden keine Begeisterung zeigen, wenn sie nicht innerlich beteiligt sind.

9. Neun: der Vermittler

	Tendenz der erworbenen Persönlichkeit	Aspekte der Essenz
geistig	Gleichgültigkeit/ Selbstvergessenheit	Liebe
emotional	Trägheit/Faulheit	tatkräftiges Handeln

	Subtyp-Verhalten	
	sexuell (Zweierbeziehung):	Vereinigung
	sozial (Gruppe):	Teilnahme
	selbsterhaltend:	Appetit

Der Blickwinkel der Neun

Weltsicht

Die Welt wird meine Bemühungen nicht zu schätzen wissen. Gemütlich bleiben. Frieden halten.

Spiritueller Weg

Babys »sind« insofern Essenz, als ihr Gewahrsein von *Liebe* bzw. bedingungsloser Freude am reinen Sein durchdrungen ist. Als sich die Persönlichkeit bildete, wandte sich die Aufmerksamkeit Annehmlichkeiten des Augenblicks zu, und das Kind wurde *gleichgültig, selbstvergessen*, vergaß die immerwährende Freude der Essenz. *Trägheit* ist übermäßige Anpassung, ist der Wunsch, sich weiterhin wohl zu fühlen und ungestört zu bleiben. Es erscheint der Neun angenehmer, sich anderen anzuschließen, als sich ihnen entgegenzustellen. Trägheit bedeutet, nicht den Anfang zu machen und in den wesentlichen Aspekten des Lebens nicht *tatkräftig zu handeln*. Neuner gehen Konflikten aus dem Wege und verschmelzen mit dem Willen anderer. Auf diese Weise ahmen sie das Wohlgefühl des Einsseins mit der Umwelt und allen Wesen nach.

Akzente

- Die Neun pflegt die Behaglichkeit der Neutralität. Geht Zorn und Konflikten aus dem Wege.
- Ersetzt wesentliche Bedürfnisse durch unwesentliche.
- Ambivalente Haltung gegenüber persönlichen Entscheidungen. »Bin ich derselben Meinung oder nicht?« Sieht alle Seiten einer Sache. Persönliche Entscheidungen fallen schwer. Entscheidungen fallen leicht, wenn sie nicht an Persönliches gebunden sind, wie z.B. in Notfällen oder bei politischen Meinungen.
- Die Neun schiebt schwerwiegende Entscheidungen auf und wiederholt lieber vertraute Lösungen. Handelt gewohnheitsmäßig. »Es scheint ja noch endlos Zeit zu sein. Warum also jetzt handeln?«
- Untätigkeit oder Trägheit. Schließt sich anderen an. Befolgt das Programm. Tut sich schwer damit, den Anstoß zu Veränderungen zu geben. Es ist leichter, zu wissen, was man nicht will, als zu wissen, was man will.
- Die Neun agiert die Trägheit/Faulheit in den drei Zentralbereichen wie folgt aus:
  - durch *Vereinigung* als Wunsch des Verschmelzenwollens in Zweierbeziehungen,
  - durch *Teilnahme* an gesellschaftlichen Gruppen und Organisationen. Mitgliedschaft.
  - durch *Appetit*, Neigung zu materiellen Interessen.
- Kann nicht nein sagen. Hat Schwierigkeiten, sich von anderen zu trennen und derjenige zu sein, der geht.
- Hält physische Energie und Zorn zurück. Lenkt die Energie auf Nebensächliches. Hat eine verzögerte Reaktionszeit für Zorn. Passive Aggression. Zorn wird mit Trennung gleichgesetzt.
- Die Neun kontrolliert durch Stursein. Wartet ab.
- Die Aufmerksamkeit ist auf die Vorhaben und Absichten anderer gerichtet. Dieser Aufmerksamkeitsstil führt zu
  - Schwierigkeiten, einen persönlichen Standpunkt zu finden, entwickelt aber auch

– die Fähigkeit, zu erkennen und zu unterstützen, was im Leben anderer wesentlich ist.

Erworbene Persönlichkeit

Wir alle sehen die Welt wie die Neun, wenn wir das Gefühl haben, unzertrennlich zu sein. Grenzen verschwinden. Das Leben eines anderen wird das Motiv für unser eigenes. Sind wir erst einmal verschmolzen, fühlen wir uns mit Haut und Haar eins mit dem anderen. Wir haben Energie für die Vorhaben unserer Partner. Ihre Interessen erscheinen uns entscheidend. Ihre Meinungen kommen uns stichhaltig vor. Wir begeistern uns für ihr Leben, das nun im Mittelpunkt des unsrigen steht.

Neuner haben sich in ihrer Kindheit übersehen gefühlt. Sie paßten sich harmonisch an und lernten es, mit dem Leben anderer zu verschmelzen. Sie legten ihre eigenen Vorhaben beiseite, um nicht vergessen zu werden. Man konnte entweder zustimmen und die eigene Position verlieren oder sich widersetzen und stehengelassen werden. Spannung entwickelt sich zwischen dem Wunsch, einzuwilligen, um geliebt zu werden, und dem Wunsch, sich zu widersetzen, um die eigene Unabhängigkeit zu behaupten. Die Frage lautet: »Soll ich zustimmen und mitmachen oder nicht zustimmen und einen Konflikt heraufbeschwören?« Zustimmung wird als Nachgeben empfunden, aber nein zu sage, fällt schwer. Man ist mit dem Leben eines anderen verschmolzen, und so braucht man sich nicht mehr zu entscheiden. Den Wert der Standpunkte anderer sieht man leichter als den des eigenen.

Trägheit bedeutet, faul in Lebensfragen zu sein. Man kann alle Seiten einer Frage sehen, und das übertönt die eigene Zielsetzung. Entscheidungen werden schwierig, da widersprüchliche Meinungen von gleichem Wert zu sein scheinen. Die Aufmerksamkeit geht von der Hauptsache zu zweitrangigen Fragen über. Sie geraten auf das Abstellgleis von lästigen Pflichten und einem Vorrat an unerledigten Arbeiten. Ihre Energie wird von der wesentlichen Aufgabe des Tages abge-

lenkt. Ihr Schwung läßt nach. Ohne daß Sie sich dessen bewußt werden, entwickelt sich eine Situation, in der Sie auf der Stelle treten. Energie für erstrangige Ziele wird für zweitrangige Beschäftigungen abgezogen.
Wenn das Beiseitelassen Ihrer eigenen Vorhaben automatisch wird, hört die Selbstbeobachtung auf. Sie vergessen sich selbst. Sie gehen in dem auf, was andere denken. Ihr Leben wird von den Ideen anderer überlagert. Unerledigtes häuft sich, wenn Sie nicht aufpassen, und es fällt Ihnen schwer, für das Wichtige aufmerksam zu bleiben, wenn soviel anderes im Wege ist.
Neuner wachsen, indem sie achtgeben, ihre eigenen Vorhaben strukturieren und in der Spur bleiben. Sie gewinnen Handlungsfreiheit, wenn Sie sich dabei beobachten, wie Sie in einem neuen Standpunkt aufgehen. Sie können lernen, sich von anderen abzulösen und auf sich selbst zu achten.
Neuner erfahren Hilfe durch Menschen, die sie zu eigenen Zielen ermuntern, die sie beim Vorankommen tatkräftig unterstützen und die sie an die tief im Inneren verborgenen Ziele erinnern, die man nur erreichen kann, wenn man auf sich selbst achtgibt. Da Neuner mit anderen verschmelzen, können Partner ihnen helfen, einen eigenen Standpunkt zu äußern und das Unbehagen auf sich zu nehmen, das die Neun überkommt, wenn sie sich löst und eigene Entscheidungen trifft.

Subtyp-Verhalten

Die Trägheit/Faulheit wird in Zweierbeziehungen, Gruppen und im Bereich der Selbsterhaltung ausagiert.

Vereinigung in sexuellen bzw. Zweierbeziehungen

Der sexuelle Subtyp der Neun sucht totales Verschmelzen. Ein geliebter Mensch wird zum Brennpunkt ihres Lebens. Vereinigung ist das Empfinden einer gemeinsamen Existenz anstelle des Gefühls, ein für sich lebendes Individuum zu sein.

Eine Neun kann das Leben anderer als eigenes in sich aufnehmen.
Gefühle des Übersehen- und Mißachtetwerdens verschwinden in einem Zustand psychischen Ungetrenntseins. Es ist, als ob sich das Bewußtsein ausdehnen könne, wenn Sie denken, wie vielleicht ein anderer denkt, und wenn Sie versuchen, sich seine Sichtweise zu eigen zu machen. Gedanken und Gefühle scheinen bedeutungsgleich, nicht voneinander getrennt zu sein. Identitäten verschmelzen miteinander. Augenblicke des »Wir-Seins«. »Wir sind ein und dasselbe Wesen.« – »Wem gehört dieses Gesicht?« Vereinigung bringt Konzentration und Energie. Da die Neun im Verfolgen ihrer eigenen Ziele faul ist, können die Partner zu einem Fokus für ihre Bemühungen und zum Daseinsgrund werden. Jetzt ist das Leben der Neun ein gemeinsames Leben und keine separate Existenz. Neuner können vom Enthusiasmus anderer mitgerissen werden und mit den Interessen von Partnern verschmelzen, ohne sich dessen bewußt zu sein. Sie wissen nur, daß sie es hassen, außer acht gelassen zu werden, daß sie es mögen, verbunden zu sein, daß sie viele unterschiedliche Betrachtungsweisen als gleichwertig ansehen können und daß sie sich besser fühlen, wenn sie dies tun.

Teilnahme im sozialen Bereich

Im Bereich der zwischenmenschlichen Beziehungen kann die Teilnahme an Gruppenaktivitäten eine angenehme Form sein, um sich zugehörig und geliebt zu fühlen. Hier kann aber auch bei Neunern die größte Faulheit zutage treten, weil die Energie, die zur Verwirklichung persönlicher Vorhaben aufgewandt werden könnte, statt dessen zur Beteiligung an sozialen Aktivitäten abgezweigt wird.
Gefühle sprudelnder Energie werden von vertrauter Gruppenaktivität geformt und eingegrenzt. Eine festgelegte Aktivität bietet Ziele, Vorgehensweisen und einen fortlaufenden Zeitplan,der einen vorhergesagten Energieaufwand erfordert. Sie wissen, was Sie tun werden, wie lange das dauert und mit

wem Sie da zusammensein werden. Sie fühlen sich hingezogen zu Gruppen, bei deren Treffen und Projekten die Gruppenmitglieder nur wenig Energie aufzubringen brauchen bzw. Verpflichtungen und Führungsaufgaben nur zu übernehmen brauchen, wenn sie Energie übrig haben. Neuner des sozialen Subtyps neigen dazu, sich Gruppen anzuschließen und regelmäßig anwesend zu sein, ohne sich innerlich voll darauf festzulegen. Die Frage bleibt offen: »Sage ich ja oder nein?« – »Gehöre ich hier dazu oder nicht?« – »Mag ich das oder nicht?« Ständige Ambivalenz.

Appetit im Bereich der Selbsterhaltung

Bei der Neun fixiert sich die Aufmerksamkeit leicht auf zweitrangige Gegenstände der Bedürfniserfüllung. Man vernachlässigt wirkliche Bedürfnisse zugunsten von Ersatzbefriedigungen. Am verbreitetsten sind Essen, Reisen, Fernsehen oder Sammeln. Den Ersatz wegzulassen, wird als bedrohlich empfunden, weil Ersatzhandlungen der Kern eines festen Musters sind, das überschüssige Energie in vorhersagbarer Weise verbraucht. Neuner entwickeln ein starkes Bedürfnis nach dem Ersatz, obwohl sie Zeit und Energie für ihre eigentlichen Vorhaben hätten.
Alle Neuner neigen dazu, wesentliche Ziele durch unwesentliche zu ersetzen, aber im Bereich der Selbsterhaltung können sie eine geradezu gierige Bindung an den Ersatz entwickeln. Ersatzmittel zur Selbsterhaltung sind eine gewohnheitsmäßige Quelle des Wohlbehagens und ein zeitweiliger Ersatz für Liebe. Man empfindet unmittelbare Erleichterung, wenn man sich mit Essen oder Krimis vergnügen kann. Man wird leicht zum Stubenhocker, der bei Zeitung, Chips und Bier viele Stunden auf der Couch zubringt. Selbsterhaltende Neuner merken gar nicht, daß sie gerade persönliche Anliegen beiseite schieben, wenn eine Begierde wie das Einkaufsfieber sie packt. Das aufkommende Bedürfnis, einem Verlangen nachzugeben, wird nicht als Faulheit empfunden. Es ist anregend. Man tut etwas Interessantes, das einen aus seiner Ambivalenz heraus-

zieht, selbst wenn es bedeutet, daß man nicht den eigenen Interessen dient.

Hauptthemen

Behaglichkeit

Eine Neun liebt das Unzertrennlichkeitsgefühl des Verschmelzens. Teilendes, Entzweiendes mag sie nicht, und sie will lieber Vermittler sein, als Partei ergreifen. Neuner haben Gefallen an vertrautem, bekanntem und vorhersagbarem Tun, denn die Aufmerksamkeit kann herumwandern, wenn kein Druck besteht. Neuner denken gern nach. Sie sinnen gern und machen sich ihre Gedanken über alles. Sie mögen Freizeit und das Vergnügen, einen Tag ziellos dahinzuleben. Es wird beschrieben als müheloses Dahingleiten, anstatt Energie zum Handeln aufbieten zu müssen; es ist eine gemütliche Art des Energieverbrauchs. Eine große Menge von Energie kann extrem desorientierend sein, wenn sie nicht für eine vorhersagbare Tätigkeit mobilisiert wird. Energie weckt einen auf. Das zu wissen, kann für Neuner unbehaglich sein. Es wird schlimmer, wenn Sie wissen, was Sie verpassen. Es tut nicht weh, wenn einem der Fuß einschläft, aber es sticht sehr, wenn man wieder zu gehen beginnt. Konfliktvermeidung ist Bestandteil eines größeren Musters, bei dem Energie von wichtigen Angelegenheiten abgezogen wird. Neuner wissen, wie man Energie handhabt. Sie brauchen nicht stundenlang auf der Couch zu liegen, um ihre Energie unter Kontrolle zu halten. Tätigkeiten, für die man viel Kraft braucht, sind angenehm, solange keine Energie übrigbleibt, die zur Suche nach eigenen Anliegen eingesetzt werden könnte.

Akzeptiert werden

Jeder will akzeptiert werden. Aber Neuner brauchen es, daß ihr Standpunkt ausgesprochen, unterstrichen und direkt anerkannt wird. Wenn Sie Ihre eigene Position als unbedeutend empfinden und die eines anderen stärker ist, erhoffen Sie sich von diesem Menschen eine Bestätigung Ihrer Position. Sie betrachten sich als Menschen, der andere akzeptiert, wie sie sind. In Wirklichkeit können Sie, wenn Sie mit dem Wollen eines anderen verschmelzen, diesem Menschen die Schuld geben, wenn etwas nicht klappt. »Das war deine Idee. Nicht meine. Ich habe bloß mitgemacht.« Da Sie bereit sind, andere zu verstehen, erwarten Sie Ihrerseits von dem anderen eine ähnliche Akzeptanz. Es bereitet Ihnen große Mühe, sich selbst etwas vorzunehmen, und wenn Sie es tun, erwarten Sie von anderen, daß sie das akzeptieren. »Ich habe dich genommen, wie du bist. Das solltest du jetzt auch tun.« Sie empfinden es als unfair, daß andere nicht auch in der Weise bereit sind, zu verschmelzen und zu unterstützen wie Sie.

Eine von einem Vermittler neuentdeckte Priorität könnte einem durchschnittlichen Gegenüber unbedeutend und ungewiß vorkommen. Für eine Neun aber klingt sie nachdrücklich und bestimmt. Ein Partner wird aufmerksam zuhören müssen, wenn wirklich ein Anliegen zum Vorschein kommt, denn die Neun rechnet auf die Akzeptanz des Partners, um fortfahren zu können.

Geschichten

Die Neun ist dafür berühmt, daß sie im Leben Kehrtwendungen um 360 Grad macht, ohne vorher Bescheid zu sagen. Die anderen kennen die einzelnen Schritte und Phasen auf diesem Weg nicht, und dann plötzlich macht die Neun etwas völlig anderes. Der Grund besteht darin, daß eine Entscheidung erst vollständig ausgereift sein muß, bevor man sie mit ausreichender Kraft zur Abwehr von Gegenargumenten herausbringen kann. Wenn sie erst einmal stark genug ist, können Sie stur auf Ihrem Standpunkt beharren und jedem Widerspruch widerstehen. Wenn Sie sich sicher fühlen, halten Sie daran fest. Manchmal wenden Sie die Verschleppungstaktik an, um sicherzustellen, daß man Sie auch hört. Verschleppungstaktik nach Neuner-Art besteht darin, daß Sie Ihre Geschichte ganz ausführlich erzählen, während Sie die Opposition ausblenden. Sie erzählen Sagas, um die Stellung zu halten, und erlauben dabei niemandem, Ihre Konzentration zu stören. Sie haben einen Standpunkt gefunden und wollen anderen ganz ausführlich davon erzählen.

Eine andere Form zur Ablenkung der Opposition besteht darin, möglichst viele Details und Beweise mit hineinzubringen. Sie können alle Details mitliefern, ohne zwischen Nebensächlichkeiten und den zur Debatte stehenden Hauptpunkten zu unterscheiden. Das im Mittelpunkt stehende Problem scheint den Details gleichwertig zu sein. Als ob Sie nicht aufs Wesentliche kommen können. Das stimmt. Das Wesentliche könnte nämlich ein potentieller Streitpunkt sein. Das ist heikel; Sie müssen sich in aller Ausführlichkeit rechtfertigen.

Entscheidungen treffen

Sie haben keine Schwierigkeiten, Entscheidungen über unbelastete »neutrale« Fragen zu treffen, wie es politische Präferenzen oder praktische Bedürfnisse sind. Aber bei persönlichen Entscheidungen müssen Sie Ihr Denken von den Anliegen anderer trennen. Zwanghaftes Nachdenken über persönliche Entscheidungen ist ein Kennzeichen dieses Typs. »Sollte ich, oder sollte ich nicht? Was meinst du dazu?« Zu wissen, was Sie wollen, kann isolierend und bedrohlich statt energiespendend empfunden werden. Ein eigenes Ansinnen in die Tat umzusetzen, ist für Sie Neuland. Es ruft Einsamkeit und Desinteresse hervor.

Sie grübeln über eine Entscheidung unter allen möglichen Gesichtspunkten nach. Wenn die Seiten gleich zu sein scheinen, besteht kein Grund zum Handeln. Es ist einfacher, eine Auswahlmöglichkeit wie »Welches willst du nicht?« präsentiert zu bekommen. Es fällt Ihnen viel leichter, zu wissen, was Sie nicht wollen, als zu wissen, was Sie wirklich wollen. Durch Ausschluß anderer Möglichkeiten können Sie auf einen Ausgangspunkt kommen, und der kann dann durch eine Struktur und durch Zustimmung bestärkt werden.

Handeln aus Gewohnheit

Neuner verfallen oft in eine Art Routine. Vertraute Wege sind behaglich, weil Sie genau wissen, wieviel Energie Sie Ihrem System zuführen müssen, und das Ergebnis ist vorhersagbar. Konflikte, Trennung und Unbehagen werden auf ein Mindestmaß reduziert, und das Dilemma des Entscheidenmüssens wird von den Erfordernissen der Routine dominiert. Sind die Gleise erst einmal eingefahren, ist es schwer, Neuner aus gewohnheitsmäßigem Handeln herauszubringen. Um einer Neun zu helfen, sich zu verändern, sollten Sie eine Prioritätenliste aufstellen und langsam beginnen, eine Routine aufzubauen, welche die neue Priorität stützt. Partner sollten das neue Programm bedingungslos unterstützen. Persönliche Präsenz und Ermutigung sind hilfreich. Tun Sie das Geplante nach Möglichkeit mit der Neun gemeinsam, bis sich die Gewohnheit eingeschliffen hat. Wenn Neuner den Faden verlieren, sollten Sie sie daran erinnern, daß es sich um ihre eigene Priorität handelt. Sie könnten es vergessen haben. Helfen Sie ihrer Begeisterung wieder auf, indem Sie selbst begeistert sind. Wenn die Neun den Kontakt zu sich selbst verlieren sollte, dann fangen Sie einfach noch einmal an, ohne ihr Vorwürfe zu machen. Vermittler freuen sich sehr, wenn man sie für voll nimmt, und wenn andere an sie glauben, dann glauben sie auch an sich.

Co-Abhängigkeit

»Sind Neuner co-abhängig?« wird oft gefragt. Genauso wie die Zwei identifiziert sich die Neun mit den Bedürfnissen anderer stärker als mit ihren eigenen. Mir scheint, jeder kann co-abhängig werden, aber die Art, wie die Abhängigkeit ausagiert wird, ist von Typ zu Typ verschieden. Ein und dasselbe Verhalten kann Ergebnis einer Vielzahl unterschiedlicher Motivationen sein. Eine Neun als Co-Abhängiger verschmilzt mit dem Leben eines anderen und gibt sich selbst auf. Viele Neuner jedoch verhalten sich nur scheinbar co-abhängig, indem sie mit einem Menschen verschmelzen, bleiben dabei aber innerlich für sich und lassen sich nicht wirklich ein. Wir müssen die jeweilige Motivation beachten und jeden Fall für sich nehmen.

Passive Aggression

Konflikt macht angst, und Vermittler werden alles tun, um offener Wut aus dem Wege zu gehen. Konflikt führt zu Widerstand, Trennung und Aggression, und all das erzeugt Unbehagen. Neuner drücken ihre Wut indirekt und passiv aus. Langsam werden, auf andere Projekte ausweichen, abschalten, den Feind warten lassen und auf stur schalten sind allgemein übliche Taktiken. Das wirkliche Erkennen der Wut findet gewöhnlich lange nach dem Zeitpunkt der Provokation statt. Neuner sind dafür berühmt, daß ihnen ihr Zornigsein erst Tage nach dem eigentlichen Vorkommnis bewußt wird. Sie schalten lieber auf stur, statt offen Zorn zu zeigen. Wenn sie sich genötigt fühlen oder wütend sind, können sich Neuner buchstäblich niedersetzen, abschalten und gar nichts tun. Kein Streit. Keine Drohungen. Kein physischer Rückzug. Nur ein eisiges, stures Schweigen, um Sie zu informieren, daß die Sache nicht so laufen wird, wie Sie wollen.

Die Sturheit der Neun kann provozierend sein. Der Partner explodiert, und das entspricht ihrem Muster, andere in einer Beziehung zum aktiven Teil werden zu lassen. Indem sie nichts tun, obwohl es eindeutig erwartet wird, bringen Neuner andere dazu, blöd dazustehen oder frustriert zu explodieren. Wenn andere Taten sehen wollen und jemand hängen läßt oder vergißt oder es nicht in Gang kommt, empfinden sie das verständlicherweise als höchst aggressiv. Partner wollen wissen, wo die Neun steht. Ist sie in dieser Beziehung oder nicht? Wenn es die Partner ausreichend ärgert, werden sie beleidigt sein und aller Wahrscheinlichkeit nach auch noch den Satz »Aber ich habe doch gar nichts getan« zu hören bekommen.

Das Trägheitsgesetz

Das Trägheitsgesetz besagt, daß ein Körper im Ruhezustand dazu neigt, in diesem Zustand zu verbleiben, und ein in Bewegung befindlicher Körper dazu neigt, in Bewegung zu bleiben. Neuner sagen, daß sie einen Anstoß brauchen, um ins Rollen zu kommen, und daß sie nicht mehr zu halten sind, wenn sie erst einmal auf Touren kommen. Eine gute Struktur, verbunden mit einem guten Beispiel und einer energiegeladenen Umgebung, garantiert, daß sie mitmachen. Am wenigsten effektiv ist es, Neuner damit allein zu lassen, ihre eigenen Prioritäten umzusetzen.

Sind sie erst einmal in Gang, müssen Neuner aufmerksam sein. Sie können sich selbst vergessen, was dann äußerlich wie ein sehr produktives Tun aussieht und sich innerlich wie Einschlafen anfühlt. Bei hoher Aktivität im Rahmen des Trägheitsgesetzes können Neuner knifflige und verzwickte Manöver ausführen, ohne ihre eigentlichen Prioritäten dabei überhaupt wahrzunehmen. Das bedeutet, daß gerade genügend Energie abgezweigt wird, um eine schwierige Aufgabe auszuführen, während die Aufmerksamkeit sich auf weniger wichtige Belange ausbreitet. Der Gesamteffekt besteht darin, eine Menge Dinge zu erledigen und es dabei fertigzubringen, Energie und Aufmerksamkeit von sich selbst abzulenken. Wenn eine Neun gefragt wird, wie er/sie sich als Sieger gefühlt hat, könnte die Neun antworten: »Weiß ich nicht. Ich war damals nicht dabei.« Der Trick für die Neun besteht darin, im Ruhezustand aufmerksam zu bleiben und das Gewahrsein aufrechtzuerhalten, wenn die Handlung in Gang kommt. Auf diese Weise können Sie als Neun ein Tempo aufbauen, bei dem Sie im Kontakt mit sich bleiben.

Neuner-Ambivalenz/Sechser-Zweifel

Aus der Sicht eines Außenstehenden kann die Ambivalenz hinsichtlich des persönlichen Engagements wie der Zweifel der Sechs wirken. Da so viele Standpunkte zur Verfügung stehen, fällt es schwer, einen davon in die Tat umzusetzen. Was man von Neunern hört, ist eher, daß sie sich durch den Input überwältigt fühlen, da sie die vielen Seiten einer Situation und die unterschiedlichen Kontexte sehen, unter denen sich ein und dieselbe Situation abspielen könnte. Neuner sehen nicht nur alle Seiten in einer Auseinandersetzung, sondern auch, wie der Kontext Entscheidungen beeinflußt. Selbst klare Beweisführungen können sich verändern, wenn sich der Kontext ausweitet, um mehr Informationen einzuschließen. Das Zeitelement ist auch noch zu beachten. Alles ändert sich mit der Zeit. Wie kann man zu einer Schlußfolgerung gelangen, wenn all diese Faktoren von Wichtigkeit sind? Sie können alle Argumente auf der einen Seite einer Auseinandersetzung nachvollziehen und erkennen, wie sie zu allen wichtigen Gesichtspunkten auf der anderen Seite in Beziehung stehen. Wie können Sie Partei ergreifen, wenn Sie von einer globalen Perspektive ausgehen? Alles scheint so mit allem anderen in Verbindung zu stehen, daß es einem vorkommt, als wolle man auf einem Ball Position beziehen, anstatt sich auf die eine oder andere Seite einer klar gezogenen Linie zwischen zwei Meinungen zu stellen.

Der Zweifel der Sechs führt auch zu Zögern, aber bei der Sechs ist die Aufmerksamkeit ganz anders ausgerichtet. Eine Idee wird vorgebracht und dann angezweifelt. Die Aufmerksamkeit wandert vom Glauben zum Zweifel und wieder zurück zum Glauben. Es ist mehr so, als stelle man die Stichhaltigkeit einer einzelnen Idee in Frage, als daß man die Gleichwertigkeit unterschiedlicher Ideen wahrnimmt. Den entscheidenden Standpunkt zu finden, ist bei Sechsern nicht das Problem. Sie haben nur massive Zweifel hinsichtlich der Machbarkeit und der potentiellen Risiken bei der Durchführung des als wichtig Erkannten. Sechser nehmen eine entschiedene Haltung ein, verwenden aber in der Folge übermäßig viele Gedanken darauf, wer oder was ihnen in die Quere kommen könnte und welche negativen Folgen es haben könnte, die Sache in die Tat umzusetzen. Die Durchführung ist die Hauptsorge. Wird eine Autorität aufgebracht sein? Wird jemand die

Idee angreifen? In einem Anfall von Zweifeln richtet sich die Aufmerksamkeit der Sechs auf den gegensätzlichen bzw. entgegengesetzten Standpunkt, als wollte sie den Einwänden und Störungen zuvorkommen, die sie von anderen erwartet. Der Advokat des Teufels stellt eine Idee in den Raum und nimmt dann den entgegengesetzten bzw. gegensätzlichen Standpunkt ein. Der Verstand einer Sechs ist eher widersprechend als ambivalent wie bei der Neun, die die unterschiedlichen Seiten einer Frage abwägt.

Die Dynamik der Veränderungen: Sicherheit und Risiko

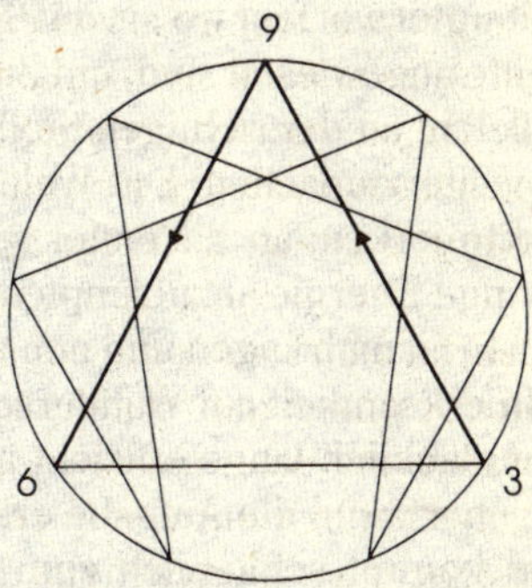

Abb.: Dynamik der Veränderungen für die Neun

Sicherheit

Das Gegenmittel gegen Faulheit sind hoch-energiegeladene Gewohnheiten. Neuner in Sicherheit befinden sich gewöhnlich in einer produktiven Routine und genießen dieselbe Akzeptanz und Wertschätzung wie jede hart arbeitende Drei. Ähnlich wie bei den Dreiern geht es um Anerkennung für Leistung und Aufgabe; aber Neuner am Sicherheitspunkt wollen auch um ihrer selbst willen geliebt werden. Sie können zwischen Aufmerksamkeit, die ihnen im Zusammenhang mit einer Aufgabe entgegengebracht wird, und echtem Akzeptiertwerden unterscheiden. Sie wollen sich angenommen fühlen, richten sich aber darauf ein, dies über Produkt und Image zu erreichen. Die Energie ist da, sie operieren auf der energiegeladenen Seite des Trägheitsgesetzes, und Erfolg gefällt ihnen. Neuner in der Dreier-Position können für persönliche Prioritäten echte Konzentration entwickeln, anstatt bei Hochgeschwindigkeit auf »Automatik« zu schalten. Neuner in Sicherheit können gut zwischen automatischen Gewohnheiten und einer echten Entscheidung über die ihnen angemessene Lebensweise unterscheiden. Auf der Minusseite des Sicherheitspunktes sind Neuner noch immer dem Start-Halt-Syndrom der Trägheit unterworfen, wo sie auf Termine und Vorhaben anderer Leute angewiesen sind, um Ziele zu erreichen. Das Image ist vielleicht an der richtigen Stelle, aber innerlich kostet es Kampf, weiterzumachen. Die Welt würde es im allgemeinen gar nicht merken; aber Neuner spüren den Streß, ständig gegen geringe Energie anzukämpfen und sich wieder neu einstellen, neu in Gang bringen und neu vertiefen zu müssen, wenn die Aufmerksamkeit auf Wanderschaft geht.

Neuner können unglaublich lange effizient arbeiten, um Termine einzuhalten; aber wenn die Aufgabe erledigt ist, läßt die Tatkraft nach und kommt schließlich zum Stehen. Um die Plusseite der Dreier-Position zu aktivieren, ist es hilfreich, ein persönliches Vorhaben in mehreren Phasen durchzuführen, so daß der Abschluß einer Phase nahtlos zur nächsten führt. Schön ist bei Neunern in Sicherheit, daß es zu wirklicher Zufriedenheit für Geleistetes kommen kann. Neuner können sich mit einem vollen Sortiment von Gefühlen in die Dreier-Position hineinbewegen.

Risiko

Das kann wie kalte Panik empfunden werden. Erst sah es so aus, als hätten Sie endlos Zeit, und auf einmal starren Sie auf einen bedrohlich näherrückenden Termin. Es ist keine Zeit mehr, und Sie sind völlig fertig. Sie geraten in Panik darüber, es sich vielleicht mit anderen zu verscherzen. Neuner beschreiben dies üblicherweise als ein Gefühl des Gelähmtseins. Es ist so viel zu tun, daß man gar nichts tun kann. Unter starkem Druck bleiben Neuner stehen und können nicht weiter. Das Negative am Streß ist Erstarrtsein aus Panik.

Streß entsteht gewöhnlich durch Termine – und wenn man sich offen gegen andere stellen muß. Es ist so leicht, sich mit der anderen Seite zu identifizieren, daß Ihnen Ihr Standpunkt immer und immer wieder verlorengeht. Also gehen Sie nicht auf Konfrontation, verlieren aber dadurch mehr Zeit und werden noch gelähmter. Die üblichen Puffer der Ablenkung funktionieren nicht. Das kann gefährlich werden. Eine Art tatenloser Depression im Sessel, wo die ganze Aufmerksamkeit im Fernsehapparat versunken ist oder man die Problemsituation in Gedanken immer und immer wieder durchgeht. Äußerlich können Neuner wirken, als fühlten sie sich wohl. Innerlich sind sie wie betäubt. Jede kleine Ermunterung sowie das Angebot, ihnen beim Neuanfang zu helfen, kann einen Depressionszyklus durchbrechen.

Bei Depressionen kreist das zwanghafte Denken um ein Szenario des schlimmsten Falles. Neuner bekommen Angst vor den Folgen und machen sich Vorwürfe für ihre Untätigkeit. Diese Vorwürfe werden leicht auf andere verlagert. Neuner fühlen sich als Opfer. Die Obrigkeit hat Schuld. Leute, die aggressiver sind, haben die Neun benachteiligt. Jemand anderes sollte zur Verantwortung gezogen werden. Vorwürfe und aufkommende Emotionen können sich vorteilhaft auswirken, wenn dadurch echte Werte zum Vorschein kommen können. Neuner wissen ganz genau, was sie nicht wollen, wenn sie im Streß sind. Da kann man sich etwas Konkretes vornehmen. Wenn sie Angst haben, tun Neuner manchmal etwas für sich und in ihrem eigenen Interesse gegen den Willen anderer, anstatt ihre Aufmerksamkeit abzulenken und zu zerstreuen. Die Angst eröffnet

ihnen den Zugang zu der fokussierten Konzentration der Sechs.
Das Beste am Streß bei Neunern besteht darin, daß sie ihre Wut finden und daß das Aufgeladensein mit Wut konstruktiv eingesetzt werden kann. Die Energie ist da, um in ihr höheres Gegenteil umgewandelt zu werden, nämlich den Glauben an sich selbst und die Fähigkeit, seinen Weg allein zu gehen.

Die Neun in der Liebe

Leben mit einer Neun

- Ist eine Neun erst einmal mit Ihnen verschmolzen, fällt Trennung schwer. Beziehungen können über ihr natürliches Ende hinaus jahrelang weitergehen. Einer Neun fällt es schwer, Erinnerungen an frühere Beziehungen aufzugeben, so daß sich neue entwickeln können.
- Sie werden feststellen, daß eine Neun ihre Aufmerksamkeit von Gefühlen ablenkt, indem sie sich mit Nebensächlichkeiten befaßt. Sie sucht nach Ausweichmöglichkeiten, um Auseinandersetzungen zuvorzukommen. Über das, was sie wirklich fühlt, äußert sie sich oft lakonisch oder gar nicht: »Laß das Unausgesprochene ungesagt bleiben.«
- Eine Neun zieht sich eher in Gewohnheitsmuster und triviale Belange zurück (»viele kleine Dinge erledigen«), als daß sie sich wirklich auf die Beziehung einläßt. Die Energie fließt in die Mechanismen des Zusammenlebens – Reparaturen am Haus, die Rate für die Hypothek. Als Partner einer Neun sind Sie gezwungen, aktiv zu werden, um Veränderungen in Gang zu bringen.
- Eine Neun wird so antworten, wie Sie es hören wollen. Das bedeutet nicht etwa, daß sie mit Ihnen einer Meinung ist. Es fällt Neunern schwer, nein zu sagen, weil sie Ihre Bedürfnisse deutlicher verspüren als ihre eigenen.
- Eine Neun phantasiert darüber, mit idealen Partnern zu verschmelzen und in ein neues Leben hineingetragen zu wer-

den. Die Kehrseite des Verschmelzenwollens mit dem Leben anderer ist die, daß die Neun anderen die Schuld gibt, wenn etwas falsch läuft.

– Eine Beziehung vertieft sich, wenn die Neun mit Ihnen verschmelzen kann, ohne ihre Identität aufzugeben.

Intimbeziehungen

Eine Neun kann die Wünsche anderer deutlicher wahrnehmen als ihre eigenen. Es ist leicht, den Standpunkt anderer einzunehmen und die Welt mit deren Augen zu betrachten, aber es fällt schwer, für sich selbst Entscheidungen zu treffen. Ein persönlicher Standpunkt ist anfechtbar, wenn es so leicht ist, andere Standpunkte zu übernehmen. »Warum soll ich's machen, wie ich es will, und nicht, wie du es willst?« – »Die Standpunkte sind sich doch eigentlich sehr ähnlich.« Entscheidungen erscheinen Neunern als willkürlich. Warum soll man sich für etwas entscheiden, wenn die entgegengesetzte Meinung auch etwas für sich hat? Indem Vermittler jede Seite so eingehend abwägen, können sie den klaren Sinn für ihren eigenen Standpunkt verlieren.

Einen Standpunkt zu haben bedeutet, ihn verteidigen zu müssen. Lohnt das die Mühe? Ist ein anfechtbarer Standpunkt das Risiko wert, sich Menschen zu entfremden, die man liebt, und sich von ihren Interessen getrennt zu fühlen? Es ist leichter, Frieden zu halten. Die Zeit geht dahin, wenn man sich nicht auf seine eigenen wesentlichen Prioritäten konzentriert. Es scheint jede Menge Zeit da zu sein, wenn man nicht mit etwas Heiklem beschäftigt ist. Termine und Bedürfnisse der Familienangehörigen strukturieren das Tun. Ihre Interessen setzen die Prioritäten, und Termine wecken einen auf.

Mitmachen bedeutet nicht unbedingt Engagement. Von außen mag es so aussehen, als unterstützten Neuner das Vorhaben, aber innerlich tun sie vielleicht nur der Form Genüge, ohne sich wirklich einzulassen. Ohne die Gegenkraft eines starken persönlichen Standpunktes überlassen sich Neuner dem Fluß der Aktivitäten, weil sie keinen Grund sehen, es nicht zu tun. Partner müssen herausbekommen, wie weit das Interesse von Neunern tatsächlich geht, weil es ihnen allzu leicht fällt, einverstanden auszusehen, etwas annehmbar Neutrales zu sagen und sich von der Begeisterung anderer mittragen zu lassen. In Ihrer Gegenwart können Neuner durch Ihren Eifer echten Auftrieb bekommen. Sie verschmelzen mit Ihrer Intensität und können sich tatsächlich zu Ihren Interessen hingezogen fühlen und sie mit ihren eigenen verwechseln. Die Sache sieht aber dann vielleicht anders aus, wenn die Neun wieder allein ist; ohne die Vitalität des anderen versickert der Antrieb.

Die Unentschlossenheit der Neun kann eine Herausforderung für Partner sein, die Führung wollen. Das Treffen von Entscheidungen kann dann zwanghaft werden. »Sollte ich, oder sollte ich nicht?« – »Mach ich's, oder mach ich's nicht?« Die Aufmerksamkeit erfaßt alle Seiten der Frage, bis die Seiten so ineinander verwoben sind, daß man sich für keine mehr entscheiden kann. Neuner haben oft das Gefühl, in Ziele hineinzugeraten anstatt sich für sie zu entscheiden. In ihrer Karriere, ihrem Lebensunterhalt oder ihrem Wohnort sind sie zufällig gelandet. Sie empfinden eher ein »Das-ist-mir-so-geschehen« als ein »Das-habe-ich-so-gewollt«. Es bringt gewöhnlich nichts, Neuner zu Entscheidungen zu zwingen, aber hilfreich ist es durchaus, wenn ein Partner die eigene Richtung einschlägt, ohne von der Neun zu verlangen, sie auch einzuschlagen. Machen Sie Ihres. Sie können Neuner zum Tun bewegen, aber Sie können sie nicht dazu bringen, den Anfang zu machen. Am meisten können Sie ihnen helfen, indem Sie das Selbstanfangen als Beispiel vorleben. Seltsamerweise können Neuner ihre eigenen Belange in einer Weise geltend machen, die sogar ihnen selbst verborgen bleibt. Sie wissen vielleicht nicht, was sie wollen, aber sie wissen, was sie nicht wollen, wenn sie sich unbehaglich fühlen. Sie beklagen sich, ohne zu erkennen, wie sie eine Richtung festlegen, indem sie anderes ausschließen. Durch »das nicht und das nicht« klärt man reale Ziele, ohne genau wissen zu müssen, wohin man steuert.

Sich in vertraute Tätigkeiten zu vergraben, ist eine weitere Möglichkeit, um Entscheidungen aus dem Weg zu gehen. Neuner können Routinen mit hohem Energieeinsatz aufbauen, die sehr viel Zeit und Aufmerksamkeit in Anspruch nehmen und ihnen das Beschlüsse-Fassen abnehmen. Wenn man früh aufsteht und unverzüglich in ein festliegendes Programm einsteigt, bleibt keine Zeit, neue Richtungen zu erwägen. Neuner können mit hoher Geschwindigkeit auf Automatik schalten und komplexe Aufgaben zu Ende bringen, ohne wirklich dabei zu sein. Eine Neun ist gut beraten, wenn sie das Treffen von Entscheidungen mit auf den Stundenplan setzt, zwischen gegliederte, vertraute Aktivitäten, damit die Energie nicht versiegt, wenn die Neun sich selbst fragt, was sie will.

Paradoxerweise wehren sich Vermittler gegen Hilfe beim Entscheiden. Sie bleiben anscheinend in der Schwebe der Ambivalenz. In der angenehmen Gewißheit, im Ungewissen zu sein. Abwarten wirkt wie eine sichere Handlungsgrundlage. Vermittler können für viele Standpunkte Verständnis aufbringen, ohne ihre eigene Unabhängigkeit zu opfern. Tatsächlich selbst einen Standpunkt zu beziehen, stört das Gleichgewicht, das Unbehaglichkeit und Konflikt fernhält.

Wenn sich Neuner genötigt fühlen, schalten sie auf stur. Fühlen sie sich zu Entscheidungen gedrängt, kontrollieren sie durch Nichtstun. Es ist schwer, sture, unbewegliche Neuner in Gang zu bringen, vor allem, wenn sie einen nicht zur Kenntnis nehmen. Die Botschaft lautet: »Ich habe so weit mitgemacht, wie ich konnte. Es war deine Idee und nicht meine. Jetzt mag ich nicht mehr, und schuld daran bist du.« Zwischen den Zeilen gelesen, heißt das: »Ich bin mit dir verschmolzen. Denk dir etwas aus, was mir gefällt.« Vermittler haben große Schwierigkeiten, ihre Aufmerksamkeit von jemandem zu lösen, den sie lieben. Sie können befürchten, daß man sich von ihnen trennt und sie dann völlig allein dastehen. Es besteht eine feine Trennlinie zwischen dem Verschmelzen mit dem Leben eines anderen und dem Gefühl, daß das eigene Leben übersehen worden ist. Es ist nur ein kleiner Schritt von dem Wunsch, untrennbar mit einem anderen verbunden zu sein, zu dem Gefühl, als Individuum nicht ernst genommen zu werden. Wenn Neuner mit dem Leben anderer verschmelzen, können sie sich chronisch übergangen fühlen, so als ob lautere Stimmen ihre privaten Ansichten übertönen. Die tiefste Aufgabe im Umgang mit einer Neun besteht darin, Entscheidungen zu unterstützen, die aus ihrem Wesen kommen, und es ihr erlauben, sich ihre Entscheidungen zu eigen zu machen.

Zu Beziehungen zwischen Neunern und anderen im Privatleben siehe Teil III »Leitfaden für Beziehungen«.

Die Signale der Neun

Positive Signale

Sie werden erleben, daß sich eine Neun für das Leben anderer wie für ihr eigenes einsetzt. Sie ist fürsorglich und aufmerksam und erkennt oft das wirklich Gute in anderen. Großzügig, kompromißbereit, anpassungsfähig und rezeptiv. Überaus leistungsfähig und zufrieden, wenn sie in der Spur ist. Erfreut über Sicherheit. Ein Bollwerk im Leben anderer. Fähig zu vorurteilsfreier Achtung für andere.

Negative Signale

Neuner erscheinen oft passiv-aggressiv und stur, begriffsstutzig, distanziert oder sogar abwesend. Da sich ihre Energie und ihre Konzentration zerstreuen, scheint »alles« in gleicher Weise wichtig zu sein, und dadurch kommen sich andere unwichtig vor. Neuner machen den Eindruck, mit anderen einer Meinung zu sein, obwohl dies vielleicht gar nicht der Fall ist. Sie wollen, daß alles angenehm bleibt, wollen geben, was sie immer geben und was möglicherweise gar nicht das ist, was andere wirklich brauchen. Sie schalten ab oder ersetzen ihre wirklichen Bedürfnisse durch anderes: Fernsehen, Essen, Gewohnheiten, die Energie abziehen und Partnerschaften auf Sparflamme halten.

Gemischte Botschaften

Neuner entwickeln zweitrangige Interessen, um ihre Prioritäten zu vergessen. Wenn sie daher voll mit Ihnen übereinzustimmen scheinen, handelt es sich möglicherweise gerade um etwas Nebensächliches, oder sie wollen keine Schwierigkeiten machen und wissen gar nicht, was sie eigentlich selbst wollen. Neuner bekunden eine tief verwurzelte Selbstherabsetzung, wenn sie den Kontakt mit ihren persönlichen Prioritäten verlieren. Sie verhalten sich so, als seien die Interessen anderer die ihrigen. Die gemischte Botschaft besteht aus Nachgiebigkeit nach außen hin, verbunden mit Wut tief im Innern über verpaßte Gelegenheiten. Die offene Botschaft lautet: »Es ist nicht so wichtig.« Die verdeckte Botschaft lautet: »Es macht mich wütend, übersehen zu werden.« Sie können Neunern helfen, indem Sie Ihre Interessen begrenzen und ihnen behilflich sind, sich wieder auf ihre eigenen Bedürfnisse zu konzentrieren.

Innere Signale

Es kann eine Neun verwirren, zwischen Alternativen wählen zu müssen. Sie wird in das Leben anderer hineingezogen und muß sich dann daraus befreien. Es kann sein, daß sie anfangs mitmacht und sich später sträubt. Sie fühlt sich übermäßig beeinflußt und kann schwer nein sagen. Die Gedanken sagen: »Ich kann sehen, was sie will und warum sie es will.« – »Ich kann verstehen, warum er dies nicht mag und warum es bei ihm nicht funktioniert.« Es ist schwer, einen wirklich eigenen Standpunkt zu beziehen, wenn der entgegengesetzte Blickwinkel genausoviel Sinn macht. Dann sitzt man zwischen den Stühlen. Neuner sehen alle Seiten einer Auseinandersetzung und haben selbst keinen klaren Standpunkt. Sie wollen Berechenbarkeit und Sicherheit, wollen, daß das Leben weiterhin behaglich und leicht bleibt. Sie widersetzen sich Veränderungen. Die Gedanken sagen: »Paß dich an. Mach keine Wellen. Das geht vorüber.« Sie neigen dazu, Energie und Wut zu unterdrücken. Dadurch schieben sie Entscheidungen hinaus.

Man kann sich kaum so richtig begeistern, ohne gleichzeitig Gefahr zu laufen, daß man Stellung beziehen und wütend werden muß, um sich selbst zu schützen. Die Gedanken sagen: »Das ist die Sache nicht wert. Warte ab. Die rechte Zeit kommt schon noch.« Die Bezugspersonen einer Neun können diese unterstützen, zu erkennen, daß die Zeit vergeht, daß echte Bedürfnisse nicht befriedigt werden, und indem sie sich regelmäßig mit der Neun treffen, um sie an ihre eigenen Prioritäten zu erinnern.

Die Neun in der Arbeit

Am Arbeitsplatz

- Die Neun entspannt sich, wenn keine Reibung da ist. Will eine angenehme Umgebung, in der alles ohne viel Umstände abläuft. Möchte, daß »alle Kollegen« gut miteinander auskommen. Wünscht sich, daß auf der Arbeit und zwischen Leitung und Angestellten ein gutes Gefühl herrscht.
- Entfaltet sich, wenn Rückhalt da ist, betreibt aber keine Werbung in eigener Sache. Möchte Anerkennung, wird aber nicht darum bitten.
- Mag systematisches Vorgehen, festgelegte Dienstwege und Entgelte. Paßt die eigene Energieleistung gern an berechenbare Richtlinien an. Keine plötzlichen Überraschungen, bitte.
- Kann auf Automatik schalten und sehr produktiv sein. Während der Arbeitsroutine ist das Bewußtsein der eigenen Bedürfnisse ausgeschaltet.
- Produktive Routine und die Begeisterung anderer für Projekte verleihen der Neun Energie.
- Will eine Struktur, die Entscheidungen stützt. Trifft nicht gern Entscheidungen. Hält sich an die Vorschriften; reduziert spontane Entscheidungen auf ein Minimum.
- Ist vorsichtig beim Übernehmen von Risiken. Fühlt sich in bekannten Bahnen sicherer. Bleibt bei dem, was in der Ver-

gangenheit funktioniert hat. Meidet Risiken, die Hoffnungen wecken, aus Furcht vor Enttäuschungen.

- Geht Entscheidungen durch das Sammeln von Informationen aus dem Wege. Schiebt Wesentliches hinaus, während Unwesentliches erledigt wird. Strategische Nutzung von Terminen führt zu großartigen Rettungsmaßnahmen in letzter Minute.
- Fühlt sich überfordert, wenn zuviel zu tun ist. Kann sich nur schwer auf Prioritäten in der Arbeit konzentrieren, wenn Dinge von geringerer Wichtigkeit ebenso dringlich erscheinen.
- Verhält sich oft ambivalent zu Autoritäten. Hat Schwierigkeiten, Prioritäten zu setzen und anzufangen, reagiert aber auf Anweisungen von anderen mit Widerwillen.
- Drückt Wut am Arbeitsplatz erst indirekt aus, indem sie Probleme ignoriert oder der Organisation, der schlechten Leitung oder Mitarbeitern die Schuld in die Schuhe schiebt.

Führungsstil

Die Neun als Führungskraft kann zwischen unterschiedlichen Standpunkten hin- und hergerissen sein, prüft vielleicht Alternativen ganz ausführlich und verpaßt dabei die Gelegenheit, präzise Führungstätigkeit auszuüben. Ihre Ziele sind eher global als spezifisch, weil genauere Einzelheiten manchmal im Widerspruch zueinander stehen. Die Bedürfnisse der einen Abteilung könnten denen einer anderen zuwiderlaufen, und deshalb neigen Neuner dazu, sich allzu lange alles anzuhören, zuviel Information zu sammeln und jedem einzelnen ein bißchen zuzuteilen. Berichte kommen aus jedem Bereich des Gesamtgeschehens, und die Splittergruppen werden sich bekriegen, um Führungspositionen zu erlangen, wenn die Leitung die Zielvorstellung nicht eingrenzt.

Da Neuner ein umfassendes Bild wollen, sind sie nicht bereit, andere aufzuklären, bis der Plan vollständig ist. Neuner als Führungskräfte nehmen an, daß die anderen die globale Perspektive begreifen, und sie können bestürzt sein, wenn sie entdecken, daß die Mitarbeiter sich einen Handlungsverlauf zurechtgelegt haben, der ihrem eigenen Interesse dient. Neuner gehen bei der Festlegung dessen, wie ein Plan auszuführen ist, nicht präzise vor.

Die Neun in der Führungsrolle möchte Empfehlungen aus jedem einzelnen Bereich haben. Das Denken in großen Zusammenhängen wird entweder rasches Vorankommen blockieren oder eine umfassende Übersicht hervorbringen, bei der über jeden Bereich des Projektes genau Rechenschaft abgelegt wird. Neuner gehen nicht schnell voran, und ist eine ausführbare Lösung erst einmal gefunden, tendieren sie dazu, Bekanntes zu wiederholen.

Konflikte auszutragen ist sehr schwer. Neuner würden eher in die Bresche springen, als einen Angestellten zu schikanieren oder es auf eine Auseinandersetzung ankommen zu lassen. Folglich ziehen sie sich aus Schwierigkeiten zurück und haben gerade dann keine klare Linie, wenn sie am meisten benötigt wird. Wenn es nach einer Auseinandersetzung aussieht, versuchen Neuner möglicherweise auszuweichen. Das schwächt ihre Position und gibt zu dem Vorwurf Anlaß, sie übten Verrat bzw. setzten die Qualität der Arbeit aufs Spiel. Dieser Führungsstil funktioniert am besten mit motivierten Angestellten, die nicht viel Anleitung brauchen, mit allgemeinen Richtlinien arbeiten können und die Einzelheiten selbst ergänzen. Er funktioniert nicht gut bei Leuten, die Klarheit und Präzision verlangen, oder in einer Situation, die rasche Wendungen und sofortige Entscheidungen erfordert.

Es kann passieren, daß die Energie für neue Richtungen ausgeht. Für Routine und bekannte Handlungsabläufe wird Energie vorhanden sein. Es ist abzuwägen zwischen dem Risiko des Unbekannten und der Notwendigkeit, sich dem Streß auszusetzen, den Veränderungen mit sich bringen. Das ist eine weitverbreitete Mentalität, wie sie bei Dienstleistungsunternehmen wie Versorgungsbetrieben oder dem Postdienst der Vereinigten Staaten anzutreffen ist. Es handelt sich um einen Führungsstil, der sich für lange Strecken eignet. Verwaltungen haben sehr viel von dieser Art Energie. Die Strategie besteht darin, jedem etwas zuzuteilen und Konsens anzustreben.

Konflikte

Es gibt typischerweise zwei Konfliktphasen. Die erste ist gekennzeichnet durch Ambivalenz und die zweite durch stures Nichtkommunizieren. In der ersten Phase weiß man schwerlich, wo die Neun steht. Auf welcher Seite befindet sie sich? Sie braucht anscheinend lange, um die verschiedenen Seiten der Frage zu prüfen. In der Zwischenzeit fühlen sich die betroffenen Gruppen ungehört und unbeachtet. Da exakte Informationen von seiten der Neun ausbleiben, fühlen sich die Leute vernachlässigt und gegeneinander ausgespielt. Es scheint, daß jeder, der das Ohr der Neun erreicht, auch Gehör findet, und daß die Gruppen um Aufmerksamkeit wetteifern müssen. Die Neun wird gedrängt, sich festzulegen. »Welcher Position sind Sie verpflichtet? Und wann werden Sie eine Entscheidung treffen?«

Obwohl Vermittler einen Horror vor Konflikten haben, führen sie sie unbeabsichtigt herbei, indem sie in der Phase, in der Entscheidungen zu treffen sind, anderen Leuten Informationen vorenthalten. Neuner in Führungspositionen sind dafür berühmt, daß sie andere nicht ins Bild setzen, während sie überlegen, und daß sie endgültige Entscheidungen ohne Erklärung bzw. Kommentar verkünden. Schlechte Nachrichten scheinen dann ohne Vorwarnung aus heiterem Himmel zu kommen. Es erscheint weniger konfliktträchtig, Kündigungen per Post kommentarlos wegzuschicken, als sich einer Reihe schwieriger Versammlungen zu stellen, in denen man erklärt, warum diese Kündigungen notwendig sind. Andere klagen oft, daß sie sich unbeachtet fühlen. Sie wollen wissen, ob die Neun etwas verbirgt, oder warum sie nicht kommunizieren will. Es ist, als ob Neuner durch Nichtssagen hoffen, dem Neinsagen aus dem Wege gehen zu können. Die Strategie des Nichthandelns ärgert die anderen Beteiligten, die sich vernachlässigt fühlen und wütend sind, weil sie das Gefühl haben,

in die Rolle der aktiven, aggressiven Kraft hineinmanipuliert worden zu sein.
In der zweiten Konfliktphase verschanzt sich die Neun. An dieser Stelle kommen wahrscheinlich passiv-aggressive Taktiken zum Vorschein. Eine klassische Neuner-Taktik besteht in Kürzertreten und Arbeiten nach Vorschrift. Das bedeutet: »Es hört ja doch keiner zu. Warum sich einsetzen?« oder »Ich tue nur das, wofür ich bezahlt werde.« Wenn Neuner erst einmal einen Standpunkt eingenommen haben, sind sie nicht mehr zum Nachgeben bereit. Können sie sich nicht entscheiden, welche Möglichkeiten sie verwerfen und welche sie unterstützen sollen, lautet der Standpunkt, den sie einnehmen und auch verteidigen: »Ich will alles. Kompromißlos.« Sich festzulegen erfordert von ihnen so viel Anstrengung, daß jegliche Veränderung unmöglich erscheint. Eine dickköpfige Neun ist sehr langsam und sehr wütend, was die anderen Betroffenen als selbstsüchtig und unnachgiebig auslegen. Sture Neuner bringen es fertig, sich in einem ungelösten Konflikt zu verschanzen und die Gegenseite hinzuhalten. Das kann Jahre dauern.

Konfliktlösung

Hinweise zur Vermittlung zwischen Neunern und anderen finden Sie in Teil III »Leitfaden für Beziehungen«.

Neuner als Mitarbeiter

Eine Neun hat etwas übrig für Strukturen. Neuner lieben eine Umgebung mit eindeutigen Anreizen und Belohnungen. Da sie befürchten, übersehen zu werden, und leicht von hochprofilierten Typen in den Schatten gestellt werden, die sich selbst ins rechte Licht rücken, sind sie an fairen Strukturen interessiert, die ihnen Schutz gewähren. Möglicherweise wollen sie gar nicht konkurrieren oder Aufmerksamkeit auf sich lenken. Deshalb fühlen sie sich von solchen Systemen angezogen, bei denen sie nach bekanntem Muster mühelos dahinrollen können, bis sie beschließen, daß sie aufsteigen wollen. Neuner können viel leichter innerhalb eines Organisationssystems Risiken übernehmen, Entscheidungen treffen und kreativ sein, als sich ihren eigenen Prioritäten widmen. Für sie ist es wichtig, Aufstiegsmöglichkeiten zu sehen, auch wenn sie sie vielleicht nicht gleich nutzen.

Neuner passen sich ihrer Umgebung an. Sie verinnerlichen das Klima der Meinungen, Zufriedenheiten und Frustrationen ihrer Arbeitskollegen. Wenn dieses Klima positiv ist, fällt es Vermittlern leicht, diese Eigenheit der Gruppenkultur in sich aufzunehmen. Sie verschmelzen normalerweise auch mit Unzufriedenheit. Konflikte sind besonders brisant. Neuner können auf unausgesprochenes emotionales Kreuzfeuer in ihrer unmittelbaren Umgebung reagieren, ohne sich bewußt zu werden, wieviel von ihrer Aufmerksamkeit draufgeht, um über die Seiten einer Kontroverse nachzugrübeln. Vermittler fühlen sich von einer wohltuenden Arbeitsatmosphäre angezogen. Sie verschmelzen lieber mit dem unmittelbaren Milieu, als für sich persönlich Nischen zu schaffen.

Autoritäten gegenüber könnten Neuner sich ambivalent verhalten. Sie wollen zwar Ordnung und Sicherheit, schalten aber auch auf stur, wenn ihnen gesagt wird, was sie tun sollen. Die Lösung liegt in guten Systemen und einer fairen Struktur, die man verinnerlichen kann. Die Struktur dient ihnen als Steuerruder, um durch den Sturm widersprüchlicher Meinungen hindurchzukommen, und es gibt keinen Grund für Opposition, wenn die Struktur fair ist. Neuner sind am Arbeitsplatz gewöhnlich angenehm, wenn ihre Meinungen angehört werden.

Teamaufbau

Neuner sind geborene Teamspieler, solange es möglichst wenig Konflikte gibt. Sie sind sehr stolz auf einen Gruppensieg und können den Triumph eines anderen Spielers als ihren eigenen empfinden. Das Team muß wissen, daß es auf alle Mitspieler ankommt. Neuner werden einen Star so lange unterstützen, wie dieser bereit ist, sofort zur Kenntnis zu nehmen, daß das Spiel eigentlich durch die Bemühungen des Teams gewonnen wurde. Wenn Neuner mit dem Ehrgeiz und den Bestrebungen anderer verschmolzen sind, können sie sich für sehr hohe Ziele einsetzen und sich in einer Gruppe selbst übertreffen. Oft sind sie im Team kreativer und effizienter, als wenn sie individuell mitarbeiten. Vermittler können auch als »Bindemittel« eines Projekts dienen. Sie sind in schwierigen Zeiten standfest, weil sie unter Druck der Routine treu bleiben können.

Konflikte oder voneinander abweichende Meinungen bringen Neuner durcheinander. Ihre natürliche Vermittlungsfähigkeit tritt gewöhnlich zutage, und sie werden Resonanzböden für Ideen anderer Mitspieler. Da sie Harmonie anstreben, werden sie damit beginnen, die einenden Facetten einer Meinung an die verschiedenen sich befehdenden Splittergruppen zu vermitteln. Sie können in der Tat der Mittelpunkt von Verhandlungen werden, wenn die einzelnen Gruppen feststellen, daß ihre besten Interessen an »schwierige« Teammitglieder weitergeleitet werden. Es wäre gut, die Neun in einem Team nach ihrer Meinung zu fragen, wenn Schwierigkeiten aufkommen. Die Neun ist wahrscheinlich in der Lage, mögliche Punkte der Übereinkunft zwischen unterschiedlichen Standpunkten auszumachen.

Es ist schwierig für Neuner, einfach einen Standpunkt einzunehmen und weiterzumachen. Sie wollen Konsens. Wenn Verhandlungen stocken, können Neuner zutiefst entmutigt sein. Sie werden zwar noch in engem Kontakt zu den verschiedenen Mitspielern stehen, aber anstatt Möglichkeiten für eine Einigung zu sehen, registrieren sie nun das Trennende. Es ist gut, wenn Dritte die Neun wegen Lösungen konsultieren. Die Neun kann einen ganzen Springbrunnen von Informationen hervorbringen, wenn sie von einem neutralen, ungefährlichen Beobachter darauf angesprochen wird.

III.
Leitfaden für Beziehungen

1. Mitfühlendes Verständnis

Zwei Fragen zum Enneagramm werden immer wieder gestellt: »Welche Typen passen am besten zu mir?« und »Wie stellen wir das erfolgreichste Team auf die Beine?«
Partnervermittlungen favorisieren das Leitbild eines optimal passenden Partners. Ähnlich gehen Personalabteilungen vor, wenn sie bei der Einstellung von Mitarbeitern psychologische Fragebogen benutzen. Aber die Suche nach den »Bestmöglichen« bringt gewöhnlich gar nicht so viel, wie es scheint. In der Arbeitswelt beispielsweise lernen die meisten von uns, in Eignungstests gut abzuschneiden und wie hochleistungsfähige Dreier zu agieren. Wir haben spezielle Fertigkeiten, und in diesem Rahmen halten wir uns gern an unsere Arbeit, benutzen dabei eine passende soziale Maske, die mit unserem eigentlichen Wesen wenig zu tun hat. Dieses Leistungsimage muß jedoch in Frage gestellt werden, denn Teams bleiben ja wirklich manchmal stecken, und das liegt oft daran, daß die Menschen falsche Vorstellungen voneinander haben.
Bei Intimbeziehungen kommt zu der Frage nach dem »optimalen Partner« noch hinzu, daß unsere emotionale Reaktion auf die einzelnen Typen von den wenigen Menschen, die uns großgezogen, uns geliebt oder uns nicht gemocht haben, sehr stark beeinflußt ist. Wir verallgemeinern unsere Meinung über einen einzigen Vertreter eines Typs und schließen jeden mit ein, der dieselbe Weltsicht vertritt. Wir stellen fest, daß wir für oder gegen einen Typ eingenommen sind, weil wir einmal jemandem ausgesetzt waren, der die besten oder schlechtesten Charakterzüge dieses Typs verkörperte.
In der mündlichen Weitergabe des Enneagramms sind wir auf Sprecherpodien angewiesen, die jeden einzelnen Typ repräsentieren. Bezeichnenderweise wird auf den Podien ein und desselben Typs von völlig unterschiedlichen Vorlieben für die acht anderen Weltsichten berichtet. Fragt man beispielsweise ein Podium von Vierern (Romantikern): »Wie steht ihr zu

Achtern (Bossen)?« bekommt man zu hören: Ich heirate sie, ich fürchte sie, ich liebe sie, ich hasse sie, ich gehe ihnen aus dem Wege oder ich trete mit ihnen in Wettstreit. Die Romantiker sagen alle die Wahrheit, und zwar aufgrund ihrer Erfahrungen mit den verschiedenen Seiten der Acht. Es wäre daher ein Fehler, Typen danach einzuteilen, ob man mit ihnen zusammenpaßt oder nicht. *Ihr bester Partner für Liebes- und Arbeitsbeziehungen ist jeder psychisch reife Mensch.*

Die im Leitfaden dargestellten zwischenmenschlichen Beziehungen gehen auf das zurück, was Enneagramm-Schüler, die sich selbst beobachten, am häufigsten berichten. Ihre Schilderungen sind eine Goldgrube von Informationen über Erfolge, Reinfälle, Ziele und Vorhaben der einzelnen Typen in Beziehungen; denn sie stammen von Menschen, die von ihrem Standpunkt aus wissen, wovon sie reden. Diese Informationen betreffen nicht die Chemie, die erfolgreiche Teams miteinander verbindet, bzw. die Anziehungskräfte, die eine Ehe beleben. Sie zeigen die Probleme, die in engagierten Partnerschaften unvermeidlich aufkommen und die bewirken, daß wir mit Menschen, die anders sind als wir, zusammenwachsen oder brechen.

Als allgemeine Richtlinie ist es wichtig – und tröstlich –, stets daran zu denken, daß wir nicht immer auf eine eingeschränkte Sicht der Wirklichkeit festgelegt sind. Der innere Zwang bzw. die Grundzüge eines Typs sind nicht immer in Kraft. Die meisten von uns können die meiste Zeit klar denken und angemessen reagieren, aber wenn sich Druck aufbaut, kommt der »Schleier der Illusion« bzw. die Voreingenommenheit des Typs ins Spiel und beherrscht gewöhnlich unsere Wahrnehmungen.

Um Menschen, die anders sind als wir, mitfühlendes Verständnis entgegenzubringen, ist es hilfreich, wenn beide Partner ihren Anteil an einem Problem zur selben Zeit bearbeiten. Der eine arbeitet an Veränderung, der andere an Akzeptanz. Dreier beispielsweise könnten Veränderungen damit einleiten, daß sie anfangen, ihre Programme zusammenzustreichen. Zur selben Zeit lernen ihre Partner, sie als Menschen zu akzeptieren, die ihr Herz in ihre Arbeit legen.

2. Die Perspektive des Leitfadens

Die Beziehungen werden dargestellt ohne Rücksicht auf Geschlecht und kulturelle Unterschiede, welche die Art und Weise, in der die Charakterfixierungen ausagiert werden, beeinflussen können. Die vorliegende Darstellung beschreibt den jeweiligen Persönlichkeitstyp im Sinne mentaler und emotionaler Voreingenommenheiten, obwohl doch dieselben Hauptthemen auch in einer »männlicheren« bzw. »weiblicheren« Weise dramatisiert werden könnten. Zwei junge Frauen desselben Typs beispielsweise, die in unterschiedlichen Kulturen aufgewachsen sind, werden zwar dieselben mentalen und emotionalen Gewohnheiten beschreiben, ihre ähnlichen Lebensthemen jedoch unterschiedlich ausagieren. Eine traditionell erzogene Frau aus den Südstaaten der USA lebt vielleicht unter dem Einfluß ihrer Kultur ihr Vierersein auffallend anders aus als eine Vierer-Frau, die mit der Erwartung aufwuchs, in eine Firma einzutreten. Zwei Vertreter desselben Typs werden immer von ähnlichen Gedanken, Gefühlen, Motiven und Umgangsstilen reden, aber die Art, wie sie diese Weltsicht personifizieren, kann von ihrer Kultur beeinflußt sein.
Die Vorstellung, was »männlich« bzw. »weiblich« ist, schwankt auch von Kultur zu Kultur. Beispielsweise ist mir aufgefallen, daß Argentinien viele Männer hervorzubringen scheint, die ihre emotionale Ausdrucksfähigkeit wertschätzen. Andererseits schätzt die Zigeunerkultur das Organisationsvermögen und die wirtschaftliche Tüchtigkeit der Frauen, was aggressives oder »männlich« wirkendes Verhalten zu bestärken scheint. Dieser kulturelle Überzug beeinflußt ohne Zweifel die

Selbstdarstellung, ändert jedoch nicht die grundlegenden Voreingenommenheiten, auf denen der Typ basiert.

3. Arbeit und Familie als Lebensbereiche

Da Liebe und Arbeit lediglich unterschiedliche Ausdrucksformen derselben Grundeinstellung sind, gibt es natürlich Überschneidungen und Ähnlichkeiten zwischen den Voreingenommenheiten im Bereich der Arbeit und im Bereich der Partnerschaft. Jeder von uns ist einmalig, und wir alle leben nur einen Teil der Hauptzüge, die unseren Typ kennzeichnen. Welche von diesen Zügen in der Arbeit zum Tragen kommen und welche im häuslichen Leben besonders betont werden, ist auch ganz individuell. Die reiche Vielfalt innerhalb eines Typs beruht auf der Tatsache, daß keine zwei Menschen dieselben Hauptthemen in genau der gleichen Weise ausagieren.

Die Beschreibungen stammen aus Tausenden von Berichten der TeilnehmerInnen an Enneagrammseminaren, in denen sich die Typen miteinander austauschen. Auf Paar-Podien sitzen VertreterInnen desselben Typs ihren Ehepartnern oder Liebsten gegenüber. Das Gespräch beleuchtet die typischen Projektionen, Fehlleistungen und Wandlungen, zu denen es zwischen Menschen kommt, die von völlig unterschiedlichen Standpunkten aus operieren. Anstatt Uneinigkeit zu schaffen, können solche zentralen Vorkommnisse das Rohmaterial, der Kompost, die Energiequelle für menschliche Wandlung werden.

Im Leitfaden werden die Paare als gleichrangig beschrieben, während die Arbeitsbeziehungen in den Bezugsrahmen von Chef und Mitarbeiter gestellt werden. Um Wiederholungen zu vermeiden, stelle ich die Interaktionen jeder Typenkombination nur einmal dar. So beschreibe ich die Beziehung zwischen Eins und Zwei, nicht aber die zwischen Zwei und Eins. Auf diese Weise ergibt sich bei der Darstellung der Beziehungen für jeden Typ jedesmal eine Kombination weniger.

4. Interaktionen der neun Typen

Eins mit Eins: Zwei Perfektionisten in der Liebesbeziehung

Dieses Paar kann einen perfekten Lebensstil anstreben. Gutes Essen, Gesundheit und die richtige Art der Kindererziehung. Sie gründen oft Familien in einem praktischen Rahmen, der Verantwortung und Stolz über Erreichtes betont. Projekte verbinden dieses Paar, aber bei der Teamarbeit geht Funktionieren vor Fühlen. Zarte Gefühle können leicht durch schwere Arbeit betäubt werden. »Keine Zeit für Umarmungen. Viel zu tun. Wir sehen uns später.« Liebe wird ebenso durch Anstrengungen wie durch Gefühle gezeigt.

Ein Paar aus zwei Einsern versteht Kritik. Obwohl sie zueinander sehr streng sein können, versteht jeder von ihnen, daß das Kritisieren eines geliebten Menschen eine Form ist, diesem Menschen zu sagen, wie wichtig er einem ist. Einser wollen, daß diejenigen, die ihnen etwas bedeuten, so vollkommen wie möglich sind. Es ist ein Zeichen von Vertrauen, wenn sich eine Eins sicher genug fühlt, jemanden offen zu kritisieren, und es ist ein Zeichen von Mißtrauen, wenn sich schweigender Groll aufbaut. Eine Auseinandersetzung zwischen zwei Einsern braut sich langsam zusammen, dann eine kurze explosive Konfrontation, ein langes schweigendes Abstandhalten und schließlich eine allmähliche Wiederannäherung, während man sich vergibt.

Offene Wut über ungefährliche Themen wie Nachbarschaftsangelegenheiten oder die Rettung der Wale kann die Schleusen öffnen, um in der Folge auch in bezug auf persönlichere

Dinge Dampf ablassen zu können. Eine Auseinandersetzung, bei der nicht viel auf dem Spiel steht, belebt dieses Paar. Ist in der Beziehung Wut erst einmal erlaubt, wird dadurch der Engpaß erweitert, den die Drosselung »schlechter« Gefühle verursacht hatte. Einser verblüfft es, wie durch eine gesunde Auseinandersetzung Spannung abgebaut wird. Sie empfinden es so: »Wir haben gestritten, haben uns alles gesagt, was wir uns sonst nie getraut hätten, wir lieben uns immer noch, und niemand ist gestorben.« Einser-Paare, die schon lange zusammen sind, erzählen auch, daß eine tiefere Nähe davon abhängt, ob man miteinander streiten kann, und daß es ein Akt des Vertrauens ist, Wut zu zeigen.

Schwierigkeiten können entstehen, wenn sich Einser an Projekten außerhalb der Beziehung beteiligen, die zeitaufwendig sind. Jeder empfindet sein Projekt als Priorität und zieht Energie von der Paarbeziehung ab. Hausarbeiten, Haushaltsführung und Kinderpflege werden möglicherweise zum Problem. Jeder wird dem anderen mangelnde Organisationsfähigkeit vorwerfen. »Du hättest in den Supermarkt gehen sollen. Du warst dran. Das ist nicht fair.« Nichts kann für jemanden, der hingebungsvoll arbeitet, irritierender sein, als unerwartete Pflichten aufgehalst zu bekommen. Einser verhalten sich bei Hausarbeiten zwanghaft und stehen ständig unter Zeitdruck. Eine klare Arbeitsteilung ist hier hilfreich. Mit einem Arbeitsplan für den Haushalt sind sie gut beraten. Ihr ausgeprägter Sinn für Fairplay wird angesprochen, wenn sie eine Arbeitsteilung deutlich erkennen können:

Die Party findet zu spät statt

Dieses Jahr haben wir jeder nach einem Vollstudium die Diplomarbeit geschrieben, und wir ziehen einen Dreijährigen groß. Wir haben uns das Geld für das Studium durch die Renovierung und den Verkauf eines alten Hauses verdient, aber ich arbeite noch als Elektriker, und wir ernähren uns weitgehend aus dem Garten meiner Frau. Letzte Woche kam sie dann nach Hause und wollte, daß wir für unseren Sohn eine

Geburtstagsparty veranstalten. Aber sie meint, erst sollten wir uns Möbel anschaffen, denn manche Eltern sitzen nicht gern auf Kissen auf dem Fußboden.
Aber Möbel können wir uns erst anschaffen, wenn ich die Innenarbeiten abgeschlossen habe. An den Fenstern sieht man noch das Sperrholz. In diesem Wohnzimmer eine gute Couch aufstellen? Es wäre eine Schande, eine Party zu veranstalten, wo das Sperrholz noch zu sehen ist. Also verputze ich ein paar Tage lang nach dem Abendessen die Wände, und dann ist da die Fliesenarbeit am Ofen, die noch nicht ganz beendet ist, und nun habe ich schon seit Wochen keinen freien Tag mehr, und wir haben soviel mit dem Garten, unserem Sohn, dem Studium und dem Renovieren zu tun, daß wir, meine Frau und ich, beide zwar die ganze Zeit im Hause sind, uns aber meist nur im Vorübergehen sehen.

Zwei Einser fragen oft: »Wer von uns ist besser?« Dieses Sichvergleichen mit anderen stammt aus der Kindheit, als sie glaubten, durch Perfektsein könne man Liebe erringen. Subtiler gesehen bedeutet die Frage: »Du wirst zu mir aufsehen, wenn ich besser bin. Bin ich gut genug, um geliebt zu werden?« Junge Einser werden sich ganz bestimmt mit ihren Partnern vergleichen. Sie mögen zwar den Eindruck erwecken, als gehe es um Konkurrenz, aber mit der Zeit erkennen sie, daß »Anfälle« von Sichvergleichen Unsicherheit signalisieren. »Mach du den Anfang« ist ein weiteres Zeichen von Unsicherheit. Es bedeutet: »Ich habe Angst, eine Veränderung in Gang zu setzen.« Die Partner kritisieren aneinander, daß sie sich nicht bessern. Keiner will anfangen. »Fang du an« oder »Warum ich, wenn du's nicht tust?« bedeutet gewöhnlich: »Ich habe Angst, einen Fehler zu machen.« Sonderbarerweise kann »Du zuerst« ein verkapptes Kompliment sein. Es bedeutet: »Ich habe Angst, in deinen Augen zu versagen, denn ich bin nicht liebenswert, wenn ich nicht perfekt bin.«

Eins mit Eins: In der Arbeitsbeziehung

Einser finden oft zueinander. Sie sagen, es sei für sie leichter, jemanden zu finden, dem es auch um Qualitätskontrolle geht. Einen Gleichgesinnten zu finden, kann für eine Eins so sein, als finde sie noch einen Atlas, der die Welt auf seinem Rücken trägt. Endlich! Noch jemand, der eine Menge Verantwortung auf sich nimmt. Einser sagen auch, es mache sehr viel Spaß, sich mit verständigen Leuten auszutauschen. Das Schönste an Besprechungen kommt erst hinterher, wenn man zusammen die Diskussionsbeiträge durchhecheln kann. Zwei Einser haben den Hang, eine Liaison der Überlegenheit aufzubauen, einen kleinen exklusiven Klub, der seine Überlegenheit daraus bezieht, daß er andere für unzureichend erklärt. Positiv ist an einem Gespann von zwei Einsern das gemeinsame Wollen: harte Arbeit, verdientes Vorwärtskommen und fachliches Können. Qualität in der Arbeit ist ihr Markenzeichen.

Einser gehen davon aus, daß sie in einer vertrauenswürdigen Hierarchie vorankommen, aber das Thema der Kontrolle wird in Partnerschaften aus zwei Einsern sicherlich auftauchen. Der Vorgesetzte tut, was für das Geschäft »richtig« ist, und der Angestellte will, was für das Personal »richtig« ist. Einser als Chefs beispielsweise können auf Kosten der Angestellten im Interesse der Firma Entscheidungen treffen, die alles andere als großzügig sind. Lohnerhöhungen werden möglicherweise von »fortgesetzt guter Leistung« abhängig gemacht, wobei die Einschätzung vom Chef vorgenommen wird. Einser als Manager sind überzeugt von ihrer Korrektheit, und Einser als Angestellte werden sich ebenfalls im Recht fühlen. Wenn Perfektionisten das Gefühl haben, zum Vorteil anderer ausgenutzt werden zu können, ziehen sie sich in eisiges, unproduktives Schweigen zurück. Sie machen dann Dienst nach Vorschrift, ohne auch nur ein Quentchen Energie mehr aufzubringen oder eine Minute länger zu arbeiten als vorgesehen. Diese Distanzierung ist der Stil, in dem Einser Machtkämpfe austragen. Jeder wartet darauf, daß der andere »mürbe« wird, indem er Wut zeigt. Jeder beobachtet den anderen und hofft, einen Fehler zu finden. Hilfreich ist, wenn das System so gelockert werden kann, daß jeder sein Gesicht wahrt und beide Nutzen ziehen. Es entlastet, wenn denen auf der Verliererseite Respekt entgegengebracht werden kann.

Detailkontrolle könnte ein beiderseitiger blinder Fleck in der Partnerschaft von zwei Einsern sein. Sie könnten gemeinsam aus Kleinigkeiten unnötige Hindernisse machen. Einfach gute Arbeit zu machen wäre nicht genug. Es muß absolut richtig sein. Beschlüsse zu fassen fällt schwer, da beide Einser alle Punkte sehen, auf die es ankommt, jedoch Schwierigkeiten damit haben, den Anstoß zu einer Lösung zu geben. Umfassende Lösungen enthalten zu viele Möglichkeiten für Fehler, und das macht Einser sehr vorsichtig. Einser als Chefs wiederholen wahrscheinlich eher etwas aus der Vergangenheit Bewährtes, als daß sie Experimente machen. Hinweise von außen zeitigen oft Wirkung. Einser hören auf Ratschläge von Leuten, die etwas von ihrer Sache verstehen. Einser als Manager können mit begründeten und verläßlichen Informationen etwas anfangen. Sie brauchen eine Liste von Beratern, von glaubwürdigen Leuten, die sie um Hilfe bitten können. Einser als Angestellte können völlig aus der Fassung geraten, wenn bei einer Entscheidung Zufallselemente mitspielen. Sie bekommen leicht Leistungsängste. Sie brauchen eine Regel für den Umgang mit Alarmsignalen. Einser als Angestellte schätzen Verfahrensregeln. Sie wollen in Notfällen wissen, wer, was, wann und wie.

Eins mit Zwei: Perfektionist und Geber in der Liebesbeziehung

Die beiden ziehen sich aufgrund ihrer Unterschiede an. Einser befassen sich mit praktischen Dingen, und Zweier stellen Beziehungen über Gefühle und Stil her. Perfektionisten fühlen sich durch die Aufmerksamkeiten der mehr emotional ausgeprägten Geber geschmeichelt. Zweier kümmern sich um das Gesellschaftliche. Ganz gleich, ob sie Männer oder Frauen sind – sie ergreifen die Initiative. Das durchbricht die kritische Haltung und die soziale Ängstlichkeit der Perfektionisten. Die Bedürfnisse von Einsern wirken auf Zweier wie ein Leuchtfeuer. Einser brauchen Spaß, Einser brauchen Hilfe, und so denken Zweier: »Hier könnte ich ja helfen.« Einser haben ein schlechtes Gewissen, weil sie Bedürfnisse haben, aber Zweier haben keine Schuldgefühle dabei, diese Bedürfnisse zu befriedigen.

Zweier fühlen sich hingezogen zu soliden, verläßlichen Partnern, die ihre Liebe in verantwortungsvollem Handeln zeigen. Perfektionisten können bei emotionalen Turbulenzen Halt bieten, und Zweier werden nach dieser Sicherheit suchen, wenn die Welt ins Wanken gerät.

Wenn die Beziehung sich weiterentwickelt, machen Einser Überstunden, und Zweier wollen, daß die Beziehung reizvoll bleibt. Lange Arbeitstage ohne Umarmungen geben Perfektionisten ein Gefühl der Reinheit, während Zweier so etwas rasend macht. Zweier brauchen eine Menge Aufmerksamkeit. Aus der Sicht der Zwei erscheint es erbarmungslos und wie eine Strafe, daß der Perfektionist seine Freude in gut gemachter Arbeit findet. Der Ausweg wäre eine wohlgeordnete gefestigte Lebensweise mit ausreichend sozialen und emotionalen Ausdrucksmöglichkeiten, damit beide Partner zufrieden sind.

Das Paar trifft sich in der Vierer-Position und hat daher möglicherweise ein gemeinsames Verständnis für Enttäuschungen und Depressionen. Einser reagieren deprimiert, wenn Bemühungen in der Arbeit nichts bringen. Zweier können seltsamerweise in Sicherheit traurig werden, weil sie dann ihre eigenen Bedürfnisse verspüren. Solche Paare haben oft den Wunsch, einander vor Scham und Enttäuschung zu schützen. Die Vierer-Position kann für sie ein Ort der Solidarität sein. Einser respektieren Menschen, die sich mühen, und Zweier sind hilfsbereit, wenn sie andere leiden sehen.

Im Lauf der Zeit könnten die Gedanken des Sollens, die das Leben einer Eins beherrschen, hemmend wirken. Durch »Sollen« entsteht zwar eine stabile Lebensweise, sie tötet aber auch Spontaneität. Wenn die Verliebtheit verlorengeht, wird sich die Zwei verwundert fragen, »Wo stehe ich denn eigentlich?« – »Komme nicht ich zuerst?« Da sie von wohlwollender Anerkennung abhängt, kämpft eine bedrohte Zwei um Aufmerksamkeit. Der Stolz der Zwei wächst an, wenn sie einem Partner wichtig genug ist, um auf sie zu reagieren. Bei einem lang anhaltenden Tief in der Beziehung wirkt der Geber unsicher und die Eins starr. Einser zwingen anderen Strukturen auf, um Chaos abzuwehren, und Zweier bekämpfen die Regeln, um sich zu rächen.
Unter Druck können sich Einser in ihre Arbeit vergraben, statt sich mit ihren Gefühlen zu befassen. Der Mangel an Kontakt kann Geber auf die Barrikaden bringen. Ein steifes »Guten Morgen« bei tadellos mit Butter bestrichenem Toastbrot, den ganzen Tag über kein Anruf und jede Menge Überstunden. Anstatt sich zurückgewiesen zu fühlen, müssen Zweier sich klarmachen, daß die Wut der Eins durch die Arbeit unterdrückt wird. Zweier können Bedürfnisse befriedigen, indem sie sich für die entstandene schwierige Situation mitverantwortlich fühlen, jeden verdienten Vorwurf akzeptieren und zu vernünftigen Verhaltensrichtlinien ja sagen.
Einser können helfen, indem sie das Bedürfnis der Zwei nach Aufmerksamkeit verstehen. Ist das Bedürfnis nach Anerkennung wirklich oberflächlich oder falsch? Statt mit Urteilen zu reagieren, könnte die Eins daran denken, Gesten der Zuneigung zu zeigen. Sie könnte auch ihrerseits versuchen, Hilfe anzunehmen. Einser empfinden es im allgemeinen als Kritik, wenn man ihnen Hilfe anbietet. Perfekte Menschen haben keine Bedürfnisse. Einser sehen gewöhnlich in Hilfsangeboten entweder reinen Großmut oder aufmerksamkeitsheischende Manipulation. In Wirklichkeit sind das nicht die Alternativen. Vielleicht ist es ein bißchen von beidem.

Eins mit Zwei: In der Arbeitsbeziehung

Geber sind oft beruflich erfolgreich, arbeiten aber für Liebe. Für ihre Arbeit möchten sie von denen, die sie lieben, Anerkennung. Wenn es die nicht gibt, wechseln sie die Arbeitsstelle. Bei dieser Partnerschaft übernimmt mitunter die Eins die Verantwortung und die Zwei die Helferrolle, selbst wenn die Erfahrung eine solche Verteilung nicht nahelegt. Einser wollen recht haben, und Zweier wollen gemocht werden; deshalb wäre es der Zwei unangenehm, die Autorität der Eins herauszufordern. Zweier können als Macht hinter dem Thron sehr glücklich sein. Es ist eine gute Kombination, wenn die Eins umgänglich ist, denn Zweier können sehr genau und äußerst leistungsfähig sein, wenn ihre emotionalen Bedürfnisse befriedigt werden.

Einsern als Vorgesetzten geht es um Können und Verfahrensregeln. Sie bieten exakte langfristige Planung und präzise Details. Einser könnten technische Fertigkeiten in den Vordergrund stellen, ohne viel darauf zu achten, wie sich das Personal fühlt. Geber als Angestellte werden das merken, gehen aber möglicherweise nicht auf Konfrontation. Warum Unruhe schaffen? Warum Wut riskieren, wenn man dafür bezahlt wird, Unterstützung zu gewähren? Es ist sehr nützlich, wenn Zweier es riskieren, erforderliche Vorschläge zu machen. Der Chef fühlt sich vielleicht wirklich kritisiert und ist eine Weile verstimmt, aber wenn Zweier sich der Aufgabe als solcher widmen, statt nach Zustimmung zu trachten, könnte der Chef mehr Risiken eingehen. Am meisten Nutzen bringt diese Partnerschaft, wenn sich Zweier sicher genug fühlen, um das Denken des Chefs zu hinterfragen, anstatt zu versuchen, nett und ungefährlich zu sein.

Zweier als Manager legen Wert auf Image, äußere Erscheinung und oft auf Beziehungen zu Günstlingen im inneren Zirkel. Einsern als Angestellten wird das soziale Rollenspiel oder die Möglichkeit, daß Bewertungen bzw. Förderungen von Günstlingswirtschaft abhängen, nicht behagen. Einser bahnen sich ihren Weg durch harte Arbeit und haben es nicht gern, wenn sie Aufmerksamkeit erringen müssen. Sie wollen eine faire Leitung, die Leistungen anerkennt, ohne erst darum gebeten zu werden.

Einser als Angestellte könnten sich durch die Launen des Vorgesetzten bedroht fühlen. Geber neigen zu Wutanfällen, die schnell wieder vergehen. Geber vergessen, aber Einser glauben das, was in der Wut gesagt wird. Wochen später noch machen sich Einser über leichtfertig dahingesagte Kritik Gedanken. Gutes Timing ist wichtig für dieses Gespann. Einser sollten sich darüber im klaren sein, daß der Chef emotionale Hochs und Tiefs hat und daß es nichts mit Manipulation zu tun hat, wenn man die Hochs zu schätzen weiß, während man den Tiefs aus dem Wege geht. Es ist außerordentlich nützlich, wenn die Zwei in der Vorgesetztenposition daran denkt, angerichteten Schaden wieder in Ordnung zu bringen. Einfach zu sagen, »Ich habe vielleicht übertrieben reagiert«, erspart den angestellten Einsern eine Menge unnötiger Besorgnisse.

Eins mit Drei: Perfektionist und Leistungsmensch in der Liebesbeziehung

Dieses Paar paßt energiemäßig gut zueinander. Beide sind aktiv, beide achten auf Status und soziales Image, und beide finden ihre Identität durch die Arbeit. Tätigsein ist die gemeinsame Ebene, auf der sie sich treffen. Beide mögen normalerweise Sport und körperliche Bewegung, Familienleben und Projekte fürs Haus. Da sie Wert auf Produktivität legen, kann jeder auf die Bemühungen und den Erfolg des anderen, besonders auf beruflichem Gebiet, stolz sein. Dieses Paar hat wirklich etwas davon, einmal übers Wochenende zu verreisen, denn wenn die Beziehung nur über Aktivitäten läuft, gleitet das leicht in eine Art zwanghaften Tätigseins ab, bei dem Intimität und Gefühle ausgeblendet werden. Einser stellen Beziehung her, indem sie den Tag noch einmal Revue passieren lassen. »Hör mal, was mir heute passiert ist« oder »Beim Mittagessen hatte ich ein großartiges Gespräch.« Dreiern jedoch geht es um Ergebnisse. Wenn die Arbeit vorbei ist, würden sie lieber etwas anderes machen, als weiter von der Arbeit zu sprechen, nur weil das dem Kontakt zugute kommt.

Beiden Typen ist wichtig, was andere denken, aber sie agieren dieses Interesse unterschiedlich aus. Einser vergleichen sich mit anderen und nehmen es mit dem Unterschied zwischen echter Leistung und beeindruckendem Image sehr genau. Sich selbst beurteilen sie nach den höchsten Maßstäben des Erfolges und sind stolz darauf, nicht auf oberflächliche Posen hereinzufallen. Einser streichen ihr Image selten heraus, wogegen Dreier der Öffentlichkeit eine interessante Fassade vermitteln. Durch die Selbstdarstellung von Dreiern in der Öffentlichkeit können Irritationen entstehen. Einser fragen sich: »Ist das ehrlich oder bewußte Täuschung?« Dreier wollen in den Augen anderer gut aussehen, Einser dagegen den richtigen Eindruck machen.

Das Sichanbiedern bei der Masse kann Einsern als Falschheit erscheinen, und es erzeugt Ängste hinsichtlich möglicher Unehrlichkeit in anderen Bereichen der Beziehung. Einser sind Puristen. Sie wollen absolute Ehrlichkeit, die im Widerspruch steht zu der täuschenden Maske, die die Drei der Öffentlichkeit präsentiert. Währenddessen machen sich Leistungsmenschen, überzeugt, daß man mit Image Liebe gewinnen kann, womöglich Gedanken darüber, wie sie ihre Perfektionisten-Partner auf die richtige Art beeindrucken.

Dreier ziehen sich zurück, wenn das Image angegriffen wird, und Einser setzen nach, wenn sie wütend sind. Wut befreit Einser, und sie werden den Grund ihrer Wut offen kundtun, ob Dreier das nun mögen oder nicht. Wenn sich die Leistungsmenschen zurückziehen, holen die Perfektionisten sie an den Verhandlungstisch zurück. Wenn Dreier mit dem Thema »Image« nicht zurechtkommen, werden Einser eine Auseinandersetzung über Hausarbeit vom Zaun brechen. Die Gefahr bei diesem Paar ist, daß die Drei nicht zur Selbstreflexion fähig ist, während die Eins wütend nachsetzt. Dreier können diese Gefahr abwenden, indem sie erkennen, daß sie das Problem zu 50 Prozent verursachen, und indem sie anerkennen, daß eine gewisse Wut durchaus angebracht sein mag.

Am besten werden Konflikte gelöst, wenn sich Einser auf einen einzelnen schwierigen Bereich konzentrieren. Eine Auseinandersetzung braucht nicht weiteren Groll auszulösen. Dreier können »negative« Emotionen nicht leiden und denken generell nicht über sich nach, solange sie nicht erkennen können, was das alles soll. Dreiern geht es um durchführbare Lösungen, damit sie weiterkommen. Sie kommen an den Verhandlungstisch, um ein Problem zu lösen, aber sie mögen keine Ausweitung der Diskussion, besonders nicht auf Sünden der Vergangenheit.

Bei Auseinandersetzungen erinnern sich Einser an allen zurückliegenden Ärger. Sie denken: »Einmal hast du's schon gemacht, und du könntest es wieder tun. Hast du dich wirklich geändert?« Dreiern dagegen ist zurückliegender Ärger verhaßt. »Okay, ich habe zugegeben, daß ich im Unrecht war. Ich habe alles beglichen. Warum kannst du nun nicht vergeben und vergessen?« Es ist nützlich, wenn Dreier mit frühen Wutsignalen von Einsern umgehen können, solange die Wut noch einem speziellen Problem gilt. Es ist für Dreier nicht produktiv, wenn sie sich Konfrontationen entziehen, indem sie Arbeit vorschützen. Diskussionen müssen auf die Tagesordnung. Es ist auch gut, wenn Einser nicht vergessen, daß Dreier leicht in ein Image schlüpfen und daß Fassaden, die in der Öffentlichkeit gezeigt werden, vielleicht nur eine andere Form sind, der Welt zu begegnen, und keine Form der Lüge.

Eins mit Drei: In der Arbeitsbeziehung

Dreier erledigen die Arbeit, aber Einser machen sie richtig. Hier steht Quantität gegen Qualität. Leistungsmenschen produzieren Menge, und Perfektionisten wollen ein perfektes Ergebnis. Beide Typen können arbeitswütig sein, aber Dreier gehen dabei den effizientesten Weg. Sie setzen Ziele, laden sich mit Energie auf und erledigen möglichst alles im Schnellverfahren. Unkonkrete Anweisungen sind das Rechte für Dreier; sie können durch Tun lernen. Sie improvisieren. Details können warten. Aber diese Art von Unbeständigkeit in Verfahrensfragen kann Einser auf die Palme bringen:

> Quantität gegen Qualität
> Eine Eins als Krankenschwester in einer Arbeitsatmosphäre mit Dreiern: *Ich arbeite in meinem Krankenhaus sehr viel mit Ärzten, die Dreier sind. Sie beginnen die Visite mit Tempo hundert, überprüfen stichprobenartig, geben Anweisungen und ziehen mit hoher Geschwindigkeit wieder ab. Ich dagegen bin zwölf Stunden dort, beobachte die Patienten eingehend und sammle jede Menge Fakten. Ich weiß, daß das, was die Ärzte wollen, zwar logisch ist, aber nicht geht. Ich weiß auch, daß sie nicht auf mich hören werden. Ich hab' mir immer zugesetzt und mir ein Gewissen daraus gemacht, daß ich die Anweisungen nicht richtig ausführe, bis ich begriff, daß ich es am besten so machen sollte, wie ich es für richtig halte, und dabei möglichst wenig um Anweisungen bitte. Ich habe schließlich festgestellt, daß die einfach wollen, daß die Sache erledigt wird, und sich nicht darum kümmern, auf welche Weise das geschieht.*

Dreier als Chefs haben immer zur selben Zeit mehrere Projekte in Arbeit. Neue Vorhaben beginnen, bevor die gerade laufenden abgeschlossen sind, so daß keine Zeit zum Aufholen bleibt. Dreier wollen initiieren, delegieren und zum nächsten übergehen, so daß die Verantwortung für die Durchführung beim Personal liegt. Indes versuchen die ebenfalls hart arbeitenden Einser-Angestellten die Sache zurückzuverfolgen und einen Plan ausfindig zu machen. Kein Plan bedeutet einen völligen Stopp. Was Dreiern wie unbedeutende Einzelheiten vorkommt, sind für Einser grundlegende Notwendigkeiten. Perfektionisten zögern angesichts von Ungewißheit. Die Gleichung hat zu viele Unbekannte. Sie denken: »Wir müssen eine Sitzung einberufen. Dies hier könnte zu kostspieligen Fehlern führen.«

Einser halten inne, um zu planen, während Dreier Tempo zulegen. Der Abstand zwischen beiden wird größer, wenn die aufs Ziel orientierte Drei als Vorgesetzter von der selbstverständlichen Ausführung durch die Angestellten ausgeht. Da Dreier auf Ziele konzentriert sind und sich persönlich mit Erfolg identifizieren, geraten sie in Wut, wenn Arbeit blockiert wird. Dreier als Chefs denken: »Die Angestellten sind für die kleinen Dinge verantwortlich. Es dauert doch nur ein, zwei Minuten, um etwas zu ordnen und zu organisieren. Ich dagegen stehe an vorderster Front, vertrete das Unternehmen, und mich sieht jeder. Alles andere ist zweitrangig.«

Unzureichend anerkannte Einser bringen Ärger. Perfektionisten investieren außerordentlich viel Zeit und Bemühungen, um zu forschen, zu vergleichen, zu überlegen und zu verbessern. Sie wissen, was mit dem Geld geschieht und wo die Akten stehen, und sie werden langsamer arbeiten, wenn sie unzufrieden sind. Es kommt zu einer völligen Distanzierung, wenn ein Perfektionist, der von Prinzipien ausgeht und sich auf sorgfältig zusammengetragene Angaben stützt, einem Leistungsmenschen gegenübersteht, der etwas will, das funktioniert. Keiner wird zugeben, daß er im Irrtum ist, denn dadurch würde Sachkenntnis in Frage gestellt, und beide Typen identifizieren sich stark mit ihrer Berufsrolle. Zu Konflikten kann es kommen, wenn die Drei wütend wird, Tempo zulegt und nicht zuhört. Dann gibt es zwei wütende Leute, die beide recht haben.

Die Konfliktlösung sollte sich darauf konzentrieren, daß beide ausgezeichnete Arbeit wollen. Dreiern müßte vielleicht unverblümt gesagt werden, »das hier funktioniert so nicht«. Das überrascht sie gewöhnlich. Hilfreich ist, wenn Dreier reif genug sind, um zu sehen, daß Erfolg von Zusammenarbeit und nicht von einer Einzelleistung abhängt. Dreier als Chefs sollten »Angestellten-Tage« sowie »Wochen zur Anerkennung der Angestellten« einrichten und die Namen von Einser-Angestellten mit einem Sternchen versehen. Einser leisten sehr viel und legen sich ins Zeug, wenn sie sich mit einem Projekt identifizieren, buhlen jedoch nicht um die Anerkennung, die ihnen zustünde. Außerdem ist es nützlich, wenn Einser lernen können, ihre Vorschläge nach Dreier-Art in einer Sprache zu formulieren, in der es um Effizienz, Rentabilität und Konkurrenz geht.

Einser als Vorgesetzte können sehr auf Kontrolle bedacht sein. Sie wollen in Details sichergehen, und dabei werden Dreier als Angestellte garantiert gegen die Regeln verstoßen. Dreier sind aufs Ziel konzentriert, und Einser müssen für alle Schritte, die zum Ziel führen, Verantwortung tragen. Einsern geht es um Charakter, ehrliches Bemühen und faire Belohnung. Dreier wollen sofortigen persönlichen Erfolg. Dreier als Angestellte arbeiten für Sicherheit, Prestige und Image. Sie sprechen auf Konkurrenz, Prämien und Titel an, und das könnte den eher konservativen Charakterzügen von Einsern als Chefs zuwiderlaufen. Perfektionisten setzen vielleicht wasserdichte Richtlinien für Erfolg in der Arbeit auf, aber Dreier ignorieren oder umgehen sie mit List und Tücke. Es dauert zu lange, die Pfennige zu zählen und die Akten zu korrigieren. Kleine Fehler machen Dreiern nichts aus, Einsern als Chefs dagegen sehr viel. Dieses Paar ist oft erfolgreich, wenn sich die Drei als Informationskanal mit den Geschehnissen im Arbeitsfeld befaßt. Ein Leistungsmensch als Angestellter kann für einen raschen Informationsdurchlauf sorgen und an Ort und Stelle Entscheidungen treffen. Der Beitrag der Drei kann für eine Eins als Chef, der den Plan dann entsprechend modifiziert, von unschätzbarem Wert sein.

Eins mit Vier: Perfektionist und Romantiker in der Lieb<sbeziehung

Das ist gewöhnlich eine lebhafte Beziehung mit der Möglichkeit eines tiefen Verstehens seiner selbst. Dem Paar ist die Linie zwischen Eins und Vier im Diagramm gemeinsam, und das bedeutet, daß jeder eine Version von sich in dem anderen sieht. Romantiker agieren oft »ungehörige« Emotionen aus, die Perfektionisten erschrecken. Romantiker machen auf dem Weg zu Freude und Schöpfertum Schamgefühle, Depressionen, Neid, Konkurrenzdenken und Verzweiflung durch. Perfektionisten schrecken oft davor zurück, ihre eigenen Schatten in Aktion zu sehen, aber das ist bei diesem Paar nicht zu vermeiden, denn Romantiker dramatisieren die emotionalen Bedürfnisse, die Einser unterdrückt halten. Durch diese Beziehung können Einser ein Leben der Gefühle kennenlernen statt eines Lebens, das vom Richtig-oder-falsch-Denken bestimmt ist.

Die dramatischen Stimmungen der Vierer können auf ernste und praktisch veranlagte Einser abstoßend wirken. Das kommt ihnen wie Sichgehenlassen vor. Einser denken: »Reiß dich doch zusammen. Hier ist noch Arbeit zu erledigen.« Einser sehen emotionalen Exhibitionismus und das Bedürfnis der Vier, etwas Besonderes zu sein, als Eigenschaften an, die strenger Disziplin unterworfen werden müssen. Ein Teufelskreis kann sich entwickeln, bei dem die Kritik der Eins das mangelnde Selbstwertgefühl der Vier verstärkt. Im Gegenzug weisen dann Vierer auf das hin, was Einsern fehlt: »Du bist gefühllos.« – »Du bist kalt.« – »Dich rührt ja gar nichts an.« Damit sagen sie implizit, daß Vierer bessere Menschen sind, weil sie so tief empfinden. Der Zyklus kann unterbrochen werden, wenn Vierer erkennen, warum es Einser dazu treibt, »schlechte« Emotionen zu kontrollieren. Seitens der Eins ist es hilfreich, die Lauterkeit einer tiefen Gefühlsbindung zu erkennen und zu sehen, daß es für Dinge des Herzens keine Regeln geben kann.

Im positiven Fall kann die Emotionalität der Vier die Sollte-Mentalität lockern, die die Zufriedenheit und Kreativität der Eins blockiert. Einser berichten oft, daß sie die Richtung ihres Lebens bzw. ihre Kreativität an ihrem Risikopunkt Vier »gefunden« haben. Sie sagen auch, daß Romantiker treue Gefährten in Zeiten emotionalen Leides sein können. Alles, was mit emotionaler Energie aufgeladen ist, fesselt und fasziniert eine Vier. Es ist nicht etwa so, daß sie Geschmack am Richtig-oder-falsch-Denken der Eins findet, sondern daß diese Vorstellung von richtig und falsch für die Vier einen Sinn bekommt, wenn sie damit eine tiefe Empfindung verbinden kann.
Romantiker können sich zur emotionalen Beständigkeit und zur praktischen Veranlagung der Perfektionisten hingezogen fühlen. Aus Angst vor dem Verlassenwerden kann es vorkommen, daß Vierer ihre Beziehungen sabotieren, wenn sie erkennen, wie tief sie sich schon darauf eingelassen haben. Sie entziehen sich, indem sie verschwinden, den Partner in einer Auseinandersetzung von sich stoßen oder durch eine Depression gelähmt werden. Dieser ganze Aufruhr erscheint Einsern »falsch«, und sie verteidigen sich, wenn sie sich unfair behandelt fühlen. Einser werden aktiv wütend, wenn ihnen unrecht getan wird, und sie können Auseinandersetzungen lange nicht vergessen. Seltsamerweise respektieren Romantiker Menschen, die sich nicht auf versuchte Sabotage einlassen, denn das ist ein »Beweis« dafür, daß ihre Partner dableiben und sie nicht verlassen werden. Wer sich nicht durch Taktiken des Wegstoßens und Anlockens unter Druck setzen läßt, dem kann man trauen. Vierer können sich an einen Menschen anlehnen, der die praktischen Erfordernisse von Arbeit und Familie bewältigt, unabhängig davon, wie ihnen zumute ist und wie es ihnen geht.
Nachteilig an einer Verbindung zwischen Eins und Vier kann gemeinsame Unzufriedenheit mit dem Leben sein. Romantiker leiden, weil etwas fehlt, und Perfektionisten sehen die Mängel. Die Beziehung kann wieder belebt werden, indem

man sich auf die guten Dinge des Augenblicks konzentriert und Vergnügen an allem hat, was das Hier und Jetzt bietet.

Eins mit Vier: In der Arbeitsbeziehung

Einser haben perfekte Maßstäbe, Vierer einzigartige, und daraus kann ein Bündnis der Vorzüglichkeit werden. Die Partner respektieren wechselseitig ihre besonderen Leistungen und kritisieren gemeinsam Leistungen, die den Maßstäben nicht gerecht werden. Die in der Linie Eins – Vier gegebene emotionale Überschneidung kommt in der Arbeit nicht so sehr zum Tragen, denn hier richtet sich die Hauptaufmerksamkeit auf Projekte und nicht auf Gefühle. Romantiker sind in der Arbeit nicht annähernd so wankelmütig wie in intimeren und persönlicheren Bereichen. Ebenso konzentriert sich der perfektionistische Zug der Eins in der Arbeit zum größten Teil auf Aufgaben.

Da Einser als Chefs auf Struktur und Ordnung achten, werden sich Vierer bei ihnen sicher fühlen. Strukturen halten Gefühle im Zaum, und ein gut funktionierender, ordentlicher Rahmen kann durchaus reizvoll sein. Schwierigkeiten könnten auftreten, wenn die vorgesetzte Eins im Umgang distanziert ist und mit den Angestellten auf dem Weg von Vorschriften und gesellschaftlichen Konventionen verkehrt. Vierer werden diese Haltung als emotional unehrlich abtun, als Einstellung, für die Vorschriften wichtiger sind als Menschen. Vierer brauchen eine besondere Behandlung, und wenn sie die nicht bekommen, setzen sie sich ganz einfach über die Vorschriften hinweg, anstatt sich beschämt einer kleinkarierten Obrigkeit zu unterwerfen. Vierer haben einen verwegenen, pflichtvergessenen Zug, der zum Vorschein kommt, wenn sie das Gefühl haben, in der Gewöhnlichkeit festzusitzen. Regeln, an die andere sich halten, gelten für sie einfach nicht. Um sich auf Dauer engagieren zu können, brauchen sie persönliche Beachtung durch eine anerkannte Autorität, besonders wenn sie

sich in einer öffentlichen Wettbewerbssituation befinden. Jedes echte Interesse, das man an ihrem Projektbereich hat, nährt ihr Gefühl, wertvolle Mitarbeiter zu sein.
Vierer in der Sicherheitsposition der Eins können mit einer Geistesgegenwart und Zielstrebigkeit handeln, die sonst oft von Emotionen überdeckt sind. Während solcher Zeiten können kreative Bestrebungen vervollkommnet und verwirklicht werden. Die Begegnung in der Einser-Position kann ein Höhepunkt der Partnerschaft sein. Ein praktisch eingestellter Einser-Manager unterstützt den Schaffensprozeß und kann so bei der Umsetzung einer einmaligen Vierer-Kreation in brauchbare Realität behilflich sein.
Die Begegnung in der Einser-Position kann auch ein Fiasko werden, wenn die Vier, die sich nun endlich sicher genug fühlt, um auch Unzufriedenheit zum Ausdruck zu bringen, beginnt, unkonstruktive, pingelige Beurteilungen vorzunehmen. Peng! Plötzlich ist nichts, was der Einser-Vorgesetzte vorschlägt, gut genug. Arbeitsteams aus einer Eins und einer Vier berichten, daß sie ihre schlimmsten Augenblicke in einer sogenannten Periode der Sicherheit hatten, als die angestellte Vier über alles verbittert war, was fehlte. Sie fühlt sich ausgenutzt und sagt das allen. Gewöhnlich kommt es dann zu einer öffentlichen Szene. Die Vier ist beleidigt über die Entlohnungssätze, die Projekte und das ganze Drumherum. Einser als Vorgesetzte, die ja schon selbst einen inneren Kritiker am Halse haben, revanchieren sich dann oft entsprechend. Paradoxerweise können diese Auseinandersetzungen heilend wirken, besonders wenn sie unter Vermittlung stattfinden. Einser können einmal wütend werden, ohne ein schlechtes Gewissen zu haben, und Vierer erleben es, daß ihre verhängnisvollen Fehler allen sichtbar werden, ohne daß man sie verläßt. Durch Vermittlung können Einser erkennen, daß Arbeitsbeziehungen aus mehr bestehen als nur der Ausführung von Anordnungen, und Vierer können lernen, zwischen einem echten Grund zur Beschwerde und gekränkten Gefühlen zu unterscheiden.

Als Vorgesetzte können Vierer das Büro entweder mit der Präzision einer Drei leiten oder die Veranstaltungen so planen, daß sie sich um ihre eigenen emotionalen Bedürfnisse drehen. Vierer in der Chefposition, die vom Konkurrenzdenken geprägt sind, wirken oft wie Dreier und handeln auch wie sie, behalten ihre Gefühle für sich und vollbringen Leistungen mit hohem Risiko. Konkurrenz-Vierer können sich von einem außerordentlichen Manöver faszinieren lassen und alle Vorsicht in den Wind schlagen.
Emotional stärker geprägte Vierer werden zum Mittelpunkt des Büros. Sie können außerordentlich effizient sein, aber ihre Stimmungen werden Stil und Tempo von Projekten beeinflussen. Einer raschen, fröhlichen Gangart in der Arbeit kann Desinteresse folgen. Eine wichtige anstehende Entscheidung kann durch ein psychisches Drama ganz in den Hintergrund geraten. Belegschaftsmitglieder können ihren Vierer-Vorgesetzten treu ergeben sein und sie als Teil ihres Lebens empfinden, aber im Laufe der Zeit werden Einser-Mitarbeiter unruhig und ärgerlich über die unregelmäßige Kontrolle. Perfektionisten wollen den Bürokalender in Ordnung halten, weil langfristige Planung die Angst vor Chaos mindert. Vierer als Chefs könnten somit glücklich von den kleinen Details der Aufsicht befreit sein. Romantiker zieht es zu schöpferischen Unternehmungen, und sie bringen wahrscheinlich neue Begeisterung mit in die Arbeit, wenn sie von Dingen, die mehr zur Routine gehören, freigestellt werden können.

Eins mit Fünf: Perfektionist und Beobachter in der Liebesbeziehung

Das kann ein Paar sein, das sich ähnlich sieht. Beide sind äußerst selbständig, arbeiten gern allein und legen Wert auf die Kontrolle der Gefühle. Die Beziehung könnte sich eher pragmatisch als romantisch abspielen, wobei Lebensunterhalt, praktische Projekte und ein gut organisiertes Familienleben im Vordergrund stehen. Spannung kann sich durch Informationsmangel entwickeln, wenn sich die Zurückhaltung der Fünf auf die Tendenz der Eins zur Sorge auswirkt. Beobachter können tagelang emotional distanziert sein, während sich Einser dann verkrampfen und auf den Donnerschlag warten. Und das ist den Fünfern vielleicht ganz egal.

Perfektionisten tendieren dazu, Schweigen als Verurteilung auszulegen. Keiner der Partner will in Wut geraten. Dadurch werden wichtige Themen vernachlässigt. Die Spannung läßt nach, wenn Fünfer reden können, und sie löst sich auf, wenn sie streiten. Der Eins zeigt die Wut, daß die Fünf engagiert ist. Emotionale Distanz löst sich auf, wenn einem etwas wichtig ist. Fünfer sehen bei Einsern emotionale Intensität, die sie anzieht – einen Weckruf des Lebens. Solange Fünfer nicht gezwungen werden, Gefühle zu zeigen, können sie sich als Berater positionieren. Das ist ihnen lieber, als im Gefühlsleben anderer im Mittelpunkt zu stehen. Einser finden bei Fünfern eine unerschütterliche, wissende Präsenz und den Verzicht auf Wertungen – oft eine Folge der Distanziertheit. Da das Paar auf Gefühlskontrolle Wert legt, ist es in seiner Art gewöhnlich etwas kühl. Paare, die lange zusammen sind, sagen, daß es ihnen außerordentlich geholfen hat, sich ihre Wut und ihre Sexualität zu eigen zu machen, anstatt ihrer Tendenz zu folgen und Gefühle zu unterdrücken bzw. sich von Negativem abzukoppeln.

Eins mit Fünf: In der Arbeitsbeziehung

Wenn Fünfer sich von ihren Gefühlen ablösen, wirken sie distanziert und reserviert. Sind sie aber in Kontakt mit ihrer intellektuellen Neugier, werden sie lebendig und können recht kritisch sein. Anstatt Schwierigkeiten zu bereiten, kann die kritische Haltung dieses Gespanns sie in der Arbeit miteinander verbinden.

Eine Eins als Vorgesetzten wird es erleichtern, daß es Fünfer als Angestellte mit Informationen peinlich genau nehmen. Da ist jemand, der sich kümmert! Da sie beide Kritikfähigkeit besitzen und praktisch bis zur Sparsamkeit sind, sind Eins und Fünf als Partner gut darin, Ineffizienz und Verschwendung aus einem System zu beseitigen. Es könnte zu einem Tauziehen hinsichtlich der Versorgung mit Informationen kommen. Wenn Perfektionisten mehr wollen, geben Beobachter als Angestellte weniger. Hilfreich ist, wenn die Fünf genau weiß, wieviel verlangt wird, und wenn der Vorgesetzte keine weiteren Verbesserungen fordert, sofern die bestehenden Normen eingehalten werden.
Ihre Arbeitsstile ähneln einander in bemerkenswerter Weise. Fünfer als Chefs setzen klare Ziele und gehen methodisch vor. Das gefällt Einsern. Beide sind in ihrer Arbeit höchst selbständig. Sie mögen Aufgaben, die sie selbst gestalten können. Der Schwerpunkt wird auf formalen Arbeitskontakten und nicht auf Gefühlen liegen. Bei Schwierigkeiten werden sich beide erst einmal dadurch wehren, daß sie sich zurückziehen. Fünfer als Vorgesetzte werden den Dialog in Gang bringen müssen, denn Schweigen deuten Einser als Kritik.
Ist ein Arbeitsrhythmus erst einmal festgelegt, können Partnerschaften aus Einsern und Fünfern durchdachte und gut belegte Ergebnisse bringen. Beide wollen umfangreiche Daten, um eine fundierte Entscheidung treffen zu können. Fünfer schätzen Wissen um des Wissens willen, und Einser bringen gern etwas Tadelloses zustande.

Eins mit Sechs: Perfektionist und loyaler Skeptiker in der Liebesbeziehung

Die ursprüngliche Anziehung besteht hier oft in einer gemeinsamen Vision, zu deren Verwirklichung harte Arbeit erforderlich ist. Das Verbindende bei diesem Paar sind Bemühungen und gemeinsame Ideale. Sechser identifizieren sich mit der Sache Benachteiligter, und das deckt sich mit der Begeisterung der Einser für Vollkommenheit. Da das Paar eine ähnliche Weltsicht hat und auf Gegenwind vorbereitet ist, hängt es oft einem Traum an.

Bei beiden Typen kann man negatives Denken sehen. Einser achten auf Fehler, und Sechser zweifeln. Aber eben weil sie mit Schwierigkeiten rechnen, nehmen sie auch die Schönheit des menschlichen Dilemmas wahr, und die Kreativität, die aus Leiden hervorgeht. Sie verstehen, daß es wichtig ist, schwierige Fragen zu stellen, und sie wissen um den Wagemut des Versuchens. Beide Typen sind in schöner Weise bereit, in schwierigen Zeiten durchzuhalten. Das damit verbundene Bemühen schafft ungewöhnlich starkes Vertrauen. Jeder sieht die hohen Absichten des anderen, und jeder sieht, wie der andere Angst vor Erfolg hat.

Paare aus Einsern und Sechsern berichten sowohl von großer Nähe zueinander als auch von Phasen der Distanzierung, zu denen es in regelmäßigen Abständen durch wechselseitige Projektionen kommt. Beide haben ein schlechtes Gewissen, wenn sie ihre Sache nicht gut machen, und beide zaudern. Die Eins hat Angst, Fehler zu machen, und die Sechs zweifelt am Erfolg. Das Klima ist reif für gegenseitige Projektionen. »Warum geht denn das nicht schneller?« – »Meine Güte, wie er wieder zögert.« – »Ist das Absicht?« – »Warum kann sie sich nicht entscheiden?« Die Partner haben Angst, sich zu streiten. Zorn ängstigt Sechser, und Einser denken, Zorn sei schlecht.

Ohne Realitätsüberprüfung können beide Partner durch Befürchtungen und Zweifel gelähmt werden. Ein kompliziertes Gespinst aus nichteingestandenen Gefühlen kann entstehen. Die Eins erlebt die Sechs als unnachgiebig, und die Sechs fühlt sich beschuldigt, weil alles, was erledigt wird, nicht gut genug ist. Die Eins nimmt leicht eine überlegene Haltung ein: »Ich habe recht, und es stimmt, daß du nicht gut genug bist.« Wenn Einser von ihrer moralischen Überlegenheit überzeugt sind, können sie die Sechs durch ihr »Besser«-sein-Wollen wegstoßen. Die Sechs ist vielleicht durchaus bereit, schlecht dazustehen, um sich ihrerseits den anderen vom Halse zu halten. Sie hofft, daß die Eins empört geht und ihr damit ein Verlassen der Beziehung ohne Schuldgefühle ermöglicht. Hilfreich ist es, die Projektion im Keim zu ersticken, bevor der Blick für die guten Absichten des Partners verlorengeht. Ein gutes Gespräch verringert die Projektion. Eine schlichte Strategie, die doch sehr schwer umzusetzen ist. Von Zeit zu Zeit wird jeder in dem anderen den »Verursacher« des Problems sehen. Sechser haben Angst vor ihrer eigenen Aggressivität, und Einser leugnen Wut, weil sie sie für schlecht halten. Folglich kann der Ärger ohne Vorwarnung den Siedepunkt erreichen. Für dieses Paar liegt die Antwort im Sichaussprechen, damit die Projektion sich nicht festsetzen kann.

Eins mit Sechs: In der Arbeitsbeziehung

Einser arbeiten mit Hingabe und rechnen damit, durch eigenes Bemühen nach oben zu kommen. Sechser bringen eine kreative Qualität mit in ihre Arbeit und stehen ambivalent zu Autoritäten. Von allen Typen ist die Eins am stärksten an Regeln gebunden, während Sechser die Regeln anzweifeln. Unter perfektionistischen Chefs werden Sechser als Angestellte schließlich die Regeln beugen und auch andere dazu ermuntern. Sechser schließen sich zu Rudeln zusammen, um sich gegenseitig zu unterstützen. Gegenüber Sechsern ist man am besten eine wohlwollende Autorität, solange sie gut arbeiten. Erfolgreiche Einser als Vorgesetzte denken daran, Angestellten immer wieder Mut zu machen, selbst wenn das nicht logisch bzw. notwendig zu sein scheint. Einser geizen mit Lob, weil sie sich auf Fehler konzentrieren. Sechser als Angestellte legen fehlendes Lob üblicherweise schlecht aus und fühlen sich angegriffen. Ist der Vorgesetzte morgens über den Verkehr auf den Straßen wütend, werden Sechser als Angestellte diese Wut registrieren und sie mit ihrem eigenen Szenario des schlimmstmöglichen Falles in Verbindung bringen. Hungrig auf Gewißheit, bauen sie möglicherweise einen Anlaß auf und übertragen ihre Unruhe wahrscheinlich auch auf andere. Sie fühlen sich bedroht und suchen Unterstützung. »Kann man diesem Chef trauen?« – »Wie können wir sichergehen?« Der Konflikt wird nicht gelöst, wenn sich Einser hinter Richtig-oder-falsch-Lösungen verstecken. Es ist von grundlegender Bedeutung, das Problem noch einmal unter einem anderen Gesichtswinkel darzustellen bzw. eine Lösung anzubieten, bei der alle ihr Gesicht wahren. Beispielsweise: »Das war eine Experimentierphase. Wir haben daraus gelernt, und nun können wir weitergehen.«

Angesichts ungewisser Konsequenzen werden Sechser als Angestellte vor Autoritäten entweder einen Kniefall machen oder ihnen an die Kehle gehen. Treten Sie sorgfältig Gerüchten entgegen, beseitigen Sie »Vielleichts« und potentielle Hintertürchen. Beide Typen achten sensibel auf versteckte Absichten. Besonders Sechser nehmen an, daß die Obrigkeit nicht vertrauenswürdig sei.

Sechser sind als Chefs kurzfristig gut, werden jedoch bei langfristigen Projekten oft schwankend. Es wird Festlegungen von Fristen, Rettungsaktionen in letzter Minute sowie einen Leitungsstil geben, bei dem immer wieder gestoppt und neu gestartet wird. Sie sind stark als Führungskräfte in der Phase, in der Neues erschlossen wird, haben jedoch Mühe beim Expandieren, selbst wenn ihnen der Erfolg gewiß ist. Sechser als Vorgesetzte müssen sich auf die Aufgabe konzentrieren, und das bringt die gewissenhaften Einser in unterstützende Positionen. Einser wollen gute Führungstätigkeit und sind bereit, alles zur Einhaltung einer Frist zu tun, wenn man sie mit seinem Beispiel inspiriert.

Informelle Sitzungen am runden Tisch zahlen sich wirklich aus. Jede Woche ein paar Minuten herumzuschauen, um zu sehen, wie jeder arbeitet, trägt sehr zur Klärung der Atmosphäre bei. Beide Typen fühlen sich wie Zielscheiben, wenn es bei der Arbeit Feindseligkeiten gibt. Einser machen sich Sorgen, was wohl die anderen denken. Sechser erwarten Angriffe. Beide ziehen sich zurück, wenn sie sich bedroht fühlen, und beide halten es für »negativ«, ihre Befürchtungen mitzuteilen. Informelle Zusammenkünfte sind ganz einfach Realitätstests. Die Einser und Sechser dieser Welt sind immer wieder überrascht, wenn sie entdecken, daß ihr Projekt noch sicher steht.

Aus dieser Partnerschaft können gut belegte und glänzend recherchierte hieb- und stichfeste Analysen hervorgehen. Beide Typen stellen gern heikle Fragen. Sie sind ausgezeichnete Fehlerbeseitiger, und sie neigen dazu, Sollbruchstellen vorauszusehen und Lösungen vorzuschlagen.

Eins mit Sieben: Perfektionist und Epikureer in der Liebesbeziehung

Das Paar hat eine gemeinsame Linie im Enneagramm, d. h. jeder erkennt im anderen einen wesentlichen Aspekt von sich selbst. Die Sieben fasziniert die Klarheit der Eins. Siebener bewundern, daß Einser diszipliniert sind, sich für Prinzipielles einsetzen und dann auch tun, woran sie glauben. Einser sind Praktiker, die auf greifbare Ergebnisse hinarbeiten, und ihre gerichtete Konzentration kann den planenden, herumschwirrenden Geist einer Sieben erden.

Auf der anderen Seite fühlen sich Einser zur Spontaneität der Epikureer hingezogen. Mit Siebenern zu leben kann sehr viel Spaß machen. Sie beleben das Familienleben derart, daß ein Abend am Kamin zu einer Theatervorstellung werden kann. Aus Ferien können grandiose Veranstaltungen werden. Einser begrüßen besonders ihren Siebener-Sicherheitspunkt als Hort des Glücks und der Freiheit, können jedoch ihre Epikureer auch für Luftikusse halten.

Sieben(t)er Himmel

Perfektionistische Mutter, epikureischer Sohn: *Mein Sohn zog monatelang im Himalaya herum und schilderte alles in glühenden Farben. Er kam in einer Stadt auf einem Hügel in etwa elftausend Fuß Höhe unter und bat mich, ihn zu besuchen. Er war total begeistert. Er schrieb, es sei das Abenteuer seines Lebens, und fragte, ob ich den ganzen Sommer kommen würde. Ich also, ganz die zuvorkommende Mutter, mache mich nach Indien auf und fahre ihm nach. Es gefällt mir sehr gut, bis es dann soweit ist, daß ich mich für zwei Wochen bei ihm einquartiere. Da gibt es kein fließendes Wasser, es ist wirklich heiß, und wir müssen essen gehen, weil es keinen Herd gibt. Eines Tages sitze ich ihm beim Mittagessen gegenüber. Wir haben beide wenig Platz, ich schwitze, und die Fliegen sind mir zuwider, er aber ist in einer Art Ekstase. Sein Gesicht ist so entzückt, er sieht geradezu betrunken aus. Ich frage ihn, woran er gerade denkt, und er sagt: »Das hier ist das beste Restaurant in der Stadt. Ich kann jeden Tag im besten Haus am Platz essen.*

Wenn die Beziehung sich weiterentwickelt, drängen Einser darauf, daß etwas dabei herauskommt, und Siebener wollen Spaß. Eine erfolgreiche Beziehung bringt die beiden Interessen zusammen. Einser können spontan sein, wenn der Lebensstil sagt, daß Spontaneität das Richtige ist. Wenn wir herumhängen und uns vom Strom tragen lassen sollen, oder wenn die Regeln besagen, daß es gar keine Regeln gibt, lernen Einser, flexibel zu handeln. Da sie auf Genauigkeit und Siebener auf Möglichkeiten aus sind, kann ein erfolgreiches Paar seine Abenteuer funktionalisieren. Sie suchen dann beide gemeinsam nach Möglichkeiten, wie bei dem Spaß etwas herauskommen kann. Jedoch geschieht es weit häufiger, daß das Paar parallele Wege beschreitet. Jeder macht seins, und sie einigen sich grundsätzlich über Geld, Zeit und familiäre Verpflichtungen. Siebener haben wechselnde Interessen, und Einser könnten sich tief in ein Arbeitsfeld vergraben, das die Sieben monoton und langweilig findet.

Versuchen Einser, Siebener auf Praktisches festzulegen, dann wehren sich diese. Gestreßte Siebener in der Einser-Position agieren Perfektionismus auf Siebener-Art aus, indem sie gegen Beschränkungen und Regeln ankämpfen. Siebener denken: »Beschränkungen sind für niedere Wesen.« – »Regeln sind für geringere Geister.« Unglücklicherweise legen Einser Wert auf Grenzen und Selbstkontrolle, und wenn ihr Schwarzweiß-denken die Oberhand gewinnt, sehen Epikureer selbstsüchtig und daher schlecht aus. Im Streit werden Einser unnachgiebig, und Siebener weichen aus. Siebener versuchen, das Problem abzutun, und Einser fangen an zu kontrollieren. Wenn sich Siebener Wut bzw. »negativen« Gefühlen gegenübersehen, suchen sie sich unbedingt zu verteidigen. Sie nehmen eine Überlegenheitshaltung an und denken: »Die Eins ist aber schwierig. Sie hat ein Problem.« Die Siebener nutzen eventuell die Wut der Eins, um die Tatsachen zu verwischen. Das kann Perfektionisten dazu verlocken, in die Offensive zu gehen, und damit geben sie Siebenern einen Vorwand, zu verschwinden. Es ist sehr hilfreich, wenn Epikureer bei Verhandlungen auf halbem Wege entgegenkommen, sich der Wut der Eins stellen und versuchen, sich mit dem Problem auseinanderzusetzen.

Einser verkörpern Präzision und Durchhaltevermögen, während Siebener Freude und Spontaneität an den Tag legen. Einser im Urlaub wirken und handeln ganz von selbst wie Siebener. Der Trick ist, etwas von der Urlaubsstimmung mit nach Hause ins Familienleben zu bringen.

Eins mit Sieben: In der Arbeitsbeziehung

Siebener stellen gern Netzwerke her. Sie ziehen gern mit ihren Ideen herum. Bei dieser Partnerschaft ist die Sieben der Teil, der erfindet, plant und sich um Kontakte kümmert. Der Perfektionist sorgt für Struktur, Durchführung und Kontrolle. Beider Fertigkeiten im Geschäftsleben werden durch unterschiedliche Denkstile betont. Einser sind Richtig-oder-falsch-Denker, die auf Logik bauen, um Pläne umzusetzen, wogegen

Siebener in Systemen ineinandergreifender Konzepte denken. Sie verlangen nach flexiblen Strukturen, die neue Technologien und Ideen in sich aufnehmen können. Perfektionisten können dem mehrspurigen, assoziativen Denken der Siebener nicht so leicht folgen, und Epikureer fühlen sich durch eine logische, lineare Vorgehensweise eingeschränkt.

Einser als Vorgesetzte können dem Richtig-oder-falsch-Denken Geltung verschaffen, indem sie auf kleine Fehler hinweisen. Siebener, die auf dem falschen Fuß erwischt werden, ziehen sich hinter eine Barrikade von Ausflüchten zurück: »Es sollte aber eigentlich so aussehen.« – »Das Timing war nicht richtig.« Ausweichtaktiken sind Einsern verhaßt, denn sie sehen anstelle des »Prozeßdenkens« Lügen. Statt nun anzunehmen, der Angestellte sei in gefährlicher Weise unverantwortlich, könnten Einser nichtlineares Denken versuchen. Sie sollten Siebener nur ganz behutsam beaufsichtigen. Konzentrieren Sie sich nicht auf Verfahrensfragen. Setzen Sie vernünftige Termine, und bewerten Sie nur die Ergebnisse.

Es kann wirklich passieren, daß Siebener-Vorgesetzte in Urlaub gehen und einen ganzen Schwall unbeantworteter Fragen zurücklassen. Unerwartete Entscheidungen und plötzliche Richtungswechsel sind für Einser besonders bedrohlich. Der Vorgesetzte mag vielleicht eine »klare Mitteilung« oder »wasserdichte Anweisungen« produziert haben, die in Wirklichkeit skizzenhaft und unvollständig sind. Einser werden da denken: »Das ist Mißwirtschaft. Das ist eine Beleidigung für das Personal.« Wütende Einser verfahren nach dem Buchstaben des Gesetzes und machen alles genau so, wie es angewiesen wurde, anstatt dem unsicher gewordenen Boß behilflich zu sein. Epikureer wären gut beraten, wenn sie einen Tag damit verbringen würden, exakte Anweisungen zu formulieren. So ein Tag mag ihnen endlos und angsterregend erscheinen, da Einser-Angestellte in den Plänen der Vorgesetzten die fragwürdigen Stellen entlarven. Dabei sind Einser die perfekten Angestellten, um die Details eines Projektes zu gestalten, damit der Chef wirklich Urlaub machen kann.

Eins mit Acht: Perfektionist und Boß in der Liebesbeziehung

Wenn es so etwas wie Enneagramm-Gegensätze gibt, so sind es diese beiden. Diese Beziehung produziert bestimmt Feuerwerk. Beide sind Zorntypen, neigen zum Schwarzweißdenken und sind überzeugt, im Recht zu sein. Anfänglich sind Einser von der Kraft und der sexuellen Ausstrahlung der Achter-Maske fasziniert. Es muß wunderbar sein, so frei zu sein. Achter fühlen sich oft zu der Disziplin und den guten Absichten von Einsern hingezogen. Deren moralische Haltung erscheint dem etwas gesetzlosen Boß ehrlich.

Wenn die Beziehung reift, kommt Wut zum Vorschein. Achter bestehen darauf, Wut direkt auszudrücken, und wenn Einser erst einmal zur Auseinandersetzung angestachelt sind, schlagen sie mächtig zurück. Offene Wut kann für Einser ein echter Segen sein. Endlich haben sie es mit jemandem zu tun, der Wut nicht als schlecht beurteilt.

Beide Partner sind gut in neutralen Entscheidungen, z.B. wem sie bei Wahlen ihre Stimme geben oder wohin die Familie in den Urlaub fahren sollte. Persönliche Prioritäten bereiten mehr Schwierigkeiten. Acht und Eins sind Flügelpunkte der selbstvergessenen Neun. Achter »wachen auf«, indem sie gegen andere angehen, und Einser, wenn sie erkennen, was zu tun das Richtige ist. Einser und Achter sind daher eher auf Reagieren als auf Agieren eingestellt. Wenn sie anfangen, sich gegenseitig zu sticheln, polarisieren sie sich. Keiner gibt nach:

Warum Einser und Achter streiten

Einser haben recht, weil sie gut sind, und wenn sie nicht im Recht sind, haben sie ein schlechtes Gewissen. Achter haben recht, weil sie schlecht sind. Es ist gut, schlecht zu sein. Schlecht ist gesetzlos, frei und aufregend. Schlecht ist interessanter als gut und ist nicht falsch. Es ist schlecht, im Unrecht zu sein; aber schlecht zu sein, heißt nicht, im Unrecht zu sein. Wenn man nicht im Unrecht ist, hat man recht; und wenn man recht hat, sollte man kein schlechtes Gewissen haben.

Wenn Einser anfangen, nach Überwachern auszusehen, werden Achter gesetzlos und geraten außer Kontrolle. Der unausbleibliche Zusammenstoß kann heilend wirken. Einser bringen Achtern etwas über Einschränkungen und Grenzen bei, und Achter bringen Einsern bei, sich zu holen, was sie haben wollen. Wut holt Einser aus ihrer Zimperlichkeit heraus, erlaubt ihnen, respektlos zu sein und zu sich zu kommen. Wut kann dieses Paar verbinden. Es sieht von außen viel schlimmer aus, als aus der Sicht derer, die es brauchen, sich ab und zu mal zu streiten.

Dieses Paar gibt einander etwas, das beiden hilft. Einser sind diszipliniert, und Achter haben Lebenselixier. Beide zusammen haben das Potential zu konzentrierter Kraft, oder sie können in einen Zyklus von Konflikten hineinrutschen, der sie auseinandertreibt.

Eins mit Acht: In der Arbeitsbeziehung

Die Acht ist das Es in der Partnerschaft, und die Eins das Überich. Sie können sich entweder zusammentun oder um die Macht kämpfen. Wut kann in der Arbeit stärker betont sein, denn hier gibt es nicht die Ventile von deftigen Auseinandersetzungen oder gutem Sex.

Der Kampf um Kontrolle wird sich auf unterschiedliche Supervisionsstile konzentrieren. Einser kontrollieren mit der »einzig richtigen Art«. Achter meinen: »Entweder geht's, wie ich es will, oder wir legen die Sache still.« Einser als Chefs wären gut beraten, bei der Supervision einzig von der Leistung auszugehen. Achter als Angestellte werden zwar gute Leistungen bringen, aber möglicherweise keine Rechenschaft über sich ablegen wollen. Selbst Regeln, die logisch und fair

sind, riechen ihnen nach Überwachung. Wenn Achter als Angestellte gut arbeiten – lassen Sie sie in Ruhe.
Achter als Vorgesetzte kontrollieren durch physisches Dasein. Das kann Einsern Schwierigkeiten bereiten, wenn sie keinen Kontakt zu ihrer eigenen Aggression haben. Wenn er von offener Wut getroffen wird, dreht die inneren Kritiker der Eins durch. Der Boß ist wütend. Also ist er schlecht. Achter werden wütend und platzen mit dem heraus, was sie gerade denken; Einser halten an sich, bis sie im Recht sind.
Finden Es und Überich eine gemeinsame Sprache, dann bildet dieses Paar eine Einheit. Beide arbeiten wie besessen, und beiden geht es um praktische Ergebnisse. Achter können Einser zu Leitbildern für ihr Verhalten machen: »Ist das so angemessen? Drängen wir zu sehr? Übertreibe ich?« Achter können Einsern viel Sorge abnehmen: »Komm schon. Ich nehme das in die Hand. Wir riskieren es. Das wird ein Spaß.«

Eins mit Neun: Perfektionist und Vermittler in der Liebesbeziehung

Die beiden können sich bemerkenswert ähnlich sehen. Sie haben so viele Gemeinsamkeiten, daß die Eins und die Neun in manchen psychologischen Systemen unter derselben Kategorie zusammengefaßt werden. Beide sind Zorntypen, die ihren Zorn unterdrücken, und beide sind zwanghaft, d.h. sie grübeln lange über Entscheidungen nach, bevor sie etwas tun. Neuner betrachten Entscheidungen gewöhnlich von allen Seiten, und Einser haben Angst, Fehler zu machen. Wenn da das Paar nicht in einer strukturierten Spur bleibt, kommen wichtige Entscheidungen natürlich nur langsam zustande. Die beiden sind sich vielleicht einig darin, Schwierigkeiten auf später zu verschieben. Warten ist einfach leichter. Einser konzentrieren sich allzusehr auf Einzelheiten, und Neuner warten, daß jemand anderes den ersten Schritt macht. Dieses Paar will ein friedliches und angenehmes Leben. Beide lieben die Si-

cherheit eines Haushaltes, eingebunden in die Routine des Familienlebens. Vermittler sind gewöhnlich freundlich und akzeptierend, und dadurch brauchen Einser nicht soviel Angst zu haben, ob sie denn nun im Recht sind. Dafür finden Neuner in der »korrekten« Weltsicht von Perfektionisten Struktur.
Der Unterschied zwischen beiden zeigt sich, wenn Handeln angesagt ist. Einser gehen schnell vor, wenn sie sich entschieden haben, während Neuner selbst dann noch abwarten können, wenn sie einverstanden sind. Einser können das Paar in die Gänge bringen. Die Überzeugung der Eins wirkt als Vorstoß, und da muß eine Neun Position beziehen. Aber wenn die Eins zur Priorität macht, »was man tun sollte«, werden Neuner denken: »Das hat sich jemand anderes ausgedacht.« Neuner auf dem Rückzug können zerstreut und störrisch wirken. Einser drängen heftig auf das, was »wir tun sollten«, während Neuner noch darauf warten, daß sich eine Priorität ergibt. Unter Druck fassen Neuner das gesamte Spektrum ins Auge. Keine einzige Wahlmöglichkeit ist besonders bedeutsam. Alle Optionen sehen gleich aus. Nachsetzende Einser wollen Antworten: »Drück dich deutlich aus. Was willst du? Erkläre dich.« Unter Beschuß werden Neuner vage und taub. Es kann zu erbitterten Auseinandersetzungen über völlig unbedeutende Kleinigkeiten kommen, weil kleine Streitigkeiten Ventile für den Kummer sind. Aber Wut zu zeigen ist für dieses Paar immer gesund. Bei Wut wird eine Position erkennbar. Man weiß genau, was man nicht will, wenn man wütend ist. »Das nicht« schließt Optionen aus und bringt Neuner und Einser einer endgültigen Entscheidung näher.

Es ist hilfreich, wenn Vermittler in der Lage sind, in der Wut der Eins die guten Absichten zu sehen, und es ist hilfreich, wenn Perfektionisten erkennen, daß Zorn hier zu nichts führt. Man kann Neuner nicht drängen sich festzulegen, aber sie werden sich auf die Bedürfnisse eines Menschen, den sie lieben, einlassen.

Eins mit Neun: In der Arbeitsbeziehung

Die zwanghafte Haltung ist ideal, um Systeme aufzubauen und zu konsolidieren. Durchhaltevermögen ist ein Schlüsselfaktor. Beide Typen nutzen gern bekannte Verfahrensweisen und verstärken sie. Da Einser und Neuner für rasche Veränderungen und ständigen Entscheidungsdruck nichts übrig haben, können sie sich dafür einsetzen, die Organisation dauerhaft zu verbessern. Beide Typen brauchen Struktur, um sich zu entfalten. Sie fühlen sich nicht von Verfahrensweisen erdrückt und bringen es gern in speziellen Fachbereichen zur Meisterschaft. Beide sind Kleinkrämer. Beide schieben Entscheidungen vor sich her, und keiner hat Lust auf Risiken.

Einser als Vorgesetzte schaffen Strukturen, und Neuner stützen sich darauf, um effizient zu sein. Neuner können von zielorientierten Einsern dazu gebracht werden, sich zu konzentrieren. Eine Eins als Chef sollte immer an positive Bestätigung denken. Neuner als Angestellte reagieren auf Ermutigung, während Einser auf Mängel konzentriert sind. Unterbewertete Neuner kontrollieren durch Schweigen und langsameres Arbeiten. Als unzufriedene Angestellte wissen sie, was der Chef will, werden es aber nicht tun. Neuner haben das Gefühl, die Sache in der Hand zu haben, wenn sie keine Wut zeigen. Also lassen sie den Chef tanzen. Es ist wichtig, positives und negatives Feedback im Gleichgewicht zu halten. Neuner mögen eindeutige Belohnungen für Bemühungen, sprechen aber vor allem auf bedingungslose positive Unterstützung an.

Neuner als Vorgesetzte können Systeme aufbauen und laufenlassen. Wenn ihre Aufmerksamkeit sich auf Einzelheiten verteilt, kann die Kritikfähigkeit eines Einser-Angestellten genutzt werden, um das Projekt wieder in den Griff zu bekommen. Neuner sollten versuchen zu delegieren, wenn es ihnen zuviel wird, und Einser sind ideal dafür, Aufgaben zu bündeln.

Zwei mit Zwei: Zwei Geber in der Liebesbeziehung

Paare aus zwei Gebern bekommt man selten zu Gesicht. Wer einer gebenden Tätigkeit nachgeht, hält ja schließlich Ausschau nach jemandem, dem er helfen kann. Bei zwei Gebern ist niemand zum Empfangen da, und jedem ist es peinlich, im Mittelpunkt der Aufmerksamkeit zu stehen. Wenn Zweier ihren Partnern helfen, alles aus sich herauszuholen, fühlen sie sich, als sei der Erfolg auch der ihre. Ist jemand, dem sie helfen, erfolgreich, bleibt ihnen zudem das Risiko erspart, ihr Gesicht zu verlieren. Zweier nehmen hinter den Kulissen Anteil am Ruhm. Sie haben die Fäden gezogen. Sie haben es möglich gemacht, sie haben's erreicht, ohne eine öffentliche Blamage zu riskieren.

Aber zwei Geber, das ist Schiebung. Jeder denkt: »Ich werde gezwungen, den Anfang zu machen.« Es ist peinlich, festzustellen, daß man öffentliche Demütigung fürchtet. Ihre Abhängigkeit von anderen bloßgelegt zu finden, macht Zweier wütend. Eine Pattsituation kann entstehen. Jeder will, daß der andere etwas unternimmt. Jeder will sich lieber anschließen und Unterstützung gewähren. Jeder wartet auf Anregung, und beide sind gelangweilt, weil es nichts zu tun gibt. Jeder ist vom anderen genervt, weil er nicht weiß, wer er sein soll, wenn nicht jemandes Bedürfnisse dafür als Katalysator zur Verfügung stehen.

Es kommt zu Wutanfällen, wenn unterdrückte Bedürfnisse zum Vorschein kommen. Es ist peinlich, um Hilfe zu bitten. Dieses Paar kann in gemeinsamen Unternehmungen zueinander finden. Zwei Geber können ein Geschäft führen oder gemeinsam familiäre Probleme lösen. Unter dem Druck, im anderen seine Identität zu finden, richtet das Paar seine Aufmerksamkeit woanders hin.

Beide Partner gehen ganz in anderen Menschen auf. Wenn die beiden nicht gegen die Welt zusammenstehen oder einander helfen können, werden sie außerhalb ihres Heims Anregungen suchen.

Sie müssen ihre Aufmerksamkeit wieder auf sich selbst richten, so schmerzvoll das sein mag. Sie müssen ihre eigenen Emotionen achten, ihre eigenen Potentiale anerkennen, obwohl sie dabei sehr viel panischer Angst ins Auge sehen werden. »Bedürfnisse zu haben, bedeutet abgelehnt zu werden«, lautet die Formel aus der Vergangenheit. Jeder wird lernen müssen, allein zu sein, statt draußen einen Hilfsbedürftigen zu suchen. Zwei Geber müssen ihre Vorstellungen von Beziehungen neu definieren. Beziehungen bedeuten nicht, die eigenen Bedürfnisse zu leugnen. Sie bedeuten nicht, sich zu weigern, ein Einzelwesen zu sein. Sie bedeuten nicht, außer sich zu sein. Nur die eine Hälfte der Beziehung kann darauf aufgebaut werden, den Potentialen des Partners zu dienen. Die andere Hälfte ist eigene Entwicklung. Zwei Geber sind oft Freunde, seltener Partner und Liebespaar. Als Freunde können sie einander ermutigen, zu empfangen.

Zwei mit Zwei: In der Arbeitsbeziehung

Obwohl zwei Zweier als Paar in Intimbeziehungen nicht häufig vorkommen, passen sie oft in der Arbeit gut zusammen. Beide können einer Aufgabe dienen, als ob diese ein Dritter wäre. Eine Aufgabe hat Bedürfnisse, eine Aufgabe verschafft Identität, und eine Aufgabe bietet emotionalen Treibstoff. Die Partner konkurrieren vielleicht um ihre Unentbehrlichkeit, aber die Sache funktioniert, wenn jeder eine Rolle hat, die genauso wichtig wie die des anderen ist. Es kann eine elegante und produktive Partnerschaft sein. Zwei gute Promoter konzentrieren sich auf ein gemeinsames Bemühen.
Zweier als Vorgesetzte sind ansehnlich. Sie wollen gemocht werden. Sie steuern offensiv Entscheidungen an, die bei allen ankommen sollen. Wenn sie jedoch Mittelpunkt von Feindseligkeiten werden, können sie manipulierend und rachsüchtig werden. Manipulation läuft über die Machtstruktur, und da werden Leute übergangen. Zweier-Vorgesetzte können die

Machtelite verführen. Zweier als Angestellte können Kollegen diskreditieren, um bei der Leitung Eindruck zu schinden. Eindeutige Grenzen machen Manipulationen unnötig. Bei klaren Strukturen können Zweier geradlinig sein. Diejenigen, die das Sagen haben, müssen sich bewußt sein, daß Zweier sich beliebt machen wollen. Als Chefs helfen sie Günstlingen durch private Absprachen und indirekte Unterstützung. Es ist hilfreich, Aufstiegsbedingungen öffentlich und durchschaubar zu machen, damit niemand nach Hintertreppen sucht. Zweier brauchen am Anfang sehr viel Unterstützung, um in öffentliche Konkurrenz einzutreten. Haben sie sich erst mal erfolgreich qualifiziert, halten sie voller Stolz ihre neue Stellung.
Alle Zweier reagieren empfindlich auf Kritik. Man kann nicht unentbehrlich sein, wenn man Fehler macht. Wenn ihr Stolz verletzt ist, versuchen Zweier, sich zu verteidigen. Sie werden dem Problem ausweichen. »Es war nicht mein Fehler.« Machen Sie Zweiern Mut im Hinblick auf die Zukunft. »Wir haben ein Problem, aber da kommen wir durch. Unsere Beziehung ist nicht gefährdet.« Es ist gut, den persönlichen Wert der Geber von ihrem Wert als Fachkräfte zu trennen. Geber wollen als Menschen und nicht als Könner respektiert werden.
Zweier als Angestellte können sich als genauso wichtig wie ihre Vorgesetzten empfinden, und deshalb muß die Stellenbeschreibung klar sein. Wenn Zweier sich in der Gruppe akzeptiert fühlen, kann es sie schockieren, sich ausgeschlossen zu finden. »Das war eine wichtige Entscheidung. Warum bin ich da nicht gerufen worden? Die hätten mich nach meiner Meinung fragen sollen. Man hätte mich um Hilfe bitten sollen.« Zweier können den Eindruck haben, sie leiteten die Show aus einer Zimmerecke. Ihr Stolz bläht sich auf, und sie kommen sich unentbehrlich vor. Der Stolz wird gedämpft, wenn sie nicht gefragt werden. Es ist hilfreich, Zweier in spezielle Arbeiten mit einzubeziehen, damit sie wissen, daß sie einen festen Platz haben. Machen Sie ihnen Mut hinsichtlich der Zukunft. Wenn sie keine Nische für sich sehen, könnten sie an-

fangen zu manipulieren. Diese Angestellten sprechen auf Takt und Respekt an. Werden sie ausgeschlossen oder als selbstverständlich hingenommen, müssen Sie sich auf eine Verlagerung zur Minusseite der Achter-Position gefaßt machen.
Zweier könnten die Günstlinge spielen, unabhängig davon, ob sie leitende Funktionen bekleiden oder nicht. Wichtige und schöne Menschen verdienen Beachtung. Das Proletariat kriegt keinen Beifall. Zweier wollen Anerkennung, und sie haben Angst, sie nicht zu bekommen. Sie achten aufmerksam darauf, wer gerade beliebt ist. Sie wissen, wer gerade die Leiter hinaufsteigt. Nahe an die Macht heranzukommen, ist ihre Art zu kontrollieren. Eine Zwei heiratet selten eine Zwei, und Zweier können mit ihresgleichen in Konkurrenz treten, aber wenn sie kooperieren, können sie viel füreinander tun.

Zwei mit Drei: Geber und Leistungsmensch in der Liebesbeziehung

Eine Zwei gibt Aufmerksamkeit, und eine Drei erwartet sie, wenn sich das Paar zusammentut, um die Bedürfnisse der Drei zu befriedigen. Selbst in der Welt anerkannte Zweier passen sich an, um für ihre Partner attraktiv zu sein. Zweier arbeiten, um die Anerkennung derer zu gewinnen, die sie lieben, während es Dreier zu persönlichem Erfolg treibt. Diese beiden Typen können sehr ähnlich aussehen, aber ihre Motive sind völlig verschieden. Geber arbeiten, um geliebt zu werden, und Dreier lieben es, zu arbeiten. Dieses Paar tut sich oft in einer Beziehung »erfolgreicher Liebe« zusammen. Jeder unterstützt den anderen beruflich, während die Zwei die Gefühle der Familie interpretiert und zum emotionalen Zentrum des Heims wird.
Die häufigste Klage bezieht sich auf die Arbeitshaltung der Drei – Arbeit bis in die späten Abendstunden hinein, und dann kommt er oder sie nach Hause, um sich gleich ins Bett zu legen. Selbst eine Zwei, die selbst einen herausragenden Beruf

ausübt, wartet am Telefon: »Wo bleibt die Aufmerksamkeit? Ich werde hier nicht gebraucht.« Es ist für einen Leistungsmenschen sinnvoll, Zeit für die Liebesbeziehung buchstäblich im Programm vorzusehen. Hilfreich ist, wenn die Zwei ihre Bedürfnisse benennen kann. Wenn Geber Zeit und Aufmerksamkeit benötigen, werden sich Leistungsmenschen darauf konzentrieren müssen. Dreier vernachlässigen nicht absichtlich. Sie machen mit anderen, was sie mit sich selbst machen. Zweier bringen die Gefühle in die Beziehung, und Dreier konzentrieren sich vorrangig auf Aufgaben. Zweier fühlen sich überlegen, weil sie gefühlvoller sind, während sich Dreier überlegen fühlen, »weil ich das alles gemacht habe«. Hilfreich ist, wenn die Zweier Bemühungen als Zuneigung verstehen können. Gefühle sind nichts Handfestes, und daher kann es vorkommen, daß Dreier den romantischen Aspekt der Beziehung nicht begreifen.

Sind sich Zweier ihrer Bedeutung gewiß, beanspruchen sie weniger Zeit. Dieses Paar hat sehr viel gemeinsam: hochprofiliertes Image und den Wunsch nach Erfolg. Sie haben es beide leicht, wenn sich die Drei auf Gefühle einstellt und die Zwei nicht mit einem Job konkurrieren muß, um die Aufmerksamkeit ihres Partners zu erlangen.

Zwei mit Drei: In der Arbeitsbeziehung

Das ist ein hoch leistungsfähiges Arbeitsteam. Beide wissen, wie man produziert und wie man wirbt. In der naheliegenden Konstellation ist die Drei der Chef. Leistungsmenschen erwarten die Führungsrolle, und Zweier geben ihnen gerne Rückhalt, sofern ihr Bedürfnis nach Aufmerksamkeit befriedigt wird. Wenn eine Drei als Vorgesetzter den Beitrag der Zwei anerkennt, geht alles gut. Wenn die Drei aber egozentrisch wird oder sich selbst in den Vordergrund spielt, findet die Zwei jemand anderen, den sie unterstützen kann. Leistungsmenschen werden wütend, wenn Arbeit unterbrochen wird, und in ihrer Hast, ans Ziel zu gelangen, gehen sie über andere hinweg.

Geber als Angestellte können das Image eines Chefs mildern. Zweier erleben die Benutzung eines Images nicht als Täuschung. Sie haben ein feines Gespür für zwischenmenschliche Beziehungen und können Dreiern helfen, ein funktionierendes Image aufzubauen und zu erhalten.

Zweier als Angestellte müssen beachtet und für ihr Tun anerkannt werden. Nimmt man sie als etwas Selbstverständliches hin, könnten sie die Drei bloßstellen. Plötzlich steht die Drei als Verlierer da. Die Gerüchteküche im Betrieb wird vor ihren Verfälschungen auf der Hut sein. »Der macht nur einen guten Eindruck, weil ihr ihn nicht kennt.« Die »wahre Geschichte« kommt heraus. Die Drei wird sich auf dem verwundbaren Gebiet des Images untergraben fühlen. Hilfreich ist, wenn Dreier als Chefs daran denken, Interesse zu zeigen und mit Zweiern auch Privatgespräche zu führen. Geber werden nicht darum bitten und Leistungsmenschen nicht daran denken. Auf diese Weise gerät das Paar mit der Kommunikation in eine Sackgasse. Dreier als Vorgesetzte sollten ständig Kontakt zu Zweier-Angestellten halten. Zweier arbeiten in einem Vakuum nicht gut. Sie arbeiten für den Menschen, nicht für die Aufgabe.

Zweier als Chefs wollen gemocht werden und könnten mit ehrgeizigen Dreiern Schwierigkeiten haben. Dreier umgehen Autoritäten. Sie wollen die Autorität sein. Sie wollen den Job des Managers und könnten dieses Ziel sehr unsensibel verfolgen. Leistungsmenschen als Angestellte könnten konfrontieren und offen konkurrieren, so daß der Vorgesetzte das Gefühl hat, nicht gemocht zu werden. Wichtig ist, daß Zweier Grenzen setzen. Dreier müssen den Umfang der Aufgabe kennen, oder sie durchbrechen Grenzen, eignen sich Bereiche anderer Leute an und bestimmen die Ziele neu. Dreier können andere niederrennen, wenn ihr Erfolgsstreben nicht hinlänglich eingegrenzt wird. Geber als Chefs tun gut daran, Dreiern als Angestellten eine kleine Einflußsphäre zuzuteilen, Grenzen zu setzen und die Ziele nicht zu hoch zu stecken. Wenn eine gesunde Aufstiegschance besteht, machen sich Dreier als Angestellte wahrscheinlich die Fähigkeit eines Gebers zum Umgang mit anderen Menschen zu eigen. Dreier als Angestellte wissen Bescheid über alles, wissen, was dem Produkt dient. Am Beispiel des Führungsstils der Zwei werden sie lernen, wie wertvoll es ist, die Bedürfnisse anderer Menschen zu befriedigen.

Zwei mit Vier: Geber und Romantiker in der Liebesbeziehung

Diese Beziehung ist wie ein Tanz. Beiden Partnern ist das Beziehungsmuster des Wegstoßens und Zurückholens eigen. Jeder zieht sich zurück, wenn er den anderen haben kann, und jeder geht dem Partner nach, wenn dieser verschwindet. Durch die Ähnlichkeit entsteht ein interessanter romantischer Tango. Du trittst vor, ich trete zurück. Du trittst zurück, und ich will dich wieder. Jeder schätzt an dem anderen die Gefühlstiefe. Endlich besteht die Möglichkeit, daß man emotional verstanden wird. Die beiden können romantische Liebe ohne Scheu verwirklichen. Sie sind Partner in einem Tanz emotionaler Distanz, weil jeder Angst hat, sich ganz hinzugeben.

Das Paar hat im Diagramm die Linie 2–4 gemeinsam. Jeder sieht im Stil des anderen einen Teil von sich selbst dramatisiert. Zweier, die sich auf den Sicherheitspunkt zubewegen, gestehen sich zu, Authentizität zu suchen. Es ist okay, dramatisch zu sein. Es ist in Ordnung, selbstsüchtig zu sein, zu sich zu stehen, statt sich herzugeben. Zweier sehen in der Wesensart der Romantiker eine Übertreibung ihrer eigenen emotionalen Erfahrungen. Vierer können Emotionen öffentlich machen, sie setzen ihre Gefühle an die erste Stelle.

Vierer sind gestreßt, wenn sie auf andere zugehen müssen, und sie können sich benachteiligt fühlen, wenn sie die Be-

dürfnisse anderer befriedigen müssen. Sie schätzen an den Zweiern die Fähigkeit, andere für sich zu gewinnen, betrachten aber auch deren Flirten und Schmeicheln als Mangel an emotionaler Tiefe. Wenn die Vier zurückweist, setzt die Zwei nach und genießt die Herausforderung, daß die Beziehung mit Hindernissen verbunden ist. Die Stärke der Zwei liegt im Nachsetzen. Aber wenn die Vier sich umwendet und zu haben ist, schreckt die Zwei zurück.
Der Tanz ist beendet, wenn sich die Partner aufeinander einlassen. Mit dem Sich-Festlegen endet das Muster des Wegstoßens und Zurückholens. Hilfreich ist, wenn die Zwei echte Gefühle finden kann, statt die Maske zu wechseln, um zu gefallen. Bei Gebern kommt die Furcht auf, gewöhnlich zu sein. »Wird meine Vier mich verlassen, wenn ich einfach ich selbst bin?« Die Vier muß den Drang zum Kritisieren in Frage stellen. »Warum sehe ich die Fehler, wenn mein Geber bei mir ist?«

Zwei mit Vier: In der Arbeitsbeziehung

Die emotionale Atmosphäre am Arbeitsplatz wird hier von Wichtigkeit sein. Vierer fühlen sich gern als etwas Besonderes, und Zweier pflegen Beziehungen aller Art. Es wird wahrscheinlich ein ungewöhnliches Ambiente und besondere Aufmerksamkeit für die Menschen geben. Sogar in der Anonymität einer Fabrik wird man Persönlichem Beachtung schenken. Diese Leute wissen wahrscheinlich um das persönliche Leben des anderen. Das hat nichts mit Herumhängen und Zeittotschlagen zu tun, sondern es ist eine Motivation. Es ist ein Plus, sich in die Familie eines anderen einbezogen zu fühlen. Der Arbeitsplatz kann ein Ort sein, der Zugehörigkeitsgefühl vermittelt. Zu Mittag hört man sich an, was der/die andere zu erzählen hat. Hier kennt man sich.
Zweier als Manager nutzen ihre Maske bei der Geschäftsführung. Das könnte Vierer abstoßen. Es sieht aus, als hofie-

re man andere oder verkaufe sich für ein Schulterklopfen. Vom Standpunkt der Vier erscheint der Streßpunkt der Zwei wie eine Preisgabe. »Wie kann sie so offensichtlich versuchen, die Aufmerksamkeit auf sich zu lenken?« – »Wie geschmacklos, so bedürftig zu sein.« – »Warum muß er unbedingt gemocht werden?«

Wenn sie sich kritisiert fühlen, könnten Zweier-Vorgesetzte herauszufinden versuchen, wo Bedürfnisse zu befriedigen sind. Die Vier als Angestellter braucht Unterstützung, Aufmerksamkeit und Hilfe. Vierer wiederum könnten dies als Fehlersuche oder unvorteilhaftes Verglichenwerden mit Kollegen ansehen. Wenn Vierer zu konkurrieren beginnen, ist es besser, ihnen ein eigenes Territorium zu geben, zu delegieren und beiseite zu bleiben. Hilfreich ist es, Romantiker für besondere Aufgaben, einen eigenen Bereich, etwas Einmaliges, wozu sie berufen sind, einzusetzen. Eine Zwei, die es braucht, unentbehrlich zu sein, und eine Vier, die sich als einzigartig empfinden will, werden zu Konkurrenten. Diese Ungleichheit kann verwischt werden, wenn die Vier in einem besonderen Arbeitsbereich respektiert wird.

Vierer als Vorgesetzte genießen ihren Status. Ein solches Arrangement erlaubt es Zweiern zu helfen. Zweier als Angestellte sind gern unentbehrlich und möchten die Bedürfnisse eines Vorgesetzten befriedigen, der seine Führungstätigkeit mit unverwechselbarem Flair und Stil ausübt. Vierer belohnen Menschen, die »verstehen«. Zweier werden erkennen, daß der Chef launisch ist, und lernen, sich entsprechend zu verhalten. Ist der Vorgesetzte ganz von der Arbeit oder dem Privatleben eingenommen, werden sich Zweier als Angestellte übergangen fühlen. Aber es ist gefährlich, Menschen zu ignorieren, die in der Arbeit unentbehrlich sind. Geber revanchieren sich damit, daß sie sich zurückziehen. Sie sind vielleicht nicht offensichtlich wütend, aber plötzlich scheint nichts mehr nach Programm zu gehen. Eine typische Rache besteht darin, die Arbeit anderer zu unterstützen. Romantiker als Vorgesetzte meinen, Angestellte arbeiteten für sie, aber

Zweier arbeiten nicht für, sondern nur mit jemandem. Hilfreich ist, Geber fühlen zu lassen, daß sie absolut unentbehrlich sind. Zweier müssen sicher sein, daß sie nicht übersehen werden. Sie müssen wissen, daß die Launenhaftigkeit ihrer Vorgesetzten rein persönlich ist und nicht sie betrifft.

Zwei mit Fünf: Geber und Beobachter in der Liebesbeziehung

Hier ziehen sich ganz sicher Gegensätze an. Die Fünf ist von allen Enneagramm-Typen der zurückgezogenste, und die Zwei bewegt sich am stärksten auf andere zu. Die Selbstbeherrschung und die Ruhe von Fünfern zieht Zweier an. Emotionale Distanz ist der Gegensatz zu den großen Gefühlen, die für Geber kennzeichnend sind.

Fünfer strahlen ein Gefühl von Ruhe und Innerlichkeit aus, das erholsam und bestärkend wirkt. Es ist, als erlaubten sie anderen, inneres Alleinsein ernst zu nehmen. Geber spüren, da »ruht jemand in sich«, überlegt und entscheidet für sich selbst, statt seine Identität dadurch zu finden, daß er sich ändert, um die Bedürfnisse anderer zu befriedigen. Beobachter sind frei, ihren eigenen Weg zu gehen, unabhängig von den Wünschen anderer. Am wertvollsten ist es für die so an Beziehungen orientierte Zwei, daß emotionales Losgelöstsein einen Menschen verhältnismäßig unempfänglich für das macht, was andere denken.

Die Fünf wird sich von der offenherzigen Großzügigkeit, die Zweier oft an den Tag legen, angezogen fühlen. Die Bereitschaft der Zwei, sich in Leben und Tun hineinzustürzen, hat für Menschen, die eher Abstand halten, etwas Bezwingendes an sich. In der allgemein üblichen Konstellation ist die Zwei der gesellige Teil dieses Paares. Die Zwei scheint auf Partys und bei Treffen für das Paar zu sprechen, während die zurückhaltendere und mentale Fünf darauf wartet, daß sich die Unterhaltung Fragen von intellektuellem Interesse zuwendet. Es ist bestimmt leichter, einen zwanglosen Nachmittag mit beiden als allein mit der Fünf zu verbringen, wenn nicht zufälligerweise ein gleichgelagertes Interesse vorliegt. Sollten sich Ihre Interessen mit denen der Fünf decken, könnte der Nachmittag reich an Informationen sein, jedoch wird die Unterhaltung selten von dem gemeinsamen Interesse abkommen.

Zweier und Fünfer können aussehen, als gehörten sie unterschiedlichen Spezies an. Zweier gehören zu denen, die »losziehen«, »etwas ausprobieren« und Freude an Partys mit lauter neuen Gesichtern haben. Sie scheinen seltsamerweise gern oberflächliche Konversation zu betreiben und behaupten, Gefühle seien eine nützliche Informationsquelle. Das Paar operiert von erstaunlich unterschiedlichen Ausgangspunkten aus. Zweier gehen auf Menschen zu und suchen Kontakt und Umgang, während sich Fünfer von ihnen wegbewegen, um zu analysieren und zu denken. Diese Dynamik kann entweder zu einem ausgeglichenen Leben führen, in dem jeder zeigt, daß seine Weltsicht ihre Berechtigung hat, oder sie kann zu einem Tauziehen werden, bei dem die Zwei nach emotionalem Kontakt drängt, während sich die Fünf einigelt und zurückzieht.

Wenn die Spaltung sich verfestigt, wird jeder in dem anderen »den Problemfall« sehen. Für die Zwei wird Rückzug und minimalistischer Lebensstil zu einem Zeichen emotionaler Entbehrung und Bedürftigkeit. Getrieben von dem Bedürfnis, ihre Identität in der Befriedigung von Bedürfnissen anderer zu finden, nimmt sie die Herausforderung an, die das Hindernis zu dieser Beziehung für sie darstellt. Bei der Fünf ist die Herausforderung offensichtlich: Man möchte die Gefühle eines Menschen öffnen, der die Bedeutung von Emotionen abstreitet. Zweier gewinnen viel, wenn sie Fünfer zum Reagieren bringen können. Die Fünf mag nicht der Meinung sein, Losgelöstheit bedeute Entbehrung. Der Einwand gegen die Vorstellung, große Gefühle seien ein Kriterium für Zuwendung, besteht darin, die emotionalen Schwankungen der Zwei als Zeichen von Instabilität anzusehen.

Das Paar trifft sich in der Acht, was für eine kräftige aggressi-

ve Begegnung sorgen wird, wenn sich die Fünf sicher genug fühlt, um zu streiten und die Gefühle zu finden, auf die die Zwei gedrängt hat. Es ist gut, wenn sich die Zwei zurückzieht, damit genügend emotionaler Spielraum für die Fünf da ist und sie von sich aus kommen kann.
Beobachter in langwährenden Beziehungen sagen, sie hätten gelernt, aus sich herauszugehen, dazubleiben, obwohl es ihnen emotional unangenehm war, und sich mit Gefühlen auseinanderzusetzen, anstatt sich zum Nachdenken zurückzuziehen. Es ist hilfreich, wenn Fünfer spontane Gefühle nicht in Bausch und Bogen als trivial abtun. Sie könnten mit dem Aufbau eines Systems beginnen, das mit Fragen des Herzens umzugehen hilft. Es ist in Ordnung, über emotionale Haltungen nachzudenken, wenn ein Zeitpunkt für eine künftige Diskussion festgelegt wird. Geber fühlen sich beruhigt, wenn sie wissen, daß eine Sache auf den Tisch kommt und nicht begraben und vergessen wird.

Zwei mit Fünf: In der Arbeitsbeziehung

Der Typenunterschied kann zu einer effizienten Arbeitsbeziehung führen: Hier verbindet sich das Orientiertsein der Zwei auf Menschen und deren Bedürfnisse mit der Fähigkeit der Fünf, abstrakt und isoliert zu arbeiten. Jeder wird wahrscheinlich seinen Platz finden, ohne viel darüber sagen zu müssen. Die Konstellation funktioniert am besten, wenn das Hauptaugenmerk der Aufgabe gilt. Jeder stützt sich auf die Fertigkeiten des anderen, um einer gemeinsamen Sache zu dienen. Die Talente der beiden sind so unterschiedlich, daß die Beziehung gut funktioniert, gleich welcher von beiden der Boß ist.
Zweier als Vorgesetzte wollen wissen, was ihre Angestellten persönlich von ihnen halten. Fünfer könnten das als Aufdringlichkeit auslegen, besonders wenn Zweier-Vorgesetzte versuchen, Fünfer-Angestellte in die soziale Szene

auf der Arbeit mit einzubeziehen. Zweier als Chefs könnten besorgt sein, daß Fünfer-Angestellte unzufrieden sind, weil sie sich selbst überlassen sind, besonders da keiner etwas über ihr Privatleben weiß. In ihrem Bedürfnis, helfen zu wollen, kann es vorkommen, daß Zweier-Vorgesetzte die Grenzen der Privatsphäre verletzen, die es der Fünf ermöglichen, in der Arbeitsumgebung angenehm funktionieren zu können.

Die Zwei muß ihr Hauptaugenmerk auf die jeweils laufenden Projekte lenken, anstatt auf das Gefühlsleben der Fünf neugierig zu werden. Es ist gut, den Beobachtern spezielle Aufgaben zu geben, ihnen nach Möglichkeit getrennte Arbeitsräume zur Verfügung zu stellen und sie dort gewähren zu lassen. Vorgesetzte wird es freuen, daß die Fünfer sich selbst die Aufgaben stellen und Entscheidungen treffen können. Die Aufmerksamkeit einer Zwei als Chef richtet sich oft auf die einflußreicheren Leute in der Firma. Fünfer sind die perfekten Angestellten, die nach dem Rechten sehen, während der Chef die Operationsbasis ausweitet.

Bei einer guten Zusammenarbeit besorgt ein Beobachter als Angestellter seinem kontaktfreudigen Chef nützliche Informationen, und dieser tut ihm dafür den unschätzbar wertvollen Gefallen, ihn so abzuschirmen, daß er nicht direkt mit anderen zu tun haben muß. Ist die Fünf in der Vorgesetztenposition, steht die Tür zum Allerheiligsten vielleicht höflicherweise einen Spalt offen. Dennoch wird das Büro von einer Aura der Unzugänglichkeit umgeben sein. Die Zwei wird sich von menschlicher Präsenz und von Ratschlägen abgeschnitten fühlen. Ist die Fünf weise, setzt sie den Geber als speziellen Vertreter ein. Geber sind geborene Bindeglieder zwischen der Öffentlichkeit und der Macht. Ein gutes Arrangement könnte so aussehen, daß die Fünf sozusagen semiformelle Zusammenkünfte mit jedem ständigen Mitarbeiter einrichtet, selbst wenn diese für die Arbeit nicht unbedingt notwendig wären. Sinn dieser Treffen ist, die Angestellten um ihre Meinung zu bitten. Die bloße Chance, angehört zu werden, wäre äußerst wichtig, denn die Fünf als Chef ist kein personifiziertes Modell für zwischenmenschliche Beziehungen bzw. für Zusammenarbeit. Fünfer sollten auch lernen, Gruppentreffen zu tolerieren, auf denen die Angestellten direkt miteinander sprechen. Durch die mangelnde Zugänglichkeit von Fünfer-Managern werden Angestellte möglicherweise unzufrieden. »Wo ist die Leitung, wenn man sie braucht?« Mit den informellen Zusammenkünften soll eine Möglichkeit geschaffen werden, Konflikte auszutragen. Verschwindet die Fünf bei Beschuß, könnte vielleicht die Zwei für den konfrontationsscheuen Chef eingreifen. Läuft jedoch die Fünf vor der Zwei davon, wird der in Stich gelassene Geber eventuell laut protestieren.

Zwei mit Sechs: Geber und loyaler Skeptiker in der Liebesbeziehung

In einer typischen Konstellation geht die Zwei auf die Sechs zu, um deren Angst vor Nähe zu entkräften. Sechser-Zweifel könnten für die Zwei, die gern Hindernisse zu Beziehungen überwindet, zum Katalysator werden. Die Botschaft lautet dann: »Glaub an mich. Glaub an uns.« Der anfängliche Reiz besteht darin, daß die Zwei dem zweifelnden Partner helfen will, und die Sechs lernt es, sich bei soviel Aufmerksamkeit sicher zu fühlen. Hilfreich ist, wenn die Zwei Underdog-Ziele unterstützt, die dem Sechser-Partner wichtig zu sein scheinen. Da kann die Sechs den Absichten der Zwei trauen, denn sie bemüht sich um eine gute Sache.
Es könnte schwieriger sein, Sechsern zu helfen, selbst Erfolge zu erzielen. Da Sechser Angst haben, zu anerkannten Autoritäten zu werden, könnten sie in der Hilfe von Zweiern Eigennutz wahrnehmen. Die skeptische Sechs könnte sich fragen, ob die Zwei tatsächlich Gutes will. Sie könnte sich wie ein Mittel zum Zweck für den Ehrgeiz der Zwei vorkommen. Da es die Sechs bereits streßt, der Öffentlichkeit ausgeliefert zu

sein und Erfolg zu haben, könnte sie die Bemühungen sabotieren, indem sie die Erwartungen der Zwei enttäuscht. Die Sechs sitzt womöglich zwischen Baum und Borke: Einerseits besänftigen sie die Anteilnahme und Fürsorge der Zwei, und andererseits frustrieren sie die eigenen Zweifel an der Echtheit von Schmeichelei. Sie wird glauben, man erwarte Leistung von ihr, und sie könnte statt dessen rebellieren. Frustriert darüber, daß erwartete Ergebnisse ausbleiben, wird die Zwei aktiv kritisch, weil die Sechs auf ihrem Weg zum Ziel immer wieder innehält.

Das gegenseitige Mißtrauen kann abgebaut werden, wenn die Sechs ihre persönlichen Ziele von denen zu trennen vermag, die die Zwei favorisiert, und wenn sie die eigenen Ziele als Priorität setzen kann. Hilfreich ist, wenn die Sechs daran denkt, Gefühle zu zeigen und lernt, ehrlich gemeinte Zuneigung anzunehmen, statt die natürliche Herzlichkeit der Zwei als Schmeichelei abzutun.

Wichtig ist, daß Zweier erkennen, ob die von ihnen angebotene Hilfe selbstlos oder eigennützig ist. Die Sechser-Zweifel werden sich auf die unbewußte Absicht der Zwei konzentrieren, etwas zu geben, um etwas zu bekommen. Es ist für Zweier hilfreich, ihre eigenen Berufe und Beschäftigungen zu finden. Sechser können ungewöhnlich loyal beim Unterstützen der Bemühungen ihrer Familie sein.

Zwei mit Sechs: In der Arbeitsbeziehung

Noch eine Partnerschaft, die auf Unterschieden beruht. Zweier zieht es zur Macht hin, und Sechser stehen ambivalent dazu, zu Autoritäten zu werden. Die beiden bilden ein natürliches Bündnis, wenn es um gesellschaftlich Benachteiligte, Umstrukturierungen im Geschäftsleben oder um öffentliche Anliegen geht, die unter Beschuß stehen. Beide Typen üben eine gute Führungstätigkeit aus, wenn sie eine Sache unterstützen, an die sie glauben. Zweier wollen, daß wertvolle Po-

tentiale gedeihen, und Sechser identifizieren sich mit Mühe und Kampf.
Konflikte gibt es wahrscheinlich in »regulären« Arbeitssituationen, in denen Eigensucht und Konkurrenzdenken, nicht aber hingebungsvolle Selbstlosigkeit zum Vorschein kommen. Der Grund dafür ist, daß beide Typen leicht unsicher werden, wenn sie längere Zeit in Führungspositionen arbeiten. Sechser, weil ihr Streßpunkt bei den Leistungsaspekten von Punkt Drei liegt, und Zweier, weil sie gemocht werden wollen. Sechser als Vorgesetzte wollen sich der Loyalität ihrer Angestellten versichern und sind bestürzt, wenn Zweier sich ändern, um einem starken Rivalen zu gefallen. Die Zwei, die sich in zwischenmenschlichen Beziehungen auskennt, wird wahrscheinlich versuchen, für jeden attraktiv zu werden, den sie für wert hält, ihn sich warmzuhalten, und das löst bei der Sechs Argwohn aus. Als Vorgesetzte wird sie denken: »In welchem Punkt ist dieser Angestellte denn eigentlich loyal?« – »Kann man denn so jemandem heikle Informationen anvertrauen?« Beide Typen empfinden sich leicht als Zielscheiben einer allgemeinen Feindseligkeit im Büro. Eine Sechs als Chef wird zu entdecken versuchen, was der Grund für die Schwierigkeit ist, um ihn zu beseitigen, und die Zwei wird versuchen, sich Freunde zu machen.
Ein Zweier-Angestellter kann das Zögern des Chefs als mangelnden Einsatz für die Aufgabe auslegen. Geber verwirrt der zweifelnde Verstand, weil sie anderen im allgemeinen impulsiv vertrauen; für Sechser hingegen entsteht Vertrauen nur sehr langsam. Die Zwei könnte auch das Potential des Vorgesetzten bemerken, und wenn dieses keine Früchte trägt, fühlt sich der Zweier-Angestellte bedroht und findet woanders eine wichtige Arbeitspartnerschaft.
Sechser wollen alle gleich behandeln. Sie empfinden es womöglich nicht als fair, einen einzelnen Angestellten besonders zu fördern oder Leute zu »manipulieren«, damit sie produktiver werden. Die Sechs läßt sich eine wichtige Gelegenheit entgehen, wenn sie sich den Geber nicht durch persönli-

che Aufmerksamkeit zum Freund macht. Zweier müssen das Gefühl haben, daß sie privaten Einfluß ausüben, um sich sicher zu fühlen.
Loyale Sechser als Angestellte können Schwierigkeiten schon lange im voraus kommen sehen. In dieser Partnerschaft können Zweier als Manager dann ihre Fertigkeiten in Politik und Menschenführung einsetzen, um Gefahren abzuwenden. Wenn Sechser sehen, daß der Vorgesetzte nur an sich selbst denkt und daher eine Gefahr für sie darstellt, laufen Zweier Gefahr, Opfer einer Koalition hinter den Kulissen zu werden, die das Ziel verfolgt, die Leitung bloßzustellen.

Zwei mit Sieben: Geber und Epikureer in der Liebesbeziehung

Das kann ein Paar sein, das Spaß liebt. Geber wollen Epikureern helfen, ihre Pläne zu verwirklichen, und werden an der Begeisterung teilhaben, die Siebener in die Beziehung einbringen. Die Vision der Sieben steht oft im Mittelpunkt des Gefühlslebens dieses Paares. Beide hoffen auf eine glänzende gemeinsame Zukunft.
Beide Typen haben umfassende Interessen – Zweier wegen ihrer vielen Selbst-Formen und Siebener infolge ihrer Orientierung auf unbegrenzte Möglichkeiten. Das Paar sucht das Allerbeste in Unterhaltung und Tagesgeschehen. Die Zwei wird sich auf die potentiellen Talente der Sieben konzentrieren, aber auch ihr verborgenes Leid sehen. Geber fasziniert das sonnige Äußere von Siebenern, und noch mehr zieht sie deren Unzufriedenheit an. Geber legen die Unersättlichkeit von Siebenern nach Erfahrungen oft als eigentliche Suche nach emotionaler Tiefe aus.
Zweier sehen, daß Siebener sich konzentrieren müssen. Sie durchschauen auch einige ihrer Pläne. Geber könnten sich berufen fühlen, Siebener zu ganz produktiven Menschen zu machen und sie von ihren verborgenen Ängsten zu heilen. Dafür

bekommen sie Abenteuer und Aufmerksamkeit. Siebener können zauberhaft sein – Spielkameraden und romantische Ideale.

Beide Typen sind optimistisch. Der Charme der Sieben und die Verführung der Zwei schaffen ein attraktives Paar. Siebener sind mit sich selbst beschäftigt und gehen ihren Interessen nach, unabhängig davon, ob ihr Partner dabei ist oder nicht. Weise Zweier werden sich um die Interessen der vielen Ichs kümmern, anstatt zu Hause zu warten. Beide können mannigfaltigen Interessen nachgehen, so daß es immer etwas Neues gibt, woran sie ihre Freude haben. Wird Siebenern Freiheit gewährt, können sie sich sogar festlegen. Sie können eine Bindung eingehen, wenn sie sich nicht eingeschränkt fühlen.

Beide sind geborene Verführer. Jeder denkt gern, daß sicher auch noch andere Partner zu haben sind. Es ist hilfreich, die Beziehung auf eine feste Bindung zu gründen und festzustellen, wieviel Aufmerksamkeit jeder Partner von außen braucht.

Beide Typen hüten sich vor längerwährender Nähe, die Siebener als einengend empfinden können und die Zweiern das Gefühl vermittelt, vielleicht bloßgestellt zu werden. Die Sieben flüchtet sich in angenehme Beschäftigungen. Die Zwei fühlt sich dann herausgefordert und geht der Sieben nach. Sie will möglicherweise mehr Emotionen, als die Sieben geben kann, und denkt: »Pläne scheinen sich so leicht zu ändern. Bleibt mein Partner bei mir?« Es könnte zu einer Krise kommen, bei der es um die Aufmerksamkeit geht. Die Zwei sieht ein oberflächliches Leichtgewicht vor sich, und die Sieben einen emotionalen Hemmschuh. Drängt die Zwei auf Aufmerksamkeit, rationalisiert die Sieben: »Diese Beziehung hat nicht sein sollen.«

Dieses Paar verbündet sich in Optimismus. Beide wollen hören, daß das Leben gut sein wird. Es ist gut, wenn sie sich auf wirkliche Gefühle konzentrieren und nicht auf vertraute Vorstellungen. Und es ist gut, wenn das Paar gemeinsam das Abenteuer unternimmt, von Faszination zu emotionaler Tiefe weiterzugehen.

Zwei mit Sieben: In der Arbeitsbeziehung

Eine beliebte Verbindung. Während die Sieben Ideen hat, setzt die Zwei sie in die Realität um. Auf der Plusseite fallen die Zukunftsvisionen der Sieben in die sachkundige Pflege der Zwei. Die Gefahr besteht, daß keiner von beiden in der Lage sein wird, ein Projekt bis zum erfolgreichen Ende durchzuziehen. Epikureer sind in den Anfangsstadien von Projekten in Hochform, dann aber geht ihre Energie zurück. Geber sind in Hochform, wenn sie eine starke Führungskraft unterstützen, die Nägel mit Köpfen macht.

Eine Zwei als Angestellter, deren Chef eine Sieben ist, könnte in der Hoffnung, Bedürfnisse zu befriedigen, den Versuch unternehmen, alle Optionen umzusetzen. Die Sieben denkt vielleicht nur laut, und das kann der Zwei eine Menge Arbeit und Ablehnung bescheren. Siebener sind nicht oft starke Führungskräfte. Erkennt die Zwei dies und fühlt sich noch dazu vernachlässigt, könnte sie versuchen, durch Manipulation woanders etwas Besseres zu finden. Zweier verschwenden ihre Zeit nicht mit undankbaren Menschen.

Ist die Sieben narzißtisch mit sich beschäftigt und die Zwei unzufrieden, wird aus den großartigen Plänen der Sieben nichts werden. Wenn sich Pläne rasch ändern und Ziele nicht erreicht werden, hat die Zwei das Gefühl, nicht effizient zu sein. Besteht keine persönliche Bindung zwischen den beiden, findet die Zwei als Angestellte in der Firma eine andere Nische. Unzufriedene Zweier werden das System nutzen, um mit Anstand einen Ausweg zu finden.

Zweier als Vorgesetzte sollten Siebener-Angestellte so einsetzen, daß sie vor Langeweile geschützt sind. Siebener arbeiten hart, solange sie noch lernen können oder sich herausgefordert fühlen. Zweier-Vorgesetzte könnten bemerken, daß Siebener aalglatt sind und sich Sorgen um Leistungen und die Einhaltung von Terminen machen. Sie könnten auch den Eindruck haben, ihre Autorität sei bedroht. »Wie wirkt das wohl bei den übergeordneten Stellen, wenn dieser Angestellte mit

etwas davonkommt?« »Wie kann ich meine Angestellte kontrollieren und dennoch gemocht werden?«
Wenn Geber Zweifel hegen, machen sie sich ihre Angestellten entweder zu Freunden und Bundesgenossen, oder sie ziehen sich zurück und lassen sie fallen. Es ist für beide Typen hilfreich, wenn der Vorgesetzte Klarheit über die Konsequenzen schafft. Siebener-Charme, Rationalisierungen und Umdeutungen verschwinden angesichts einer Frist.

Zwei mit Acht: Geber und Boß in der Liebesbeziehung

Dieses Paar richtet sich auf die Verführungskünste der Zwei und die Macht der Acht aus. Der Geber geht auf andere zu und versucht, sich ihnen angenehm zu machen, während sich der Boß gegen andere wendet, um die Wahrheit aufzudecken. Beiden Typen ist der Wunsch vertraut, im Mittelpunkt des Lebens ihres Partners zu stehen, denn sie treffen sich in der Zweier-Position. Beide wollen Aufmerksamkeit, sind aber radikal verschieden in der Art, wie sie Aufmerksamkeit erregen. Zweier passen ihre Gefühle an, um die Bedürfnisse anderer zu befriedigen, und Achter bestehen auf der Befriedigung ihrer Bedürfnisse. Bei diesem Paar hat das Körperliche einen hohen Stellenwert, da Achter ihre Sexualität ausleben und Zweier Sexualität oft mit Liebe gleichsetzen. Die Aufmerksamkeit wird auf Wünsche und Vorhaben der Acht gerichtet sein. Wollust verlangt zielgerichtete Befriedigung, und Zweier sind stolz darauf, Wünsche befriedigen zu können.
Meist versucht die Zwei, die Acht zu besänftigen, aber die Acht widersteht. Das schafft eine gewisse Anziehung, die jahrelang in Kraft sein kann. Die selbstbezogene Acht bekommt eine Menge Aufmerksamkeit, die Zwei bleibt auf sie konzentriert, und dadurch kommen, das trifft sich gut, ihre eigenen Bedürfnisse nicht hoch. Für die unentbehrliche Hilfe der Ge-

ber können Bosse ihrerseits im Gegenzug tatkräftigen Schutz und starke Führung bieten.

Entlang den Linien des Enneagramms kann sich eine sichere Acht auf die einfühlsamere Zweier-Position zubewegen. Achter »verwandeln« sich nicht etwa in Zweier, wenn sie sich sicher fühlen, sondern sie reagieren auf das Bedürfnis der Zwei nach Aufmerksamkeit nach Achter-Art, indem sie entweder das Leben der Zwei kontrollieren oder deren Ziele aktiv unterstützen. Daß Achter die Kontrolle abgeben und Zweiern das Kommando in der Beziehung überlassen, kommt weniger häufig vor.

Achter »in der Zwei« können äußerst großzügig sein. Sie zeigen ihre Zuneigung dadurch, daß sie versuchen, für andere etwas zu tun. Dadurch geraten Zweier in die unangenehme Lage, etwas annehmen zu müssen. Das könnte als Dominieren der Acht empfunden werden, selbst wenn die Unterstützung völlig berechtigt ist. Wenn Zweier fähig sind, in sich hineinzuschauen und zu entdecken, worum es ihnen eigentlich geht, und lernen, sich das zu holen, was sie brauchen, können Achter die stellvertretende Machtposition besetzen. Hat die Zwei jedoch Angst, persönliche Bedürfnisse offenbar werden zu lassen, oder ist eine Acht tatsächlich dominierend, werden Zweier explodieren, um Freiheit kämpfen und übers Diagramm rasch zu ihrem Achter-Streßpunkt wechseln. Viele Paare aus Zweiern und Achtern berichten, daß offene Feindseligkeiten dem konstruktiven Ziel dienen können, das Paar näher zusammenzubringen. Achter fühlen sich auch sicherer, wenn alle Karten auf dem Tisch liegen, und Zweier werden so unter Druck gesetzt, daß sie schließlich wissen, was sie wollen.

Eine weitere Möglichkeit ist, daß die Zwei nach offenen Feindseligkeiten, abgeschnitten vom emotionalen Kontakt, rasch in die Arme von Freunden verschwindet oder eine andere Beziehung aufnimmt. Zweier, die sich unentbehrlich fühlen, sind dann der Meinung, in der Beziehung ausgenutzt worden zu sein. Sie haben alles gegeben und keine Wertschätzung be-

kommen. Jetzt wollen sie Rache. Konflikte zwischen einer wütenden Zwei und einem Achter-Expartner können sich zu echten Kriegen auswachsen. Die Begegnung in der Acht kann dem Paar eine intensive, lustbetonte und oft faszinierende Feindseligkeit bereiten.
Zweier in der Acht können tödliche Manipulatoren sein. Da sie direkte Konfrontationen nicht gewöhnt sind, greifen sie möglicherweise zu den indirekteren Formen persönlicher Beeinflussung und sozialen Drucks. Zweier wollen ihr Image intakt halten. Also werden sie die Acht als »Problemfall« hinstellen. Wenn der Stolz von Zweiern verletzt wird oder sie offen zurückgewiesen werden, können sie in der Öffentlichkeit und laut von ihren Schwierigkeiten reden.
Wenn es zur Krise kommt, fühlt sich die Acht gewöhnlich durch Manipulationen verraten, unterdrückt zarte Gefühle und wird zunehmend kriegerischer. Die Botschaft lautet: »Du bist unehrlich. Sieh dich bloß vor.«

Zwei mit Acht: In der Arbeitsbeziehung

Das Schlüsselwort lautet Vertrauen. Dieses Paar kann fast synchron arbeiten, wenn beide den Absichten des anderen Vertrauen entgegenbringen. Ihre gemeinsame Linie auf dem Diagramm wird allgemein in der Arbeit dadurch ausagiert, daß die Acht diktiert und die Zwei die Verbindung zu den Belegschaftsmitglieder hält. Das Paar kann das Muster »guter Polizist – böser Polizist« ausagieren, wobei der Boß Dinge aufzwingt, während der Geber Zugeständnisse macht. Es ist ein gutes Bündnis, wenn die Zwei genügend Aufmerksamkeit bekommt und wenn sich die Acht sicher genug fühlt, um etwas Macht abzutreten.
Eine Zwei als Vorgesetzter wird sich die Unterstützung einer Acht erwerben müssen. Da eine angestellte Acht auf einer starken Leitung besteht, konzentriert sie sich wahrscheinlich auf das Popularitätsimage der Zwei. »Ist die Leitung

wirklich ehrlich, oder verfolgt dieser Manager nur seine eigenen Interessen?« Die Neigung des Gebers, Leute, die »es wert« sind, zu bevorzugen, sieht in den Augen der auf Gerechtigkeit bedachten Acht unehrlich aus. Ist die Acht erst einmal beunruhigt über die Möglichkeit von Ungerechtigkeiten am Arbeitsplatz, wird sie einfach versuchen, möglichst viele Kontrollen aus dem Weg zu räumen. Eine Zwei als Chef kann bei einer eskalierenden Rebellion den kürzeren ziehen. Achtern geht es nicht um Lösungen, bei denen das Gesicht gewahrt bleibt, und da sie kein öffentliches Image zu verteidigen haben, können sie image-orientierte Typen besonders aufbringen. Es ist nützlich, klare Grenzen und Folgen für Leitung und Personal festzulegen und Vereinbarungen schriftlich abzufassen. Ohne schriftliche Festlegungen könnte sich eine Acht als Angestellte(r) zu sehr bedroht fühlen, um voll zu kooperieren. »Warum sollte ich zum Nutzen der Leitung mein Bestes geben?« werden Achter denken. »Vielleicht führen die ja etwas im Schilde. Das werde ich erst einmal austesten.«

Achter als Vorgesetzte werden von ihren Zweier-Angestellten entweder geliebt oder gehaßt. Werden sie geliebt, führt die natürliche Tendenz der Zwei, Beifall von Autoritäten zu suchen, zu loyaler Unterstützung der Acht. Es ist hilfreich, wenn Zweier als Angestellte lernen, umfassend Bericht zu erstatten. Kommen Informationen nicht sofort, könnten sich Achter eine eskalierende Verschwörung einbilden. Die Angestellten sollten einen Bericht liefern, der mehr wie ein Rundumschlag aussieht. Hilfreich ist es auch, wenn die Acht als Manager die angestellte Zwei auf eine Such- und Entdeckungsmission schicken kann. Auf diese Weise wird ein Geber gewissermaßen unentbehrlich gemacht, und die Acht ist noch in der Machtposition. Wenn das Paar nicht miteinander zurechtkommt, wird eine Zwei dem Chef nützliche Kontakte und wichtige Informationen vorenthalten und zum Trost in einer kleinen, handverlesenen Clique Unterschlupf finden.

Zwei mit Neun: Geber und Vermittler in der Liebesbeziehung

Dieses Paar kann sich ähnlich sehen. Beide sagen, daß sie in den Vorhaben anderer aufgehen, beide sagen, daß sie die Emotionen ihrer Partner übernehmen, und beide sind darauf ausgerichtet, Bedürfnisse zu befriedigen. Obwohl beide Typen emotional verschmelzen, tun sie dies aus unterschiedlichen Beweggründen. Neuner wollen durch ihre Partner eine Daseinsberechtigung finden, während Zweier versuchen, durch andere ihre Identität zu finden. Da beide Partner verschmelzen, kann jeder auf einer nonverbalen Ebene vom anderen tief beeinflußt werden.

Geber wollen Neunern helfen, einen Lebenszweck zu finden. Sie werden besonders hilfsbereit sein, wenn die Neun das Zeug dazu hat, auf einem Gebiet zu glänzen, auf das die Zwei stolz sein kann. Zweier können sich auch zu der Sanftmut und Fürsorglichkeit hingezogen fühlen, die Neuner ausstrahlen. Neuner genießen Zuneigung, und dadurch können Zweier so liebevoll sein, wie sie möchten. Jeder der beiden Typen kann Sex als Möglichkeit nutzen, zu wirklichem Kontakt zu erwachen, und Zweier setzen oft sexuelle Aufmerksamkeit mit Liebe gleich.

Die Sexualität könnte als Metapher für das Beste stehen, was Zwei und Neun als Paar einander bieten können. Die Zwei fragt: »Was willst du?«, und die Neun erwidert: »Ich will dich, wie du wirklich bist.« Die Neun kann der Zwei helfen, zwischen angepaßtem und echtem emotionalem Selbst zu unterscheiden, und die Zwei kann der Neun auf dem Weg über die Erotik Energie geben. Zu einer Krise wird es kommen, wenn die Zwei unentbehrlich wird und die Neun sich kontrolliert fühlt. Die Neun wird argwöhnen, daß sie uneingestandene Bedürfnisse der Zwei erfüllt, und sich stur weigern, weiter mitzumachen. Neuner halten ihr eigenes Potential zurück, um es der Zwei heimzuzahlen, und sie verteilen ihre Aufmerksamkeit auf andere Dinge. Zweier langweilen sich, wenn Neuner nicht alles aus sich herausholen, und sie werden wütend, wenn ihnen die Aufmerksamkeit entzogen wird. Sie nehmen es übel, daß sie nun das Steuer in der Beziehung in die Hand nehmen müssen, da sie lieber inspiriert und geführt werden möchten. Fühlt sich die Zwei durch die mangelnde Initiative der Neun im Stich gelassen, kann sie anfangen zu jammern. Ein schmerzhafter Zyklus kann entstehen: Die Neun zieht sich zurück, weil die Zwei Forderungen stellt. Darauf drängt die Zwei noch heftiger nach, und die Neun verschanzt sich hinter sturem Schweigen.

Wenn die Neun stur wird oder das eigene Potential nicht verwirklicht, wird die Zwei Freiheit verlangen. Da Neuner sich vor Trennung fürchten, wachen sie auf, können dann aber auch besitzergreifend werden. Wenn sich die Neun vorwärtsbewegt, weicht die Zwei mit lauten Forderungen nach Freiheit zurück; aber die Neun kann ihre Aufmerksamkeit auch wieder zurücknehmen, worauf die Zwei dann ungestüm versuchen wird, die Verbindung wieder in Gang zu bringen. Diese ernste Pattsituation kann entschärft werden, wenn Zweier die realen Bedürfnisse ihrer Partner unterstützen.

Es ist hilfreich, wenn Neuner ihre Aufmerksamkeit auf sich selbst richten, statt gegen die Vorstellungen von jemand anderem anzukämpfen. Es ist auch hilfreich, wenn die Zwei sich klarmacht, daß Neuner für ihre Entscheidungen Zeit brauchen. Die wichtigsten Entscheidungen kommen zuletzt. Zweier sollten die Frage stellen, eine Frist aushandeln und die Neun bis dahin in Ruhe lassen.

Zwei mit Neun: In der Arbeitsbeziehung

Diese Partnerschaft kann so sein, als ob potentielle Energie mit einem Startzünder verbunden wird. Geber treten für die Bedürfnisse anderer in Aktion, und Vermittler müssen aktiviert werden. Diese Partnerschaft ist in Ehe und Geschäftsleben weit verbreitet. Sie funktioniert sehr gut, wenn die Ziele übereinstimmen.

Die Neun hat zwar ein Anliegen, hat es aber fertiggebracht, dieses unter zweitrangigen Aufgaben zu vergraben. Es bedeutet der Neun zu viel. Es wäre zu schön, um wahr zu sein. Es ist zu wichtig, um es zum Abschluß zu bringen. Der Zauber der Zwei liegt in ihrer Fähigkeit, Bedürfnisse zu befriedigen, Hoffnungen zu verwirklichen und andere aus der Reserve zu locken. Wenn die Ziele in der Arbeit zueinander passen, kommt das Vorhaben der Neun in Schwung. Die Zwei konzentriert sich darauf, das Potential der Neun zu strukturieren, und die Neun läßt sich vom Energiestrom und von der Anerkennung tragen.

Die Rhythmen der beiden Partner sind sehr unterschiedlich. Die Zwei wird ungeduldig darüber, daß einfache Entscheidungen soviel Zeit brauchen. Zweier können leichter Prioritäten setzen als Neuner, und wenn eine Zwei als Vorgesetzte erst einmal im Arbeitsrhythmus der Neun aufgegangen ist, wird ihr deren gleichmäßiges Tempo gegen den Strich gehen. Zweier als Angestellte könnten wütend werden über die wiederholten Diskussionen und Beratungen, an denen Neunern oft liegt.

Da beide Typen verschmelzen, wird es zwischen ihnen eine gewisse nonverbale Verständigung geben. Beide achten sehr auf die Stimmung am Arbeitsplatz. Neuner nehmen den Kummer anderer in sich auf und werden daran interessiert sein, alle Standpunkte anzuhören, um Konfliktpotential zu entschärfen. Zweier sind gut im Ausfindigmachen potentieller Sieger und darin, diese an den strategischen Punkten der Firma einzusetzen.

Als Vorgesetzte bauen Zweier eher auf die Entwicklung von entscheidenden Leuten als auf penible Strukturen. Sie streben eine verschworene Gemeinschaft an, die bei guter Pflege vorankommt. Sie werden an Neunern die Fähigkeit schätzen, die Positionen anderer wahrzunehmen. Sie werden auch die Tatsache zu schätzen wissen, daß Neuner als Mitarbeiter selten mit dem Boß konkurrieren. Neuner können gegenüber wohlgesinnten Autoritäten sehr loyal sein, und dafür bieten Zweier

öffentliches Lob und Anerkennung, was wiederum Neuner motiviert, mehr zu tun, als es ihre Pflicht verlangt.
Zweier als Chefs haben gewöhnlich Lieblinge. Neuner stellen Beziehungen zur Autorität über die Struktur her und könnten die Ungleichheit übelnehmen. Nimmt der Vorgesetzte eine Neun mit in den inneren Zirkel auf, wird die Neun das Problem eher ausblenden als etwas unternehmen. Wenn Neuner nicht zu den Auserwählten gehören, kann ihre nicht zum Ausdruck gebrachte Wut zu Problemen mit der Überwachung führen. Ein Vorgesetzter kann eine Neun durch eine Entschuldigung und eine produktive Routine wieder zurück in die Spur bringen. Neuner stellen sich im allgemeinen auf die Situation ein und werden nach einer Auseinandersetzung kooperativ.
Neuner als Vorgesetzte sind effizient, wenn der Handlungsablauf klar ist, und wenn die Leitung effizient ist, gewähren Zweier Unterstützung. Zweier als Mitarbeiter können Vorgesetzten mit Schlüsselinformationen helfen. Sie können Meinungen aus den wichtigen Informationsquellen im Büro sammeln, auf zweckdienliche Handlungsverläufe aufmerksam machen und Neunern helfen, den Konflikt des Entscheidens abzukürzen, indem sie ihnen einen Fahrplan für ihr Vorwärtskommen entwerfen.

Drei mit Drei: Zwei Leistungsmenschen in der Liebesbeziehung

Diese Beziehung könnte zu den vom Aussterben bedrohten Arten gehören. Wir haben verhältnismäßig wenig Dreier in unseren Enneagrammseminaren, und Dreier-Paare sind geradezu eine Seltenheit. Leistungsmenschen kommen viel mehr in Geschäftskreisen vor, und bei Enneagramm-Busineßtrainingsseminaren erscheinen sie in großer Anzahl. Aber selbst in diesem Rahmen gibt es wenig Paare, die lange zusammen sind.

Dreier finden überall im Diagramm Anziehungspunkte. Einige fühlen sich hingezogen zu »ähnlichen«, sehr energiegeladenen und hochprofilierten Typen wie Zweiern, Siebenern und solchen Vierern, die der Drei ähneln. Andere Dreier sagen, sie fühlten sich zu sehr emotionalen Partnern hingezogen, weil sie ihnen so gar nicht ähneln. Die am häufigsten vorkommende Paarbildung bei Dreiern in meinem Teil der Welt ist die mit Fünfern, und als Grund wird hier das Gleichgewicht der Gegensätze genannt. Die sehr wenigen Paare aus zwei Dreiern, die ich registriert habe, sagen, sie hätten Freude an der Einstellung des anderen. Alles scheint möglich zu sein, und sie haben gewöhnlich mehrere Projekte, die zur selben Zeit laufen. Sie stellen fest, daß sie aneinander die Geduld verlieren und dazu neigen, in Wettstreit zu treten, wenn sie mit privaten Projekten beschäftigt sind, und aus diesem Grund unterhalten sie charakteristischerweise umfassende berufliche Verbindungen, jeder auf seinem Gebiet. Das gesellschaftliche Leben eines Dreier-Paares dreht sich um Leute, die ähnliche Arbeitsinteressen haben, bzw. um solche, die Kinder großziehen und gern etwas gemeinsam unternehmen. Ihre soziale Orientierung ist ganz entschieden handlungsbezogen. Dieses Paar unternimmt etwas gemeinsam und gestaltet seine Beziehung eher durch gemeinsame Tätigkeit als durch Entspannen und »Zusammensein« mit der Familie und mit Freunden.

Der Trick ist dabei, den anderen in seinem Tun zu unterstützen, ohne in ein paralleles Muster zu verfallen, bei dem jeder sein eigenes Leben führt, obwohl beide unter einem Dach wohnen. Das kann eine Situation sein, in der an der Oberfläche alles großartig aussieht. Ein Ansichtskartenleben mit all dem Anschein von Glück und Wohlergehen, aber ohne die innere Intensität einer starken emotionalen Bindung. Dreier sagen, daß Beziehungen großartig aussehen und sich leer anfühlen können. Sie haben vielleicht Interesse und Begeisterung für Projekte, aber es entsteht eine zunehmende Gleichgültigkeit für den Aufbau einer Zukunft. »Wieder eine neue

Herausforderung? Müssen wir uns schon wieder anstrengen?«
Diese Paare sprechen davon, daß sie mit einem gewissen emotionalen Abstumpfungsprozeß fertig werden mußten, bei dem sie zunehmend weniger Freude an den Ergebnissen ihrer Bemühungen empfanden. Es bestehe das Bedürfnis, sich zu beeilen, schnell fertig zu werden und gleich zur nächsten Aufgabe überzugehen, die nächste Erwartung, die nächste Lebensphase einzuleiten. Alles soll normal aussehen und gut organisiert sein, soll zu nützlichen Resultaten führen, aber mit der Zeit wird offensichtlich, daß doch etwas fehlt. Es ist das Gefühl, von dem auch Siebener oft berichten, wenn sie ihre Lebensmitte erreichen. »Hatten wir das nicht schon einmal? Was können wir tun, um nicht immer wieder dasselbe zu machen?«
Die Notwendigkeit, sich nach innen zu wenden und emotional an Tiefe zu gewinnen, erscheint gewöhnlich als Lustlosigkeit am äußeren Leben. Projekte und schnellebige, arbeitsbezogene Verbindungen kommen einem oberflächlich vor. Man wird sich zunehmend bewußt, daß etwas Lebenswichtiges fehlt, daß uns etwas entgeht, wenn wir bei unseren Bemühungen nichts empfinden, wenn wir nicht bereit sind, etwas in uns aufzunehmen, uns bewegen zu lassen und uns auf die Gefühle einzulassen, die unser Tun in uns auslöst.
Eine Beziehung von zwei Dreiern kann entweder den Leistungsmenschen in seiner Weltsicht bestärken, daß Gefühle mit der Erledigung von Aufgaben nicht vereinbar sind, oder sie kann eine fundierte Hilfe sein, um sich nach innen zu wenden.

Drei mit Drei: In der Arbeitsbeziehung

Dreier sind hoch geschätzt in der Durchführungsphase eines Geschäftszyklus. Es macht ihnen normalerweise Spaß, für Produkte zu werben und sie zu verkaufen, und sie verkörpern oft den persönlichen Enthusiasmus, der die beste Werbung für eine Firma sein kann. Sie haben eine natürliche Affinität zu dem schnellebigen Geschäftsstil, der für den steilen Aufstieg eines prosperierenden Unternehmens kennzeichnend ist. Ein neues, potentiell gewinnbringendes Projekt ist für Dreier genau das Richtige.

Schwierig könnte es werden, wenn Dreier sich gegenseitig übertreffen müssen. Sie sind erfolgreich in einer von Konkurrenz geprägten Umgebung, aber wenn das Belohnungssystem sie gegeneinander ausspielt, können sie feindselig werden. Dreier arbeiten angestrengt für Prämien und Beförderungen, denn ihr Wohlbefinden hängt mehr vom Siegen als von materiellen Vorteilen ab. Sie können Niederlagen im Berufsleben schwerer verwinden als andere Typen und werden sich wehren gegen den subjektiven Schmerz über einen Statusverlust. Verbindungen zu neuen beruflichen Möglichkeiten werden heimlich gepflegt. Dreier können leicht abspringen. Kontakte und potentielle Kunden können gesammelt, verheimlicht und gehandelt werden. Es mag vielleicht nicht an der Oberfläche zu erkennen sein, aber das Konkurrenzdenken wird zu einer auf den eigenen Vorteil bedachten, aufs Gewinnen um jeden Preis orientierten Haltung führen, die mitunter mit einem Steigern der persönlichen Vermarktbarkeit verwechselt wird. Es ist hilfreich, Dreiern ihre eigene Domäne zur Gestaltung und Leitung zu geben, und sie zu Informationsaustausch zu ermuntern, indem man ihnen die Effizienz von Zusammenarbeit beispielhaft vorlebt und Gruppensiegen oder Teambemühungen einen hohen Status verleiht.

Ein Dreier-Paar kann sich auch zu einer unbesiegbaren Partnerschaft entwickeln, wenn die Ziele aufeinander abgestimmt sind. Es ist ganz sicher ein Paar, das sich etwas zutraut und das ein Weiterkommen, sofern das menschenmöglich ist, garantieren kann. Sie denken beide gleich, und das ist Segen und Fluch zugleich. Positiv ist, daß sie Systeme voranbringen können, und negativ ist, daß sie dies zwanghaft tun können. Gegen Zweifel und Mißerfolg polarisiert, können Dreier schnell dabei sein, Anzeichen bevorstehender Schwierigkeiten umzudeuten. Sie werden vielleicht lavieren, um kurzfristige Gewinne sicherzustellen, ohne wirklich die Folgen zu bedenken. Dreier sind hochprofilierte Wettkämpfer, und es könnte sein, daß sie während einer Konsolidierungsphase im Geschäftszyklus an der Leine zerren. Genauso wie die Menschen durchlaufen ja auch Geschäfte Phasen. Es gibt immer wieder nützliche Perioden von Schrumpfung und Verkleinerung, die von Dreiern dann vielleicht als Mißerfolge und Verluste gedeutet werden. Leistungsmenschen sind bei Kehrtwendungen im Geschäftsleben, wenn umstrittene oder unpopuläre Entscheidungen verlangt werden oder peinlich genaue langfristige Planung nötig wird, im Nachteil.

Dreier als Vorgesetzte werden das Image vorleben müssen, das ihrer Erwartung nach eine angestellte Drei haben soll. Leistungsmenschen nehmen das Aussehen ihrer Umgebung an und werden das Ideal, das am Arbeitsplatz angesagt ist, imitieren. Wenn Zusammenarbeit notwendig ist, können Dreier erfolgreich kooperieren. Wird persönliche Leistung belohnt, kann dieselbe Drei höchst ehrgeizig werden.

Dreier als Angestellte halten Ausschau nach Möglichkeiten, um beruflich aufzusteigen. Es ist hilfreich, wenn diese Möglichkeiten klar vorgezeichnet sind, so daß Dreier keinen Grund haben, andere oder die Struktur zu ihrem eigenen Vorteil zu manipulieren. Persönliche Arbeit mit Dreiern sollte unter dem Leitgedanken stehen, daß öffentliche Anerkennung sichergestellt ist und der Konkurrenz mit anderen Angestellten wenig Wert beigemessen wird. Es ist hilfreich, wenn im System Zusammenarbeit vor Wettbewerb geht. Es ist hilfreich, Systeme aufzubauen, die nicht Hierarchie und persönliche Macht, sondern die Wirksamkeit von Kooperation widerspiegeln.

Drei mit Vier: Leistungsmensch und Romantiker in der Liebesbeziehung

Beiden geht es um Image und den Grad an Wertschätzung, die sie von anderen erhalten. Leistungsmenschen wollen Respekt für Leistung, und Romantiker brauchen es, daß man sie für etwas Besonderes und Einzigartiges hält. In der Öffentlichkeit hinterläßt das Paar gewöhnlich einen guten Eindruck und pflegt oft einen Lebensstil, der erfolgreiche Eleganz ausstrahlt. Der anfängliche Reiz besteht für die Drei im Angezogensein vom inneren Drama der Vier als dem Gegenstück zum Drang der Drei nach öffentlicher Anerkennung. Für die Vier wiederum kann das Hauptinteresse der Drei an weltlichen Dingen ebenfalls eine Herausforderung sein. Leistungsmenschen scheinen sich ständig auf ihre Arbeit zu konzentrieren, selbst in sehr privaten Augenblicken. Diese Aufmerksamkeitsverlagerung kann Romantiker irritieren, denn sie sehnen sich nach einer tiefen Verbindung. Aber die Aufgabenorientierung des Leistungsmenschen ist auch ein psychologischer Distanzierungsmechanismus, der attraktiv sein kann. Vierer-Partner scheinen von der Aufmerksamkeit ihrer Drei nie genug zu bekommen, und dadurch konzentrieren sie sich auf die besten Seiten dessen, was zu fehlen scheint. Hier ein sehr schönes Beispiel für den Unterschied der beiden Sichtweisen:

Träume

Drei mit Vier: *Meine Frau und ich fahren einem Sonnenuntergang bei Santa Fe entgegen. Wir segeln auf den Himmel zu. Auf dreihundertundsechzig Grad ständig wechselnde Farben, darunter kleine grüne Farbtöne. Wir parken auf einem Bergrücken oberhalb der Stadt, und es ist einfach großartig. Wir fassen uns an den Händen, und die Sonne leuchtet durch die Windschutzscheibe, und dann höre ich, wie sie schluchzt. »So etwas kommt nie wieder, und gleich ist es vorbei.« Gleichzeitig bin ich gewahr, daß ich mir gerade einen komplizierten*

Plan für Zweitjobs für uns beide ausdenke, mit deren Hilfe wir uns ein Stück des Bergrückens kaufen können.

Die Hauptschwierigkeit dieses Paares bilden die Stimmungen der Vier und die abgeblockten Gefühle der Drei. Das ist ein immer wiederkehrendes Thema in dieser Beziehung. Die Vier hat Sehnsucht, die Drei verspricht ihr mehr Zeit und hält dann nicht Wort. Vierern wird es schwerfallen, ihre Vorstellung von der versprochenen Nähe einigermaßen realistisch zu halten. Die Nichtverfügbarkeit der Drei kann magnetisierend wirken, weil das Paar nie so viel Zeit füreinander hat, daß die Beziehung normal wird. Wenn Vierern Intimität vorenthalten wird, machen sie oft Szenen, beschuldigen den anderen oder verfallen in tiefe Depressionen, und das ist gerade die Art emotionalen Anspruchs, die die Dreier verabscheuen. Vierer überbewerten das Gefühlsleben, während Dreier es unterbewerten. Es kann zu einer Krise kommen, wenn die Vier um Aufmerksamkeit kämpft und die Drei ausweicht und ihren Zeitplan mit anderen Verpflichtungen füllt. Hilfreich ist, wenn sich jeder in die Weltsicht des anderen hineinversetzen kann. Dreier zum Beispiel zeigen ihr Engagement typischerweise damit, daß sie »für uns« arbeiten. Weise Vierer könnten sich auf diese »unemotionale« Art des Liebens einlassen und unterscheiden lernen, ob Arbeit zur Betäubung von Emotionen benutzt wird oder ob mit der Arbeit Zuneigung gezeigt werden soll.

Dreier wollen in den Augen derer, die ihnen etwas bedeuten, als Erfolgsmenschen dastehen, und da kann sich die Unzufriedenheit der Vier wie ein Schlag gegen die Selbstachtung ausnehmen. Anstatt sich zu rächen, indem sie die Sehnsüchte der Vier lächerlich machen, und anstatt sich für »all die Arbeit, die ich für uns getan habe«, nicht genügend geschätzt zu fühlen, hilft es, wenn sich Dreier einmal in das Fasziniertsein der Romantiker von Dingen, die im Leben fehlen, hineinversetzen. Die ganze Palette von Emotionen erfahren zu lernen, die Vierer leben, könnte eine Lebensaufgabe sein, eine, die diese Beziehung ausgesprochen befriedigend und nicht bloß erfolgreich macht.

Drei mit Vier: In der Arbeitsbeziehung

Diese Beziehung stellt eine weitere Kombination von Gegensätzen dar, die entweder für beide Seiten unterstützend oder eine Katastrophe am Arbeitsplatz sein kann. Das Paar kann sehr viel leisten, weil die Konzentration auf die Aufgaben ein Umgehen empfindsamerer Gefühle erfordert. Die Vorwärtsrichtung der Drei sorgt dafür, daß konsequent produziert wird, während die Vierer Produkte herstellen, die elegant erfolgreich, nicht erfolgreich glatt wirken. Diese Kombination klappt gut, wenn die Vier für einen ungewöhnlichen und etwas umstrittenen Beitrag Anerkennung bekommt, der dann durch die Unterstützung der Drei zum Erfolg führt. Die Partnerschaft scheitert, wenn die beiden miteinander konkurrieren. Beide wollen Beifall, und sie können bis zum Umfallen konkurrieren anstatt nachzugeben.

Dreier als Manager können Dinge »der Schau wegen« tun. Ihre Vierer-Angestellten können unterscheiden, ob etwas getan wird, weil es wirklich wichtig ist, oder nur, weil es bei der Masse gut ankommt. Sie werden es nicht in Ordnung finden, wenn ein Essen anläßlich einer Auszeichnung zu einem Fototermin für den Geschäftsführer wird, und es wird nicht gut wirken, wenn beispielsweise schwierige Beratungen effizient so geplant werden, daß keine Zeit für emotionale Reaktionen bleibt. Dreier-Manager, die davon ausgehen, daß ihre Angestellten ebenfalls ihre Aufgaben über ihre Gefühle stellen, sollten daran denken, Schlüsselworte wie »Nicht anbrüllen« und »Frag um Erlaubnis« mit Bleistift in ihren Terminkalender einzutragen.

Dreier lieben schöpferische Produktivität und können von Menschen, die auf authentischer, sinnvoller Arbeit bestehen, fasziniert sein. Es erscheint ihnen mutig, darauf zu beharren, daß die Arbeit den Menschen widerspiegelt, anstatt sie auf die Funktionsbeschreibung eines Arbeitsplatzes zurechtzustutzen. Vierer ziehen es oft vor, lieber jahrelang durchzuhalten, als sich für eine gesicherte Beziehung oder für geistlose Tage im Büro herzugeben. Dieser hartnäckige Wunsch, sich selbst zum Ausdruck zu bringen, unterscheidet sich deutlich von der Bereitwilligkeit der Drei, sich Zeiten betäubender stumpfsinniger Schufterei gefallen zu lassen, um beruflich voranzukommen. Jeder Angestellte, der einen brauchbaren Vorschlag hat, um die Effizienz oder die Produktentwicklung zu verbessern, wird bei einem Dreier-Manager auf Unterstützung stoßen.

Romantiker als Vorgesetzte kann das unverhohlene Konkurrenzdenken der Drei aus der Fassung bringen. Die Partnerschaft klappt reibungslos, wenn die Drei gut beschäftigt ist, kann jedoch zerfallen, wenn die Drei anfängt, bei der Hierarchie und den anderen Mitarbeitern Eindruck machen zu wollen. Vierer in leitenden Stellungen sehen Dreier tendenziell nur als ungeschickt. Sie mögen zwar intelligent sein, aber Stil haben sie nicht. Das Bild eines Haute-Couture-Modells, das auf einen modischen College-Jüngling herabschaut, vermittelt etwas von sozialer Distanz. Wie lächerlich. Wie billig, sich so aufzuspielen. Jeder Vorgesetzte, der versucht, eine aufstrebende Drei aufzuhalten, sollte sich darauf gefaßt machen, daß dieser Mitarbeiter einfach den Ball schnappt, den Chef umläuft und versucht, bei der Machtelite Punkte zu machen.

Erfolgreiche Partnerschaften zwischen Dreiern und Vierern werden durch Beiträge von Dritten sehr gefördert. Die Drei muß sehen, daß bei der Vier in leitender Stellung soziale Grenzen respektiert werden müssen. Vermittlungsgespräche sollten das Interesse an der Aufgabe neu bestätigen, den Eindruck zerstreuen, daß die Drei ein herzloser sozialer Aufsteiger sei, und den höheren Rang der Vier bekräftigen. Dreier als Angestellte werden ihre niedrigere Stellung in der Organisation leichter akzeptieren, wenn die Manager eine Hierarchie hinter sich haben. Dreier lassen sich von erfolgreichen Vorbildern beeindrucken und kooperieren besser, wenn der Dienstweg klar ist.

Drei mit Fünf: Leistungsmensch und Beobachter in der Liebesbeziehung

Dreier beschreiben sich gewöhnlich als extrovertiert, und die überwältigende Mehrheit der Fünfer paßt zum klassischen Profil des Introvertierten. Das Bedürfnis der Introvertierten nach privatem Freiraum stellt eine Herausforderung für Leistungsmenschen dar, deren Selbstbild auf der Anerkennung ihrer Leistung beruht. Die natürlichen Unterschiede dieses Paares verlocken die Drei dazu, auf den emotional zurückgezogeneren Partner zuzugehen und die Strukturen der Beziehung an sich zu reißen. Wird beispielsweise eine Reise geplant, bestellen die Dreier üblicherweise das Informationsmaterial, schlagen die Reiseroute vor und buchen die Reservierungen. Die Fünf braucht bloß noch zu packen und mitzukommen.
Diese Verbindung ist im Liebes- und Geschäftsleben sehr verbreitet, und sie beginnt mit dem Zugehen auf die emotional distanzierte Fünf, die dem fast keinen Widerstand entgegensetzt. Leistungsmenschen zeigen ihre Liebe, indem sie Zeit und Energie für eine Beziehung hergeben, und das kommt den Bedürfnissen eines zurückgezogenen Partners entgegen. Sich auf eine feste Beziehung einzulassen, fällt Beobachtern schwer. Es ist so leicht, sich abzukoppeln und loszulassen, daß die fortgesetzte Anwesenheit einer Fünf de facto ein Sichfestlegen ist. Fünfer »initiieren« oft Beziehungen, indem sie sich so positionieren, daß andere sie aus der Reserve locken können. Dreier müssen sich vielleicht zurückhalten, um die Grenzen der Fünf zu respektieren, statt hineingestürmt zu kommen und die Fünf versehentlich zum Rückzug zu veranlassen. Beobachter drücken ihre Zugänglichkeit nonverbal aus oder indem sie etwas über sich mitteilen, Energie in den Haushalt

investieren und persönlich anwesend sind. Für dieses Paar scheint Verständigung ohne Worte gut zu funktionieren. Wenn die beiden sich mögen, geht die Drei auf den anderen zu, sofern ihr kein Widerstand entgegengesetzt wird, und die Fünf ist einfach da. Diese offensichtlichen Unterschiede im psychischen Stil stehen im Mittelpunkt der Beziehung. Das Bedürfnis der Drei nach sozialem Kontakt muß mit dem Wunsch der Fünf nach privatem Freiraum und Berechenbarkeit ausbalanciert werden.

In der am häufigsten vorkommenden Konstellation fungiert die Drei als gesellschaftlicher Sekretär. Sie filtert die Telefonanrufe und Verabredungen, berät sich privat mit der Fünf und gibt die Entscheidungen dann der Außenwelt bekannt. Das Leben im Haus kann sich nach einem parallelen Muster entwickeln, bei dem jeder Partner sein eigenes Leben führt und sich mit den anderen zu festgesetzten Zeiten zum Essen und zum Familienleben trifft.

Überraschenderweise ist es oft die Fünf, die Anstoß daran nimmt, daß die Drei häufig nicht zu Hause ist. Wenn sie sich erst einmal an jemanden gebunden haben, können Beobachter in der Sicherheit der Schloßmauern besitzergreifend sein und möglicherweise, wie eine Acht, die Interessen ihres Partners an der Außenwelt einschränken wollen. Dreier reduzieren gewöhnlich ihr Programm, um den Frieden zu wahren, und übernehmen dann allmählich wieder mehr Arbeit. Es kann eine zyklische Krise werden, in der Fünfer schmollen und Trost, Anwesenheit und Sex verweigern, während sich Dreier in die Arbeit vergraben und hoffen, daß die schwierige Phase vorübergeht. Wenn sich Dreier bedroht fühlen, arbeiten sie meist angestrengter, um ihre Gefühle zu betäuben. Das hat die negative Wirkung, daß der Abstand zwischen ihnen und den anderen immer größer wird.

Diese Beziehung profitiert davon, daß man sich hinsetzt und Abmachungen aushandelt. Keiner der beiden Partner ist von Gefühlen und Rührseligkeiten allzu sehr berückt, und beide Typen haben ihre Schwierigkeiten mit Nähe. Dreier haben

Angst, nicht im Zusammenhang mit ihren Leistungen gesehen zu werden, und Fünfer fürchten, durch die Bedürfnisse anderer Leute ausgelaugt zu werden. Beide jedoch unternehmen gern etwas gemeinsam und bevorzugen Verabredungen, die eine im voraus festgelegte Menge an Zeit und Energie in Anspruch nehmen. Fünfer können entgegenkommend sein, wenn sie wissen, was erwartet wird, und Dreier drücken sich durch Handeln aus.

Das Paar kann sich vielleicht leichter unterhalten, wenn die Aufmerksamkeit auf ein Golfspiel oder eine gemeinsame Wanderung abgelenkt ist. Jeder zeigt seine Zuneigung, indem er etwas für die Menschen tut, die er liebt – Dreier im wortwörtlichen Sinne so, daß sie handfesten Erfolg »für uns« produzieren, und Fünfer im subtileren Sinne, indem sie eigene Zeit und private Freiräume hergeben. Es ist hilfreich für diese von Natur aus unabhängigen Menschen, ein System des Sichabsprechens zu entwickeln, das es jedem von ihnen erlaubt, sich an den Beziehungsstil des anderen anzupassen. Fünfer können beispielsweise lernen, die Freuden des gesellschaftlichen Lebens zu genießen, und Dreier können sich öffnen und sich von Ruhe und stillem Kontakt berühren lassen.

Drei mit Fünf: In der Arbeitsbeziehung

Von dieser Geschäftspartnerschaft wird am häufigsten berichtet. Der Beobachter positioniert sich normalerweise als Analytiker und überläßt es dem Leistungsmenschen, sich um die öffentlichen Angelegenheiten zu kümmern. Die Fünf erarbeitet oft das Grundkonzept und die Theorie, die dann von der energiegeladenen Drei weiter ausgebaut und verkauft wird. Die Drei stellt Kontakte her und erledigt widrige Angelegenheiten. Das schützt den Beobachter vor Konflikten und unangekündigten Störungen. Dreier wollen Kontrolle über den sichtbaren, aufs Image orientierten Bereich einer Partnerschaft, und die Fünf bildet das passende Gegenstück dazu, wenn sie vielleicht in den Träumereien ihrer Zurückgezogenheit wichtige Ergebnisse entwickelt und dann feststellt, daß es ihr unmöglich ist, diese Arbeit unter die Leute zu bringen. Ein Leistungsmensch kann der Kanal sein, durch den die Einfälle eines Beobachters den Weg zum Markt finden können.

Die Partner könnten Mühe haben, Probleme zu lösen. Beide blocken Gefühle ab, und beide gehen Konflikten aus dem Wege, was es ihnen erleichtert, negative Tatsachen nicht zur Kenntnis zu nehmen. Dreier deuten negatives Feedback um, um ihr Image in der Öffentlichkeit zu wahren, und Fünfer können lästige Angelegenheiten einfach fallenlassen. Beide Typen haben verzögerte Reaktionszeiten für Gefühle. Dreier blocken ihre Emotionen durch Arbeit ab, und Fünfer brauchen viel Zeit, um herauszubekommen, was sie fühlen. Hilfreich ist, wenn ein schwieriges Problem in Etappen eingeteilt und Zeitpunkte für eine Folge von Beratungen festgesetzt werden können. Dieses scheinbar mechanische Vorgehen zeigt Wirkung bei Menschen, die ihre Differenzen lieber methodisch als emotional lösen. Fünfer mögen es, sich abzukoppeln und sich in jedem Verhandlungsstadium neu vorzubereiten, und Dreier können negative Gefühle durch Aktivität abpuffern.

Dreier-Vorgesetzte wollen vielleicht mehr Informationen von der verinnerlichten und sich aus allem heraushaltenden Fünf. »Warum meldet sich denn dieser Mitarbeiter gar nicht?« »Wo bleibt denn der Funken von Begeisterung?« »Warum verschwindet sie immer?« Da sie persönliche Anerkennung brauchen, können sich Leistungsmenschen durch einen Mitarbeiter, der allein arbeiten will und ihnen mündliche Unterstützung vorenthält, abgewertet fühlen. Der Mitarbeiter mag sich durchaus wirklich nur teilweise auf die Sache eingelassen haben. Der Arbeitsstil von Dreiern kann Fünfer bis zur Erschöpfung belasten. Je mehr man tut, um so mehr will der Chef. Da gibt es keine Auszeit, und das Tempo treibt einen an. Das Streben des Dreier-Chefs nach Anerkennung mag über den Kopf der Fünf hinweggehen, so daß der Vorgesetzte das

Gefühl hat, nicht genügend respektiert zu werden, und die Fünf sich gedrängt fühlt, Interesse zu heucheln. Fünfer hassen es, für die Interessen anderer Leute eingespannt zu werden, und ziehen sich daher zurück, um sich ihre Energie zu bewahren. Es ist hilfreich, wenn Manager so planen können, daß ihre Mitarbeiter genau wissen, was von ihnen erwartet wird. Fünfer sind bereit, große Lasten zu tragen, wenn sie genau wissen, wie viel sie wiegen und wie weit sie sie zu tragen haben.

Fünfer als Vorgesetzte passen nicht zum interaktiven Stil einer angestellten Drei. Die scheinbar so einfache Lösung, Leistungsmenschen in Bereichen einzusetzen, wo sie viel mit Menschen zusammenkommen, wie z. B. Werbung oder Absatz, mag bis zu einem gewissen Grad funktionieren, wird jedoch nicht dem Wunsch der Dreier gerecht, ihre Bestätigung von Autoritäten persönlich zu bekommen. Dreier drängeln, und Fünfer hassen Störungen. Die vorgesetzte Fünf operiert hinter verschlossenen Türen, und die angestellte Drei findet Gründe, an die Tür zu klopfen, und das frustriert beide. Indem sie sich zurückziehen, können Fünfer für Mitarbeiter, die persönlichen Kontakt wollen, attraktiv werden.

Fünfer tragen häufig im Geschäftsleben eine Dreier-Maske. In der extrovertierten Pose können sie im Rahmen einer gut erprobten Berufsrolle operieren. Sie sind selbstbewußte Führungspersonen, wenn sie durch ein im voraus festgelegtes Programm geschützt sind, und sie sind oft großzügig mit ihrer Zeit und ihrer Energie, wenn die Aufmerksamkeit der Aufgabe und nicht ihnen gilt. Fünfer als Vorgesetzte müssen in ihrer Beziehung zu Dreiern eindeutig sein. Mit Andeutungen und fast unmerklichen Zeichen ist da nichts zu machen. Eine präzise Festlegung von Rollen und Erwartungen kann das Bedürfnis der Drei, sich einen Sonderstatus zu erkämpfen, abmildern. Wenn das Ziel klar ist, können Dreier die Vorhaben ihrer Chefs wunderbar durchführen und das Beste aus dieser Partnerschaft machen, mit der Fünf als Analytiker und der Drei als Macher an der vordersten Front.

Drei mit Sechs: Leistungsmensch und loyaler Skeptiker in der Liebesbeziehung

Solche Paare findet man nicht oft, und das Gelingen ihrer Beziehung hängt davon ab, ob sie die Spannung zwischen Leistung und Leistungsangst lösen können. Dreier sind Ellenbogentypen, deren Signalwort in Beziehungen »Stop« lautet. Innezuhalten und über die Beziehung reden zu müssen, aktiviert die Angst der Drei um ihren Selbstwert. In Panik vor starken Gefühlen wird sie genau dann Tempo zulegen, wenn die mehr verinnerlichte Sechs stoppen und ihre Zweifel besprechen will.

Eine weise Sechs wird Diskussionen über emotionale Angelegenheiten so planen, daß sie in die Zeiten gemeinsamer Unternehmungen fallen. Eine Drei als Partner erlebt die Beziehung gefiltert durch Aktivität und braucht die Rückversicherung, daß Gefühle nicht den Stillstand für alles Vergnügen und allen Lohn der Arbeit bedeuten. Bei der Sechs lautet das Signalwort: »Los«. Auf Erfolg, auf Vergnügen und auf Vertrauen zum Partner zugehen. In einer Beziehung gleitet das Paar auf einer Linie im zentralen Dreieck des Diagramms hin und her. Diese Linie zeigt, daß Dreier ihre eigenen Gefühle anzweifeln und daß Sechser durch Leistungsdruck gestreßt werden.

Das Paar ist in der Lage, einander entscheidend zu helfen. Dreier verängstigt der Umgang mit jemandem, in dessen Weltsicht Zweifel den Dreh- und Angelpunkt bildet. Sechser stellen das Image in Frage und zweifeln Erfolg an; genau die Aspekte in einer Beziehung sind es aber, auf die sich Dreier stützen, um gut von sich denken zu können. Dreier kann es betrüben, wenn sie sehen, wie ihre Sechs immer wieder in die Underdog-Position zurückkehrt. Paradoxerweise können Dreier bei ihrem Versuch, Sechser dazu zu ermutigen, ihr Bestes zu geben, Objekt paranoider Aufmerksamkeit zu werden. Sechser streßt die Position der Drei. Öffentliches Image erscheint ihnen gefährlich. Man kann angegriffen und lächerlich gemacht werden, wenn man sich der Öffentlichkeit stellt; also erscheinen die gutgemeinten Bemühungen einer Drei der Sechs oft wie eine Falle oder wie ein Test, und dadurch bekommen Sechser noch mehr Angst vor Leistung.

Es ist hilfreich, wenn Dreier vom Erfolg als Maßstab für persönlichen Wert absehen und sich auf die Gefühle konzentrieren können, die den Selbstzweifeln von Sechsern zugrunde liegen. Wenn der Umgang mit Erfolg als Lebensaufgabe wahrgenommen wird mit dem Ziel, viele interessante Facetten der Persönlichkeit eines geliebten Menschen zum Vorschein zu bringen, dann sind Dreier die perfekten Partner, um diesem Unternehmen zum Erfolg zu verhelfen. Wenn Leistungsmenschen jedoch die immer wiederkehrenden Zweifel ihrer Sechser als albern oder unbegründet abtun, zeigt dies oft die Unfähigkeit, nach innen zu schauen und eigene Ängste anzuerkennen.

Sechser ihrerseits sind chronisch von dem desillusioniert, was in ihren Augen die Prahlerei hochprofilierter Leistungsmenschen ist. Das Paar betrachtet Erfolg durch unterschiedliche Brillen. Dreier fühlen sich tüchtig und leistungsfähig, wenn sie eine Aufgabe erfüllen, wogegen Sechser Gedächtnisschwund haben, was Erfolge anbelangt, und man ihnen immer wieder neu Mut machen muß. Dreier fühlen sich als Profis, wenn sie erfolgreich sind, während Sechser wieder von vorn beginnen müssen. Es ist hilfreich, wenn Sechser lernen, sich auf ihre Aufgabe zu konzentrieren, ohne in mentalen Zweifel auszuweichen. Indem Sechser die Leistungsfähigkeit der Dreier als oberflächlich abqualifizieren, zeigen sie nur ihre eigene Unfähigkeit, zielstrebig zu bleiben.

Drei mit Sechs: In der Arbeitsbeziehung

Bei der naheliegendsten Konstellation der Talente sind Sechser die Schöpfer origineller Ideen und Dreier kreative Werber. Sechser können sich lange genug an einem umstrittenen bzw. schwierigen Thema aufhalten, um die Theorie zu verfeinern und den Boden für ein Produkt oder eine Dienstleistung zu bereiten. Typischerweise werden die kreativen Kräfte einer Sechs durch Widrigkeiten geschärft, und Sechser können auf sofortige Anerkennung verzichten.

Die Talente der Dreier strahlen vor allem auf dem Gebiet des Verpackens und Förderns gut formulierter Konzepte. Sie sind gut darin, den Markt zu erspüren und die Dinge auf die jeweiligen Interessen der Öffentlichkeit zuzuschneiden. In einer Partnerschaft Gleichberechtigter ist die Sechs oft die Person mit den Ideen und der Fähigkeit zur Beseitigung von Störungen, die ein solides Produkt hervorbringt, für das die Drei Werbung machen und das sie absetzen kann.

Dreier als Vorgesetzte werden den Beitrag ihrer Sechser-Mitarbeiter respektieren müssen. Leistungsmenschen sind berühmt dafür, daß sie auf gute Ideen anspringen, ohne sich darum zu kümmern, was andere zu ihnen beigetragen haben. Wenn es der Sechs wichtig ist, daß ihr Anteil an einem Projekt anerkannt wird und diese Anerkennung dann ausbleibt, wirkt der Chef wie eine unterdrückende Autorität, der man nicht trauen kann. Die Fähigkeiten des Managers zu positiver Vorausschau und langfristiger Führungstätigkeit sehen dann nach Akten der Selbstsucht aus, die nicht den Interessen der Mitarbeiter dienen.

Der Argwohn der Sechs hinsichtlich der Absichten der Drei sollte in die rechte Perspektive gerückt werden, bevor die alarmierte Sechs anfängt, in bezug auf die Zukunft des Projektes das Allerschlimmste anzunehmen. Es ist dringend erforderlich, daß die Vorgesetzten daran denken, jedem Anerkennung zukommen zu lassen, besonders für das Konzipieren von Ideen. Sechser können ihre intellektuellen Beiträge eifersüchtig verteidigen und wollen sie vielleicht in erster Linie öffentlich gewürdigt wissen. Der Vorgesetzte kann gern im Rampenlicht stehen, wenn den Sechser-Mitarbeitern die Anerkennung und ihr rechtmäßiger Platz in der Zukunft des Projektes sicher ist.

Wenn die Drei Gefühle abblockt und nicht bemerkt, daß andere sie allmählich für einen Opportunisten halten, wird die Sechs sich wahrscheinlich in die Underdog-Position begeben und am Arbeitsplatz zum Widerstand aufrufen. Es ist hilfreich, wenn der Chef so einem Aufruf mit Respekt begegnen kann, wohl wissend, daß er in der Firma wahrscheinlich eine breitere Basis hat als nur eine einzige unzufriedene Sechs. Bei Dreiern ist die Wahrscheinlichkeit besonders groß, daß sie negatives Feedback abtun, und das facht das Feuer der Opposition ihrer Angestellten nur noch mehr an. Die Drei könnte die Erkenntnis nutzen, die ihr die gemeinsame Linie auf dem Diagramm bieten kann, indem sie beginnt, ihr Selbstbild einer beliebten Führungskraft in Frage zu stellen und den Selbstzweifel der Sechs für eine Weile zu übernehmen.

Eine Sechs als Vorgesetzter könnte für eine ehrgeizige Drei als Mitarbeiter zu vorsichtig und zu regelgebunden sein. Aus Angst vor Kontrollverlust können Sechser schnell damit bei der Hand sein, negative Absichten auszumachen, und dadurch bleiben die positiven Aspekte von Wettbewerb und persönlicher Initiative unbeachtet. Dreier reagieren besonders empfindlich darauf, wenn sie übergangen werden, und suchen schnell nach anderen Stellen, wenn ein Projekt ihnen keinen Raum zum Vorankommen bietet. Sie blühen auf in einer Atmosphäre von raschem Umsatz und Expansion, dem jedoch die Ambivalenz eines Sechser-Vorgesetzten, der sich nicht gern im Rampenlicht sieht, entgegensteht. Wenn sie von ihrer gemeinsamen Linie im Diagramm lernen wollen, müssen sich Sechser nach Dreier-Art auf Risiken einlassen. Anstatt die Loyalität ihrer Mitarbeiter durch Richtlinien zu kontrollieren, können Sechser als Vorgesetzte das Image und die Effizienz, die Dreier bewundern, beispielhaft vorleben.

Drei mit Sieben: Leistungsmensch und Epikureer in der Liebesbeziehung

Hier passen die Energien wunderbar zusammen, um einen Lebensstil erfolgreichen Abenteuers hervorzubringen. In dem Maße, wie das Paar dieselben Interessen hat, paßt das Zielorientiertsein der Drei gut zur Blickrichtung der Sieben auf mannigfaltige Möglichkeiten. Über Depressionen oder Langeweile wird es keine Klagen geben, solange sich die Projekte vervielfältigen, aber das Paar verbringt vielleicht nicht viel Zeit gemeinsam. Wenn nicht darauf geachtet wird, die Interessen auf ein gemeinsames Ziel einzuengen, könnte die Beziehung darin münden, daß sich die Partner gegenseitig wöchentlich einen Überblick über den neuesten Stand der Dinge geben.

Beide könnten das Angenehme an ihrer Beziehung überbewerten und dabei die Mängel schönfärben. Es ist einfach nicht interessant, sich des langen und breiten bei Finanzfragen aufzuhalten oder den Kindern Disziplin beizubringen, wenn sich der Verstand eigentlich schon mit Dingen von morgen oder Plänen für nächstes Jahr beschäftigen will. Großartige Ideen im Verein mit geringfügigen Mitteln können das Leben glücklich machen, ohne daß man auf die Kosten achtet. Die Partner informieren einander vielleicht nicht über den gesamten Umfang ihrer Schwierigkeiten, oder nehmen ihn tatsächlich nicht wahr. Einschränkungen signalisieren für beide »volle Kraft voraus«. Dreier reden sich ein, alles sei in Ordnung, und arbeiten angestrengter, um dem Mißerfolg davonzulaufen. Siebener gehen Schmerz aus dem Wege und rationalisieren Mißerfolg, indem sie sich die Zukunft vorstellen. Die Möglichkeit sich anhäufender Versäumnisse macht dieses Paar wehrlos gegenüber »überraschenden und unvorhergesehenen« äußeren Schwierigkeiten, wie finanziellen Krisen oder einem Kind, das Probleme macht.

Im Zusammenhang mit Enneagramm-Diagnosen wird gern gewitzelt, Dreier und Siebener seien leicht zu erkennen, weil sie sich selbst mögen. Gut daran, daß man sich selbst mag, ist eine positive Einstellung. Man erwartet, daß auch andere beeindruckt sind, weil man selbst von sich beeindruckt ist. Das Negative an einem positiven Selbstbild ist eine gewisse Oberflächlichkeit. Es fällt schwer, lange nach dem Fehler zu suchen, wenn man etwas falsch gemacht hat. Beide Typen verschwinden, wenn ihr öffentliches Image in Frage gestellt ist. Dreier tun es, indem sie ihr Image wechseln und Teilwahrheiten erzählen, und Siebener, indem sie Möglichkeiten auswechseln und Veränderungen rationalisieren. Es besteht eine stille Abmachung, daß jeder seinen eigenen Interessen nachgeht, statt daß die beiden einander zu Verbündeten ihres persönlichen Wachstums machen.

Beide Partner können unverhohlen Angst bekommen, wenn die Emotionen intensiver werden. Dreiern wird bange, wenn sie mehr lieben und weniger arbeiten, weil abgeblockte Gefühle an die Oberfläche kommen, wogegen Siebener Angst haben, Optionen zu verlieren und in einer einzigen Beziehung festzusitzen.

Ein reifes Paar wird sich diesen Ängsten stellen und sie nicht unter Aktivität begraben. Dabei werden Dreier feststellen, daß sie bei dem Ziel, die Ängste in ihrer Partnerschaft zu überwinden, genauso beharrlich sein können, wie bei der Überwindung von Hindernissen in der Arbeit. Ein guter erster Schritt, um die Paranoia loszulassen, die durch emotionale Bindung hochkommt, besteht darin, konkrete kurzfristige Ziele zu setzen, wie z. B. jede Woche gemeinsam in die Sauna zu gehen oder pro Woche zwei Stunden darauf zu verwenden, einander zu fotografieren.

Siebener können ihrerseits Freude in eine Beziehung bringen. Begriffe wie Vergnügen und Wahlmöglichkeiten können für Dreier, die lieber richtig aussehen als sich richtig wohl fühlen möchten, etwas Befreiendes sein. Gefühle kommen nicht vor, wenn Leistungsmenschen arbeiten, um bei anderen Anerkennung zu finden. Daher kann das Beharren eines Epikureers auf Befriedigung und auf Freiheit der Wahl ein richtiges Geschenk des Himmels sein. Paare, die lange zusammen sind, beschreiben sich als Partner, die gemeinsam »produktiven Spaß« haben. Der Siebener-Partner hat Beständigkeit entwickelt, und in diesem Prozeß ist so manches an der Produktorientiertheit der Drei zum Vergnügen geworden.

Drei mit Sieben: In der Arbeitsbeziehung

Diese Partnerschaft floriert oft zu Beginn eines Projektes und geht noch vor dessen Vollendung ein. Leistungsmenschen und Epikureer ähneln sich im Enneagramm, beide bringen eine Vorwärts-Haltung mit an den Arbeitsplatz, und beide erhalten sich ihr Interesse, indem sie den Umfang ihrer Operationen vergrößern. Da Siebener zukunftsorientiert sind, bauen sie mannigfache Möglichkeiten zu einer interessanten Synthese zusammen, und Dreier setzen ihr Vermögen auf künftige Erfolge. Jeder wird mehrere Projekte bzw. verschiedene Dimensionen desselben Projektes in Gang halten. Man muß eine Menge Eisen im Feuer haben, wenn die Aufmerksamkeit auf das nächste Ereignis, den nächsten Reiz und das nächste Projekt auf der Liste gerichtet ist.

Dreier sind auf einen persönlichen Sieg konzentriert und werden atemberaubend langweilige Arbeit übernehmen, um diesen Erfolg zu erzielen. Die Aufgabe an sich ist wichtig, aber ein prestigeträchtiger Titel und finanzielle Vergütungen sind entscheidend. Siebener gehen an Fragen des Lebensunterhalts wie Feinschmecker heran. Sie können gut konkurrieren, haben ein ansprechendes Image, und man findet sie oft neben Dreiern als Spitzenkonkurrenten. Sie sehen aus wie Dreier und handeln auch wie diese, jedoch kommt bei ihnen in der Arbeit erst das Abenteuer und dann die Leistung. Epikureer mögen Aufgaben, die neu und erregend sind, und ziehen sich eher von einer Führungstätigkeit zurück, die ihre persönliche Freiheit einschränkt. Siebener konzentrieren sich auf Arbeit, die sich gut anfühlt, und Dreier konzentrieren sich auf das, was in den Augen der Menge gut aussieht.

Eine Drei als Vorgesetzter wird wahrscheinlich den Enthusiasmus einer angestellten Sieben als Bereitschaft zur Plackerei mißverstehen. Beide Typen bringen etwas zuwege, aber beide kürzen Verfahren ab, und das könnte die Qualitätssicherung in Gefahr bringen. Dreier als Vorgesetzte wollen Ziele und Ergebnisse, und dem kann die Qualität der Produktionsabschnitte im Interesse der Effizienz zum Opfer fallen. Als Angestellte kürzen Siebener ebenfalls Verfahren ab, und zwar einfach, um Langeweile zu vermeiden. Siebener sind im allgemeinen am Arbeitsprozeß interessiert und werden Zeit sparen für Unterhaltungen, zum Experimentieren und um Eigenes einzubringen.

Dreier übernehmen das Kommando, und Siebener versuchen, Autoritäten einzuebnen. Da Dreier ihre Operationsbasis ausweiten wollen, delegieren sie zunehmend Verantwortung, und das unterstützt den auf gemeinsames Management gerichteten Stil der Siebener. Das Dilemma bei Mediationsfällen ist gewöhnlich, daß eine Drei mit der Illusion die Führung übernommen hat, daß Verpflichtungen eingehalten werden, während in Wirklichkeit die Sieben während der langweiligen Phasen eines Projektes entgleist ist. Unbeeindruckt von der Hierarchie können sich Siebener in neue Richtungen davonmachen, ohne zu bemerken, daß sie auf eigene Faust handeln. Hilfreich ist, wenn ein Chef die Endphase des Projektes eines Siebener-Angestellten direkt überwacht. Es ist besonders wichtig, daß dieses Paar den Dienstweg genau formuliert. Siebener als Angestellte finden es im allgemeinen gut, einen Vorgesetzten zu haben, auf den sich die Aufmerksamkeit der Öffentlichkeit konzentriert, aber sie werden im Interesse eigener Freiheit die Autorität dieser Führungskraft manchmal umgehen wollen.

Siebener als Vorgesetzte sind in den frühen Phasen eines Projektes immer begeistert und beliebt. Erfolgreiche Siebener delegieren gern Macht, wenn das Projekt erst einmal läuft, positionieren sich dann als Hersteller von Kontakten und als Promoter und kommen zurück, um bei schwierigen kurzfristigen

Engpässen die Leitung zu übernehmen. Eine Drei als Angestellter kann genau die richtige Person sein, um das Projekt dieses Vorgesetzten zu verwirklichen. Dreier wollen Befriedigung durch erreichte Ziele, und wenn die Sieben praktisch und konkret werden kann, führt die angestellte Drei diese Direktiven aus.

Bei Mißverständnissen, von denen solche Partnerschaften berichten, geht es am häufigsten um Unklarheit der Ziele. Siebener, die nicht delegieren können, lassen gewöhnlich die Durchführung ihrer Projekte unvollständig. Die Pläne ändern sich, neue Richtungen kommen auf, und da mögen die Angestellten Schwierigkeiten haben, noch mitzukommen. Eine vorgesetzte Sieben bemerkt vielleicht nicht, daß die frustrierte Drei eine Führungsrolle zu übernehmen hatte, um in den Theorien der Sieben mehr Zusammenhang herzustellen. Wenn Führungstätigkeit unberechenbar ist oder wenn aneinander vorbei operiert wird, steigen Dreier ein, um das Machtvakuum auszufüllen. Wenn Dreier so respektiert werden, wie das ihren Vorstellungen von Entlohnung und öffentlicher Anerkennung entspricht, wird das Paar gut zusammenarbeiten. Siebener sollten Dreiern spezielle Titel und Rollen geben, anstatt sich aus der Führungsrolle zurückzuziehen, denn das verleitet die Angestellten dazu, sich selbst Rollen zu geben.

Drei mit Acht: Leistungsmensch und Boß in der Liebesbeziehung

Auch dieses Paar kandidiert für die Liste der gefährdeten Spezies im Enneagramm. Beide Typen sind es gewohnt, in Beziehungen die aktiven Partner zu sein. Achter wollen schützen, und Dreier wollen versorgen. Achter übernehmen die Kontrolle und leugnen ihre sanfteren Gefühle, während Dreier hart arbeiten, um zu betäuben, was sie fühlen. Persönliche Macht wird bei beiden Profilen betont, jedoch hat keiner der Partner Erfahrungen mit der Macht emotionaler Kapitulation.

Folglich kommt es im allgemeinen dann zu einem Durchbruch in der Beziehung, wenn einer der Partner einen Mißerfolg hinnehmen muß. Paare aus Drei und Acht sagen, daß Unglück sie dazu gebracht hat, sich aufeinander zu stützen. Leistungsmenschen stellen fest, daß Achter zu ihnen als Person sogar dann loyal stehen, wenn es zu einem Skandal kommt oder das öffentliche Image ruiniert ist, und ein Boß fühlt sich von einer Drei entwaffnet, die in einem Notfall, bei dem alles außer Kontrolle geraten ist, die Situation rettet.

In einer guten Konstellation sind Achter und Dreier Vertraute. Überzeugt von ihrem eigenen Können und dem des anderen, ist ihnen normalerweise Erfolg beschieden. Allerdings müssen Dreier lernen, Anerkennung zu geben. Sie denken gewöhnlich, sie täten alles allein, aber verliebte Achter haben deutliche Zweier-Tendenzen. Ein Boß braucht Bestätigung und Aufmerksamkeit, wenn die rauhe äußere Hülle gerade schmilzt. Dieses Paar wächst zusammen in Tätigkeit und Tätigsein, aber die Bereiche des Fühlens und Seins sind zu erforschendes Neuland. Eine Verbindung durch gemeinsames Tun ist etwas ganz anderes als eine entstehende Bindung von Sein und Fühlen. Die Gefühle einer Acht öffnen sich, wenn die Kontrolle über die Beziehung gefahrlos abgegeben werden kann. Die Emotionen von Dreiern gedeihen in Beziehungen, in denen sie sich als Person und nicht für das, was sie leisten und produzieren, geliebt fühlen.

Drei mit Acht: In der Arbeitsbeziehung

Dreier und Achter verkörpern vorherrschende amerikanische Führungsstile. Beide Typen sind aggressiv und territorial. Beiden Typen ist das Ergebnis wichtiger als der Weg dorthin, und beide geraten in Wut, wenn Aufgaben unterbrochen werden. Sie bilden ein unschlagbares Aktionsteam, wenn sie auf derselben Seite stehen, und es kommt garantiert zum Machtkampf, wenn das nicht der Fall ist.

Der Achter-Stil ist direkt und konfrontierend. Achter sind unverhohlen. Dreier können wie Chamäleons handeln. Sie wechseln die Farben, um gemocht zu werden, ducken sich und schlängeln sich überall durch. Achter bauen eine starke Grundlage auf, setzen ein Ziel und legen los. Dreier sind raffinierter. Sie fangen an, basteln sich aus allem Verfügbaren eine Strategie zurecht und lernen durch Tun. Als Gegner kämpfen sie um die Macht. Achter sind in den Augen von Dreiern Tyrannen, und Dreier sind in den Augen von Achtern Lügner.

Bei der häufiger vorkommenden Konstellation hat die Acht die Rolle des Vorgesetzten inne, und die Drei ist der Spitzenproduzent auf dem jeweiligen Gebiet. Wenn die Drei sich wertgeschätzt fühlt, kann sich diese Partnerschaft entwickeln. Dreier wollen handgreifliche Belohnungen für Anstrengungen, und ein kluger Chef wird diese Neigung respektieren und nicht versuchen zu kontrollieren. Achter als Vorgesetzte argwöhnen leicht eine Anfechtung ihrer Macht, und Dreier stellen eine solche Anfechtung dar. Hilfreich ist es, für Gehälter und Status Richtlinien festzulegen. Dreier sprechen auf die Möglichkeiten innerhalb eines Systems an. Sie wollen eine Leiter zum Hinaufklettern, und dadurch können ihre Ambitionen kanalisiert werden.

Dreier als Chefs müssen Fairneß demonstrieren. Achter denken: »Kann man denn einem Chamäleon trauen? Verhält sich der Vorgesetzte loyal zu den Angestellten?« Achter als Mitarbeiter sind eine Herausforderung an Autoritäten. »Werde ich verraten, wenn es gerade gelegen ist? Ist der Chef ehrlich? Mal sehen!« Die Acht könnte Unruhe am Arbeitsplatz schüren, und die vorgesetzte Drei hätte eine Rebellion niederzuschlagen. Es geht wirklich um die Redlichkeit der Leitung. Achter können sich nicht engagieren, solange sie sich nicht sicher fühlen. Eine Drei als Chef kann behilflich sein, indem sie der Acht bestätigt, daß sie ihren Arbeitsplatz auch in Zukunft behält. Achter müssen wissen, wo sie in langfristigen Geschäftsplänen stehen.

Drei mit Neun: Leistungsmensch und Vermittler in der Liebesbeziehung

Leistungsmenschen wollen bei ihren Lieben Eindruck machen, und Neuner neigen dazu, mit den Vorstellungen anderer zu verschmelzen. Dieses Muster gegenseitiger Anziehung ermuntert Dreier, ein Image zu vermitteln, das das Herz einer Neun einnimmt. Erfreut über die Aufmerksamkeit, wird sich die Neun angezogen fühlen, den Kurs einer Drei zu unterstützen, und dadurch einigt sich das Paar leicht darauf, Leistungsziele in den Mittelpunkt seiner Beziehung zu stellen.

Da Vermittler nach einem persönlichen Lebensziel hungern, werden sie oft durch die Vorhaben von Partnern angeregt. Die Ansichten anderer wirken viel stimulierender, als sich der Konfusion stellen zu müssen, die die eigenen Prioritäten umgibt. Neuner werden in die Interessen anderer verwickelt, manchmal jahrelang. Beeindruckbare Neuner können das ansprechende öffentliche Erscheinungsbild der Drei ausprobieren und denken: »Ich habe mich selbst gefunden. Endlich weiß ich, was ich mit meinem Leben anfangen soll.« Das Paar hat eine gemeinsame Linie im Diagramm, und diese Linie sagt voraus, daß Vermittler Sicherheit gewinnen, indem sie mit dem Image und der Identität, die eine Arbeitsrolle liefert, verschmelzen. In dem Maße, wie die Ziele der Drei tatsächlich die unberücksichtigten inneren Bedürfnisse einer Neun widerspiegeln, kann sich ein produktiver Lebensstil ergeben, den die Drei anführt und dem sich die Neun anschließt.

Die Diagrammlinie zwischen Drei und Neun deutet auch an, daß sich Leistungsmenschen unwohl fühlen, wenn sie nichts zu tun haben. Gestreßte Dreier werden wie Neuner unsicher hinsichtlich ihrer Ziele, und dadurch fühlen sie sich richtungslos und unproduktiv. Beiden Partnern mißfällt die Lethargie, die sich entwickelt, wenn einem die Wahl schwerfällt. Vermittler haben große Angst vor dem Versiegen der Energie, wenn sie die gezielte Konzentration verlieren, und Leistungs-

menschen setzen schnell Prioritäten, damit es immer etwas zu erledigen gibt.
Ohne die Steuerung der eigenen Entscheidungen durch die Priorität eines anderen können Neuner in eine Alltagsroutine verfallen, die sich wie Schlafwandeln anfühlt. Sie agieren ihre Unzufriedenheit aus, indem sie ihre Energie verringern und ihre Teilnahme auf mechanische Verpflichtungen reduzieren. Sie sagen vielleicht nicht laut nein, aber ihre Präsenz und ihr Enthusiasmus sind betäubt. Es kann in dieser Beziehung zu einer Krise kommen, ohne daß viel gesagt wird. Das Familienleben geht weiter, die Drei fühlt sich zu Aktivitäten außer Haus hingezogen, und die Neun legt sich schlafen. Die Drei arbeitet angestrengt, und die Neun, die oft ein genauso volles Programm hat, knapst gerade noch genug Aufmerksamkeit ab, um die Routinesachen zu erledigen. Keiner von beiden erkennt das Dilemma. Dreier arbeiten »für uns«, und Neuner arbeiten, um ihre Enttäuschung und ihre Wut zu betäuben. Schließlich werden Neuner, die sich von den Interessen eines Partners mitgeschleppt fühlen, anfangen zu denken: »Wie sind wir denn bloß in diese Sackgasse geraten?« »Habe ich diesen Weg gewählt?« Oder: »Gehöre ich hier dazu oder nicht?« Solche Fragen können zwanghaft werden, wenn die Prioritäten der Drei tatsächlich das Leben des Paares beherrschen. Mit inneren Zweifeln beschäftigt, bewegen sich Neuner auf ihren eigenen Streßpunkt, die Sechs, zu, fragen sich, ob ihre Beziehung überhaupt noch Sinn hat, haben es jedoch schwer, Lösungen vorzuschlagen. Es bringt einen Leistungsmenschen zur Raserei, wenn es durch die inneren Zweifel der Neun in den Zukunftsperspektiven der Familie zu einem Stillstand kommt. Durch das Nichthandeln der Neun sind es meist schließlich die Dreier, die zur Tat schreiten, indem sie sich entweder in die Arbeit vergraben, zu einer anderen Beziehung ausscheren oder eine Veränderung einleiten.
Dreier brennen oft darauf, »konstruktive Veränderungen« zu unterstützen, besonders wenn »produktive Unterstützung« die Erfolgschancen des Paares erhöht. Hilfreich ist, wenn das

Paar begreift, daß die Suche der Neun nach einer persönlichen Richtung eigentlich für beide Partner gilt. Zu leicht kann das Suchen nach einer inneren Position als Selbstverwöhnung abqualifiziert werden. Und Dreier können besonders ungeduldig werden, wenn man seine Zeit mit Fragen der Bindung und des Daseins verbringt, statt den Tag mit Taten zu füllen. »Warum so tief graben, wenn kurzfristige Projekte winken? Warum nach untergründigen Motiven forschen, wenn dadurch vielleicht Leid entsteht?« Das Fokussieren auf eine Identität, die aus dem eigenen Sein hervorgeht, kann für Dreier beunruhigend sein, die ja ihrerseits Zustimmung erlangen, indem sie entsprechende Masken aufsetzen. Beide Seiten wollen, daß es der Neun gutgeht, aber warum dauert das so lange? Ein interessanter Gesichtspunkt der Suche nach Identität ist der, daß Neuner, die zu sich selbst finden, vielleicht nicht einmal ihre berufliche Laufbahn ändern oder daran denken, ihre Beziehung aufzugeben. Statt dessen können sie sich von innen heraus neu für das Leben entscheiden, das sie bereits aufgebaut haben, »ein Leben, das mein eigenes wurde, als ich erkennen konnte, daß ich es wollte«.

Drei mit Neun: In der Arbeitsbeziehung

Das Arbeitstempo von Leistungsmenschen kann am Arbeitsplatz automatisch den Maßstab setzen. Ihre Energiegeladenheit paßt gut zum Geschäftsleben, und Neuner bewundern ganz besonders Leute, die durch eine Karriere »zu sich finden« können. Indem sie sich an den positiven Aspekten im Berufsrollen-Image der Drei orientieren, können Neuner die Gewohnheiten von Erfolgstypen entwickeln, hauptsächlich, indem sie sich auf Fristen einrichten, um ihren Energiespiegel im Gleichgewicht zu halten.

Neuner mögen im allgemeinen die Eigenschaften ihres Sicherheitspunktes. Sie können handeln und aussehen wie Dreier, jedoch gibt es gewisse grundlegende Unterschiede:

Neuner werden nach wie vor alle Seiten einer Frage sehen, werden aller Wahrscheinlichkeit nach mit den Vorhaben anderer Leute verschmelzen und Konflikten aus dem Wege gehen. Vom Standpunkt der Drei aus verlangsamen diese Dinge das Tempo und könnten als Belastung am Arbeitsplatz angesehen werden, wogegen Neuner der Ansicht sind, daß die Beachtung anderer Standpunkte bedeutet, ein Geschäft mit Herz zu führen.

Dreier als Vorgesetzte tendieren dazu, ihre Einflußsphäre auszuweiten. Ist eine Vereinbarung erst einmal abgeschlossen, muß eiligst zum nächsten Punkt weitergegangen werden. Es mag schwierig sein, den Chef zum Zuhören zu bewegen, wenn das Thema nicht aufgabenbezogen ist, und dadurch können andere Themen, wie z. B. die Stimmung im Büro, nicht zur Sprache kommen. Neuner geben vielleicht selbst zu, daß es nicht sehr geschäftsmäßig ist, im Kreuzfeuer der Beziehungen innerhalb des Büros zu stehen, aber es bleibt die Tatsache, daß der unartikulierte Groll von Angestellten, den der Chef nicht wahrnimmt, Vermittler belasten kann.

Leistungsmenschen neigen dazu, sich von Streitigkeiten zweckmäßigerweise abberufen zu lassen, und sie werden aggressiv, wenn das Programm unterbrochen wird. Die oberste Direktive lautet: »Weitermachen«. Und wenn sie anfangen, die Arbeit wie mit Scheuklappen zu sehen, kann es passieren, daß Dreier die Angestellten als Objekte behandeln, die der Arbeit entweder dienen oder nicht. Es wird dann logisch erscheinen, Leute fallenzulassen, die keinen Wert haben, und diejenigen anzutreiben, die wertvoll sind. Unerfahrene Dreier als Vorgesetzte behandeln Menschen nach dem Beitrag, den sie zum Unternehmen leisten. Vermittler fühlen sich da vielleicht als erste bedroht, und da sie sich verpflichtet sehen, Frieden zu bewahren, gehören sie möglicherweise zu den letzten, die einen Standpunkt äußern. Da Neuner mit dem Widerstand der Angestellten verschmelzen, werden sie alle Seiten der Frage sehen und ihre Unzufriedenheit indirekt demonstrieren. Es wird eben nicht so gehen, wie der Chef es will.

Die Unentschlossenheit einer Neun als Vorgesetzter kann auf zielstrebige Angestellte bedrohlich wirken. Dreier finden ausgedehnte Forschungs- und Entdeckungsprozesse besonders verunsichernd. Das Sammeln von Daten scheint Selbstzweck zu werden, statt Entscheidungen zu erleichtern. Zu viel Information überlastet das System einer Drei. Es ist frustrierend zu denken, daß wichtige Ergebnisse durch widerspruchsvolles Denken zerbröckeln könnten. Dreier als Angestellte sehen präzise, kurzfristige Ziele, und Neuner als Vorgesetzte sehen, wie sich Ziele unter veränderlichen Bedingungen verändern können. Bei ihrem unterschiedlichen Aufmerksamkeitsstil kann es passieren, daß eine angestellte Drei ungestüm auf die Schließung der Beratung drängt, während die vorgesetzte Neun noch die Unterlagen prüft.
Der Beitrag Dritter ist äußerst hilfreich beim Überbrücken der grundsätzlichen Unterschiede in dieser Partnerschaft. Neuner können sich einem ungefährlichen Zuhörer gegenüber viel leichter erklären, als mit einer direkten Konfrontation fertig zu werden, und Dreier setzen ihre Probleme gern auf einen Plan, der Ergebnisse zeitigt. Es ist hilfreich, wenn jeder die konstruktiven Aspekte an der Problemlösungsstrategie des anderen sehen kann. Neuner müssen Prioritäten setzen, konfrontieren, und den Nutzen einer selbstbewußten Führungstätigkeit erkennen. Dreier müssen abwarten, die Erkenntnisse anderer wertschätzen und den Bezug zwischen der Leistung und den Bedürfnissen der Menschen sehen.

Vier mit Vier: Zwei Romantiker in der Liebesbeziehung

Dieses Paar ist vielleicht auch ein Kandidat für die Liste der gefährdeten Arten im Enneagramm. Ich habe nur wenige intime Beziehungen von zwei Vierern gefunden, obwohl Romantiker gern miteinander ihre Zeit verbringen und häufig die besten Freunde werden. Der Beste-Freunde-Status wird oft durch ein gemeinsames Steckenpferd gestützt. Vierer gehen zusammen in die Oper, bringen Unterschriftenlisten für die Rechte der Kinder in Umlauf, gehen joggen und reden über ihre Beziehungen, weinen, ziehen sich gut an und vertragen sich nach Auseinandersetzungen wieder. Beste Freunde bestätigen den Wert des anderen als jemand, mit dem man eine einzigartige Vision teilt, und das hilft, die tiefer liegende Scham zu neutralisieren, daß man nicht gut genug sei, um Liebe zu verdienen. Beste Freunde können es sich auch leisten, offener miteinander zu sein als Intimpartner, da Vierer glauben, verlassen zu werden, wenn sie ihren Liebsten einen verhängnisvollen Makel offenbaren.

Zwei Vierer verbindet ihr Sichhingezogenfühlen zu Intensität, hervorgerufen durch ästhetische Sensibilität, Zärtlichkeit und gleichermaßen starke depressive Stimmungen. Eine gute Beziehung ist von einem ganzen Spektrum von Gefühlen durchdrungen. Wie kann Freude echt sein, ohne die Erinnerung an den Verlust von Freude? Hat emotionales Verbundensein nicht sein Gegenstück in Trennung und Leid?

Zwei Vierer können die Suche nach einer erfüllenden Beziehung zu außerordentlicher Wichtigkeit erheben. Im Vergleich dazu wirkt einfache Zuneigung wie oberflächlicher Ersatz. »Eine wirkliche Beziehung« sollte eine künstlerische Leistung werden. »Warum sind andere Paare bereit, sich mit so wenig zufriedenzugeben? Wo ist da der Zauber? Das darf uns nicht passieren!« Zuweilen können Vierer einander nicht helfen, weil jeder seine eigene Sensibilität zu wichtig nimmt. Sie mögen sich zwar über die Gefahren zu hoher Erwartungen im klaren sein, aber die Suche nach Liebe in Frage zu stellen, scheint ihren Wert herabzusetzen.

Die Bedürfnisse von Romantikern sind sehr idealisiert. In einer Intimbeziehung kann nicht immer Glückseligkeit herrschen. Ekstatische Augenblicke gehen vorüber, und wenn man auf zuviel besteht, fehlt garantiert etwas. Das, was zum Glücklichsein fehlt, führt Romantiker in die Irre. Das Haus ist nie groß genug, der Partner nicht leidenschaftlich genug, das Ge-

halt nicht hoch genug, und im Kaffee ist nicht genug Sahne. Die Beziehung kann eine primäre Quelle der Unzufriedenheit sein, wenn man jahrelang darauf besteht, daß ein Partner sich ändern muß. »Ich kann es nicht ertragen, dich zu verlassen, und ich kann dich nicht wegschicken; aber wenn du mir genügtest, würde ich anders empfinden, also leide ich durch dich.«
Unnötig zu sagen, daß der Schuldzuweisungsfaktor in einer Beziehung von zwei Vierern noch verstärkt wird. Im negativen Falle leidet jeder und gibt dem anderen dafür die Schuld. Jeder will einen perfekten Liebhaber, und jeder fühlt sich fehlerhaft. Jeder kritisiert den anderen als unvollkommen, und jeder möchte sich aus dem Staube machen, wenn die eigenen Fehler sichtbar werden. Den beiden ist die Bewegung zur Eins gemeinsam, dem perfektionistischen Typ im Enneagramm, und wenn ihre Intimbeziehung den Tiefststand erreicht, leben beide wahrscheinlich die negativen Aspekte ihrer Sicherheitsposition. Perfektionistische Vierer können beißend sein. Beide denken: »Ich bin verletzt worden, und du hast die Schuld.« Aber eigentlich haben sie Angst vor dem Verlassenwerden. »Ich fürchte, von dir abgelehnt zu werden, weil ich Fehler habe, und um mich zu retten, werde ich derjenige sein, der dich als erster fallenläßt.«
Im positiven Falle kann dieses Paar ein Leben lang den Funken am Glühen halten. Wir brauchen keine Vierer zu sein, um zu erfahren, wie Nostalgie aufkommt, wenn wir von dem Menschen getrennt sind, den wir lieben; aber die Romantiker unter uns loten dieses Sehnen bis in seine Tiefen aus. Wenn Vierer erst einmal ganz miteinander verbunden sind, bleibt diese Gefühlsbindung für immer bestehen. Es dauert Jahre, um die Nuancen einer Beziehung zu verarbeiten, und Vierer tun das üblicherweise, indem sie sowohl Küsse als auch Tränen liebevoll akzeptieren.

Vier mit Vier: In der Arbeitsbeziehung

Vierer können hochprofilierte Leistungsmenschen sein, was eigentlich nicht in die stereotype Vorstellung von einer tragischen Gestalt paßt; aber ihr Antrieb zum Erfolg ist oft von der Annahme motiviert, daß sie durch ein Programm mit hohem Leistungsstandard von ihren Depressionen herunterkommen. Außerdem brauchen sie handgreifliche Beweise für ihren Wert, und Erfolg in den Augen anderer ist Balsam für ihre geringe Selbstachtung. Diejenigen, die eher ihrem Dreier-Flügel zuneigen, besonders der konkurrierende Subtyp, machen gegen einen Rivalen mobil; diesen Zug schätzt man auf dem amerikanischen Markt sehr. Alle Vierer neigen dazu, das Besondere und die Einmaligkeit ihrer Leistungen ins rechte Licht zu rücken, und selbst einen Scham-Subtyp aktiviert der Gedanke: »Wenn die das können, kann ich das auch! Was haben die, was ich nicht habe?«

Wir gehen davon aus, daß wir in den meisten Berufen unsere Gefühle beiseite schieben, und folglich können Romantiker am Arbeitsplatz unentdeckt bleiben. In einer Teamaufbau-Sitzung ist es gar nicht so ungewöhnlich, daß sich Vierer zu erkennen geben und die anderen vor Überraschung große Augen machen. »Sie? Sie sind ein sogenannter Romantiker? Das hätte ich nie vermutet!«

Die meisten Vierer schwanken zwischen Erfolgsstreben und fatalem Desinteresse. Euphorie kommt bei Herausforderungen auf, schlägt aber in Enttäuschung um, wenn Arbeiten zu Routine werden. Plötzlich scheint bei dem ganzen Unternehmen doch nichts herauszukommen, sind die Tage alle einer wie der andere. Die Anstrengung lohnt eben nicht, wenn so viel zu fehlen scheint. Romantiker können ihr Erreichtes sabotieren, wenn sich der Erfolg gerade einstellt. Vierer, die ihren Fünfer-Flügel stärker betonen, und die Vierer des Scham-Subtyps scheuen besonders davor zurück, der Öffentlichkeit ausgesetzt zu sein. Gesehen zu werden ist das Risiko einer öffentlichen Demütigung einfach nicht wert.

Erfolg signalisiert Langeweile und die Furcht, gewöhnlich zu werden. Die Situation lädt sich auf, wenn die Kreativität zu stagnieren beginnt, denn Romantiker brauchen ein wenig Zauber, um effizient zu sein. Es ist jene Art von Zauber, der aufkommt, wenn man Vorsicht fahrenläßt. Als Vorgesetzte lernen Vierer einzuschreiten, bevor ihre Vierer-Angestellten verheißungsvolle Karrieren sabotieren, und clevere Vierer als Angestellte werden auf die Details achten, damit Vereinbarungen eingehalten werden. Durch Verbindungen zweier Vierer entsteht eine unruhige Arbeitsatmosphäre: nichterprobte Theorien, unsichere Vorhaben, erstaunliches Personal und emotionale Rettungsaktionen. Verbindungen zweier Vierer funktionieren gut, wenn es keine Konkurrenz gibt. Aber wenn nicht jeder besondere Aufmerksamkeit bekommt, kann Zusammenarbeit in Neid und boshafte versteckte Angriffe umschlagen.

Vierer als Vorgesetzte entwickeln ihre persönliche Handschrift. Sie wollen lieber Neues einführen, als sich der Masse anzuschließen. Sie könnten emotionale Impulse mit echten kreativen Erkenntnissen verwechseln. Es kann passieren, daß Vierer vergessen, ihre Intuition durch Nachforschungen zu überprüfen. Es besteht auch die Wahrscheinlichkeit, daß ein Kreis aus besonderen Leuten innerhalb der Gruppe gebildet wird – einige aus dem Personal sind interessant und andere nicht. Zwei Vierer geraten manchmal in Verstrickungen miteinander, wenn eine Krise sie einander nahebringt, und sie verlieren das Interesse wieder, wenn die Krise vorbei ist. Durch einen Kreis innerhalb der Gruppe entsteht ungesunder Wettbewerb; Belegschaftsmitglieder fühlen sich gegeneinander ausgespielt, wenn persönliche Aufmerksamkeit hoch geschätzt wird. Als Angestellte leiden Vierer, wenn sie in Ungnade fallen, und können Chaos im Büro unterstützen, um Aufmerksamkeit zu erlangen.

Mediation sollte sich auf strukturelle Garantien konzentrieren, die Günstlingswirtschaft innerhalb der Gruppe abschaffen. Verbindliche Abmachungen dürfen nicht durch wechselnde Verbindungen oder emotionale Gefolgschaften gefährdet werden.

Vier mit Fünf: Romantiker und Beobachter in der Liebesbeziehung

Ein weiteres Paar, das sich mit der Zeit ähneln könnte. Beide schließen sich gern in ihre innere Welt ein, jedoch hat dieses Nach-innen-gerichtet-Sein einen jeweils sehr unterschiedlichen Fokus. Fünfer können in einer Welt intellektueller Abstraktion und mentaler Metaphorik leben, der in sonderbarer Weise jeglicher emotionaler Gehalt zu fehlen scheint, wogegen Vierer sehr auf Veränderungen der inneren Stimmung achten. Herz und Verstand sind so unterschiedliche Wahrnehmungsorgane, daß beide Partner sich falsch dargestellt bzw. mißverstanden fühlen können, wenn sie sich einander mitteilen. Der romantische Partner mag denken: »Mein Geliebter/meine Geliebte hat kein Herz.« Und der Beobachter empfindet vielleicht: »Mein Geist ist erfüllt von dem Menschen, den ich liebe.« Die Ausdrucksweise beider Partner ist derart unterschiedlich, daß sie sich zuweilen wie Schiffe vorkommen können, die nachts aneinander vorbeifahren und einander nicht sehen können.

Trotz ihrer offensichtlichen Unterschiede teilen diese beiden eine sinnerfüllte und oft von Symbolik überlagerte Weltsicht. Sie sind sich darin einig, daß es Prinzipien und Schlüssel zu versteckten Bedeutungen unter der Oberfläche gewöhnlicher Vorkommnisse gibt, und diese gemeinsame Überzeugung kann sie miteinander verbinden. Das Gefühl, daß das eigentliche Leben hinter der Bühne der oberflächlichen Erscheinungsformen gelebt wird, bedeutet nicht, daß sie magische Denker wären. Es heißt einfach, daß sie eine persönliche Wahrnehmungswelt bewohnen können, die sich von den gängigen Überzeugungen unterscheidet.

Die gemeinsam verbrachten Jahre können sie auf den Geschmack des anderen einstimmen, wobei sich die ästhetische Selbstdarstellung der Vier mit der Beobachtungsgabe der Fünf mischt und eine Art ästhetischer Distanz schafft. Sie teilen sich einander durch einen Lebensstil mit, dem symbolischer Sinn innewohnt. Miteinander die Farben für einen Herbstgarten festzulegen, kann eine Weise sein, einander zu sagen: »Wir werden gemeinsam in diesem Garten sitzen, wenn er blüht.« Zärtlichkeit kann sich behutsam darin ausdrücken, daß man sich gegenseitig den Morgentee einschenkt. Eine ganz andere Möglichkeit ist die, daß sich die Partner in separate, innere Welten zurückziehen, wo sie nur mit sich beschäftigt sind und wenig Bedürfnis verspüren, miteinander zu kommunizieren.

Grenzprobleme kommen häufig vor. Fünfer sind damit beschäftigt, sich ihre Energie zu erhalten, und werden sich schützen, indem sie die Zeit kontrollieren, die sie mit anderen verbringen. Romantiker andererseits brauchen sehr viel Aufmerksamkeit. Ihre Stimmungen erschüttern die mentalen Schutzmaßnahmen der Fünf. Romantiker regen sich auf über planmäßige Intimität, mit der Horrorvorstellung von einer Fünf, die sich im Arbeitszimmer eingeschlossen hat, während die Vier verlassen im Schlafzimmer liegt und sich nach Anerkennung sehnt. Beobachter können leicht Ausreden finden, um die Kommunikation abzubrechen, und sich weigern, angerührt zu werden. Je mehr eine Vier lamentiert um so mehr zieht sich eine Fünf zurück und denkt: »So stellst du dir unsere Beziehung vor – ich nicht.« Hilfreich ist, wenn jeder das richtige Maß an Kontakt finden kann, was teilweise erklärt, warum Paare, die lange zusammen sind, einander mit der Zeit ähnlich sehen. Jeder muß seinen Beziehungsstil anpassen, um dem anderen entgegenzukommen. Beobachter müssen bei ihren Gefühlen bleiben, und Romantiker müssen sich bremsen. Wenn es gelingt, zwischen dem zurückgezogensten und dem emotional dramatischsten Enneagrammtyp die Balance herzustellen, zeigt sich, daß die beiden einander wirklich etwas Bewundernswertes beizubringen haben. Es sind Partner,

die lernen können, sich in der Mitte zu treffen, wenn jeder sich in Richtung der emotionalen Bedürfnisse seines Partners ändert. Im allgemeinen gehen Vierer in eine Beziehung mit Halbdistanz – nicht zu weit weg, um sich nicht verlassen zu fühlen, und nicht zu eng, damit keine Mängel sichtbar werden. Der Beobachter stellt vielleicht fest, daß emotionale Distanz für den romantischen Partner attraktiv sein kann, und so haben beide einen Anreiz, sich in der Mitte zu treffen.
Fünfer als abstrakte Denker sollten zu schätzen wissen, was das Herz weiß. Ein echter Schlüssel zu verborgenem Wissen kann in Gefühlsnuancen, die Menschen miteinander verbinden, entdeckt werden. In Beziehungen kann man diese Schatzkammer voll Informationen öffnen, wenn man den Schlüssel zum Herzen erkennt. Auf ihrer Seite der Gleichung müssen Vierer ihre Gier nach Liebe einschränken, indem sie sich mit der emotionalen Losgelöstheit der Fünf identifizieren.

Vier mit Fünf: In der Arbeitsbeziehung

Beobachter können in beruflichen Beziehungen weit mehr aus sich herausgehen als in Intimbeziehungen. Sie können von einem bestimmten Fall oder einem geschäftlichen Unternehmen, das ihre Vorstellungskraft gefangennimmt, ganz erfüllt sein, und sie werden äußerst emotional, wenn es um Aufgaben und nicht ums rein Persönliche geht. Beide Typen können gut aktiv werden, wenn die erhöhte Verfügbarkeit eines Beobachters das Vertrauen eines Romantikers gewinnt.
Als Vorgesetzte operieren Fünfer innerhalb der Grenzen eines bestimmten Planes, zeitlich genau festgesetzter Beratungen und vorher vereinbarter Telefonanrufe. Von ihren Mitarbeitern erwarten sie, daß sie Störungen abwehren und als Schutzfilter gegen Unterbrechungen agieren. Fünfern fällt es schwer, die Aufmerksamkeit wieder zu lösen, wenn sie erst einmal begonnen haben, sich zu konzentrieren. Also wird Ungestörtheit eine grundlegende Direktive sein. In dem Maße,

in dem Vierer zum inneren Zirkel der Leitung gehören, leiten sie das Büro gern auf eine persönliche, stilvolle Art, die ihrem individuellen Geschmack entspricht. Eine vorgesetzte Fünf wird es wahrscheinlich der Vier überlassen, die Wirkung und Atmosphäre öffentlicher Präsentation zu prägen.

Vierer reagieren übertrieben auf Mangel an Aufmerksamkeit, besonders wenn die Fünf sich auf eine Kommunikation durch Vermittler und schriftliche Notizen zurückzieht. Schlimm kann es werden, wenn sich ein Romantiker als Angestellter ignoriert fühlt und Taktiken wie z. B. Launenhaftigkeit oder Nachlässigkeit anwendet, um Konfrontationen zu erzwingen. Die vorgesetzte Fünf möchte vielleicht die Vier lieber feuern, als sich mit der Situation auseinanderzusetzen; das wiederum stachelt die Vier zum Kämpfen an und zwingt den Fünfer-Vorgesetzten zu einer Begegnung von Angesicht zu Angesicht.

Ein Bruch kann abgewendet werden, wenn beide Seiten Interesse demonstrieren. Vierer wollen persönliche Anerkennung, und Fünfer wollen organisatorische Effizienz ohne die Last persönlicher Präsenz. Die angestellte Vier muß sich aus einer emotionalen Haltung zurücknehmen, und die vorgesetzte Fünf aus ihrer vorwiegend logischen Position. Es ist hilfreich, wenn Fünfer Diskussionsbereitschaft zeigen und Vierer objektive Lösungen anbieten können, die auf Struktur gestützt sind.

Vierer als Vorgesetzte können erleben, daß ihre Fünfer-Angestellten sie gut unterstützen. Beide wollen eine persönliche Beziehung, die einfach ein spezielles Projekt sein könnte. Beobachter glänzen in einem fest umrissenen Bereich von Spezialwissen, und Vierer brauchen die stabilisierende Wirkung deutlich gezeigter Unterstützung. Bei Schwierigkeiten zieht sich eine angestellte Fünf wahrscheinlich hinter eine Wand intellektueller Formalitäten zurück, statt sich in Konfrontationen hineinziehen zu lassen. Bedrängte Fünfer können ganze Abteilungen kontrollieren, indem sie nichts geben. Man bekommt keine Antwort, wenn man nicht exakt die richtige Frage in genau der richtigen Sprache stellt. Die ganze Last fällt dem Vorgesetzten zu, wenn eine Fünf als Angestellte in die Enge getrieben werden muß, um Informationen von sich zu geben. Wenn Beobachter etwas zurückhalten, gibt es Zeiten ohne Kommunikation und Berichte von der Länge einer einzigen Seite. Als Angestellte verstecken sich Fünfer typischerweise hinter einer angemessenen Büropose, so daß die wütende vorgesetzte Vier das Problem nicht festmachen kann. Wenn sie schließlich in die Enge getrieben sind, können Fünfer das, was sie denken, völlig unverblümt sagen, ohne sich bewußt zu werden, wie das andere demütigen kann. Die Situation gerät in eine Sackgasse, wenn die schamgeplagte Vier sich rächt, indem sie den intellektuellen Sachverstand der Fünf herabsetzt. Romantiker beschämt es, wenn ihre Fehler an das Licht der Öffentlichkeit gezerrt werden, und Beobachter können genauso gekränkt sein, wenn man ihre intellektuellen Beiträge in Frage stellt. Bei Vermittlungsgesprächen sollte die Tatsache genutzt werden, daß beide Typen in der Lage sind, alten Groll fahrenzulassen und ohne Bedauern noch einmal von vorn zu beginnen, besonders wenn Fünfer intellektuell anerkannt und Vierer durch die Garantie einer besonderen Erwähnung vor Anonymität gerettet werden.

Vier mit Sechs: Romantiker und loyaler Skeptiker in der Liebesbeziehung

Dieses Paar entdeckt häufig beieinander ähnliche Charakterzüge. Romantiker können beispielsweise genauso ängstlich sein wie jede Sechs, und Sechser können an demselben Weltschmerz leiden, der für Vierer so kennzeichnend ist. Statt Uneinigkeit zu schaffen, stärken ihre gemeinsamen Wahrnehmungen die Beziehung. Weil sie im Kummer zusammenstehen, könnten sie auch ebenso gemeinsam überwältigende emotionale Siege erringen. Beide wissen um den tiefen Sinn, den freiwilliges Leiden hervorbringt.

Dieses Paar zeigt zwei sehr unterschiedliche Motivationen, die einer ähnlichen Weltsicht zugrunde liegen. Beide Typen identifizieren sich mit Furcht und Traurigkeit, jedoch aus unterschiedlichen Gründen. Loyale Skeptiker betrachten sich als Geächtete und gesellschaftlich Benachteiligte, die Verfolgung befürchten, wogegen Romantiker Angst haben, mißverstanden und verlassen zu werden. Sie sind einander verbunden durch ein ähnliches Schicksal und die plötzlich aufwallende Schöpferkraft, die Unterdrückte dazu bringen kann, etwas Bedeutungsvolles zu tun.
Beide erwarten von sich sehr viel. Jeder fühlt vielleicht das Bedürfnis, einen spekulativen oder schöpferischen Durchbruch zu erringen, was in gewissem Sinne durch jene schon früh entstandene Überzeugung motiviert wird, daß man anders ist als die anderen. Gewöhnlich schützen sie einander in jener behutsamen Art, die sich zwischen Menschen entwickelt, die zusammen gelitten haben; Vierer zieht es zu Menschen mit tiefen Gefühlen, und Sechser halten gesellschaftlich Benachteiligten die Treue.
Auf der Plusseite können die beiden einander in ihrer Verletzbarkeit beistehen, besonders, wenn sie die Schönheit des Menschseins erkennen. Aber auf der Minusseite kann dieselbe Verletzbarkeit in Untätigkeit steckenbleiben. In kritischen Phasen werfen sie einander ihre geringe Selbstachtung vor. Die Vier denkt: »Ich würde mich besser fühlen, wenn ich einen besseren Partner hätte.« Und die Sechs wird in regelmäßigen Abständen den Glauben verlieren und sich fragen: »Wie kann das Liebe sein, wenn ich meine/n Partner/in liebe und gleichzeitig Zweifel hege?« In einer Zeit der Stagnation ist jeder Partner vor allem damit beschäftigt, sich vor dem anderen zu beweisen, und keiner kommt weiter.
Dieses Paar berichtet von Zerrüttungen und Wiedervereinigungen, weil durch gegenseitige Schuldzuweisungen Mißtrauen entsteht. Vierer geraten bei Kritik, die ihre Makel offensichtlich macht, in peinliche Verlegenheit, und Sechser

wollen unerschütterliche Unterstützung selbst dann, wenn sie Mißerfolge haben. Zu einer Krise kommt es, wenn beide beim Gedanken an ihre Zukunft das Schlimmste befürchten. Da scheint es leichter zu sein, das allein anzugehen statt zusammen weiterzumachen. Romantiker werden in Krisen widerspenstig, weigern sich, ihre Fehler einzusehen, und sind entschlossen, sich zu verteidigen, indem sie den Partner ins Unrecht setzen. Die ebenfalls widerspenstige Sechs ist auch Meister darin, andere von sich zu stoßen, indem sie jedem Standpunkt widerspricht, den ein Partner für wichtig erachtet.

Hilfreich ist, wenn jeder von ihnen weit genug nachgeben kann, um die Festigkeit der Bindung erneut zu bekräftigen. Eine gute Erinnerungsstütze wäre: »Das ist eine schwierige Phase; aber denk daran, wir haben uns zusammengetan, um uns zu entwickeln und um zusammenzubleiben.« Richtlinien für fairen Streit sind nützlich, denn bei jedem Typ besteht die Wahrscheinlichkeit, daß er unter Beschuß den Rückzug antritt. Bei einer Trennung werden Romantiker die sich auflösende Beziehung idealisieren, deren bessere Seiten sehen und die Sechs zurückhaben wollen. Sechser werden weit weniger bereit sein, sich wieder zu versöhnen, weil sie zerbrochenen Bindungen zutiefst mißtrauen.

Hilfreich ist, wenn beide Partner durchschauen können, daß sie eine ambivalente Haltung zur Nähe haben. Vierer schwanken zwischen Lieben- und Ablehnenwollen, Sechser dagegen zwischen Glauben und Zweifeln. Es kommt zu einem Durchbruch, wenn beide erkennen können, daß das emotionale Hin und Her der Vier und das Muster von abwechselndem Glauben und Mißtrauen bei der Sechs einander ähnlich sind. Durch diese Erkenntnis können beide Mitgefühl füreinander entwickeln, weil all diese emotionalen Veränderungen lediglich dem Selbstschutz dienen. Es mag zu furchterregend sein, sich der Liebe auszuliefern. Es ist vielleicht ungefährlicher, als erster jemanden zurückzuweisen, als sich der Angst zu stellen, daß man dem anderen nicht genügt.

Vier mit Sechs: In der Arbeitsbeziehung

Jeder der beiden Typen kann sich mit Katastrophendenken tragen, was paradoxerweise dazu führt, daß dieses Paar aktiv wird. Risiko kann Vierer des konkurrierenden (sexuellen) und des furchtlosen (selbsterhaltenden) Subtyps sowie auch kontraphobische Sechser faszinieren. Das sind Leute, die sich bei riskanten Unternehmungen schöpferisch lebendig fühlen. Am anderen Ende des Verhaltenskontinuums von Vier und Sechs sind der Scham-Subtyp der Vier und phobische Sechser jeglichen Subtyps vorsichtig in der Arbeit. Diese Leute denken gewöhnlich über Hierarchie pflichtbewußt. Sie verschanzen sich in fachlich sicheren Nischen, so daß sie nicht gesehen werden und nicht offen konkurrieren müssen.

Vierer als Vorgesetzte brauchen Bestätigung für ihr öffentliches Image. Lobessprüche für Sachverstand reichen nicht. Es muß Anerkennung sein für eine persönliche Behauptung, die lautet: »Ich bin anders.« Eine angestellte Sechs ist im allgemeinen bereit, jede vertrauenswürdige Autorität zu unterstützen, auch wenn sie noch so exzentrisch ist. Loyale Skeptiker gehorchen, solange die Leitung für das verantwortlich gemacht werden kann, was sie tut. Vermittelt eine Autorität jedoch den Eindruck, daß sie sich über die Regeln stellt, werden Sechser argwöhnisch. Vierer als Vorgesetzte sollten ein gleichbleibendes Image präsentieren und eigenmächtig erscheinende Veränderungen ihrer Vorgehensweise meiden. Ihre mißtrauischen Sechser-Angestellten werden in jede Geste bestimmte Bedeutungen und versteckte Absichten hineininterpretieren. All dieses Intrigieren und Schaffen von Uneinigkeit kann vermieden werden, wenn die vorgesetzte Vier ganz normal und nicht bedrohlich ist, einfach informiert, erläutert und um Rückmeldung bittet.

So eine Partnerschaft kann entweder durch gegenseitiges Vertrauen stark werden oder zu der Art von internen Auseinandersetzungen verkommen, die Unternehmen ruinieren. Sechser-Angestellte mißtrauen Vorgesetzten, die sich über die

Masse der gewöhnlichen Arbeiter erhaben glauben. Es ist hilfreich, wenn sich Vierer bei ihren Angestellten sehen lassen statt sich abseits zu halten.
Eine angestellte kämpfende Sechs kann einen Romantiker anziehen, besonders wenn eine Rettungsaktion im Spiel ist, wo die Vier ein angehendes Talent aufbauen kann. Romantiker als Vorgesetzte sind oft bereit, Menschen in Schwierigkeiten Mut zu machen. Dadurch entsteht genau die Art von menschenorientierter Atmosphäre, die ängstliche Menschen ermutigt, erfolgreich zu sein.
Als Vorgesetzte müssen Sechser ihre Zweifel unter Kontrolle halten. Sechser-Vorgesetzte könnten denken, sie seien schuld an der Unzufriedenheit von Mitarbeitern, oder – schlimmer noch – sie fühlen sich vielleicht persönlich angegriffen. Loyale Skeptiker messen geringfügigen Meinungsverschiedenheiten zu große Bedeutung bei. Vorgesetzte müssen genau feststellen, woher Irritationen kommen, und Romantiker als Mitarbeiter können dabei behilflich sein, indem sie so viel offenlegen wie möglich.
Vermittlungsgespräche sollen stets herausfinden, wie unterschiedlich jeder der beiden Typen die Krise empfindet. Vierer können sich in Auseinandersetzungen heimisch fühlen und zu den echten Gefühlen stehen, die aufkommen, wenn der normale Gang der Dinge durcheinandergerät. Sechser andererseits reagieren übertrieben auf Konflikte und können daher denken, Vierer seien unberechenbar und gefährdeten die Geschäftsinteressen. Zwischen den Partnern entsteht eine immer größer werdende Kluft von Mißverständnissen, wenn die Langeweile der Vier zu einem Ausbruch führt, den die Sechs verzweifelt unter Kontrolle zu bringen sucht. Romantiker entdecken Antworten inmitten der Krise, Sechser jedoch unterdrücken die Krise, während sie verzweifelt nach einer analytischen Lösung suchen. Mediation muß sich auf die positiven Ergebnisse von Konflikten konzentrieren und sowohl das Bestreben der Vier, auf Fehlendes hinzuweisen, als auch die Furcht der Sechs vor Krisen beachten.

Vier mit Sieben: Romantiker und Epikureer in der Liebesbeziehung

Hier ziehen sich im Enneagramm Gegensätze an. Dieses Paar strebt gewöhnlich nach einem Gleichgewicht zwischen den vielen Möglichkeiten der Sieben und der inneren Verpflichtung der Vier zu Gefühlstiefe. Vierer erleben die Welt durch ihre Gefühle, und Siebener sind vor allem auf den Intellekt orientiert. Jeder hat eine Freude mitzuteilen – die des Herzens und die des Verstandes –, und dadurch kann entweder eine echte Vereinigung der Gegensätze oder eine Atmosphäre der Entfremdung entstehen.

Dieses Paar sieht das Außergewöhnliche im jeweils anderen. Vierer halten sich für etwas Besonderes, und Siebener finden, daß ihnen etwas zusteht. Sie können daher gegenseitig ihre einmaligen Talente unterstützen oder unbewußt von ihrem Zusammenschluß zuviel erwarten. Seltsamerweise paßt die emotionale Nichtverfügbarkeit der Sieben gut zur Sehnsucht der Vier nach Fehlendem. Vierer sehnen sich nach einer besseren Beziehung, selbst wenn die augenblickliche ausgezeichnet klappt. Ihr Lebenselixier ist die Herausforderung der Jagd nach dem, was fehlt. Beide Typen sind auf Intensität aus, wobei die Sieben oft auf das Ereignis und die Vier auf die Sieben konzentriert ist.

Der natürliche Optimismus, den Epikureer in Beziehungen einbringen, ist ein Abschreckungsmittel gegen die besitzergreifende Melancholie der Vier. Aber mehr noch – Siebener lassen sich vom Hin und Her zwischen Nähe und Distanz, dem Muster der Romantiker in Beziehungen, nicht so leicht beeindrucken. Vierer respektieren einen Partner, der sich nicht in das Drama von Verführen und Verstoßen verwickeln läßt, obwohl sie sich vielleicht danach sehnen, daß der andere sich ihrer Gefühlsintensität gewachsen zeigt.

Der Haken ist bei diesem Paar, daß Siebener keine negativen Emotionen dulden. Sie können sich nur schwer konzentrieren, wenn schwierige Themen aufkommen. Andere Pläne und

Möglichkeiten winken und ziehen die Aufmerksamkeit ab. Positive Gefühle sind unendlich akzeptabler, und das Paar wird die Sonnenseite anregender Ideen und Tätigkeiten genießen. Siebener verlangen nach Erfahrungen, und eine Vier, die die Beziehung will, wird sich da beteiligen müssen. Romantiker beschweren sich selten über Tempo und Umfang der Interessen, solange die Sieben nicht zu weit weggeht. Tätigsein verdrängt automatisch Depressionen, und das stabilisiert die Stimmungen der Vier ohne viel Worte; aber Romantikern gefällt es allgemein nicht, daß Siebener kein Leid tolerieren können. »Warum gehst du, bloß weil ich jetzt traurig bin? Wohin gehst du, wenn wir miteinander reden müßten?«

Die Partner streiten sich darüber, wie sie mit schwierigen Themen umgehen sollen. Vierer halten es für wichtig, über negative Gefühle zu diskutieren, und für Siebener ist Negatives Zeitvergeudung. Jeder kann sich durch den anderen kontrolliert fühlen. Vierer sind unglücklich, wenn sie ihre Gefühle zurückhalten sollen, und Siebener haben Angst, sich in Emotionen zu wälzen. Romantiker werden viel Zeit damit verbringen, Epikureer davon zu überzeugen, lieber zu fühlen als zu denken, aber der Epikureer wird wahrscheinlich auf charmanteste Art sagen: »Ich habe ja tiefe Empfindungen. Aber nur für kurze Augenblicke.« Siebener müssen davon überzeugt werden, daß Gefühle etwas wert sind. Sie lieben optimistische Hochstimmung als Vorboten für neue Unternehmungen, aber tiefes Erleben gibt ihnen eher das Gefühl, in der Klemme zu sitzen, und da setzt dann die Angst vor dem Eingeschränktwerden ein.

Bei ihren schlimmsten Tiefs klagen Vierer, Epikureer seien emotional seicht, wogegen sich Siebener durch die emotionalen Bedürfnisse der Vierer erwürgt fühlen. Im Lauf der Zeit, und wenn beide reifen, fesselt die Tiefe der Vier die Aufmerksamkeit der Sieben, und dafür holt die Sieben den Romantiker aus der Depression heraus. Wenn Emotionen »interessant« werden, wird es eine Sieben für wert erachten, negative Gefühle zu ertragen.

Außenstehende fühlen sich vielleicht gedrängt, Partei zu ergreifen, wenn das Paar sich streitet. Da die Partner in ihrer Orientierung so unterschiedlich sind, kann es scheinen, als könne nur einer von ihnen recht haben. Durch die wehmütige Gestimmtheit der Vier und die ebenso überzeugende positive Haltung der Sieben kommt es vor, daß Freunde und zufällig Anwesende sich angesprochen fühlen, zu beraten und zu vermitteln. Vierer haben das Recht, Zeit für echte emotionale Fragen zu beanspruchen, und Siebener haben einen Anspruch darauf, Lösungen zu erwarten. Richtlinien für den Umgang mit problematischen Themen sind ein Muß. Vierer müssen unterscheiden zwischen echten Bedürfnissen, die befriedigt werden können, und emotionaler Bedürftigkeit, die Probleme schafft, um auf diesem Wege Fürsorge zu bekommen. Siebener ihrerseits müssen trotz Langeweile, Frustration und anderem Widerstand zum Reden bereit sein. Sie kommen mit raschen, »glänzenden« Lösungen oder ausgezeichneten Gründen, um das Gespräch kurz zu halten. Richtlinien sollten zwischen Gründen und Ausreden differenzieren. Die Sieben muß Zeit aufbringen, um Gefühle zu verarbeiten, und die Vier muß begreifen, daß Gefühle die Kommunikation stören können.

Vier mit Sieben: In der Arbeitsbeziehung

Während die Siebener den Becher der Gelegenheiten halbvoll sehen, können ihn Vierer als halbleer ansehen. Aber anstatt steckenzubleiben, arbeitet dieses Paar oft effizient zusammen. Jeder bekommt seinen Antrieb aus dem Stil und der Ansicht des Partners, er sei anders und etwas Besonderes, und wenn sie gemeinsam feststellen, was möglich ist und was fehlt, kann sie das in neuartige Richtungen führen. Es ist, als seien sie in dem Glauben verbündet, etwas entwickeln zu können, was noch nie dagewesen ist. Ihre Unterschiedlichkeit macht sie in der relativen Neutralität eines Bürorahmens effizient. Daß die Sieben nicht auf eine in die Sackgasse führende Möglichkeit

festgenagelt werden möchte, spornt die Aktivität an, und die Betonung der Vier von Form und Aussehen verhindert, daß eine hyperaktive Explosion von Plänen stattfindet.
Ein Romantiker als Chef freut sich wahrscheinlich über einen weitblickenden Epikureer als Mitarbeiter, solange reale Ergebnisse zustande kommen. Beide Typen sind für Charme empfänglich und könnten einander gegen stumpfsinnige Plackerei abschirmen, indem sie sich gegenseitig besondere Zuwendung geben. Diese Taktik stößt allerdings andere Belegschaftsmitglieder ab. Vierer als Vorgesetzte könnten sich auch von den brillanten Spekulationen einer Sieben bombardiert fühlen, und sie werden sich nicht gern die Mühe machen, zwischen bloßer Cleverneß und machbaren Lösungen unterscheiden zu müssen. Beide Typen begeistern sich für ungewöhnliche Möglichkeiten, aber die Alltagsarbeit, die für gute Dinge erforderlich ist, kommt ihnen langweilig vor. Einen Prozeß abzuschließen ist schwierig, besonders wenn jedem von ihnen eine Evaluation bevorsteht und beide bekanntermaßen in den Endphasen eines Projektes die Konzentration verlieren.
Vierer als Vorgesetzte verlieren im allgemeinen das Interesse, wenn Ziele allmählich Wirklichkeit werden, und verschieben vielleicht vorzeitig die Prioritäten. Diese Verschiebung nährt die sich ständig ändernde Fülle von Möglichkeiten der angestellten Sieben und löst unweigerlich Verwirrung aus. Romantiker als Vorgesetzte scheinen inmitten von Chaos gelassen zu bleiben und sind bekannt für Rettungsaktionen in letzter Minute. Epikureer jedoch werden die Tatsache rationalisieren, daß sie einen Fehler gemacht haben. Siebener als Angestellte glauben an ihre Rationalisierungen und bringen Vorgesetzte dahin, Maßstäben Geltung verschaffen zu müssen.
Die am häufigsten beschriebenen Kontroversen in der Arbeit zwischen Vierern und Siebenern betreffen Unerledigtes. Die Vier als Vorgesetzter fühlt sich schließlich nicht genügend respektiert und läßt den Epikureer in Ungnade fallen. Das Paar kann auch eine Beziehung wie beim »verlorenen Sohn« ent-

wickeln, bei der sich die angestellte Sieben spurlos zurückzieht, bis alle Anzeichen für einen Konflikt verschwunden sind. Wenn sie zurückkehrt, wird sich die restliche Belegschaft dann wahrscheinlich erneut wundern, warum sie dem Chef weniger interessant zu sein scheint, besonders wenn sie in Abwesenheit des verlorenen Sohnes hart gearbeitet hat. Es ist hilfreich, wenn Vierer bereit sind, absolute, fachliche Maßstäbe zu setzen, denn beide, Vorgesetzte und Angestellte, unterlaufen Regeln. Regulierungen und Fristen müssen ungewöhnlich klar sein, wenn ein Vierer-Vorgesetzter, der sich über alle Regeln erhaben fühlt, mit einem Angestellten kungelt, der Einschränkungen auszuweichen sucht.

Siebener können zwar ungewöhnlich gute Werber fürs Geschäft sein, aber als Vorgesetzte für die tägliche Routine sind sie etwas sprunghaft. Da sie lieber planen und die Durchführung an andere delegieren, tun sie gut daran, das Projekt in Gang zu setzen und den Romantikern die Arbeit zu überlassen. Motiviert wird das Gespann durch die Überzeugung der Sieben, daß gute Ideen auf jeden Fall zu verwirklichen sind, und dadurch, daß die Vier deutlich sieht, was solchen Plänen noch zu ihrer Verwirklichung fehlt. Der Schlüssel zum Engagement einer angestellten Vier liegt in der Beziehung zum inneren Zirkel. Ein Vierer-Mitarbeiter muß sich als etwas Besonderes fühlen, aber ein Siebener-Chef neigt häufig dazu, die Mitarbeit des Personals für selbstverständlich zu halten. Vorgesetzte müssen immer wieder daran denken, persönliche Verbindungen herzustellen, denn sonst fühlen sich Vierer-Angestellte beleidigt und daher berechtigt, die Arbeit im Büro schleifen zu lassen. Es ist hilfreich, wenn Siebener einen Dienstweg festlegen, der ihnen ausreichend Freiheit bietet, zu kommen und zu gehen, wann es ihnen gefällt. Romantiker sind entzückt, im Kreis der Auserwählten Verantwortung zu tragen, und sie sind vielleicht die perfekten Vertreter für einen Chef, der von Zeit zu Zeit weg will.

Vier mit Acht: Romantiker und Boß in der Liebesbeziehung

Das ist eine Partnerschaft voller Intensität, ausagiert durch Kampf, Flucht, Faszination und Flair. Jeder fühlt sich irgendwie durch den anderen eingeschüchtert. Achter kommen sich im Vergleich zu den eleganten und im gesellschaftlichen Umgang geschickten Romantikern derb und schwerfällig vor. Vierer ihrerseits können von den in sozialer Beziehung schamlosen Bossen völlig magnetisiert werden. Es kann ein echter Superthriller sein, wenn das Drama einer Vier mit der Lebensgier einer Acht synchron läuft. Es ist eine Beziehung mit Sex, Drogen und Rock-and-Roll, die entweder buchstäblich oder metaphorisch ausagiert wird, weil Intensität durch alle möglichen Lebensstile erreicht werden kann. Ein Paar beschrieb seine zwanzigjährige Beziehung als »Fortwährendes Gewitter. Man wird davon richtig herumgewirbelt. Wir sind durchs ganze Land gezogen, hatten fünf Kinder, haben unglaublich hart gearbeitet und hatten Tausende großartiger Auseinandersetzungen.«

Vierer verlangen von einem Partner eine breite Palette an Gefühlen, und Achter nehmen es gern mit starken Energien auf. Sie schätzen aneinander, daß jeder von ihnen die Grenzen immer weiter ausdehnt, und sie werden wahrscheinlich gemeinsam gesellschaftliche Konventionen ignorieren. Beide bekämpfen Langeweile, indem sie das emotionale Klima intensivieren: Achter, indem sie aggressiv fordernd werden, und Vierer durch dramatische Akte und Leiden.

Da Achter den persönlichen Stil von Romantikern zu schätzen wissen, möchten sie gern in Fragen von Geschmack und Präsentation einbezogen werden. Vierer zieht es immer wieder zu der nichts beschönigenden emotionalen Haltung von Achtern, als hätten sie dadurch Berührung mit »wirklichen« bzw. »echten« Gefühlen. Achter verschwenden nicht viel Zeit darauf, sich Gedanken darüber zu machen, was die Leute wohl denken mögen, und es ist dieser echte Mangel an Selbstdarstellung, der so anziehend wirkt. Vierer können sich hinter einem bezaubernden Image verstecken, Achter aber sind bemerkenswert natürlich. Sie sind, wie sie scheinen.

Romantiker werden auch die Fähigkeit von Achtern, in den Kampf zu ziehen und unter Beschuß nicht zu weichen, als weiteren Beweis für emotionale Echtheit auslegen. Achter als Partner bekommen normalerweise keine Depressionen wie Vierer, und sie können in ihrem Handeln weiterhin beständig bleiben, wenn Vierer während der Beziehung in den Zyklus des Schlußmachens und Wiederanfangens verfallen. Bosse bleiben unerschütterlich, wenn jemand versucht, sie wegzustoßen, und sie rühmen sich, Verführungsversuche durchschauen zu können.

Diese Beziehung hat mehrere natürliche Übereinstimmungen, die dafür sorgen, daß die Partner sich gegenseitig helfen können, indem sie einfach sich selbst treu bleiben. Eine Acht beispielsweise wird lieber mit einer Vier zusammensein wollen, wenn die emotional obenauf ist, mag sich aber zurückziehen, wenn die Vier Depressionen bekommt. Ein verstimmter Boß wird wahrscheinlich einfach gehen und sich woanders vergnügen und die Vier jammern lassen. Mißverstandene Romantiker werden wütend, wenn man sie ignoriert. Das könnte aber die positive Nebenwirkung haben, daß dadurch eine Depression überwunden wird. Wenn Depression wirklich nach innen gerichtete Wut ist, dann sind Achter die idealen Partner, um diese Wut nach außen zu wenden. Achter mögen keine emotionalen Dramen, bei denen einer nur mit sich selbst beschäftigt ist, und sie werden Auseinandersetzungen provozieren, um echte Gefühle hervorzurufen, die das Paar auf die Dauer näher zusammenbringen können.

Die Beziehung kann in eine Sackgasse geraten, wenn die Vier beginnt, um sich selbst zu kreisen, masochistisch der strafenden Seite der Acht verfällt oder sich in ihrem Vor-und-Zurück-Beziehungsmuster verfängt. Hier ist vorauszusehen, daß Achter ihrem Partner die Schuld geben und gehen, ohne viel Einsicht in ihren eigenen Anteil am Problem. Es hilft, wenn jeder erkennen kann, daß Wut einfach eine Möglichkeit sein kann, die Beziehung zu intensivieren. Beide zieht es zu einem Leben, in dem es blitzt und kracht, und wenn ein Partner ein starkes persönliches Interesse entwickelt, wird dies beim anderen Unterstützung finden. Brenzlige Situationen können gemildert werden, wenn die Vier sich darauf verlegt, statt der Aufmerksamkeit der Acht ein Projekt zum Mittelpunkt ihres Interesses zu machen, bei dem die Acht sie unterstützt. Ein Boß kann Druck anwenden, damit Projekte anderer Wirklichkeit werden, und im Gegenzug profitiert er vom Einblick in das komplexe Innenleben eines Romantikers. Wenn Achter sehen, daß es sich lohnt, Emotionen zu investieren, ist dieses Paar auf dem Wege zu echter geistiger Intensität. Zwischen der emotionalen Variationsbreite der Vier und der praktischen Stabilität der Acht kann das Paar lange Zeit aneinander interessiert bleiben.

Vier mit Acht: In der Arbeitsbeziehung

Beide glauben wahrscheinlich von sich, über Regeln erhaben zu sein. Beide Typen haben etwas leicht Unmoralisches an sich: Die üblichen Regeln gelten eben nicht für Vierer, die etwas so Besonderes sind, daß sie über dem Gesetz stehen, und auch nicht für Achter, die sich stärker als das Gesetz fühlen. Das ist eine unschlagbare Partnerschaft, wenn beide in der Lage sind, sich auf die Aufgabe zu konzentrieren. Aber Achter neigen dazu, Energie für persönliche Begierden zu verschwenden, und Vierer verlieren den Fokus durch emotionale Angelegenheiten. Konkurrenz ist ein Schlüsselproblem, das entweder konstruktiv behandelt werden kann oder bitteres Mißtrauen erzeugt. Vierer verlangen einen besonderen Status, um Schamgefühle zu verbergen, aber sie sind auch sehr innovativ und fühlen sich den emotionalen Bedürfnissen anderer verpflichtet. Achter sind in jeder Partnerschaft eine konkurrierende Kraft, besonders in Fragen der Führung; aber sie verkörpern auch den Willen und das Stehvermögen, von dem jedes erfolgreiche Unternehmen abhängt. Die Zusammenarbeit wird von absoluter Ehrlichkeit abhängen. Beide sind Menschen, die ihr Territorium verteidigen und die führen wollen. Keiner wird sich dem anderen unterwerfen, aber Vertrauen entsteht, wenn jedem die Absichten des anderen klar sind. Achter wollen eher Berechenbarkeit als blinde Unterwerfung, und sie bewundern gute Konkurrenten. Vierer wollen Anerkennung für ihren speziellen Beitrag und bleiben einer Partnerschaft verpflichtet, die ihre persönliche Kreativität zufriedenstellt. Vierer brauchen keine Romantiker im poetischen Sinne dieses Wortes zu sein. Sie sind auch Wissenschaftler, Cowboys, Ärzte und Bibliothekare, die ihrem Selbst Ausdruck geben möchten. Jede Vier möchte auf ihrem bzw. seinem Gebiet etwas Einmaliges leisten und auf bislang ungekannte Art und Weise Erfolge erzielen. Wenn starke Achter für diesen besonderen Wunsch einen Rückhalt bieten können, arbeiten Vierer voll mit ihnen zusammen.

Bei einer erfolgreichen Konstellation gibt ein Vierer-Vorgesetzter den Anstoß zu einem kreativ gewagten Projekt und arbeitet im Einklang mit einer Acht, die das Projekt seiner Vollendung zuführen kann. Beide zieht es zu lohnenden, etwas kontroversen Ideen, und wenn sie einander vertrauen, findet jeder ohne viel Diskussion seine Nische. Als Vorgesetzte können Romantiker Vorstellungen entwickeln und andere anregen, sind aber vielleicht nicht so interessiert an der langweiligen Verwirklichung von Konzepten. Eine weise Vier wird einer angestellten Acht die Richtung weisen und dann die Kontrolle abgeben. Achter arbeiten hingebungsvoll, wenn sie erst einmal eine bestimmte Richtung eingeschlagen haben, reagieren aber auch überaus heftig, wenn ihre Operationsbasis bedroht ist. Verändern Sie nicht die Regeln oder enttäuschen Sie nicht die Erwartungen dieses Mitarbeiters, wenn erst einmal alles angelaufen ist. Achter widersetzen sich taktischen Veränderungen aus Prinzip, wenn sie den Standpunkt der Leitung nicht verstehen. Sie können sich berechtigt fühlen, ein

Projekt hinzuhalten, nur um die Leitung an den Verhandlungstisch zu zwingen, und so etwas erscheint Vierern als persönliche Beleidigung. Als Vorgesetzte müssen sie Gelegenheiten für ein Feedback der Angestellten schaffen, selbst wenn sie sich hintergangen fühlen. Es ist hilfreich, wenn Romantiker – die empfindsam auf Leiden reagieren – erkennen können, wieviel Unsicherheit sich hinter dem häufig offensiven Verhalten einer angestellten Acht verbirgt.

Achter als Vorgesetzte sind dafür bekannt, daß sie Regeln machen und dann gegen sie verstoßen. Das spricht Vierer an, solange sie eine spezielle Beziehung zum Boß haben. Auf die Regeln kommt es nicht an, auf die emotionale Beziehung jedoch sehr. In Ungnade gefallene Vierer als Angestellte können einen Rachedurst entwickeln, der dem einer Acht durchaus gewachsen ist. Man kann davon ausgehen, daß eine vorgesetzte irritierte Acht entweder rachsüchtig wird oder die Vier bedenkenlos entlassen will. Diese Kombination kann Stoff für Legenden in Schlichtungsteams werden. Hilfreich ist, Achter als Vorgesetzte hinsichtlich ihrer Wirkung auf andere zu schulen. Was einem Boß als gute Führungstätigkeit vorkommen mag, könnte der emotionalere Romantiker als beleidigend empfinden.

Vier mit Neun: Romantiker und Vermittler in der Liebesbeziehung

Wir haben schon alle die unermeßliche Macht emotionaler Bindungen zu spüren bekommen. Aber bei dieser Beziehung ist die Ausweitung des Selbst auf andere besonders dramatisch. Vierer berichten, daß sie sich ihr Leben lang danach sehnen, »durch die Liebe aufgeweckt« zu werden, während Neuner von einem Partner Vitalität und einen Handlungsplan erwarten. In den besten Zeiten kann jeder den anderen ohne Erwartungen oder Vorwürfe unbefangen lieben, jedoch bei einem Tief erwartet ein jeder von dem anderen Unmögliches:

Der romantische Partner sehnt sich nach ständiger emotionaler Befriedigung, während der Vermittler ein Leben dargeboten bekommen möchte.

Von der anfänglichen Anziehung sprechen oft die Romantiker, die ganz aus dem Häuschen sind angesichts des Gefühls, mit ihren Fehlern und allem akzeptiert zu werden. Die geduldige Präsenz einer Neun nimmt der Vier die Angst vorm Verlassenwerden und die geringe Selbstachtung. Neuner versuchen, Konflikten aus dem Wege zu gehen, und können bemerkenswert tolerant gegenüber anderen sein, denn sie verspüren keine Notwendigkeit, Partner zu einer Änderung zu bewegen. Dafür aber wollen sie bedingungslos akzeptiert werden. Neuner werden sich empört gegen Vierer-Bedingungen wehren wie »Ich könnte dich lieben, wenn...«, »Ich sehe, was an deinem Charakter fehlt« oder »Ich kann dich erst richtig lieben, wenn du dich änderst«. Beide Partner hassen es, kritisiert zu werden, und beide schieben die Schuld für ihr Schicksal gewöhnlich auf andere. Vierer sehen, was an einem Liebhaber fehlt, und Neuner sehen einen Partner als die aktive, aggressive Kraft.

Romantiker kann es bedrücken, wenn ihr Vermittler Intensität vermissen läßt. Es kommt ihnen wie sanftes Schlafengehen und nicht wie echte Liebe vor. Wenn sich ein Vermittler langsam zurückzieht, werden Romantiker denken: »Was ist denn mit uns passiert? Wir haben es verloren. Wo ist die Lebendigkeit hin?« Da Vierer durch Liebe zum Leben erweckt werden möchten, wollen sie starke Signale der Anerkennung. Intensive Reize, einmaliges Leiden und die ganze Fülle der Leidenschaft. Am Übersehenwerden entzündet sich ein glühendes Drama, ein beunruhigender Schmerz, der sich zu Vorwürfen auswächst.

Der Vermittler könnte durchaus bemerken, daß das »Wir-Gefühl« des Paares gestört ist. Da sie mit anderen verschmelzen, wissen Neuner, wann etwas von ihnen erwartet wird, und in den besten Zeiten tun sie es auch; aber wenn sich eine Situation festgefahren hat, warten sie und tun nichts. Sie schalten

ab, beschäftigen sich mit Nebensächlichkeiten. Ein Romantiker wird sich vernachlässigt und im Stich gelassen fühlen, während Vermittler wahrheitsgemäß erwidern können: »Ich habe nichts getan. Ich habe dich nicht verlassen. Wie könnte ich dich vernachlässigen, wenn ich doch jetzt hier stehe?«
Im Gefühl der Verlassenheit bringen Vierer es fertig, dem anderen an die Gurgel zu gehen. Bittere Anschuldigungen scheinen gerechtfertigt: »Ich bin gekränkt worden, und du hast es getan.« Romantiker sagen das Schlimmste, um ihr Gesicht zu wahren. Das provokatorische Benehmen von Vierern kann ein Weckruf für verschlafene Neuner sein. Etwas muß getan werden, wenn echte Emotionen ausgelöst werden. Man kann sich nicht zur Ruhe legen mit einem Partner, der starke Gefühle ausagiert.
Neuner, die intime Beziehungen zu Vierern unterhalten, fühlen sich wechselweise abgelehnt oder angebetet, ohne daß sich in ihrem Verhalten viel ändert. Angesichts des Hin und Her im Beziehungsverhalten der Vier könnten Neuner denken: »Warum soll ich mich ändern, wenn daraus letztlich nichts folgt? Warum soll ich's versuchen, wenn meine Bemühungen ohnehin nicht beachtet werden?« Paare, die lange zusammen sind, sagen, daß Vermittler spezielle Interessen entwickeln, um allein zu sein. Durch Angelngehen oder Kartenspielen schaffen sie genügend Distanz, um für Romantiker wieder attraktiv zu werden. Es ist hilfreich, wenn Neuner die positiven Absichten hinter dem aggressiven Verhalten ihrer Vierer erkennen können. Ja, es klingt wie Kritik, wenn einem gesagt wird, man solle aufwachen; aber die Vier will ja die Beziehung intensivieren. Auch dieses Paar profitiert davon, wenn beide Partner persönliche Zielvorstellungen finden. Neuner haben eine unglaubliche Geduld mit anderen Menschen, und Vierer lassen sich von einem Partner inspirieren, der über sich selbst bestimmt.

Vier mit Neun: In der Arbeitsbeziehung

Bei dieser häufig vorkommenden Partnerschaft steht die Vier gewöhnlich an vorderster Front und hat mit den Leuten zu tun, während die Neun die Einzelheiten der Produktherstellung oder der Dienstleistungen überwacht. Die Unterschiede bei diesem Paar ergänzen sich besonders in der Arbeit, wo Ziele wichtiger sind als persönliche Beziehung. Vierer mögen lieber anregende kreative Momente, als sich um vorhersagbare langfristige Unternehmungen zu kümmern, wogegen Neuner schlüssige Richtlinien wollen, um sich nicht dauernd entscheiden zu müssen. Richtig eingesetzt, kann das persönliche Markenzeichen der Vier eine Unternehmung prägen, und die mehr methodisch vorgehende Neun kann das Vorhaben dann ausführen. Bei einer produktiven Zusammenarbeit baut eine Vier darauf, daß die Neun fruchtbare Ideen konkretisiert, während der Beitrag der Neun seinerseits gewürdigt wird, durch den diese Ideen in die Tat umgesetzt werden. Krisen entstehen, wenn sich eine Vier langweilt und Abneigung gegen eine Neun empfindet, die sichere und bekannte Lösungen bevorzugt. Ärger ist angesagt, wenn eine enttäuschte Vier einer auf Automatik laufenden Neun begegnet. Die Vier könnte das Unternehmen sabotieren, bevor die Neun aufwacht.

Einem Klischee zufolge sollen Romantiker als Vorgesetzte übermäßigen Wert auf Äußeres legen. In Wirklichkeit sind sie vielleicht überhaupt nicht an einem schicken Büro voller sensibler Mitarbeiter interessiert. Romantiker können genauso ehrgeizig sein wie jede Drei in einem wettbewerbsorientierten Beruf, und ein Duo aus Vier und Neun trifft sich wahrscheinlich in der Dreier-Position und produziert sehr leistungsstark. Eine Vier als Vorgesetzter kann ein energisches Tempo vorlegen, das die Angestellten mitreißt und Neuner anregt, den Leistungsmenschen in sich zu kultivieren. Im positiven Falle gehen Neuner ganz im Tempo und in der Erregung einer dynamischen Umgebung auf.

Neuner verschmelzen mit ihrer Umgebung, und Vierer-Vorgesetzte müssen den Neunern besondere Aufmerksamkeit widmen. In ihrer Umwelt aufgegangen, wirken Neuner vielleicht aktiv und unerschütterlich, während sie bei sich denken: »Hier gehöre ich nicht her. Meine Bemühungen werden ignoriert.« Der Vierer-Vorgesetzte glaubt, es sei alles in Ordnung, weil keine Klagen kommen, aber die angestellte Neun fühlt sich übersehen. Wenn man nicht aufpaßt, werden Vermittler langsamer in ihrem Arbeitstempo oder verteilen ihre Loyalität an andere Gruppen im Büro, und eine ichbezogene Vier in der Leitungsposition begreift das Ganze vielleicht erst, wenn die Kündigung der Neun eintrifft.

Neuner als Vorgesetzte können rätselhaft wirken, weil sie gleichzeitig ja und nein zu sagen scheinen. Diese augenscheinliche Ambivalenz bedroht den besonderen Status der Vier und löst Angst vor öffentlicher Demütigung aus. Es hilft dieser Partnerschaft sehr, wenn Romantiker in einer Weise willkommen geheißen werden, daß sie sich dazugehörig fühlen. Man kann sie als Beobachter zu Beratungen einladen oder sie in die Nähe einflußreicher Persönlichkeiten plazieren. Romantiker als Angestellte achten genau darauf, wer was bekommt. »Wer steht der Leitung nahe? Wem wird besondere Aufmerksamkeit entgegengebracht? Was hat der Chef gesagt?« Heimliche Günstlingswirtschaft erschüttert die Stabilität von Vierern. Dann ziehen sie sich entweder beschämt zurück oder werden gegenüber Kollegen extrem konkurrenzorientiert. In einer solchen Situation ist es für beide Typen gut, wenn es unzweideutige Richtlinien über Status und Leistungen gibt. Aber es wird den Romantikern im Personal wirklich gefallen, wenn die verantwortliche Führungsperson diese Richtlinien mit persönlicher Aufmerksamkeit versüßt.

Fünf mit Fünf: Zwei Beobachter in der Liebesbeziehung

Die Fünf ist der distanzierte Typ im Enneagramm, und dieser Tatsache verdanken wir allerlei faszinierende Liebesgeschichten, wie die des jungen Amerikaners, der seine Fünfer-Frau in Paris kennenlernte. Da keiner die Sprache des anderen kannte, verständigten sie sich mit Zeichensprache und Sätzen aus einem Reiseführer. Sie kochten zusammen, fuhren aufs Land und mieteten sich ein Ruderboot. Sie besuchten die Stellen in der Stadt, die jeder von ihnen am liebsten mochte. Zwei Wochen später heirateten sie. Wie die Französin, die später nach Amerika kam, sagte, konnte sich durch die stille Werbung eine tiefe Liebe entwickeln, die keiner Worte bedurfte. Da sie nicht sprechen mußte, war sie frei zu fühlen. Sie mußte sich nicht erklären, sie fühlte sich nicht durch Erwartungen überfordert, und sie konnte in Kontakt treten oder auch nicht, wie es ihr gefiel.

Zwei Fünfer kommen oft gut miteinander aus, weil sie die Grenzen des anderen respektieren können. Von außen mag es so aussehen, als spiele sich nicht allzu viel ab, weil es so wenig Smalltalk und Umarmungen gibt. Aber die unausgesprochene Bindung ist offensichtlich. Fünfer sagen, daß sie sich unter Menschen, die ihre Emotionen im Zaum halten, entspannen können. Sie berichten auch, daß sie sich automatisch in sich zurückziehen, wenn Erwartungen anderer in die Stille eindringen.

Zwei Fünfer wohnen manchmal im Haus in getrennten Bereichen, jeder mit eigenem Eingang. Sie teilen vielleicht das Haus in der Mitte und kommen zu verabredeten Zeiten zusammen, wenn die Kinder im Hause sind oder um abends auszugehen. Es kann ein angeregtes Familienleben geben, wenn genug Zeit ist, sich wieder zu erholen. Die Hölle ist für Fünfer eine unkontrollierte Umgebung, wo einfach jeder hereinplatzen kann. Deshalb lernen es zwei Fünfer, sich eigenen Freiraum zu erhalten, während sie mit anderen zusammenleben.

Die Möglichkeit, in »mein Reich« zu verschwinden, erleichtert ein Zusammenleben sehr, wobei aber die Möglichkeit des Rückzuges auch die Entwicklung von Nähe verhindern kann. Es ist einfach zu verlockend, die Kommunikation zu unterbrechen; aber jeder der beiden wird seinerseits grollen, wenn sich der andere von Gefühlen abkoppelt. Wut ist ein naheliegender Treffpunkt, da jeder schließlich zu Hause zur Achter-Position übergeht. Fünfer wissen, daß ihnen jemand wirklich wichtig ist, wenn sie bereit sind, sich zu zeigen und zu kämpfen. Es ist ja doch viel leichter, zu denken »Ich komme ohne diese Beziehung aus«, und unauffällig zu verschwinden. Zwei Fünfer sagen, das Verdrießlichste beim Zusammenleben mit jemandem, der einem ähnlich ist, sei die Qual des Ignoriertwerdens. Es sei ihnen nicht bewußt gewesen, wie schmerzhaft es sein könne, nicht miteinander zu kommunizieren, bis sie einmal etwas wollten und ihr Fünfer-Partner sich schweigend zurückzog.

Zensierte Informationen können die Norm sein. Es scheint nicht notwendig zu sein, Menschen, mit denen man zusammenlebt, zu erzählen, was man denkt. Der Informationsmangel mag eine Fünfer-Beziehung vielleicht nicht stören, weil beide Partner die Freiheit des Schweigens schätzen. Obwohl sie sich von vielen emotionalen Kämpfen, mit denen sich andere Paare plagen, distanzieren können, besteht die Möglichkeit, daß Beobachter, die sich bei längerer Abkoppelung entwickelnde emotionale Leere zu fürchten beginnen. Fünfer gehen oft Beziehungen ein, um diese innere Leere auszufüllen, jedoch öffnet sie das für ein ganzes Sperrfeuer von Gefühlen. Selbst gemeinsamer Spaß ist zermürbend, wenn man gegen eine Unterströmung ankämpfen muß, die einen ins Alleinsein zurückzieht. Jeder möchte zur Teilnahme aufgefordert werden, jeder wird sich so positionieren, daß er aus der Reserve gelockt werden kann, und jeder wird sich bedroht fühlen, wenn es an ihm ist, den Anfang zu machen.

Sexualität wird wahrscheinlich nicht zum Problem. Sex ist ein aufregendes kurzfristiges Erlebnis und etwas ausgesprochen

Vertrauliches. Sex kann die Sinne auch in einer Art und Weise ansprechen, die vielleicht nicht emotional ist. Die meisten von uns können ihre Körperlichkeit von ihren Emotionen trennen, aber in einer eigenartigen Wendung berichten Fünfer zuweilen, daß sie sich »benutzt« oder »ausgenommen« fühlen, wenn ihre Emotionen ins Spiel kommen. »Nun sieh dir an, was geschehen ist – du hast meine Gefühle aufgeweckt.« Das wird problematischer empfunden als aufgewühlte Sinne. »Nun sieh dir an, was du getan hast – jetzt komme ich nicht mehr los.«
Der Lebensstil zweier Fünfer ist oft auf kurze, bedeutungsreiche Interaktionen konzentriert, denen eine emotionale Atempause folgt. Dann kann jeder seine Gefühle, die bei den Begegnungen von Angesicht zu Angesicht ausgeblendet waren, Revue passieren lassen, und die Schlußfolgerungen, die beim Alleinsein zutage treten, sind vielleicht besonders eindringlich, weil sie die innere Leere ausfüllen.

Fünf mit Fünf: In der Arbeitsbeziehung

Der Erfolg wird von der Positionierung abhängen. Fünfer gedeihen nicht, wenn sie an vorderster Front mit Menschen umgehen müssen, wo Charme bzw. rasche Umstellung der Wahrnehmung erforderlich sind. Sie fühlen sich eher zu Schauplätzen hingezogen, an denen es um Information, Forschung und Tiefenanalyse geht. Beide Partner brauchen Zeit, um die Fakten zu verdauen, und jeder wird auf Grenzen für privaten Freiraum, Pünktlichkeit und präzise formulierte Anweisungen bestehen.
Das Blickfeld eines Beobachters kann dort aufhören, wo sein festgelegter Verantwortungsbereich zu Ende ist, und durch den daraus folgenden Mangel an Kommunikation bleiben wichtige Bindeglieder ungenutzt. Es könnte passieren, daß sich jeder der beiden endlos auf ein privates Interessengebiet konzentriert, ohne die Information weiterzugeben. Bei Fünfern als Vorgesetzten besteht die Möglichkeit, daß sie Teile

von Projekten delegieren und sich nicht um ein Forum für einen offenen Informationsaustausch kümmern, und Fünfer als Angestellte können ein Teilprojekt auf die Beine stellen, das allein zwar Bestand hat, sich jedoch nicht ins Gesamtbild fügt. Die Aufmerksamkeit ist auf langfristige Planung, auf Stimmigkeit des Verhältnisses der Teile zum Ganzen und auf voraussagbare Ergebnisse konzentriert. Ein Fünfer-Unternehmen kann vom Standpunkt der Kosteneffizienz und der Qualität seiner Produkte gut konkurrieren. »Ökonomische Qualität« ist hier das Motto, weil Fünfern gefällt, was die Schotten umsichtige Transaktionen nennen. Das ist ein Geschäftsstil, der Qualität mit Sparsamkeit verbindet. Beide werden Kontrolle über ihre private Zeit als attraktiven Bestandteil ihrer Arbeit ansehen. Autonomie in einfachen Dingen kann eine sehr wichtige Vergünstigung sein: Beispielsweise verschwinden zu können, um eine Pause zu machen, ohne sich abmelden zu müssen. Beobachter wollen Zeit, Energie und Geld sparen und können ihre Freizeit genauso schätzen wie ihr Gehalt.
Zwei Beobachter, die zusammenarbeiten, sind sich darin einig, daß sie Konfrontationen zu meiden suchen. Beratungen sind gut geregelt und werden normalerweise in angemessener Form, den Rollen der Beteiligten entsprechend, stattfinden. Fünfer als Vorgesetzte nehmen gewöhnlich eine abwartende Haltung ein. Sie bereiten sich gern lange vor, und es kann passieren, daß sie drängende Signale zu sofortigem Handeln überhören. Es ist schwierig für einen Beobachter, in einer unsicheren Situation Mittel bereitzustellen, und die Angst, ohne ausreichende Grundlagen zu handeln, hemmt spontane Änderungen der Strategie. Anstatt finanzielle bzw. emotionale Risiken einzugehen, verlegen sich Fünfer als Vorgesetzte gern aufs Protokoll und auf eine formelle Art zu verhandeln. Briefe ersetzen persönliche Begegnungen, und Vermittler werden ernannt, um Besprechungen zu leiten.
Bei Fünfer-Systemen besteht gewöhnlich eine unzureichende Kommunikation innerhalb des Hauses. Beobachter rücken eben nicht von selbst mit Informationen heraus. Entscheiden-

de Verbindungen gehen verloren, wenn sich gute Leute für einzelne Teile eines Puzzles abmühen, ohne das Informationsbedürfnis der anderen zu respektieren. Logisch bis zum Extrem, reduzieren Fünfer gern Tatsachen auf Kerngedanken und Symbole und könnten dabei abgelegene Assoziationen und naheliegende Grundmuster der Kommunikation mit anderen übersehen. Hilfreich ist es, wenn Fünfer es fertigbringen, mit aggressiven, kontaktfreudigen Menschen, die gern werben und verkaufen, zusammenzuarbeiten. Sich selbst überlassen, kann es Fünfern schwerfallen, etwas abzuschließen. Wenn man von Fakten fasziniert ist, ist es schwer, ein Projekt zu Ende zu bringen, weil die endgültige Antwort immer erst in ein paar Tagen zu kommen scheint.

Fünf mit Sechs: Beobachter und loyaler Skeptiker in der Liebesbeziehung

Diese Beziehung kann die Atmosphäre des winterlichen Rückzugs in die eigenen vier Wände vermitteln. Wir suchen die Gesellschaft anderer, wenn es früh dunkel wird, und wir hüllen uns in Vertrautes und in Wärme. Dieses Paar zeigt vielleicht seine Zuneigung nicht in der Öffentlichkeit, weil die Beziehung sich in einer ruhigen Kontinuität ausdrückt. Im selben Zimmer lesen, ohne den anderen zu stören, gemeinsam Mahlzeiten einnehmen, ohne sich zum Reden gedrängt zu fühlen. Durch die Distanziertheit des Beobachters wirkt selbst eine phobische Sechs noch als aktiver Partner in der Beziehung, und Sechser begrüßen oft die Gelegenheit, Einfluß auszuüben und die Richtung anzugeben. Die aktive Rolle befriedigt die Voreingenommenheit der Sechs für Stärke und Schönheit und erlöst zugleich die Fünf von der Bürde des Führens. Sechser können höchst motiviert sein, wenn sie sich zum Einsatz für andere aufgefordert fühlen. Ihre Zärtlichkeit können sie vertrauensvoll durch die Loyalität gegenüber einem Partner ausdrücken. Das Paar ist gewöhnlich in erster Linie geistig verbunden, selbst wenn die beiden sexuell zueinander passen und gefühlsmäßig auf gleicher Wellenlänge sind. Beiden ist klar, daß es in der Liebe mehr als nur Gefühle gibt.

Die Beziehung gedeiht, solange sich die Sechs akzeptiert fühlt. Zieht sich die Fünf jedoch in sich zurück, indem sie Sex verweigert oder Informationen vorenthält, bricht die Paranoia der Sechs aus. Es kann außerordentlich frustrierend sein, sich einem leeren Bildschirm gegenüberzusehen, wenn man Bestätigung sucht. Fünfer betreiben Geheimniskrämerei, und dann wird die Sechs vielleicht aufgeschreckt beginnen, Anschuldigungen vorzubringen. Unter Beschuß ziehen sich Fünfer weiter zurück, um ihr Bedürfnis nach Freiraum zu schützen, und sollte es in ihrem Privatleben tatsächlich ein Geheimfach geben, können Forderungen nach Selbstenthüllung nur dazu führen, daß sie sich noch tiefer in diesen geheimen Ort zurückziehen. Beobachtern mag es vielleicht nicht bewußt sein, wie hart ihre Distanziertheit für andere sein kann. Indem sie nichts sagen, erscheinen sie unnahbar und lieblos, und Sechser sehen in diesem Schweigen ein Eingeständnis von Schuld.

Fünfer respektieren Menschen, die ihre Gefühle im Zaum halten können. Es ist unendlich hilfreich, wenn die Sechs einen Schritt zurücktreten, sich auf einen Zeitpunkt für das Gespräch einlassen und eine neutrale Haltung einnehmen kann. Das Bedürfnis von Fünfern nach Zeit und Distanz könnte wie Vermeidung aussehen, wenn die Sechs verzweifelt Bestätigung braucht, aber in Wirklichkeit braucht der Beobachter Zeit, damit echte Gefühle zum Vorschein kommen können. Eine Sechs kann die Ängste einer Fünf vor Überwältigung dadurch entkräften, daß sie einen Problempunkt benennt. »Ich möchte mit dir darüber sprechen, wer den Abwasch macht« findet weit mehr Anklang als das allgemeine Bedürfnis, »über uns zu reden«. Beobachter ihrerseits können dadurch behilflich sein, daß sie offenbaren, was sie denken. Das ehrliche »Ich weiß nicht« einer Fünf ist unendlich mehr Bestätigung, als gar nichts zu sagen. Sechser haben gleich die Scheidung vor Augen, wenn ihnen infolge mangelnder Informationen das Schlimmste schwant. Ein Beobachter hat in so einer Beziehung enorme Macht, weil sein Mangel an Präsenz die Sechser-Ängste schürt. Jeder muß die Zeichen der Zuneigung des anderen deuten. Üblicherweise setzen unsichere Sechser ihren Partnern damit zu, daß sie Bestätigung suchen, und das kann Fünfer verrückt machen. Aber unter einem etwas anderenBlickwinkel gesehen, zeigt das quengelige »Liebst du mich noch?« von Sechsern echte Besorgnis. Sechser verlangen Bestätigung, weil sie Angst haben, jemanden zu verlieren, der ihnen etwas bedeutet, und wenn eine Fünf aufkreuzt, um sich mit Schwierigkeiten auseinanderzusetzen, ist das schon ein Liebesbeweis. Beide Partner werden in regelmäßigen Abständen loslassen und Abstand gewinnen wollen. Es ist für Fünfer viel leichter, zu denken »Ich komme auch so zurecht«, als bei ihren Gefühlen zu bleiben. Und Warten kann für Sechser, die nicht wissen, ob sie kämpfen oder flüchten sollen, eine Tortur sein. Dieses Paar besitzt Stehvermögen, solange die Kommunikation in Gang bleibt. Beide Typen sind für langfristige Beziehungen bekannt, weil die fortdauernde Bindung und das Gefühl des »Für immer« Distanziertheit und Zweifel überwinden. Sie sind ein pflegeleichtes Paar, fähig, bei Widrigkeiten am gleichen Strang zu ziehen und lange Zeiten von Frustration durch Alltagssorgen zu ertragen. Haben sie erst einmal ja zueinander gesagt, sind sowohl gemeinsame Ideen als auch romantische Gefühle Elemente ihrer Beziehung. Beobachter vergeistigen meist Gefühle, indem sie Liebe als Handeln definieren. »Eignen sich Blumen für Geburtstage?« »Wie kann ich mich auf eine ›spontane Verabredung‹ vorbereiten?« Sechser sind für Herzlichkeit ungewöhnlich empfänglich. Wärme entwaffnet Zweifel, und wenn Sechser erst einmal von Ängstlichkeit befreit sind, werden sie zärtliche Partner. Bei Beziehungen aus Fünf und Sechs kann ein einziger zärtlicher Augenblick Grundlage ihrer festen Bindung werden, wenn er sich dem Geist für immer einprägt.

Fünf mit Sechs: In der Arbeitsbeziehung

Beide sind mentale Typen, und dadurch kann so eine Partnerschaft etwas trocken werden. Ideen treten leicht an die Stelle des Handelns, und frisches Drauflos-Experimentieren wird durch die Abneigung gegen Risiken gedämpft. Beide Partner gehören zur Angsttriade des Enneagramms, und Angst wird gewöhnlich durch übermäßige Aufmerksamkeit für Hindernisse ausagiert. Die tatsächliche Macht potentieller Konkurrenten wird vielleicht überschätzt und sehr viel Zeit auf die Beseitigung von Störungen verwendet. Die Partner sind wahrscheinlich nicht ständig öffentlich gut sichtbar (selbst kontraphobische Sechser ziehen sich nach Zeiten, wo sie im Blickpunkt standen, wieder zurück). Sie sind keine Selbstdarsteller, obwohl sie wie andere auch ihre Kräfte für eine kurze Präsentation in der Öffentlichkeit aufbieten können. Ihre gemeinsame Stärke liegt in der Strategie, Unterweisung und Planung bzw. in den Situationen, die eine kritische Analyse verlangen.

Fünfer wollen wissen, wie die einzelnen Teile in die langfristige Perspektive eines Ganzen passen. Sie sind Anhänger bewiesener Tatsachen, könnten sich aber im Faktensammeln vergraben. Fünfer haben es schwer, zu einem Abschluß zu kommen, bevor nicht jeder Faktor analysiert worden ist. Sie lieben es, gründlich vorbereitet zu sein, bevor sie Schritte unternehmen. Dieser Stil spiegelt das Zögern der Sechser angesichts von Erfolg wider. Das Zögern der beiden ist der offensichtlichste Fallstrick in dieser Beziehung, und dem können sie vorbeugen, indem sie andere den ersten Schritt oder den ersten Entwurf für neue Vorhaben machen lassen. Ein Paar aus Fünf und Sechs kann weit erfolgreicher sein, wenn beide die Aufgabe festlegen, andere einen ersten Entwurf anfertigen lassen und dann wieder einsteigen, um diese Version zu verfeinern.

Als Vorgesetzte erkennen Fünfer vielleicht nicht, daß ihre Sechser-Angestellten persönlichen Kontakt brauchen. Fünfer sind gewöhnlich formal in ihrer Kommunikation. Sie verkehren mit anderen sachlich und nicht persönlich ermunternd, gewöhnlich über Berichte, in denen es nur um Tatsachen geht. Informationen werden je nachdem, was einer wissen muß, aufgeteilt. Die Angestellten brauchen nicht alles zu wissen. Bei so einer Einstellung der Leitung könnten sich Sechser benachteiligt oder gegen Kollegen ausgespielt fühlen. Allgemeine Informationssitzungen und offene Foren sind ein Pluspunkt, weil sie Gelegenheiten darstellen, die Führung taktvoll in Frage zu stellen. Geschlossene Beratungen belasten Sechser. »Warum bin ich nicht benachrichtigt worden? Warum werden wir voneinander getrennt? Worauf läuft das hinaus?«

Angesichts eines Vorgesetzten, der Isolation vorlebt, und angesichts des Gefühls, durch zensierte Informationen kontrolliert zu werden, kann die Suche der Sechs nach Bestätigung sehr unangenehm werden. Da eine Fünf als Vorgesetzter schlecht darauf vorbereitet ist, sich mit Konflikten auseinanderzusetzen, wird sie sich zurückziehen oder versuchen, den Widerspenstigen zu vertreiben. Fünfer brauchen viel Selbstbeobachtung, um zu erkennen, daß die Aufnahme von Kommunikation etwas bringt. In diesem Fall wird jeder Schritt in Richtung auf Sichtbarkeit den Argwohn der angestellten Sechs entkräften.

Sechser als Vorgesetzte haben Angst vor Ungehorsam, der irgendwann in der Zukunft auftreten könnte, und Fünfer als Angestellte kontrollieren durch schweigende Nichtteilnahme. Jeder könnte seine eigenen Belange in das Tun des anderen hineindeuten. Sechser erkennen heimliche Feindseligkeiten, und Fünfer sehen aufdringliche Erwartungen. Diese wechselseitigen Projektionen können noch verstärkt werden, wenn der Führungsstil der Sechs ambivalent zu sein scheint. Die Sechs probiert vielleicht eine Idee aus, um zu sehen, wo die Angestellten stehen, aber Mangel an Präzision stößt Beobachter ab. Fünfer-Angestellte wollen genau wissen, wieviel Energie in welcher Zeit erforderlich ist, und anstatt zu improvisieren, wird die Fünf in eine »Das-verstehe-ich-nicht«-Haltung verfallen. Es sieht wie schlechte Führungstätigkeit aus, wenn Sechser keine genauen Angaben machen können, und warum sollte die Fünf die Arbeit anderer erledigen? Hilfreich ist, wenn der Vorgesetzte keine Vermutungen mehr anstellt, keinen Rückzieher macht und bei seinem Plan bleibt. Fünfer als Angestellte fühlen sich respektiert, wenn eine Weisung richtig ausformuliert ist.

Was eine Fünf als Einmischung ansieht, ist vielleicht nur eine nervöse Sechs in Aktion, und was als Gehorsamsverweigerung erscheint, ist vielleicht nur eine angestellte Fünf, die Zeit braucht, um allein zu sein. Am wirkungsvollsten werden derartige Differenzen durch eine so einfache Formalität wie allwöchentliche Zusammenkünfte behoben. Sechser als Vorgesetzte brauchen Informationen, und Fünfer als Angestellte brauchen Zeit, um nachzudenken, bevor sie Zeit und Energie zur Verfügung stellen.

Fünf mit Sieben: Beobachter und Epikureer in der Liebesbeziehung

Epikureer leben von Erfahrungen. Sie reisen gern, nehmen Unterricht und arbeiten an mehreren Projekten zur selben Zeit. Ihr Streben nach Abwechslung stellt für Fünfer, die ihre Zeit und ihre Energie vorsichtig verwenden, ein bequemes Mittel dar, herauszufinden, was sich lohnt und was nicht. Bei Enneagrammseminaren mit Paaren hören wir allgemein, daß der Epikureer das Enneagramm zuerst entdeckt, sich unseren Unterricht anhört und nach Hause geht, um seine Fünf davon zu überzeugen, daß es sich lohnt. In angenehmer Gesellschaft ist ein Abend außer Haus noch schöner, und bald hat die Sieben einen Partner für Enneagramm-Abende. Das anfängliche Interesse der Sieben gab der Fünf die Möglichkeit, sich aus einer geschützten Hintergrundposition heraus zu beteiligen. Im Lauf der Zeit ist es dann aber gewöhnlich die Fünf, die das Studium fortsetzt.

Ansonsten geht das Paar häufig parallel vor. »Du machst

deins, und ich mach meins« ist ein naheliegender Lebensstil für Leute, deren Beziehungsgrundlage Ideen sind. Fünfer sind gern lange Zeit mit sich allein, um ihrem Wissensdurst zu frönen und sich über ihre Gefühle klarzuwerden. Der nach außen gerichtete Epikureer könnte sich durch die introvertierte Fünf stark eingeschränkt fühlen, wären nicht beide Typen außerordentlich selbständig. Siebener finden Beschäftigungen, an denen Fünfer indirekt Freude haben, und keiner will, daß der andere verlangt, daß viel Zeit gemeinsam verbracht wird. Daß das Paar im Diagramm eine gemeinsame Linie hat, scheint gegenseitiges Verständnis zu bewirken. Fünfer bewundern, wie sehr sich Siebener unter Menschen wohl fühlen, und Siebener beruhigt das fortwährende Bestätigtsein durch die mehr introvertierte Präsenz ihrer Fünfer. Solange sie das Gespräch in Gang halten, kommt wahrscheinlich keiner dem anderen in die Quere.

Nähe kann durch eine gemeinsame Zukunftsvision oder das Dasein für Kinder zum Ausdruck gebracht werden. Siebener brauchen etwas außerhalb, worauf sie sich konzentrieren können, und Fünfer finden besser zu ihren Gefühlen, wenn sie nicht im Mittelpunkt der Aufmerksamkeit stehen müssen. Paradoxerweise wird der distanzierte Beobachter häufig der emotionale Stützpfeiler des Paares. Fünfer in der Sicherheit ihres Heims können zur Achter-Position übergehen und eine starke Kraft in der Familie werden. Siebener wiederum finden Sicherheit, wenn sie sich nach Fünfer-Art zurückziehen und kurze Zeitspannen allein verbringen. In Enneagrammseminaren hören wir immer wieder, daß Epikureer denken, wenn sie sich einen oder zwei Tage zurückziehen, werden sie Stubenhocker und sehr reserviert, worauf ihre Fünfer-Partner kontern: »Ja, mein Schatz, bloß bist du selten zu Hause.«

Da die Partner nah beieinander, am Sicherheits- und Risikopunkt des anderen positioniert sind, ähneln sich ihre Einstellungen. Beide sind Angsttypen, obwohl sie Gefahren in sehr unterschiedlicher Weise abwehren, und beide verwechseln Denken und Fühlen. Sie sehen unter speziellen Lebensbedingungen sogar gleich aus. Fünfer im Streß der Siebener-Position sehen aus, als ob sie wach werden, aber Selbstbeschreibungen offenbaren eine schreckliche innere Spannung, die das Zugehen auf andere begleitet. Hat ihre Suche nach Sicherheit Erfolg, können Fünfer tatsächlich entdecken, daß die Gesellschaft anderer ihnen unerwarteterweise ein epikureisches Vergnügen beschert, aber bei der üblicherweise berichteten Konstellation hält die Sieben den Kontakt zur Außenwelt. Fünfer bemerken es vielleicht nicht, wenn Analyse an die Stelle von Gefühlen tritt, und die meisten Siebener betrachten Beschäftigtsein nicht als Flucht. Beide Typen lenken gewohnheitsmäßig die Aufmerksamkeit von ihren Emotionen ab: Siebener zerstreuen sich, und Fünfer koppeln sich einfach ab. Es ist ein schlechtes Zeichen, wenn eine Sieben begeistert voranschreitet, während sich die Fünf in die Isolation zurückzieht. Jeder wird insgeheim auf den anderen herabsehen: Die Sieben ist gelangweilt, weil in der Beziehung nicht viel los ist, und die Fünf diagnostiziert Oberflächlichkeit. Der Beziehung mangelt es an Tiefe. Durch den sich daraus ergebenden Schritt in parallele Aktivitäten kann es passieren, daß dieses Paar in getrennten Daseinsbereichen landet: Die Fünf zieht sich hinter eine Mauer privater Interessen zurück, und die Aktivitäten des Epikureers locken ihn oder sie von zu Hause fort. Es ist hilfreich, wenn jeder beginnt, die grundlegende Orientierung des anderen zu verinnerlichen. Fünfer müssen ihre Zeit, ihre Energie und ihre Begeisterungsfähigkeit in die Beziehung einbringen, und Siebener müssen die unbeirrbare Konzentration entwickeln, die ein vollständiges Engagement verlangt.

Fünf mit Sieben: In der Arbeitsbeziehung

Beide gehören zu den mentalen Typen des Enneagramms, Typen, bei denen Ideen an die Stelle des Handelns treten können. Mentale Typen werden von Theorien verführt und durch interessante Pläne vom Kurs abgebracht. Siebener sind besonders anfällig. Ihr Geist ähnelt einem verzweigten Gebilde. Ein gutes Konzept bringt Ableitungen weiterer Ideen hervor, die alle brauchbar zu sein scheinen, weil sie vom Originalkonzept abstammen. Fünfer-Denken ist gewöhnlich logischer. Eine einzige Idee wird zum Mittelpunkt ausgedehnter Nachforschungen, und sie können jahrelang verhältnismäßig isoliert arbeiten. Diese Partnerschaft bevorzugt Strategie und Forschung, aber ohne eine entsprechende Aufmerksamkeit auf Durchführung und Abschluß werden gute Ideen vielleicht nie aktualisiert.

Bei der üblichen Konstellation sitzt die Fünf im Büro, und die Sieben ist unterwegs. Fünfer als Vorgesetzte sind allgemein auf Ordnung bedacht. Sie verlangen umfassende Angaben und fühlen sich sicher, wenn sie ihre Bemühungen auf einen speziellen Bereich beschränken können. Fünfer-Systeme können entweder der Arbeit von Siebener-Angestellten einen Halt bieten oder so eng umgrenzt sein, daß Angestellte aufbegehren. Siebener bevorzugen sanfte Rebellion, und wenn sie weise sind, erkennen sie, wie die Hauptinteressen des Chefs durch ein entsprechendes Informationsnetzwerk erweitert werden können. Unkluge Siebener-Angestellte werden das Grundkonzept radikal ändern, nach Gutdünken vorgehen und die Ergebnisse rationalisieren. Fünfer-Vorgesetzte verlangen Rechenschaft und finden den Siebener-Stil der locker verbundenen Ideen höchst stressig. Im negativen Fall machen Fünfer-Vorgesetzte gewöhnlich einen Rückzieher, wenn sie vor Optionen gestellt sind, und wiederholen lieber Rezepturen, die in der Vergangenheit funktioniert haben. Im positiven Fall könnte eine Sieben tatsächlich die Koordinaten entdecken, die die sorgfältig recherchierten Informationsbereiche eines Chefs zusammenhalten.

Möglicherweise besteht eine unausgesprochene Einigkeit darüber, Konflikten aus dem Weg zu gehen. Epikureer erklären Probleme weg, und Beobachter verschanzen sich hinter einer Barrikade von Anrufbeantwortern. Beide neigen eher dazu, Probleme zu durchschauen, als sich mit ihnen auseinanderzusetzen. Über Probleme kann ohne viel Emotionen nachgedacht werden, wobei unerkannte Spannungen entstehen können. Der Verstand soll Lösungen und Auswege finden, bevor Wut aufkommt, und daher kann es einen erschrecken, wenn Gefühle schließlich doch an die Oberfläche gelangen. Bei Schlichtungsgesprächen sollten Problembereiche in kleine, überschaubare Stücke aufgegliedert werden. Diese Technik wirkt Wunder bei Leuten aus der Enneagramm-Angsttriade, weil sie die Annahme entkräftet, daß Wut bleibenden Schaden verursacht.

Siebener als Vorgesetzte mögen Entscheidungen in letzter Minute, aber durch ihren Unwillen, etwas zu Ende zu führen, können sie konfus wirken. Angesichts des Kreuzfeuers widersprüchlicher Informationen ziehen sich ihre Fünfer-Angestellten wahrscheinlich zurück und warten, statt auf Klärung zu drängen. Abwarten bedeutet zwar nicht Zustimmung, schützt Fünfer jedoch davor, auf jemanden zugehen zu müssen. Siebener als Vorgesetzte wären gut beraten, wenn sie der Fünf ein klar abgegrenztes Projekt vorlegen würden, das nicht von Informationsaustausch oder von gemeinsamen Ergebnissen abhängt. Fünfer produzieren gewöhnlich genau das, was erwartet wird, oft ohne weitere Ausführungen zu machen oder Koordinierungsversuche mit anderen Bereichen zu unternehmen. Sie geben vielleicht ungefragt keine Informationen heraus, besonders unter Bedingungen, die sich rasch ändern. Sind Fünfer jedoch der Sache innerlich verpflichtet, können sie ein Chaos so lange unter Kontrolle halten, bis die Sieben einen Ansatzpunkt zu dem Problem gefunden hat.

Fünf mit Acht: Beobachter und Boß in der Liebesbeziehung

Der Boß ist wohl im Enneagramm der selbstsicherste Typ, während der Beobachter der zurückgezogenste ist. Achter wollen mehr, und Fünfer haben minimale Bedürfnisse. Achter sind nach außen gerichtet, und Fünfer ziehen sich in private

Freiräume zurück. Aber trotz ihrer offensichtlichen Unterschiede bilden sie ein häufig vorkommendes, eng verbundenes Paar. Als Sicherheits- und Streßpunkt zueinander positioniert, beginnen Partner, die lange zusammen sind, einander zu ähneln. Nach Jahren des Zusammenlebens sieht der aggressive Boß bemerkenswert zahm aus, und der Beobachter scheint ein Selbstbewußtseinstraining absolviert zu haben.
Fünfer sind in der Sicherheit ihres Heims weit freimütiger, und das kommt der Forderung der Acht nach Wahrheit entgegen. In so einer Beziehung kann ein Beobachter emotionale Energie erleben, und obwohl Fünfer Auseinandersetzungen verachten, geben sie gewöhnlich zu, daß ihnen die Lektionen ihres Bosses guttun. Die Gesamtwirkung ist belebend, weil Fünfer durch Wut dazu gedrängt werden, ihre Gefühle unmittelbar zu spüren. Es fällt schwer, sich abzukoppeln, wenn man äußerst energiegeladen ist, und in sicheren Beziehungen reagieren Fünfer wirklich spontan. Diese Partnerschaft kann Beobachtern Zugang zum Gefühlsleben eröffnen, und Achter wiederum lernen zu warten.
Beim üblichen Zusammenspiel wird die Fünf überrannt, und die Acht beklagt sich, daß sie sich zurückhalten muß. Fünfer können aus Interaktionen die Kraft genauso wirksam abziehen, wie ein Partner sie hineinpumpen kann. Die emotionalen Strömungen des Paares ähneln Ebbe und Flut: Achter drängen mit ozeanischer Kraft auf Kontakt, und diese Kraft wird von einer Gegenströmung des Rückzugs neutralisiert. Die emotionale Kraft des Expandierens und Sichzusammenziehens wird beiden durchaus vertraut sein. Die Gefühle einer Fünf kommen zum Vorschein, wenn die Fünf in Sicherheit und allein ist, und die Emotionen von Achtern ziehen sich unter Streß stark zusammen.
Das Paar lebt oft lange in der Achter-Position, und das bedeutet unweigerlich laute, wichtige Debatten am späten Abend. Beobachter fühlen sich anfänglich überwältigt und wollen fliehen, aber das Zusammenleben mit einem Boß öffnet die Ge-

fühle. Achter werden in der Beziehung oft entwaffnet, wenn ihnen mit innerer Ruhe entgegengetreten wird. Die emotionale Selbstkontrolle eines Beobachters kann Achter dazu ermutigen, in sich hineinzuschauen, anstatt Streit vom Zaun zu brechen.

Beide Typen legen sehr großen Wert auf persönliche Autonomie. Handlungsfreiheit muß sein. Sie wissen, was sie mögen und was nicht, und keiner wird wahrscheinlich in die Vorhaben seines Partners hineingezogen. Im positiven Fall erlaubt diese beiderseitige geistige Unabhängigkeit, unverblümt und ehrlich miteinander zu reden. Im negativen Fall könnte es geschehen, daß die Partner kompromißunfähig sind und sich für ihre Wirkung aufeinander kaum verantwortlich fühlen. Fünfer meinen zuweilen, emotionales Leid entstehe durch Mangel an Selbstkontrolle, und dadurch fühlen sie sich von der Verantwortung für die Gefühle anderer entbunden. Es ist auch möglich, daß eine Acht im Schmerz auf Rache sinnt. Rache kann in dieser Beziehung eine Rolle spielen, wobei die Acht in die Machtposition drängt.

Begegnet sich ein Paar aus Fünf und Acht in der Fünfer-Position, entwickeln sie oft großen Respekt für ungestörtes Alleinsein. Als lebe man für sich und wisse stets, daß jemand, den man liebt, in der Nähe ist. Auf der Plusseite bringt diese Beziehung emotionale Autonomie und einen lieben Gefährten in unmittelbarer Nähe mit sich, aber im negativen Fall verweigert jeder dem anderen seine Zuneigung. Der Rückzug einer Fünf äußert sich im Haus als lautes, verdrießliches Schmollen; eine wirksame Weise, zu verschwinden und noch Mißbilligung zu demonstrieren. Es ist fast unmöglich, eine unwillige Fünf zur Kooperation zu zwingen. Aus jeder Begegnung entweicht einfach die Energie. Zur Vergeltung hängen die Achter ihr eigenes »Nicht Stören«-Schild heraus, und der sich daraus ergebende Krieg zweier Willenskräfte kann zu einer Stille ausufern, die schreit: »Verschwinde! Ich brauche dich nicht, und es ist mir auch egal.«

Da die beiden im neunzackigen Stern eine aufeinander bezogene psychische Dynamik verbindet, haben sie die ungewöhnliche Gelegenheit, sich im Verhalten des jeweils anderen zu erleben. Fünfer sollten in der selbstbewußten Art eines Bosses das Gegenmittel zu ihrer chronischen Unfähigkeit sehen, in die Öffentlichkeit zu gehen. Das bloße Wissen, daß es sich lohnt, für das Leben zu kämpfen, kann auf Menschen, die sich abkoppeln, heilend wirken, und aus dem Impuls heraus sprechen zu lernen, kann aufregend und befreiend sein. Andererseits können Achter Beobachtern vertrauen, die verschwiegen sind und Gefühlskontrolle wahren. Genauso wie Paare, die lange zusammen sind, sich energiemäßig zu ähneln beginnen, kann es auch den Anschein haben, als tauschten sie ihre Verhaltensmuster aus. So eine Beziehung bringt durch die erfolgreiche Verbindung der Eigenschaften Beobachter hervor, die sofort handeln, und Bosse, die warten können.

Fünf mit Acht: In der Arbeitsbeziehung

Wir vertrauen Fünfern oft in Geschäften, weil sie uns weder verführen noch emotionalen Widerstand bieten. Sie üben bezeichnend wenig Einfluß aus und lenken die Aufmerksamkeit von sich selbst ab, indem sie sich auf ihre Aufgaben konzentrieren. Die meisten von uns sind mehr als bereit, über ihre privaten Interessen zu reden, und dadurch entsteht der Eindruck von Einverständnis: Wir reden, und die Fünf nickt, und wir fühlen uns verstanden.

Beobachter setzen ihre Schöpfungen nur selten in die Realität um. Gewaltiges Stehvermögen ist erforderlich, um ihre Projekte aus dem Konferenzraum in den Werk- und Experimentierbereich zu schaffen, wo schöpferische Gedanken Gestalt annehmen. Etwas durchzusetzen hat ja immer mit erregten Interaktionen zu tun, und daher erledigen Fünfer die Geschäfte im allgemeinen per E-mail (Daten- bzw. Nachrichtenübermittlung per Computer; Anm. d. Ü.) oder Fax. Eine absolut klassische Enneagramm-Geschichte verdanken wir einem Fünfer-Chef, der sein Gebäude betritt, nachdem alle nach Hause gegangen sind, seine Anweisungen im Computer eines jeden Angestellten hinterläßt, den Reinigungskräften im Büro aus dem Wege geht und vor neun Uhr morgens wieder verschwindet. Seine getreue Acht bekommt die Botschaften dann am Morgen und macht sich unverzüglich an die Arbeit, kommuniziert mit dem Chef über E-mail, und beide haben oft monatelang keinen persönlichen Kontakt.

Das neutrale Element, das Fünfer in die Führungstätigkeit einbringen, spricht die Angestellten möglicherweise an. Beobachter können den Eindruck erwecken, als Führungspersönlichkeiten alles im Griff zu haben, und sie können unverwüstliche Verhandlungspartner sein, weil sie negativen Druck nicht persönlich nehmen. Beobachter bringen auch eine unvoreingenommene analytische Haltung in Entscheidungsprozesse ein, und das gibt Achtern die Freiheit zu sagen, was sie denken, ohne daß dies ein Nachspiel hätte. Bei einer guten Interaktion explodiert die Acht, die Fünf koppelt sich ab, und beide beschließen, den Vorfall zu vergessen, ohne dem anderen etwas nachzutragen.

Die häufigsten Konflikte, von denen berichtet wird, entstehen, wenn eine angestellte Acht in das Machtvakuum eintritt, das die Führungstätigkeit eines Abwesenden schafft. Bei seiner Rückkunft sieht der Chef den lautstarken Achter-Angestellten als Meuterer an, und das Personal fühlt sich zwischen den Fronten eines Machtspiels. Fünfer als Vorgesetzte sind berühmt für minimale Anwesenheit, und dadurch entsteht ein Vakuum, in dem Achter zu agitieren beginnen. Die Situation klärt sich auf, wenn ein Beobachter Farbe bekennt. Eine selbstbewußte vorgesetzte Fünf kann anderen Sicherheit vermitteln, und sind die Tatsachen erst einmal benannt, können Achter-Angestellte die Kontrolle abgeben.

Achter als Vorgesetzte sind selbstsicher, und ihren Kurs kann man nur schwerlich ändern. Durch eine Mentalität nach dem Motto »entweder geht's, wie ich es will, oder wir legen die Sache still« werden die Angestellten häufig polarisiert. Gewöhnlich werden Achter von ihren Angestellten entweder geliebt oder gehaßt, aber eine weise Fünf versorgt den Boß mit Informationen und tritt in den Hintergrund. Fünfer und Achter bilden ein naheliegendes Bündnis, bei dem jedoch Unterschiede in der Strategie tödlich wirken können. Fünfer entwickeln ihre Schlußfolgerungen langsam und riskieren nicht gern voreilige Analysen. Wenn Achter jedoch Taten wollen, diffamieren sie öffentlich eine zur Vorsicht mahnende Stimme. Beobachter finden schnell eine nützliche Nische im Ausarbeiten von Gutachten. Solche Berichte werden dem Boß am besten unter vier Augen überreicht, auch wenn derartige Treffen bedeutungslos zu sein scheinen. Der Weg zum Herzen einer Acht führt über persönliche Präsenz und vollständige Information, was ja beides dem Bedürfnis der Fünf nach privatem Freiraum zuwiderläuft. Informationen auf den neuesten Stand zu bringen, ist eine neutrale Methode für Fünfer, um Anwesenheit zu zeigen, und die Neufassung von Analysen bestätigt wiederum ein Engagement, das Achter als Vorgesetzte brauchen.

Mediation wird sich auf den Umgangsstil konzentrieren müssen. Achter sind aufdringlich, und Fünfer reagieren darauf empfindlich. Achter wollen Kontakt, und Fünfer nehmen sich zurück. Jeder wird behaupten, der andere wolle kontrollieren: Die Acht, indem sie offensiv Macht ausübt, und die Fünf, indem sie sich auf Fernsteuerung zurückzieht. Unabhängig davon, wer hier der Vorgesetzte ist, kann jeder Partner auf die natürlichen Begabungen des anderen bauen: Fünfer werden vor Konfrontation abgeschirmt, wenn ein Boß in Aktion tritt, und Achter, die mit Beobachtern arbeiten, lernen zu denken, bevor sie handeln.

Fünf mit Neun: Beobachter und Vermittler in der Liebesbeziehung

So ein Paar berichtet oft, daß es nonverbale Kommunikation zu schätzen weiß, weil beide Wert darauf legen, verstanden zu werden, ohne fragen zu müssen. Wer fragt, könnte zurückgewiesen oder gedemütigt werden. Also kanalisieren sie eher ihre Gefühle füreinander durch einen äußeren Fokus wie Planungen für die Familie oder Einkäufe. Gemeinsame Aktivitäten schaffen die Atmosphäre, in der beide fühlen, daß der andere da ist. Da sie ihre Liebe vorzugsweise ohne Worte zum Ausdruck bringen, definieren sie emotionales Wohlergehen oft als »Gefühl, das wir haben, wenn wir reisen« oder »Wie es sich anfühlt, wenn wir zusammen spazierengehen«. Diese »Präsenz« genannte, schwer zu greifende Qualität ist vielleicht so tief in dieser Beziehung verwurzelt, daß sie etwas ganz Normales zu sein scheint. Die beiden empfinden die Präsenz des anderen in ihren Kindern. Oder wenn sie reisen, erscheint es ihnen selbstverständlich, alles mit den Augen des anderen zu betrachten.

Eigenartigerweise könnte der Beobachter, der gewöhnlich alles als unbeteiligter Außenstehender anschaut, feststellen, daß er selbst eingehend gemustert wird. Neuner übernehmen die Gefühle von Menschen, die ihnen wichtig sind, so daß die wortlosen Signale der Fünf an einen sensiblen Empfänger geraten. Die Bedürfnisse des Beobachters werden möglicherweise zum zentralen Aspekt im Leben der Neun. Damit muß vorsichtig umgegangen werden. Fünfer können emotionale Abhängigkeit nicht ertragen und ungewöhnlich kalt und unnahbar werden, wenn Partner »ungerechtfertigte« Erwartungen hegen. Eine liebevolle Neun will vielleicht einfach nur am Abend mit ihrem Partner zusammensein, aber zeitliche Unbegrenztheit macht Fünfer nervös: »Und was sollen wir die ganze Zeit tun?«

Ernst kann die Situation werden, wenn sich der Beobachter ständig zurückzieht, so daß die Neun wütend wird und sich im

Stich gelassen fühlt. Die Situation wendet sich zum Besseren, wenn Neuner langfristige Ziele ins Auge fassen. Die Beteiligung der Fünf an diesen Zielen schafft einen positiven Inhalt für Abende zu Hause, indem sie die Fünf in die abgeschirmte Position eines getreuen Beraters versetzt. Beide Partner können weit mehr bewirken, wenn sie ihre Aufmerksamkeit von sich ablenken und auf andere richten. Fünfer beraten gern ihre Lieben, und Neuner können das Leben anderer zu ihrem eigenen machen. Beide Typen haben verzögerte emotionale Reaktionen. Die Position von Neunern entwickelt sich erst langsam im Lauf der Zeit, und Fünfer blenden ihre Gefühle beim Umgang mit anderen gewöhnlich aus. Dieses Paar gewährt einander viel Freiraum. Beide lassen sich nicht gern zum Handeln drängen. Neuner verschanzen sich und werden stur, wenn man von ihnen Entscheidungen erwartet, und Fünfer ziehen sich vor den Erwartungen anderer zurück. Das Paar kann sich stillschweigend darauf einigen, Konflikte nicht zuzulassen, so daß jeder in seiner Zurückgezogenheit aufgeht und den anderen im Grunde allein läßt. Die weitgestreuten Aktivitäten einer Neun werden einen Beobachter wahrscheinlich nicht stören, solange die häusliche Routine nicht durcheinandergerät, und eine unaufmerksame Neun wird die segmentierte Lebensweise einer Fünf nicht in Frage stellen.

Die Übereinkunft, Konflikten aus dem Wege zu gehen, kann eine Beziehung aber auch zugrunde richten. Fünfer koppeln sich gewohnheitsmäßig von ihren Gefühlen ab, und Neuner schalten auf Automatik, indem sie sich durch eine zwanghafte Routine betäuben. Im negativen Fall veranlaßt die fehlende Bereitschaft zum Engagement jeden Partner, sich einen eigenen Betätigungsbereich zu schaffen, auf den er sich ganz konzentriert. Beide halten Informationen zurück. Wenn also die Beziehung verflacht, entfernen sich ihre Interessenbereiche langsam voneinander. Bei einer echten Verbindung muß jeder sich einbringen. Jedoch könnte sich das Paar für »Harmonie im Heim« entscheiden. Ist eine solche Entscheidung in Wirklichkeit Konfliktvermeidung, beginnt der Energiespiegel der

Neun zu sinken, und die Fünf wird immer unzugänglicher. Es mag zwar paradox klingen, aber eine solche Beziehung profitiert oft von einer kleinen Explosion, die das Auf-der-Stelle-Treten durchbricht. Ein guter Streit belebt Menschen, und richtig zu weinen kann sie zusammenbringen. Die Siege und Niederlagen in einer Intimbeziehung machen uns klar, daß wir einander brauchen. Neuner können einen Standpunkt vertreten, wenn sie zornig sind, und Fünfer brauchen Sicherheit, um ihre Gefühle auszudrücken.

Dieses Paar kann körperlich liebevoll und um das Wohlergehen des anderen besorgt sein und dabei doch auf der Stelle treten. Bei Konfrontationen wird ein Beobachter denken: »Es wäre leicht, hier Schluß zu machen«, und passend dazu lautet die zwanghafte Frage der Neun an sich selbst: »Will ich in dieser Beziehung sein oder nicht?« Da durch eine Beziehung die emotionale Energie entzündet wird, der beide gern aus dem Weg gehen möchten, ist es eine ideale Möglichkeit für Fünfer, sich mit Gefühlen anzufreunden, und für Neuner, sich eindeutig und auf Dauer festzulegen.

Fünf mit Neun: In der Arbeitsbeziehung

Keiner der Partner macht normalerweise Werbung für sich, und beide konkurrieren nicht gern um Status. Jedoch verlangt jeder eine besondere Art von Aufmerksamkeit. Fünfer wollen ihr Denken bestätigt wissen, und Neuner blühen auf, wenn sie persönlichen Respekt erfahren, um den sie nicht gebeten haben. Es ist nicht zu erwarten, daß dieses Paar eine Atmosphäre schafft, in der es viel Reibung gibt, aber die Schattenseite der scheinbaren Harmonie kann mangelnde Initiative sein. Jeder wartet darauf, von dem anderen aus der Reserve gelockt zu werden, und daher wird ihre Beziehung vermutlich von ihren Arbeitsrollen bestimmt sein. Beide Typen kommen in Schwung, wenn sie sich an eine wohlgeordnete Struktur halten, wobei die Neun im Vordergrund für den Umgang mit der

Öffentlichkeit zuständig ist und die Fünf im Hintergrund weiter an der Verfeinerung der Arbeit feilt. Bei der Arbeitsteilung, von der am häufigsten berichtet wird, liefert der Beobachter als Grundlage gezielt aufgebaute Pläne, die nur das Allernotwendigste enthalten, aus denen die Neun ein dann brauchbares System macht.

Die Position in der Öffentlichkeit besteht aus Besuchen, Beratungen und Kontaktherstellung zu anderen, während die Position im Hintergrund Datenanalysen liefert. Sofern das System entwicklungsfähig ist, können die Partner entweder ihren Operationsbereich ausweiten und die Struktur zur Erreichung anspruchsvoller Ziele benutzen, oder sie rollen mit schwindender Begeisterung im Leerlauf dahin, bis die Struktur schließlich kraftlos wird. Die Leistungsfähigkeit scheint dem Trägheitsgesetz zu folgen, wonach ein in Bewegung befindlicher Körper die Tendenz hat, in Bewegung zu bleiben, während ein Körper im Ruhezustand auch dort verharrt. Auf dem Höhepunkt der Bewegung folgen aus einem abgeschlossenen Arbeitszyklus logisch neue Ziele, während auf dem Tiefpunkt der Trägheit Neuner Dienst nach Vorschrift machen und Fünfer telefonisch kommunizieren.

Beide Typen müssen erst angestoßen werden, um in Gang zu kommen. Neuner belebt Kameradschaft und Teilnahme, während Fünfer sich durch Gedankenaustausch einklinken können. Das Paar verkehrt miteinander im allgemeinen über kurze, wichtige Beratungen zur Geschäftstätigkeit, die vorrangig auf Aufgaben konzentriert sind. Fünfer haben bei diesen Beratungen sehr viel einzubringen, aber den Ball am Rollen halten wahrscheinlich die Neuner.

Beide könnten Schwierigkeiten damit haben, an den anderen heranzukommen, weil es beiden schwerfällt, etwas zu verändern, wenn sie sich auf einen Handlungsablauf festgelegt haben. Fünfer sind fast unerreichbar, wenn sie erst einmal von einem Problem in Anspruch genommen sind, und Neuner klammern sich an eine Position, weil sie sonst Angst haben, aus dem Konzept gebracht zu werden. Fünfer als Vorgesetzte operieren typischerweise durch Fernsteuerung. Beratungen sind inhaltsbezogen und können sich auf einzelne Projektbereiche konzentrieren, die vom größeren Gesamtzusammenhang losgelöst sind, so daß Angestellte eventuell den Eindruck gewinnen, endgültige Entscheidungen seien insgeheim getroffen worden, ohne daß sie eine Chance hatten, eigene Standpunkte vorzubringen. Da sie aufs Übersehenwerden empfindlich reagieren, rebellieren Neuner-Angestellte innerlich, wenn sie eine Anweisung bekommen, ohne nach ihrer Meinung gefragt zu werden. Bei einer Pattsituation in ihrer schlimmsten Form erteilt der Fünfer-Chef auf einer kurzen allgemeinen Versammlung knappe Direktiven und bietet keine Gelegenheit zu Rückfragen. Sind gekränkte Neuner betroffen, werden besagte Anweisungen vielleicht nie ausgeführt. Ohne ein Wort des Zornes werden Neuner die Durchführung unterlaufen.

Hilfreich ist es, ein Forum von Kollegialität zu schaffen. Neuner als Angestellte müssen wissen, für wen und wofür sie arbeiten. Hilfreich ist, wenn Fünfer als Chefs den humanisierenden Wert von Mottos wie »Schulter an Schulter und Auge in Auge« erkennen, denn in der Zusammenarbeit mit Neunern zahlt sich diese Haltung wahrlich aus. Vermittler gedeihen nicht, wenn sie isoliert sind, und mit ein bißchen Nachdenken können Fünfer als Vorgesetzte einfache Weisen des Umgangs mit ihren Angestellten entwickeln. Fünfer sind immer am Zufluß von Informationen interessiert, und sie könnten entdecken, daß Neuner oft Barometer für den Gruppenprozeß sind. Da Neuner die Anliegen und Vorhaben anderer erkennen, können sie das Bestreben einer Gruppe artikulieren und aufzeigen, wie sich die wechselseitigen Strömungen am Arbeitsplatz ändern.

Das präzise Denken eines Fünfer-Vorgesetzten wird Neuner wahrscheinlich ansprechen. Ein fundiertes kritisches Urteilsvermögen überwindet die Tendenz der Vermittler, den Fokus durch Zersplittern der Aufmerksamkeit zu verlieren. Wenn Fünfer-Vorgesetzte einen Weg finden, mit Angestellten umzugehen, werden sie wahrscheinlich unter den Neunern Anhänger finden.

Neuner als Vorgesetzte entwickeln gewöhnlich ein System, das für diese Partnerschaft angenehm ist. Vermittler werben, informieren und kommunizieren gern innerhalb der Grenzen eines sicheren Gesamtzusammenhanges, der keine neuerlichen Entscheidungen verlangt. Fünfer als Angestellte wissen ebenfalls Strukturen zu schätzen, weil sie sich am besten konzentrieren können, wenn die Erwartungen voraussagbar sind. Sie können innerhalb eines bestimmten Zeitrahmens äußerst produktiv sein, ohne dabei das Konkurrenzverhalten an den Tag zu legen, mit dem Neuner Schwierigkeiten haben.

Beide Partner werden ihre gewohnten Kommunikationsstile einander angleichen müssen. Fünfer bevorzugen sehr kontrollierten Kontakt über spezielle Aufgaben. Das aber läuft dem Anliegen der Neuner zuwider, den Standpunkt eines jeden anzuhören. Fünfer wollen in ihren Gesprächen kurz und bündig sein, während Neuner unendlich lange diskutieren können. Hilfreich ist, wenn Neuner lernen, bewußt zum Schluß zu kommen, und wenn Fünfer reif genug sind, um zu erkennen, daß Beratungen sowohl der Solidarität als auch der Strukturierung der Arbeit dienen.

Bei Vermittlungsgesprächen wird die Tatsache zu berücksichtigen sein, daß beide Typen Konflikten aus dem Wege gehen. Das schafft gerade dann Distanz, wenn offene Kommunikation nötig wäre. Eine verstimmte Fünf schränkt vielleicht die eigene Leistung ein und rückt nicht freiwillig mit konstruktiven Ratschlägen heraus. Bei massiven Differenzen steht jeder in einer Ecke, und keiner der beiden vermag den anderen wieder hervorzulocken. Um aktivere Teilnahme zu erzwingen, wird ein Neuner-Vorgesetzter Zuflucht zu den Regeln nehmen, aber der tieferliegende Groll gilt der mangelnden Bereitschaft der Fünf, sich zu äußern. Vermittlung hat die Aufgabe, Raum für Verhandlungen zu schaffen, denn beide Typen kontrollieren durch Nichttun und durch Horten von Energie. Hilfreich ist, die Besprechung eines schwierigen

Themas im voraus zu planen. Neuner brauchen Zeit, um sich zu einer unabhängigen Meinung durchzuringen, und Fünfer verhandeln besser, wenn sie eine vorher festgelegte Struktur haben, mit deren Hilfe sie Emotionen handhaben können.

Sechs mit Sechs: Zwei loyale Skeptiker in der Liebesbeziehung

Sechser sind es gewohnt, sich selbst intensiv in Frage zu stellen. Dadurch wirken sie oft oppositionell. »Ja, aber...« oder »Und wie ist es mit der anderen Seite?« klingen zwar wie negatives Denken, aber Sechser unterscheiden zwischen negativem und widerstreitendem Denken. Negatives Denken ist Ablehnung, ist Leugnung von Positivem und Gutem, während widerstreitendes Denken klärend sein kann, weil es die entgegengesetzte Seite einer Frage beleuchtet. Zwei Sechser sind vielleicht froh, daß der Partner bereit ist, schwierige Fragen aufs Tapet zu bringen. Durch Kreuzverhöre werden Zweifel beseitigt, und das Paar kommt voran.

Widerstreitendes Denken wirkt wie eine Wippe auf einem Kinderspielplatz. Wird ein Partner von Angst ergriffen, trägt das den anderen nach oben, um sich bessere Möglichkeiten auszumalen. Der Trick ist dabei, Sechser wirklich wahrzunehmen und ihre Gedanken weder einfach zu bestätigen noch als Vorstellungen des Schlimmstmöglichen abzutun. Wie die meisten Menschen fühlen sich Sechser einfach mißverstanden und ziehen sich zurück, wenn ihre Angst ins Triviale herabgezogen wird.

Sind beide Partner wegen desselben äußeren Ereignisses ängstlich, tun sie sich in einem Wir-gegen-die-Welt-Bündnis zusammen. Durch dieses gemeinsame Zweifeln kann eine folie à deux entstehen bzw. eine gemeinsame irrige Überzeugung, durch die das Problem sich hinzieht, weil die beiden einander immer wieder mit ihren Zweifeln anstecken. Ein kurzzeitiges Schwinden der Zuversicht kann sich zu katastrophalen Proportionen auswachsen. »Wenn es uns bereits jetzt angst macht, stell dir bloß vor, wie schlimm das noch werden kann!«

Auf der Plusseite macht sich ein Paar aus zwei Sechsern gegenseitig Mut. Sie ziehen unter Druck am gleichen Strang und schließen sich oft Bürgerrechtsgruppen an, die sich für ein bestimmtes Problem einsetzen. Sie können in einer unterlegenen Position, wo Zweifel durchaus angebracht sind, allerhand zuwege bringen. Wir alle kommen uns etwas machtlos vor, wenn wir Anfänger und Neulinge sind oder uns gegen eine Übermacht stellen. Sechser finden es oft leichter, sich für eine unterlegene Sache einzusetzen, als für ein eindeutig verheißungsvolles Vorhaben.

Zwei Sechser brauchen Tätigkeiten, die es ihnen erlauben, sich einer wohlbekannten Routine ohne Nachdenken zu überlassen. Beide sind vielleicht schon halb davon überzeugt, daß die Beziehung kurz vor ihrem Ende steht, aber das Programm sieht Mittagessen um zwölf vor, und wenn beide dann dort eintreffen, schmelzen die Zweifel in einem Willkommenslächeln dahin. Festgesetzte Treffen müssen sein, denn Mangel an Kontakt setzt Paranoia in Gang. Widerstreitendes Denken verschwindet mit der beständigen Rückversicherung durch die Routine.

Vergnügen ist besonders heilsam für Typen, die sich Sorgen um die Zukunft machen. Genauso wie die Perfektionisten (die Einser) mißtrauen auch die loyalen Skeptiker den Versprechungen von einer rosigen Zukunft. Dieses Paar braucht etwas, auf das es sich freuen kann – eine Reise aufs Land, einen Spaziergang im Park und kleine Vergnügungen, die schleichende Zweifel abhalten können.

Sich die Zukunft auszumalen kann ebenfalls Vergnügen bereiten. Hoffnung kann zum Handeln antreiben, und aus einem gemeinsamen Traum wächst Vertrauen. Sechser sind zwar höchst emotional, aber ihre Gefühle gelten oft geistigen Visionen. Es kann sein, daß sie ständig aneinander denken, während sie ihre eigene Motivation prüfen und sorgfältig analysieren, wie weit sie sich auf den anderen eingelassen haben. Von außen gesehen hat es vielleicht nicht den Anschein, als sei das Paar offenkundig liebevoll. Da sie sehr damit beschäftigt sind, Sinn in ihrer Beziehung zu finden, könnte es passieren, daß sie die Wirkung der körperlichen und emotionalen Anziehungskraft, die sie zusammengebracht hat, vernachlässigen. Dem Paar kommen Sexualität und Abenteuer oft wie wunderbare Nebeneffekte und nicht wie Hauptmerkmale ihrer Beziehung vor. Sie brauchen die Bestätigung eines »vergeistigten« Engagements. Sie wollen sich sicher fühlen. Sie wollen wissen, was »wirklich los ist«. Das starke Konzentriertsein auf Gewißheit und Sinn kann andere Möglichkeiten der Beziehung verdrängen. Sechser sind zwar sehr emotional, setzen jedoch ihr Vertrauen in emotionale Bande, die auf der Hingabe des Geistes beruhen.

Sechs mit Sechs: In der Arbeitsbeziehung

In der Arbeit sehen loyale Skeptiker oft überaus unterschiedlich aus. Phobische Sechser suchen einen starken Beschützer und sind dankbar, wenn andere ihnen bei Konfrontationen die Stange halten. Kontraphobische Sechser, die genausoviel Angst haben, können im Büro als Agitatoren erscheinen, weil sie diejenigen, die das Sagen haben, in Frage stellen. Die Verhaltenspalette dieses Typs ist zwar weit gefächert, aber die voreingenommene Haltung zu Autoritäten gilt für alle Sechser. Loyale Skeptiker mißtrauen der Machthierarchie, agieren dieses Mißtrauen jedoch sehr unterschiedlich aus.

Sechser-Angestellte wenden folgende Taktiken an, wenn sie mit Autoritäten zu tun haben: Phobische Sechser des selbsterhaltenden Subtyps werden sich auf Zuneigung konzentrieren, um Angst abzubauen. Anerkennung durch mächtige Leute ist von größter Wichtigkeit, und da diese Sechser auf andere zugehen, um Bestätigung zu bekommen, könnten sie leicht als Zweier durchgehen. Kontraphobische Sechser benutzen die entgegengesetzte Taktik, um mit denselben Autoritätspro-

blemen zu Rande zu kommen. Sie bekämpfen Furcht aggressiv, so daß sie vielleicht wie Achter oder Einser aussehen. Sind sie außerdem auch noch sexuelle Subtypen (Stärke/Schönheit), konzentriert sich ihre aggressive Haltung auf Einzelpersonen in Machtpositionen am Arbeitsplatz. Als Vorgesetzte müssen Sechser darauf achten, nicht übertrieben zu reagieren. Durch innere Zweifel entsteht ein Klima, in dem Bedenken von Angestellten sich wie Kritik anhören können. Die Loyalität von Sechsern ist auf Vertrauen gegründet, und als Vorgesetzte werden sie sich Angestellten bzw. Mitarbeitern gegenüber, die sich in der Vergangenheit als loyal erwiesen haben, großzügig verhalten. Sechser können sehr viel neurotisches bzw. selbstsüchtiges Verhalten ertragen, solange das Bündnis intakt bleibt. Positiv ist an einem Bündnis zwischen zwei Sechsern, daß sie einander bei Schwierigkeiten unbeirrt helfen. Negativ ist jedoch der Versuch, sich gegenseitig zu beruhigen, indem der Vorgesetzte Angst hat, den Angestellten von sich zu stoßen, und der Angestellte fürchtet, sich dem Boß entgegenzustellen. Sechser fühlen sich in der Führungstätigkeit nicht immer wohl. Sie wollen verläßliche Unterstützung von oben, und sie testen wahrscheinlich die Loyalität ihrer Angestellten. Der Test, von dem am häufigsten berichtet wird, besteht darin, daß sie ein nicht ganz eindeutiges Problem darlegen und abwarten, wer im Interesse anderer und wer aus Eigennutz handelt.
Es kann vorkommen, daß Sechser als Vorgesetzte unschlüssig zwischen Laschheit und zu großer Strenge schwanken. Lasche Sechser fühlen sich nicht wohl in Autoritätspositionen und scheinen nicht führen zu wollen. Sechser, denen der Ruf eines strengen Regiments vorauseilt, haben gewöhnlich Angst vor Infragestellungen und kontrollieren daher zu stark. Hilfreich ist, sich auf die Aufgabe zu konzentrieren, weil sie das Verhalten der Menschen zueinander bestimmt. Sowohl die lasche als auch die zu sehr auf Kontrolle bedachte Führungstätigkeit entsteht durch innere Unsicherheit. Der Vorgesetzte bauscht vielleicht die Möglichkeit der Opposition

auf und braucht Rückversicherung. Ergebnisse, zu denen es im schlimmsten Falle kommen könnte, sollten offen besprochen werden, darunter auch die Tatsache, daß die Verwirklichung einer ungefährlichen Lösung gefährlich sein kann, wenn man eigentlich reale Risiken eingehen müßte. Hilfreich ist, wenn die Möglichkeit besteht, eine bewährte Autorität hinzuzuziehen, die die Meinungen des Vorgesetzten unterstützt. Eine freundliche Stimme in der Hierarchie, verbunden mit einer realistischen Einschätzung der Hindernisse, die dem Erfolg im Wege stehen, kann befreiend sein für Sechser-Vorgesetzte, die Angst haben, ihre Ängste auszusprechen, weil sie fürchten, ängstlich zu wirken.

Zwei Sechser zusammen können das Problem des Zauderns noch vergrößern. Man kommt kaum voran, wenn die Aufmerksamkeit dauernd abschweift, um Gegenargumente noch einmal zu durchdenken. Doppeldeutige Botschaften lähmen sowohl Angestellte als auch Vorgesetzte. Sechser-Angestellte sagen, daß so unschuldige Bemerkungen wie »Wir brauchen eine Auswertung« starke Attacken von Zweifel auslösen können. Und bei Auswertungssitzungen bekommt der Chef Angst vor einer eventuell aufkommenden antiautoritären Stimmung.

Wenn man die Kommunikation ein wenig entschärft, verringern sich die massiven Projektionen, die durch doppeldeutige Informationen entstehen. Sechser reagieren positiv auf Vorgesetzte, die in angemessenem Umfang informieren und »sanfte Kommunikation« beherrschen. Hilfreich ist, wenn ein Chef sagt: »So denke ich über das Projekt«, oder wenn er modifizierende Formulierungen wie »An dem Projekt wird weitergearbeitet, und wir brauchen eine Zwischenauswertung« benutzt. Die Leitung sollte vorher Erklärungen geben, wenn von den Erwartungen der Angestellten abgewichen wird. Sechser erwarten das Schlimmste, solange sie nicht richtig informiert werden, und sie bemerken jedes Mißverhältnis zwischen den Versprechungen einer Autorität und deren Erfüllung. Vermittlungsgespräche sollten sich darauf konzentrieren, die Absichten der Leitung zu verdeutlichen, insbesondere soweit sie die Zukunft der Angestellten betreffen. Durch Vorwarnungen kann man Rebellion in der Arbeit mit loyalen Skeptikern vermeiden.

Sechs mit Sieben: Loyaler Skeptiker und Epikureer in der Liebesbeziehung

Beide Typen gehören zur Angsttriade auf der linken Seite des Diagramms, aber sie gehen mit Angst unterschiedlich um. Sechser sind deutlich unentschlossen und wirken im Vergleich zu der forsch-fröhlichen Art, mit der Siebener an Beziehungen herangehen, oft vorsichtig. Siebener zerstreuen ihre Ängste durch ein System von Absicherungsplänen und könnten unbewußt davon abhängig sein, daß die Sechs ihre tieferliegende Paranoia ausagiert. Seltsamerweise schmükken beide Typen tatsächliche Vorkommnisse durch Vorstellungen von zukünftigen Ergebnissen aus, kommen jedoch zu entgegengesetzten Schlüssen. Die positiven Vorstellungen, die Siebener von der Zukunft haben, und die Tendenz der Sechser, immer mit dem Schlimmsten zu rechnen, können beides Projektionen sein.

Es kann vorkommen, daß Epikureer die Sorgen von Sechsern als Phantasiegebilde abtun; aber wenn loyalen Skeptikern gesagt wird, sie sollen sich keine Sorgen machen, werden sie möglicherweise noch ängstlicher. Beide haben entgegengesetzte Vorstellungen von einer Beziehung: Die Sieben sieht unbegrenzte Möglichkeiten, während sich die Sechs durch Pflicht und harte Arbeit gebunden fühlt. Realitätsüberprüfung steht bei dieser Beziehung im Mittelpunkt. Ist ein Partner auf das Schlimmste gefaßt, und sieht der andere nur das Beste, können sie sich oft in der Mitte treffen. Enger Kontakt zueinander modifiziert sowohl das Ausdenken des Bestmöglichen als auch die Annahme des Schlimmstmöglichen. Tägliche Anrufe, gemeinsame Vorhaben und Fa-

milientreffen beugen dem Abgleiten in irreale Spekulationen vor.
Die Freude der Sieben an Vergnügungen ist ein Gegenmittel für die Zweifel der Sechs. Ebenso kann eine Sechs, die in schweren Zeiten treu bleibt, auf einen Partner, der vor Schmerz entsetzliche Angst hat, heilend wirken. Zu Schwierigkeiten kommt es, wenn die Sieben im Interesse größerer Freiheit die Wahrheit manipuliert. Ungereimtheiten bewirken Paranoia, und wahrscheinlich wird sich die Sechs dadurch rächen, daß sie damit droht, die Beziehung zu verlassen. Die Sieben wird von einer schwindenden Option magisch angezogen, und die nachlassende Loyalität der Sechs kann die Beziehung begehrenswerter machen.
Dieses Paar könnte Schwierigkeiten mit dem Sichfestlegen haben. Sechser wollen Garantien, bevor sie sich auf etwas einlassen, und Siebener hassen es, festgenagelt zu werden. Die Höhenflüge und zeitverschlingenden Ablenkungen einer Sieben könnte ein unsicherer Partner als Verrat deuten. Gegenseitige Rückversicherung ist für beide Seiten von Wichtigkeit. Einer Sechs muß bestätigt werden, daß die Sieben treu ist, und die Sieben braucht die Bestätigung, daß die Sechs auf Kontrolle verzichten kann. Hilfreich ist, wenn sich die Sechs mehr auf Aktionen als auf Möglichkeiten konzentrieren kann. Siebener-Pläne sind weit kunstvoller als das, was wirklich dabei herauskommt.
Die Pläne einer Sieben kommen einem vorsichtigen Sechser-Partner äußerst genußsüchtig vor. »Wo liegt die Grenze zwischen außengerichteten Interessen und Hedonismus?« Der Eindruck von Illoyalität entsteht. »Fühlst du dich der Beziehung verpflichtet oder nicht?« Fängt die Sechs an, sich in alles einzumischen, entsteht ein Teufelskreis, in dem die Sechs leidet und die Sieben fortwill. Ganz mit sich selbst beschäftigt, sieht die Sieben vielleicht nicht das aufkommende Problem und kann sich möglicherweise nicht in den Schmerz der Sechs hineinversetzen. Die Sechs scheint einfach Unruhe zu stiften und sich unnötigerweise zu beklagen. Dann denkt die

Sieben vielleicht: »Wenn ich leide, bin ich in der falschen Beziehung.« Kritik trifft den Kern ihrer positiven Grundeinstellung. »Es könnte mit mir etwas nicht in Ordnung sein, wenn ich um Hilfe bitten muß.«

Das Timing für eine feinfühlige Diskussion wird beim Umgang mit Siebenern von Wichtigkeit sein. Indirektes Vorgehen bewirkt weit mehr als eine erzwungene Diskussion. Sechser sind dafür bekannt, daß sie in ihrer Panik auf sofortigen Problemdiskussionen bestehen, um ihre Zweifel darzulegen. Epikureer aber hören vielleicht eher auf abgemilderte Klagen, verabreicht in kleinen, handhabbaren Dosen. Verängstigte Siebener werden Probleme rationalisieren und davonlaufen. Besteht jedoch keine unmittelbare Bedrohung, kommen Klagen schließlich auf den Tisch. Hilfreich ist, die Differenzen in den Rahmen des bisher bestehenden Wohlwollens zu stellen und auf das Licht am Ende des Tunnels zu verweisen. Es ist nicht konstruktiv, wenn sich die Sechs auf ein Schuldgeständnis versteift und erwartet, daß die Sieben Reue über Vergangenes zeigt.

Siebener sorgen dafür, daß das Paar vor die Tür kommt. Spaß und schöne Stunden spülen die Paranoia hinweg. Ein sonniger Nachmittag mit gemeinsamen Aktivitäten kann mehr dafür tun, einer Sechs zu zeigen, daß man zu ihr steht, als Hunderte von Gesprächsstunden. Paare, die lange zusammen sind, sagen, daß sie gelernt haben, sich in der Mitte zu treffen. Sechser haben gelernt, zwischen ihren Zweifeln und dem, was die Sieben tatsächlich tut, zu unterscheiden. Die Siebener haben gelernt, sich ihrerseits an Grundabmachungen zu halten, ohne geheime Hintertürchen einzubauen.

Sechs mit Sieben: In der Arbeitsbeziehung

Dieses Paar kann entweder das Problem des Hinauszögerns gemeinsam verschärfen, oder es kann lernen, gemeinsam Ziele anzusteuern. Beide Typen können kurzfristig ihre Meinung ändern. Sechser zweifeln, und Siebener werden durch Ideen abgelenkt. Jeder wird erwarten, daß der andere fokussiert bleibt, aber die endgültige Durchführung von Projekten kann ein fortwährendes Problem sein. Ideen werden angeschnitten und wieder vergessen. Pläne können gemacht, verändert und fallengelassen werden. Bei beiden besteht die Wahrscheinlichkeit, daß sie in endlose Gespräche und Beratungen verfallen, aber es könnten beide schwer haben, ihr Verhalten als Hinauszögern zu erkennen. Siebener sehen ihre vielen Möglichkeiten als Facetten eines einzigen Planes, und Sechser betrachten ihre Zweifel als angemessenes Problemlösen.

Beide Typen können auch in der Zukunft leben. Sechsern geht es um die Abwehr von Katastrophen, und Siebener malen sich gern Pläne aus. Ein gutes Gleichgewicht kann entstehen, wenn beide aufeinander hören. Epikureer können an Visionen festhalten, und Sechsern tut es oft gut, eine anspruchsvolle Arbeit zu übernehmen. Das Paar kann einander unterstützen, Tendenzen des Dilettantentums und des Zweifelns zu überwinden, indem Siebener auch in Schwierigkeiten konzentriert bleiben und Sechser Glauben wagen.

Als Vorgesetzte mögen es Sechser nicht, Gehorsam einflößen bzw. einfordern zu müssen, und sie werden es übelnehmen, wenn sie die Aufsicht über Angestellte haben, die sich ausweichend verhalten. Es kann passieren, daß sie übertrieben auf etwas reagieren, das sie als bewußte Respektlosigkeit seitens der Siebener-Angestellten empfinden, wobei diese sich des Problems möglicherweise gar nicht bewußt sind. Siebener ihrerseits können Neuerungen einführen, ohne zu bemerken, daß sie damit ihre Pflichten umdefinieren; wittert jedoch der Vorgesetzte ein Ausweichmanöver, baut sich Groll auf. Der Epikureer braucht vielleicht eine Explosion, um wieder auf den Boden der Tatsachen zu gelangen, wird aber nicht zugeben, böswillig gehandelt zuhaben. Sechser sind zuweilen der Meinung, umfassende Schuldgeständnisse könnten Rückfälle verhindern, aber Siebener folgen dem Geist und nicht dem Buchstaben des Gesetzes. Was anderen wie schuldhaftes Verhalten vorkommen kann, scheint ihnen mehr eine Lernerfahrung zu sein. Für dieses Duo werden festgelegte Orientierungsgespräche, bei denen beider Absichten dargelegt werden, wahrlich von Nutzen sein. Ein Sechser-Chef, der damit rechnet, betrogen zu werden, kann Machenschaften aufbauschen, und Siebener sind in der Supervision besonders aalglatt.

Siebener-Vorgesetzte delegieren gern und teilen ihre Projekte portionsweise aus. Eine Serie kurzfristiger Ziele, die sich schnell umsetzen lassen, ist weit attraktiver als das Ermüdende langfristig angelegter Pläne. Solche Vorgesetzten sind darauf angewiesen, langfristige Durchführungen an das Personal zu delegieren, könnten aber den Kurs ändern, ohne Bescheid zu sagen. Bei Unbeständigkeit der Zielorientierung sträubt sich in Sechser-Angestellten alles. Sechser, die eine Routine entwickelt haben, kommen nicht gern zur Arbeit, um festzustellen, daß die Zielpfosten in der Nacht umgestellt worden sind. Unbedeutende Dinge können schnell eine bedrohliche Bedeutung bekommen. »Die Ziele sind verändert worden, und man hat mich nicht zu Rate gezogen. Warum nicht? Werde ich fallengelassen?« Sechser sind im Grunde sehr flexibel, solange sie entsprechende Erklärungen bekommen. Wird Sechser-Angestellten bestätigt, daß ihnen ihr Job sicher ist, sind sie sehr loyal. Bei Vermittlungsgesprächen kommt es darauf an, daß sich jeder in den Standpunkt des anderen hineinversetzt. Sechser können lernen, leichter in Aktion zu treten, und Siebener können lernen, etwas zu Ende zu bringen, ohne Angst zu bekommen.

Sechs mit Acht: Loyaler Skeptiker und Boß in der Liebesbeziehung

Achter – Männer wie Frauen – sind aktiv in der Phase der Werbung, die viel dazu beiträgt, Zweifel der Sechser zu beseitigen. Achter finden Sicherheit, indem sie Verantwortung übernehmen und Schutz bieten, und das wiederum paßt ausgezeichnet zu den Unsicherheiten der Sechs. Von der Aufgabe befreit, Beziehungen ankurbeln zu müssen, kommen Sechser in die für sie ungefährlichere Situation, sich begehrt und gebraucht zu fühlen. Achter sind erfrischend selbstsicher hinsichtlich ihrer Sexualität und hinsichtlich der Erfolge, die sie anstreben. Diese Selbstsicherheit kann auf Typen wie Sechser befreiend wirken, die sich in sich selbst zurückziehen und angesichts von Vergnügen ein schlechtes Gewissen bekommen.

Hier handelt es sich eher um eine Begegnung von Körper und Geist als um romantische Empfindungen. Beide Partner haben eine Aversion gegen »überschwengliche Sentimentalität«. Liebreizende Unterstützung, die durchaus gut gemeint sein kann, wird Typen, die die Welt als gefährlich wahrnehmen, als unecht erscheinen. Hingabe findet ihren Ausdruck in Körperlichkeit und Ideen, nicht in zarten Andeutungen. Taten und Anregungen zählen mehr als das Hegen zärtlicher Gefühle. Vertrauen entsteht vorwiegend durch Beobachtung. Man sieht, der Partner tut etwas für andere.

Beide Typen sind auf Widrigkeiten gefaßt und halten in schwierigen Zeiten zusammen. Phobische Sechser unterstützen ihre Achter-Partner loyal. Kontraphobische Sechser, die gegen Angst ankämpfen, stehen Schulter an Schulter. Hervorragendes Zusammenspiel findet statt, wo die überlebensgroße Acht sich auf den Rat der mehr mentalen und strategischen Sechs verläßt. Sechser können abwarten, statt vorzupreschen und die Sache in die Hand zu nehmen; sie können komplizierte Motivationen erkennen, und was potentielle Auswirkungen angeht, sind sie weit vorsichtiger. Mit gutem Rat ausgerüstet, können Achter Berge versetzen. Sie schätzen Loyalität, und Sechser sind in Notzeiten ungewöhnlich loyal. Sechser legen Wert auf Stärke, und Achter sind am entschlossensten, wenn man sie herausfordert.

In der typischen Konstellation hat die Acht die Macht, und die Sechs leistet Unterstützung. Achter wollen Taten, und Sechser fühlen sich in der geschützteren Rolle wohler. Die Situation ändert sich in dramatischer Weise, wenn sie keine Barrikade zu erstürmen haben. Bei all ihrem Draufgängertum fällt es Achtern leichter, das Leben herauszufordern bzw. andere bei ihrem Vorstoß zu unterstützen, als in sich selbst nach einem persönlichen Ziel zu suchen. Ohne klaren Anlaß zum Handeln beginnen Achter im Leerlauf dahinzurollen, Schwierigkeiten zu bereiten oder Sechser-Vorhaben zu unterstützen. Achter sind gute Helfer, wenn sie gewillt sind, eine entsprechende unterstützende Haltung einzunehmen. Aber sie können Partnern auf den Geist gehen, wenn sie die Verantwortung für deren Leben übernehmen, anstatt etwas für die Verbesserung ihres eigenen zu tun.

Sechser werden versuchen, gegen massiven Selbstzweifel anzugehen, zuweilen ermutigt und zuweilen beleidigt und zum Handeln angestachelt durch die Acht. Bosse sind Beschützer, und loyale Skeptiker wollen Schutz. Aber bei Sechsern kann es rasch passieren, daß sie in der Acht nicht mehr den Beschützer, sondern einen Tyrannen sehen. Aus der Sicht der Acht besteht auch nur eine schmale Trennlinie zwischen der Vorstellung, daß Sechser Schutz verdienen, und der, daß sie Schwächlinge sind, die nicht für sich selbst einstehen können. Sechser brauchen dauernd Bestätigung, und dadurch erscheinen sie Achtern schwach, denn die leugnen ihre eigene Schwäche. Achter reagieren besonders unwillig auf Zweifel und Schwanken, denn das erweckt den Eindruck von Schwäche und Unwahrhaftigkeit. »Warum kannst du dich denn nicht entschließen?« – »Stehst du dafür ein oder tust du nur so?«

Wenn der Achter-Partner auf die Wahrheit drängt oder die Beziehung wieder in Gang bringen möchte, kann er strafend werden und das Schlimmste sagen. Mit einem nun scheinbar anmaßenden und möglicherweise gefährlichen Partner konfrontiert, entzündet sich die Phantasie der Sechs, und das Scheidungsgericht scheint nicht weit. Schließlich steht sie mit dem Rücken zur Wand und wird, ob phobisch oder kontraphobisch, kämpfen, wenn sie sich in die Enge getrieben fühlt. Bei dieser Auseinandersetzung geht es eigentlich um Macht.

Die Acht kann die Kontrolle erst abgeben, wenn der Partner stark und vertrauenswürdig wirkt, und die Sechs kann sich erst dann wirklich einlassen, wenn die Acht nicht mehr so gefährlich aussieht.
Paradoxerweise können manche schrecklichen Auseinandersetzungen in dieser Beziehung positive Auswirkungen haben. Die Sechs wird zu furchterregenden Wutausbrüchen gebracht, sagt das Schlimmste und überlebt. Jetzt ist es heraus. Die verängstigte Sechs ist unter Druck gesetzt worden, bis sie die notwendigen Grenzen zog. Die Acht erkennt die Grenzen und braucht nicht weiter auf die Wahrheit zu drängen.

Sechs mit Acht: In der Arbeitsbeziehung

Unter Druck neigt die Acht dazu, vorwärtszustürmen, die Situation mit Energie zu bombardieren und so schnell wie möglich das Steuer an sich zu reißen. Die Sechs neigt dazu, zurückzuweichen und die Konsequenzen zu bedenken. Das verbreitert die Kluft zwischen den Geschäftsstilen beider Partner. Achter halten die Opposition möglichst klein und schieben die Grenzen möglichst weit hinaus. Es sieht so aus, als stehe einem nichts von Bedeutung im Wege, und außerdem sieht Inaktivität gefährlich nach Schwäche aus. Sechser tun genau das Gegenteil davon. Die Phantasie bauscht die Macht der Opposition und damit auch die negativen Folgen unbesonnener Aktionen der Achter auf. Plötzlich scheinen Achter eher das Problem als eine mögliche Hilfe zu sein.
Sechser als Vorgesetzte müssen von Anfang an das Kommando übernehmen. Sechser sind beeindruckt von der Willensstärke und der Zähigkeit, die Achter angesichts von Schwierigkeiten auszeichnen. Dieselben Eigenschaften ängstigen sie, wenn Achter-Angestellte sich geneigt zeigen, Regeln zu unterlaufen und Prioritäten so zu verändern, wie es ihnen entgegenkommt; und besonders dann, wenn diese Achter gern

streiten und sich rechtfertigen, oft unter dem Vorwand, mit ihrem Handeln das System zu verbessern.
Die Sechs sitzt in der Klemme zwischen Eingeschüchtertsein und dem Wunsch, gemocht zu werden, und wird die Acht entweder feuern oder die Situation durch Überkompensation wieder unter Kontrolle bringen wollen. Zermürbt durch einen Machtkampf, ist es leichter, einen Angestellten loszuwerden, als ständig darauf zu achten, was hinter dem eigenen Rücken geschieht. Die ambivalente Haltung der Sechs gegenüber Autoritäten wird auf die Acht projiziert, die nun so aussieht, als sei sie zum Schlimmsten fähig. Die schmutzigen Tricks, die enttäuschte Angestellte anwenden können, kommen ins Gedächtnis. Die Sechs macht sich Sorgen, daß bei Vorgesetzten oder Aktionären Klagen vorgebracht werden könnten oder daß es zu Rechtsstreitigkeiten oder falschen Faktendarstellungen kommen könnte. Da sie Streitigkeiten nicht mag, wird die Sechs entweder nachgeben oder den potentiellen Unruhestifter loswerden wollen. Aller Wahrscheinlichkeit nach wird sie zwischen einer nichts erzwingenden Haltung und dem Festnageln der Acht auf ihre Übertretungen hin und her schwanken. Klare Grenzen und Konfrontationen beruhigen Achter-Angestellte. Sie betrachten das Durchsetzen von Regeln als kompetente Führungstätigkeit.
Sichere Achter als Vorgesetzte sehen sich in einer Position, in der sie die Oberhand haben. Sie breiten oft den Mantel der Macht und des Schutzes über »ihre« Leute aus, und das vermindert bei Sechsern den Zweifel. Achter als Vorgesetzte können auch Tyrannen am Arbeitsplatz werden, und das treibt Angsttypen in den Kampf oder in die Flucht. Sechser-Angestellte könnten versuchen, schlechte Nachrichten zu frisieren, oder sich Weisen zurechtlegen, wie sie der Aufmerksamkeit des Chefs entgehen. Warum soll man sich dem Beschuß aussetzen, wenn Ausweichen leichter ist? Es kann zu Krisen kommen, wenn Sechser sich verstecken und Achter nachsetzen. Sechser erleben Achter als kontrollierend, und Achter denken, Sechser entzögen sich der Kontrolle.

Achter als Vorgesetzte sollten erkennen, wie ihr machtbetontes Auftreten auf andere wirkt. Wenn möglich, sollten sie persönliche Besprechungen ansetzen, wo die Angestellten reden können. Sechser haben ausgezeichnete Ideen, die oft mit Zweifeln verbunden sind. Achter können Zweifel durchschauen und den Ideen zum Durchbruch verhelfen.

Sechs mit Neun: Loyaler Skeptiker und Vermittler in der Liebesbeziehung

Neuner wirken häufig gelassen und beruhigend. Als käme man nach einem schweren Tag in eine freundliche Umgebung, wo man sich entspannen kann, weil man sich angenommen fühlt. Es ist üblich, daß die Neun die Rolle des Trösters innehat, weil die Sechs die Ängste des Paares trägt und artikuliert. Das unruhige Hin und Her der Sechs zwischen Sicheinlassen und Zweifel ist Neunern sehr vertraut, denn auch sie haben Schwierigkeiten, sich auf einen Handlungsablauf festzulegen. Das Paar hat eine wichtige gemeinsame Linie im Diagramm, die es beiden erleichtert, die Plätze zu wechseln. Neuner im Streß wirken wie eine aufgescheuchte Sechs. Es sieht aus wie das kalte Grauen, und Sechser reagieren darauf mit Sympathie.
Beide Partner haben Mühe, in Aktion zu treten, und beiden fällt es leichter, im Namen eines anderen zu handeln als für sich selbst. Folglich kann dies entweder eine Partnerschaft sein, wo einer den anderen unterstützt, oder aber ein ständiger Kampf darum, »wer anfängt«. Es wird wichtig sein, daß jeder seine persönlichen Ziele bestimmt, statt darauf zu warten, daß der andere die Führung übernimmt. Neuner gehen auf im Standpunkt eines Partners, und Sechser können in ihrer Unterstützung ungewöhnlich loyal sein. Die Kehrseite dieser Loyalität und dieses Aufgehens im anderen ist jedoch mangelnde Initiative.
Dem Diagramm zufolge trifft sich dieses Paar in der Dreier-Position, und das bedeutet, daß jeder der beiden Emotionen

unterdrücken kann, wenn er in Aktion tritt. Neuner, die ihre Gefühle vergessen, sind so empfindungslos, daß sie eine Liebesaffäre auf Automatik laufen lassen können, und für eine Sechs im Streß ist es typisch, zu handeln, ohne zu fühlen. Wenn Sechser ihre Beziehungen in Frage stellen, blenden sie ihre Gefühle aus und beschränken sich auf bedingtes Engagement. Sie bleiben dann in der Beziehung, »bis wir sehen, ob es klappt«.

Auf der Plusseite der Begegnung in der Dreier-Position steht oft ein lebhaftes Paar. Neuner sind nicht mehr zu bremsen, wenn sie erst einmal in Gang sind, und sie lieben es, den Leistungsmenschen in sich zu entdecken. Für Sechser beseitigt Tätigkeit Zweifel, so daß sie Erfolg als ungefährlich empfinden können. Eine Begegnung in der Dreier-Position kann bewirken, daß beide Partner sich voll einbringen, besonders wenn sie nicht das Programm vollpacken, um einfach nur Gefühle abzublocken.

Jeder wird versuchen, Wut zu vermeiden, obwohl Sechser den passiven Ärger von Neunern als weniger bedrohlich empfinden als den kritischen Zorn von Einsern oder die in regelmäßigen Abständen auftretenden Wutanfälle von Achtern. Eine wütende Neun wirkt eher stur als gefährlich, und das reduziert die Angst der Sechs vor einem Angriff. Es kann eine stillschweigende Einigkeit entstehen, keine Konflikte aufkommen zu lassen. Dadurch wird entweder die Spannung zwischen beiden vermindert, oder die Energie fließt nur noch in ungefährliche Routine ein. Dieses Paar muß lernen, das Risiko einzugehen, zornig zu sein, statt seine Energie durch unwesentliche Dinge zu drosseln. Neuner finden einen Standpunkt, wenn sie wütend sind, und Wut ist oft der verborgene Grund für die Ängste einer Sechs.

Eine Sechs fühlt sich beunruhigt, wenn die Neun inaktiv wird. Nichttun nährt Zweifel, und Sechser machen sich Sorgen, die Beziehung könnte steckenbleiben. In einer typischen Wechselwirkung spornt eine zweifelnde Sechs die Neun an, sich mehr anzustrengen. Die Botschaft lautet: »Komm in Bewe-

gung und hör auf, dich auszuklinken«, aber Neuner verschanzen sich hinter Untätigkeit, wenn sie sich gedrängt fühlen. Beim größten Tief verbindet sich die Unentschlossenheit der Neun mit dem Zweifel der Sechs. Die Partner können sich nicht auf Ziele zubewegen, und jeder sieht in dem anderen den Grund für das gemeinsame Zaudern. »Fang du an« und »Warum sollte ich mich ändern, wenn du dich nicht bemühst?« sind Signale ihrer Not. Jeder der beiden kann seine Liebe Bedingungen unterwerfen, wenn er sich für eine Weile nicht festlegen will. Die Sechs legt sich vielleicht unter gewissen Konditionen fest wie: »Um unseren Eltern einen Gefallen zu tun.« Oder: »Bis unsere Karrieren laufen.« Es kann passieren, daß Neuner bis ultimo unschlüssig bleiben und sich fragen: »Sollte ich bleiben oder nicht?« – »Will ich das hier wirklich?« Seltsamerweise kann es geschehen, daß beide die Tiefe ihrer Gefühle füreinander jahrelang übersehen, bis sie endgültig feststellen, daß sie sich eigentlich lieben.
Beginnt einer der beiden Partner zu handeln, beendet das die Pattsituation hinsichtlich der Frage, wer den ersten Schritt machen sollte. Tätig zu sein ist unendlich heilsam für beide Typen, besonders wenn jeder eigene Ziele verfolgen kann und nicht darauf besteht, daß der andere mitmacht. Durch Tätigsein überwinden Neuner Trägheit, und realer Fortschritt mildert die Ängste einer Sechs.

Sechs mit Neun: In der Arbeitsbeziehung

Beruflich trifft sich diese Partnerschaft gewöhnlich in der Drei, der Position unseres amerikanischen Firmenideals. Neuner nehmen ganz selbstverständlich den Stil der Leistungsmenschen an, wenn sie sich in Sicherheit fühlen, und sie fühlen sich oft zu einem Erfolgsimage nach Dreier-Art hingezogen. Sechser zweifeln ihre Leistungen an, werden sich aber, wie jede kompetente Person, aufraffen und fachlichen Anforderungen gerecht werden. Es ist durchaus möglich, daß sich beide zuviel aufladen. Neuner haben Schwierigkeiten, nein zu sagen, und werden durch Details abgelenkt, während Sechser Schwierigkeiten haben, die Kontinuität der Produktion zu erhalten, und dadurch vielleicht hinter dem Zeitplan bleiben.

Sechser als Vorgesetzte sollten nie in die Isolation geraten. Die beste Medizin gegen Zweifel ist ständiger Kontakt mit den Angestellten. Sechser machen Zeiten durch, in denen sie den Glauben an das Produkt, das Projekt und die ganze Hierarchie verlieren, aber sie können noch gut leiten, wenn sie verläßliches Feedback bekommen. Durch stimmiges Feedback verschwindet die Angst, besonders wenn der Vorgesetzte in regelmäßigen Abständen freie Zeit bekommt, um neu zu erwägen und nachzudenken. Zeit zum Besprechen von Zweifeln im Verein mit Mitarbeitern, die den Zeitplan einhalten, bringt die Führungsqualitäten einer Sechs zur Geltung.

Neuner als Angestellte passen ihre Energie an die Erfordernisse einer Aufgabe an. Läßt die Energie jedoch nach, verfallen sie oft in eine Pro-Forma-Routine. Da Sechser ungewöhnlich empfindsam auf Widersetzlichkeit reagieren, könnten sie als Vorgesetzte einen Mangel an Initiative von Neunern als bewußte Sabotage betrachten. Erklärungen wie »Dafür war ich nicht verantwortlich« oder »Ich hatte keine Zeit« bringen Sechser-Vorgesetzte auf die Palme. Sie machen aus der Sache einen Streitfall, wenn ihr Argwohn erwacht und das passive Ausweichen der Neun den Verdacht aufkommen läßt, daß sie etwas im Schilde führt. Beide Typen kommen gewöhnlich bei Ablauf der Frist zu Rettungsaktionen in allerletzter Minute in Gang. Die Trägheit der Neun und die Zweifel der Sechs können eine tödliche Kombination bewirken, besonders dann, wenn jeder glaubt, der andere trage die Verantwortung für die resultierende Verlangsamung. Konfliktgespräche sollten die Höhepunkte zurückliegender Projekte in den Blick nehmen. Neuner können etwas leisten, wenn sie sich akzeptiert fühlen, und ein positiver Rahmen mildert die Zweifel von Sechsern.

Es könnte nötig sein, die üblichen Arbeitsanreize, wie Prämien oder Anerkennungen, spezifisch zu gestalten. Keiner der beiden mag eine Situation, in der man nur gewinnen oder verlieren kann, und in der man mit Leuten im selben Büro konkurrieren muß. Zwar wollen Neuner handfeste Belohnungen für Bemühungen, aber sie gedeihen nicht in einer Konkurrenzatmosphäre, und die Leistung einer Sechs könnte nach einem öffentlichen Sieg sogar völlig abstürzen. Ein guter Anreiz für Sechser liegt in langfristigen Vorteilen. Da sich viele ihrer Ängste auf die Zukunft beziehen, sind sie für einen sicheren Arbeitsplatz besonders dankbar. Ein guter Anreiz für Neuner wäre ungeforderte Anerkennung, denn das rettet sie davor, sich selbst ins Spiel bringen zu müssen. Als Vorgesetzte versuchen Neuner, Konflikte zu vermeiden, und diese Strategie kann Sechsern angst machen. Da Sechser-Angestellte bereits mißtrauisch gegen Autoritäten sind, könnten sie die mehrdeutige Loyalität ihres Chefs als Vertrauensbruch auslegen. Neuner wollen bei Differenzen gern schlichten. Das bedeutet oft, jeden einzelnen anzuhören und sich jedem zu widmen. Dieser Stil treibt Sechser in die Alternative: streiten oder flüchten. Eine kämpfende Sechs nimmt Inkonsequenz wahr und will wissen: »Auf welcher Seite stehst du?« Eine flüchtende Sechs zweifelt an der Zukunft. »Warum also hierbleiben?« Der strukturierte Führungsstil von Neunern bietet hier eine Möglichkeit zur Intervention. Neuner entwickeln verfahrensorientierte Systeme, die von selbst zu laufen scheinen. Neuner-Organisationen sind neutral, methodisch und sicher – genau die richtige Art Zuflucht, um die Zukunftsängste von Sechsern zu dämpfen. Haben sich Neuner-Vorgesetzte erst einmal auf ein Ziel festgelegt, implementieren sie in berechenbarer Weise und ohne Konkurrenzdenken, und dadurch entsteht eine Atmosphäre der Gewißheit. Lang andauernde Partnerschaften zwischen Sechsern und Neunern kommen häufig vor. In der Konstellation, von der am häufigsten berichtet wird, bringt die Sechs Ideen hervor, die die eher praktisch veranlagte Neun dann zu einem Produkt oder einer Dienstleistung gestaltet.

Sieben mit Sieben: Zwei Epikureer in der Liebesbeziehung

Wenn Epikureer eine Wunschliste über ihren Idealpartner aufstellen, wählen sie dieselben Charakterzüge, die sie bei sich sehen. Sie wollen eine Beziehung mit jemandem, der »energiegeladen, unabhängig, optimistisch, erfolgreich und abenteuerlustig« ist, alles Eigenschaften, die sie auch sich selbst zuschreiben. Siebener scheinen ein Spiegelbild als Partner haben zu wollen. Jemanden, der auf den Lieblingswanderwegen der Siebener wandert, der in Filme mitkommt, die sie sich ansehen wollen, und der sich meldet, um die Lieblingsprojekte von Siebenern zu organisieren. Wahrscheinlich aus diesem Grunde tun sich zwei Siebener gewöhnlich als Spielgefährten und Vertraute zusammen, lassen sich jedoch selten auf dauerhafte Beziehungen ein.

Der Umgang mit einer idealisierten Version von sich selbst scheint eher nicht die Tiefe bzw. die Substanz oder die achtbare Opposition hervorzubringen, die zu einer dauerhaften festen Beziehung führt. Siebener gehen Beziehungen mit allen Vertretern des Enneagramms ein, und bezeichnenderweise trifft man sie eher mit Partnern an, die in dramatischer Weise anders sind als sie, als mit Leuten, die ihr Spiegelbild darstellen. Faszination und Abenteuerlust verlocken Siebener anscheinend dazu, auf mehreren Hochzeiten zu tanzen, wenn der Reiz des Neuen erst einmal verflogen ist.

Die Hochs von Epikureern sind spektakulär. Was könnte besser sein als ein guter Kamerad in einem Leben voller Gelegenheiten? Das Gefühl ist: »Wir können alles haben.« Als besitze man einen imaginären Jet. Man könnte irgendwo auf dem Planeten landen und immer weiter fliegen. Eine Sieben aus Kalifornien, von ihrem Mann Blondie genannt, hat an ihrem BMW das Nummernschild »Alles jetzt sofort«. Siebener gelten als die spontansten aller Typen. Sie wollen alles, und sie wollen es auf der Stelle mit einem interessanten Gefährten teilen. Das Positive an dieser Beziehung zeigt sich, wenn zwei op-

timistische und attraktive Menschen feststellen, daß sie denjenigen getroffen haben, der ihnen gewachsen ist.
Die Tiefs fallen dem Paar vielleicht gar nicht auf. Schwierigkeiten zu vertuschen wird nicht unbedingt als dysfunktional empfunden. Was ist denn so schlimm am Parallelspiel? Die beiden sind sich darin einig, daß Spontaneität und Handlungsfreiheit eine gesunde Beziehung aufrechterhalten. Bei der Beschreibung ihrer Beziehungen benutzen Siebener Worte wie »berechenbar« und »ständig« fast wie Synonyme von »langweilig« und »festgefahren«. Die Angst vor dem Festfahren kann zu raffinierten Neudefinitionen des Konzepts von einer festen Beziehung führen. Vor kurzem hörte ich von einem monogamen Paar aus zwei Siebenern, die über fünfzehn Jahre lang in getrennten Appartments wohnten, sich aber täglich trafen. Schließlich kauften sie sich dann aber doch gemeinsam ein Haus und berichteten lachend: »Das ist wie für uns gemacht. Wir haben es renovieren lassen, und es hat jetzt Eigentumswohnungen mit eigenen Türklingeln und Ausgängen, falls es uns langweilig werden sollte.«
Langeweile kann in der Tat ein Deckname für panische Angst sein. Die Angst, »wegen eines einzigen Menschen die ganze Welt zu verlieren«. Siebener schrecken vor Einschränkungen zurück. »Nur eine Beziehung? Soll das alles sein, was ich je bekomme?« Sich an einen zu binden heißt, auf viele andere zu verzichten. Man ist ja eingesperrt, wenn man sich festgelegt hat. Man kann nicht gehen, wenn's Schwierigkeiten gibt. Da Siebener nicht an die ernüchternde Wirkung tiefer Emotionen gewöhnt sind, sind sie sich stillschweigend darin einig, alles auf die leichte Schulter zu nehmen. Hilfreich ist, wenn einer der Partner die Beschränkung erkennt, die darin liegt, Beschränkungen aus dem Wege gehen zu wollen, und er anfängt, sich dem gesamten Zyklus von Vergnügen, Traurigkeit, Freude und Schmerz auszusetzen.

Sieben mit Sieben: In der Arbeitsbeziehung

Der Erfolg dieses Paares wird von richtiger Positionierung abhängen. Kurzfristige, tempogeladene Projekte sind sicherer als das Risiko einer Kursabweichung während langfristiger Pläne. Anfangen ist leicht, aber Durchziehen ist schwer. Es ist weise, Ziele als eine Aufeinanderfolge unabhängiger Aufgaben zu betrachten, die keine fortgesetzte Führungstätigkeit erforderlich machen. Siebener lernen schnell durch Tun. Am effizientesten sind sie in neuen Situationen oder wenn sie planen und dann delegieren können. Es kann ein Desaster werden, wenn sie die Verantwortung für die Durchführung bis zum Ende tragen sollen. Jede gute Idee bringt sofort Gedankenabschweifungen mit Assoziationen im Überfluß: »Seht euch doch mal all diese Verästelungen an!« »Denk nur, wohin das führen kann!« Solche verführerischen Gedankenzusammenhänge können genauso ansprechend sein wie das ursprüngliche Konzept. Wollen zwei Siebener neue Herangehensweisen ausprobieren, wird die Vielfalt der bestehenden Möglichkeiten die beiden entweder zu einer einfallsreichen Zusammenarbeit bringen oder aber auseinanderbringen, und jeder geht seinen persönlichen Vorstellungen nach.

Die meisten Partnerschaften, die aus zwei Siebenern bestehen, bleiben im Gleichgewicht, wenn jeder der beiden Zugang zu den Eigenschaften seiner Flügelpunkte und zu seinen unterschiedlichen Reaktionsweisen bei Sicherheit und Risiko hat. Man fände z. B. wahrscheinlich keine zwei Siebener, die in ihrem Beruf leistungsfähig bleiben könnten, indem sie von Möglichkeit zu Möglichkeit hüpfen. Siebener können im Wettbewerb nach Achter-Art zielstrebig und aggressiv sein, besonders wenn ihr Empfinden, daß ihnen etwas zusteht, in Frage gestellt wird. Sie können auch wie verängstigte Sechser aussehen, wenn ihre Möglichkeiten zunichte werden. Siebener, die zu ihrem Sicherheitspunkt der Fünf neigen, könnten sich durchaus in eine selbstgenügsame Einsamkeit zurückziehen, die der anderen Sieben die Gelegenheit gibt, das Geschäft allein zu führen. Jedoch unter all den einmaligen Siebener-Persönlichkeiten wird das Zusammenspiel dann am schwierigsten, wenn einer der Partner dem Perfektionismus der Eins zuneigt. Kritik ist für Siebener eine Achillesferse, weil sie ihr positives Selbstbild in Frage stellt. Wenn die eigene Zukunft dadurch gesichert wird, daß man die unebenen Stellen der Wirklichkeit mit Planungen ausfüllt, zerstört Kritik das Gemisch aus Phantasie und Tatsachen. Jeder der beiden glaubt möglicherweise, auf mehr Anspruch zu haben, als er wirklich verdient. Eine Sieben als Angestellte erhebt Anspruch auf bessere Versicherungsleistungen, und eine Sieben als Vorgesetzter erhebt Anspruch auf Freizeit. »Ich will mehr« kann leicht zu »mir steht mehr zu« werden. »Ich habe mehr verdient, als ich bekomme, und ich verdiene es nicht, mir Sorgen darüber zu machen, wieviel es kostet.« Siebener verschieben Wunschbefriedigungen nicht gern auf später, und der Gedanke an die erwartete Fülle kann es rechtfertigen, sich seinen Anteil gleich jetzt zu nehmen. Dieses Team hätte es sehr schwer, Operationen zu beschleunigen oder Ressourcen zu konsolidieren. Wenn es da vorn um die Ecke mehr gibt, warum dann mit weniger auskommen? Siebener planen lieber neue Vorgehensweisen oder nehmen weitere Systeme in Angriff, als daß sie Abstriche machen. Pläne können in schwierigen Zeiten tempogeladener und komplizierter werden.

Siebener als Vorgesetzte schaffen gern Neues und delegieren gern. Wenn sie weise sind, finden sie jemanden, der gut in Details ist, um Pläne bis zum Ende zu verfolgen. Sind sie es jedoch nicht, tun sie womöglich Prioritäten als Details ab, und Details können warten. Ist die Aufmerksamkeit erst einmal von einer Idee gefangengenommen, verschwimmen die Probleme der Aktualisierung dieser Idee. Die entscheidende Sache der Durchführung an eine Sieben zu delegieren, verkompliziert die Verwirrung noch, besonders wenn der Vorgesetzte delegiert, dann verschwindet und die Durchführung den Mitarbeitern überläßt.

Als Angestellte ebnen Siebener gern Autoritäten ein. Sie sind ihren Kollegen gegenüber gefällig und freunden sich durch

persönlichen Charme und die Entdeckung gemeinsamer Interessen mit der Leitung an. Siebener haben ein sonniges Gemüt. Der Tagesanfang ist immer gut, mag das Wetter sein, wie es will. Wenn sich einer von beiden auf die Arbeit konzentriert und Freude an ihr hat, bleibt der andere wahrscheinlich weiterhin begeistert. Arbeit ist schön, solange sie interessant ist, doch wenn der Vorgesetzte ausschert, macht der Angestellte es nach.
Die Kontroverse zwischen zwei Siebenern, von der am häufigsten berichtet wird, hat mit aufgebauschten Erwartungen zu tun. Sie hatten mehr erwartet, als sie bekamen, gewöhnlich infolge schlechter Kommunikation. Vermittlungsgespräche sollten sich darauf konzentrieren, zwischen Ideen und Tatsachen zu unterscheiden. Eindeutigkeit ist hilfreich, damit direkte Anweisungen nicht als Vorschläge aufgefaßt werden und lautes Denken nicht als Tatsache mißverstanden wird. Probleme wird es bei der Übermittlung von negativem Feedback an zwei Siebener geben, die sich keinem Schmerz aussetzen wollen. Hilfreich ist, Verhandlungen im Geiste einer besseren Kommunikation zu strukturieren, statt auf Fehlentscheidungen herumzureiten. Die meisten Siebener geraten in Wut, wenn ihr positives Selbstbild angezweifelt wird, und sie werden versuchen, Kritik mit einer Flut von Ausreden abzubiegen. Hilfreich ist, wenn ein Irrtum im Zusammenhang mit einem Neubeginn betrachtet werden kann. Dann können die beiden erkennen, was jetzt nötig ist, und weitermachen, ohne sich bei Vergangenem aufzuhalten.

Sieben mit Acht: Epikureer und Boß in der Liebesbeziehung

In dieser Beziehung steckt gewöhnlich viel Lebenselixier. Das Enneagramm positioniert das Paar als Flügelpunkte zueinander, und dadurch kann ein Gemisch aus Wollust und Unersättlichkeit entstehen, das als »Vergnügungssucht« bekannt ist. Es ist eine energetisch vielversprechende Verbindung für kreative Unterhaltung, guten Sex und Abenteuer. Beide Typen spielen gern mit vollem Einsatz und haben relativ wenig Schuldgefühle. Sie sind sich selbst, nicht anderen gegenüber Rechenschaft schuldig, und das Wort »sollte« können sie beide nicht leiden.

Unabhängigkeit auf beiden Seiten muß sein. Bosse machen und brechen gern Regeln, und für Epikureer sind Dogmen der Tod. Beide sind der Meinung, daß jeder für sich selbst einsteht, und Selbstausdruck ist beiden oft wichtiger als persönliche Weiterentwicklung. Typischerweise wird sich zwischen ihnen eine stillschweigende Vereinbarung herausbilden, in der jeder Zeit und Raum hat, persönlichen Interessen nachzugehen, ohne beim anderen Anstoß zu erregen. Beide erwarten Unterstützung eher von sich selbst als von jemand anderem, und beide ziehen sich bezeichnenderweise zurück, um ihre Wunden zu lecken, wenn ihre Gefühle verletzt worden sind. Achter sagen oft, sie würden lieber sterben als zuzugeben: »Du hast meine Gefühle verletzt«, und Siebener wenden sich neuen Möglichkeiten zu, um sich gegen Schmerz zu wehren.

Es kann zu einem Machtkampf kommen, in dem die Acht versucht, die Aktivitäten der Sieben einzuschränken. In diesem Muster versucht der Boß, das Programm zu kontrollieren, und der Epikureer bringt Ausreden vor. »Vielleicht könnten wir uns zum Mittagessen treffen«, kann entweder als Möglichkeit oder als feste Zusage gedeutet werden, und sollte das Essen nicht stattfinden, will eine enttäuschte Acht jemanden haben, dem sie das vorwerfen kann. In Krisen geht es dann um die feine Trennlinie zwischen einer guten Ausrede und einer Lüge. Erklärungen klingen für Bosse, denen es um die Wahrheit geht, wie Lügen. Durchmangelnden Kontakt frustriert, setzen sie wahrscheinlich nach und suchen der Sieben ein vollständiges Geständnis abzuringen. Achter übernehmen die Kontrolle, wenn sie sich bedroht fühlen, aber Siebener sind schwer festzunageln.

Ein Zugehen auf eine feste Beziehung kann die Sieben stressen, die daraufhin ein kritisches Einser-Verhalten an den Tag legt. Statt zerstörend zu wirken, belebt ein guter Streit für Achter oft Beziehungen, und für Siebener kann Wut ein Maßstab für ihr wachsendes Engagement in der Beziehung sein. Siebenern fällt es leichter zu gehen, als zu bleiben und Kompromisse einzugehen. Warum Schmerzen aushalten, wenn es die Sache nicht wert ist? Warum standhalten und kämpfen, wenn die Beziehung einem nicht wirklich wichtig ist?

Gestreßte Achter ziehen sich in die Fünfer-Position zurück, um nachzudenken, alles noch einmal zu überlegen und ihre Wunden heilen zu lassen. In solchen Zeiten geht von verschlossenen Türen ein deutliches »Stör mich nicht« aus. Achter sagen aber auch, daß sie die Abgeschiedenheit ihrer Privatsphäre sogar dann lieben, wenn sie nicht unter Streß stehen.

Im Diagramm trifft sich das Paar in der Fünfer-Position, weil der Rückzug einer Acht in die Abgeschiedenheit mit dem Entspannen der Sieben in Fünfer-Richtung bei Sicherheit zusammenfällt. Siebener am Sicherheitspunkt sind nicht wie verrückt aktiv. Ihre weniger wichtigen Optionen sind verschwunden, und sie wenden sich oft dem Heim zu. Diese Zeiten gemeinsamer Ruhe stellen den Seelenfrieden des Paares wieder her, jedoch oft auf Kosten emotionaler Einsicht. Durch ihre gemeinsame Fünfer-Tendenz werden sie verlockt, sich von Schwierigkeiten abzukoppeln, anstatt sich mit ihnen auseinanderzusetzen. Jeder kann »vergessen« und ohne weiteres auf die Anstrengung verzichten, sich hinzusetzen, um miteinander zu sprechen und sich gegenseitig zu vergeben. Durch eine Beilegung dieser Art entsteht ein Zyklus der Verleugnung, in dem dasselbe Problem in regelmäßigen Abständen wiederkehrt. Es ist ein Zeichen von hoher Entwicklung, wenn einer von ihnen in der Lage ist, die Leugnung der Schwierigkeiten zu durchschauen, und dann behutsam das Gespräch aufnimmt, um das Problem zu lösen, statt es zu leugnen und zu vergessen. Vom Standpunkt des Enneagramms lösen Siebener und Achter aller Wahrscheinlichkeit nach ihre Differenzen am ehesten dann, wenn sie sich in den vertrauten Verhaltensweisen des jeweiligen Flügelpunkts befinden. Daß sich ihre »Vergnügungssucht« grundsätzlich miteinander verträgt, kann die lautstarken Zusammenstöße dämpfen, zu denen es kommt, wenn der Narzißmus einer Sieben auf eine strafende Acht trifft.

Sieben mit Acht: In der Arbeitsbeziehung

Beide Typen sind von sich aus motiviert. Zwischen anfänglichem Impuls und raschem Handeln liegt sehr wenig Zeit. Jeder geht davon aus, daß seine Wahrnehmungen stimmen, und beide wissen eher, was sie wollen, als wie sie auf andere wirken. Geleitet von Selbstsicherheit, stellen sie sich wahrscheinlich nicht in Frage bzw. merken nicht, wenn sie vom Kurs abkommen.

Siebener scheren aus, um Möglichkeiten zu erkunden, die sich nicht aufs Ziel beziehen. Sie sind Visionäre, die gerne mehrere Projekte zur selben Zeit betreiben. Die Projekte stehen im Geiste der Sieben alle miteinander in Verbindung, aber die Acht, die die Dinge wörtlich nimmt, sieht das nicht so. Projekte von Achtern kommen vom Kurs ab, wenn sie einem Alles-oder-nichts-Produktionsmuster folgen. Die Energie fließt entweder mit Vollgas oder ist völlig stillgelegt. Ohne Energie wird es totlangweilig, zur Arbeit zu gehen. Wenn jedoch das Ende der Frist naht, können sich Achter einen Ruck geben, auf Höchstgeschwindigkeit beschleunigen und rund um die Uhr arbeiten. Die Unterschiede bei diesem Paar werden unter Druck vergrößert. Der Boß dampft auf das Ziel los, während die Aufmerksamkeit des Epikureers noch geteilt ist.

Siebener als Vorgesetzte müssen sich Achtern gegenüber beweisen. Ihre in mehrere Richtungen gehende Führungstätigkeit wirkt wie schlecht beraten und voller Hintertürchen, die zum Vorteil der Leitung genutzt werden könnten.

Achter wollen klare Richtlinien und faire Supervision. Ohne Regeln als sichere Ausgangsbasis ist nicht vorauszusagen, wo jeder steht. Achter als Angestellte reagieren ungewöhnlich empfindlich auf die Möglichkeit von Manipulation, und im Führungsstil der Sieben nehmen sie wahrscheinlich negative Absichten wahr. Verfallen Achter in Schwarzweißdenken, erscheint die Leitung ihnen entweder fair oder unfair und der Vorgesetzte entweder ehrlich oder verlogen.

Da es Achter zur Macht zieht und sie engagiert ihre eigenen Interessen schützen, steigen sie in Organisationen oft auf. Ein kluger Chef kann sich darauf verlassen, daß Achter betteln, borgen, drangsalieren und lobhudeln, um durch Widrigkeiten hindurchzukommen. Bei gegenseitiger Loyalität und einem logischen Aktionsplan kann eine angestellte Acht täglich den praktischen Rückhalt gewähren, der es der Sieben erlaubt, Verbindungen herzustellen und den Wirkungsbereich eines Projektes auszuweiten. Die Einbildungskraft der Sieben kann einfallsreiche Techniken oder raffinierte Prozesse hervorbringen, die die Unterstützung der Acht finden. Optimismus und Erfindungsreichtum einer Sieben halten das Unternehmen in Schwung, und der Schutz einer Acht garantiert solide Unterstützung.

Achter-Vorgesetzte sind dafür berühmt, daß sie den Regeln selektiv Geltung verschaffen, und das könnten Siebener-Angestellte als Erlaubnis auffassen, sie auch nur selektiv zu befolgen. Tatsache ist, daß keiner von ihnen das Unterlaufen von ein paar Regeln so unbedingt als unehrlich ansieht. Regeln sind eher so etwas wie vorgeschlagene Richtlinien, etwas, auf das man zurückgreifen kann, wenn man durcheinandergekommen ist. Achter als Vorgesetzte sind auch dafür berühmt, daß sie problematische Informationen leugnen. Sie können buchstäblich vergessen, was sie nicht hören wollen. Eine angestellte Sieben verstärkt die Tendenz, unangenehme Möglichkeiten auszublenden. Kommt es also zu Schwierigkeiten, wird der Achter-Chef dem Angestellten vorwerfen, etwas übersehen zu haben. Hilfreich ist, wenn Siebener reif genug sind, methodisch und vollständig zu dokumentieren, und wenn Achter lernen, gut zuzuhören.

Teilweise als Reaktion auf das Gefühl, schikaniert zu werden, wird eine angestellte Sieben zu improvisieren beginnen. Sie wird kleine Veränderungen vornehmen, »wenn es angebracht zu sein scheint«. Achter-Vorgesetzte gehen in die Luft, wenn solche Diskrepanzen aufgedeckt werden. Angesichts eines drohenden Kontrollverlustes denken Achter: »Das ist nur die Spitze des Eisbergs. Was steckt sonst noch dahinter?«

Die Kontroverse, von der am häufigsten berichtet wird, zeigt eine Acht, die »nur versucht, den Schaden einzuschätzen«, im Streit mit einer Sieben, die »bloß versucht hat, zu helfen«. Siebener bleiben standhaft und streiten, wenn ihre Überredungskünste nichts fruchten oder wenn ihre Redlichkeit öffentlich in Frage gestellt wird. Es kommt zu einer Pattsituation zwischen zwei selbstbezogenen Menschen, die sich so hinter ihren Positionen verschanzt haben, daß sie den Wert anderer Standpunkte nicht mehr erkennen können. In solchen Situationen treten unbewußte Lebensthemen in den Vordergrund. Die Angst der Acht vor Kontrollverlust ist ebenso stark wie die Angst der Sieben vor dem Beherrschtwerden. Außerordentlich hilfreich ist, wenn ein Dritter zwischen dem tatsächlichen Vertrauensbruch und den übertriebenen Vorstellungen, die die beiden voneinander haben, zu unterscheiden vermag.

Die Kombination von Sieben und Acht steht und fällt mit der Vertrauensfrage. Es ist eine beeindruckende Kombination, wenn Siebener engagiert genug sind, um einem einzigen Aktionskurs zu folgen, und Achter sich sicher genug fühlen, um nicht jedes Wort von Siebenern auf die Goldwaage legen zu müssen. Auf dem neuesten Stand gehaltene Informationen geben Achtern das Gefühl, Herr der Lage zu sein. Die Beziehung wird sofort besser, wenn Siebener-Angestellte sich selbst in die Pflicht nehmen, Bericht zu erstatten und detailliert über all ihre Tätigkeiten Rechenschaft abzulegen. Was sie zu berichten haben, braucht nicht unbedingt gut zu sein. Achter können durchaus schlechte Nachrichten verkraften. Kommen aber gar keine Nachrichten, werden sie sehr wütend.

Sieben mit Neun: Epikureer und Vermittler in der Liebesbeziehung

Epikureer können äußerst experimentierfreudig sein. Sie nehmen an Kursen teil, sind über alle Geschehnisse auf dem laufenden, und oft zieht es sie zu allerneuesten Ideen. Sie können das Familienleben auf Trab bringen und sind oft diejenigen, die berechenbare Neuner aus vertrauten Gewohnheiten herausholen. Ich habe auf Enneagramm-Podien oft Neuner erzählen gehört, daß sie auf neue Interessen verfielen, angefangen von Pingpong-Wettkämpfen bis hin zum Mystizismus, als sie Jahre zuvor durch die unersättliche Neugierde einer Sieben zu einem ersten Kennenlernen mitgeschleppt wurden.
Beide Partner haben eine gigantische Weltsicht. Siebener bauen ihr Leben so auf, daß sie sich vielfältigen Optionen widmen können, und ein Großteil ihres Optimismus entstammt ihrer Vorfreude auf die Pläne von morgen. Neuner denken auch in großen Zusammenhängen und leben in einer Weltsicht, die so umfassend ist, daß sie die meisten Standpunkte – und deren Gegensätze – in sich aufnehmen kann. Der weite Horizont dieses Paares schafft oft einen schönen Sinn für Vielfalt: weitreichende Interessen, unterschiedliche Freundeskreise und die Bereitschaft, Kinder so sein zu lassen, wie sie in ihrer Einzigartigkeit sind. Auf der Plusseite erkunden beide Typen aufgeschlossen alle Möglichkeiten des Lebens, aber das Negative an diesem »Alles ist möglich« ist die Unfähigkeit, eine Auswahl zu treffen.
Es kann lange dauern, bis endgültige Entscheidungen getroffen werden. Es gibt zu viele Möglichkeiten und keinen festgelegten Plan. Siebener hassen es, auf etwas festgenagelt zu werden, und sie können sich so weit verzetteln, daß sie Prioritäten

vernachlässigen, während Neuner von der Vielfalt der Wahlmöglichkeiten überwältigt werden. Die beiden entscheiden sich dafür, sich für nichts zu entscheiden. Entscheidungen schränken nur ein, und wenn alles möglich ist, warum soll man sich da quälen? Entscheidungen zu treffen wird noch dadurch erschwert, daß Neuner Zorn und Siebener Leid vermeiden. Beide sind entschlossen, Konflikte auszuschließen, und können heikle Fragen einfach ignorieren.

Epikureer gehen Entscheidungen aus dem Wege, indem sie in sehr schneller Bewegung bleiben. In den buddhistischen Bewußtseinsdarstellungen heißen sie *Affengeist,* weil ihre Aufmerksamkeit sehr rasch von einer Sache zur nächsten übergeht, um den Heißhunger nach Erfahrungen zu befriedigen. Siebener müssen sich einschränken und auf das konzentrieren, was in einer Beziehung wirklich möglich ist. Neuner dagegen können sich zwanghaft auf einen einzigen Handlungsablauf fixieren. Sie gehen Entscheidungen aus dem Wege, indem sie um alle Möglichkeiten ein und derselben Frage kreisen, ohne weiterzukommen. Ihre geistige Verfassung könnte mit der des sprichwörtlichen Elefanten verglichen werden; ein Bewußtsein, das nie vergißt und immer am selben Punkt bleibt, bis es müde wird. Neuner müssen auf das Wesentliche ihrer Beziehung hinarbeiten, ohne sich ablenken zu lassen.

Die Sieben gehört zu den Enneagramm-Typen, die am stärksten selbstbezogen sind, d.h. ihre Aufmerksamkeit wendet sich dem eigenen Interesse zu. Für Neuner dagegen ist es typisch, daß sie ganz mit einem Partner verschmelzen und dabei oft ihre eigenen Belange aus den Augen verlieren. Das Ergebnis liegt auf der Hand: Vermittler konzentrieren sich auf Epikureer, und Epikureer auf sich selbst. Aus diesem Grunde bringen üblicherweise Siebener neue Gesichtspunkte in die Beziehung ein, so daß Neuner die Wahl haben. Das Ganze funktioniert gut, wenn die Neuner Neues ausprobieren. Möglich ist auch, daß die Partner jeder für sich ihre Interessengebiete aufbauen. Neuner sind Gewohnheitstiere, und überläßt man sie sich selbst, dann werden sie entweder Aktivitäten entwickeln, die sie befriedigen, oder in eine Depression verfallen. Dieses Paar kann Zeiten durchmachen, in denen die Neun deprimiert ist, während die Sieben vollauf beschäftigt bleibt, und keiner das Dilemma bemerkt. Gibt es keine Konflikte, kann die Beziehung dahintreiben, bis ein Ereignis von außen die beiden wieder zusammenbringt.

Sind Siebener erst einmal aufmerksam geworden, können sie einen Vermittler aus seinem Stubenhockerdasein hinaus, und in Aktivität hineinziehen; und sind Neuner erst einmal in Bewegung, bleiben sie bei einer schwungvollen Routine. Hilfreich ist, einen Leitplan zu formulieren. Was streben wir als Familie an? Was ist zwischen uns das Ausschlaggebende? Was bringt uns weiter, und was können wir hinter uns lassen? Ist das Paar erst einmal in der Spur, streitet es vielleicht mehr, weil beide stärker engagiert sind. Es könnte ein Zeichen erneuerter Liebe sein, wenn Siebener bereit sind, Leid durchzustehen, und wenn Neuner einen Standpunkt finden, für den der Einsatz lohnt.

Sieben mit Neun: In der Arbeitsbeziehung

Die meisten Neuner arbeiten zwar kraftvoll, aber üblicherweise bringen sie ihre Leistungen unter dem Druck von Terminen oder innerhalb festgefügter Programme, so daß sie nur sehr wenig Entscheidungen zu treffen brauchen. Der Plan hält sie in Bewegung, und sie können sehr effizient sein, wenn sie erst einmal in Schwung kommen. Aber rasche Änderungen im Plan verwirren sie, und Entscheidungen können bedeuten, daß dann alles zum Stillstand kommt. Vermittler fühlen sich sicher, wenn sie frühmorgens aufwachen und genau wissen, was sie tagsüber zu tun haben, wogegen Siebener fortlaufend das Programm umstellen. Siebener sind ungewöhnlich flexibel, und Neuner funktionieren aus Gewohnheit. Diese sehr unterschiedlichen Arbeitsstile können einander ergänzen, obwohl es passieren könnte, daß die beiden nur dann miteinander kommunizieren, wenn Termindruck sie zusammenbringt.

Die Partner können gemeinsam der Illusion anhängen, sie hätten grenzenlos viel Zeit. Arbeit ist für Neuner endlos eintönig, wenn sie sie für fremde Interessen tun. Und wenn sie sich nicht mit ihrer Arbeit identifizieren, sieht es so aus, als sei immer genug Zeit, um noch extra etwas einzuschieben. Man merkt, daß eine Neun zutiefst an etwas interessiert ist, wenn sie mit ihrer Zeit so umgeht, daß sie zusätzliche Aufgaben ablehnt. Vermittler können ineffizient werden, indem sie mehr Arbeit übernehmen als menschenmöglich ist, und Epikureer mißbrauchen ihre Zeit, indem sie an mehreren Projekten gleichzeitig arbeiten und abends noch lange aufbleiben, um ja nichts zu verpassen. Zeitmanagement und Ausdehnung des Projektes können zusammenhängende Probleme sein. Siebener erkunden gern das ganze Gewebe von Assoziationen, das durch ein gutes Projekt angeregt wird, und bei Neunern besteht die Möglichkeit, daß sie eher in Nebenflüssen und Brackwasser »herumschippern«, als das zu tun, was sie eigentlich vorhatten. Beide Partner schaffen ein wenig an sehr vielen unterschiedlichen Projekten, bis dann ein Termin konzentriertes Handeln verlangt.

Es hat auch den Anschein, als ob Siebener in gute Sachen hineinschlittern, ohne es sich verdienen zu müssen, und dieser selbstverständliche Anspruch kann Vermittlern, die nicht so im Vordergrund stehen, leicht die Schau stehlen. Da Neuner sehr empfindlich darauf reagieren, wenn sie übersehen werden, und da es ihnen widerstrebt, ein Image zu präsentieren, mit dem sie Aufmerksamkeit auf sich ziehen, merken sie ganz genau, wer die Arbeit macht und wer den Dank bekommt. Beispielsweise erzählte Steve, eine Neun, folgende Geschichte:

Wer hat denn nun die Arbeit gemacht?

Es war zu Petes sechzigstem Geburtstag. Ich hatte lange überlegt, was ich ihm schenke und wie ich es ihm übergebe, ohne ihn in Verlegenheit zu bringen. Also kaufte ich ihm diese unglaubliche Drehbank für seine Heimwerkstatt, bat seine Frau, mich hineinzulassen, als er schon schlief, und stellte sie auf. Ein anderer Typ, eine Sieben, taucht auf der Party auf, sieht sich das Geschenk an, stellt fest, daß er selber keins hat, und bittet mich, zehn Dollar beisteuern zu dürfen. Als Pete kommt, tritt die Sieben nach vorn, legt die Hand auf die Drehbank und hält eine kleine Rede zur Überreichung des Geschenks. Er sagt, es sei von uns beiden.

Die Sache ist die, daß man dem Burschen wegen dieser Angelegenheit nicht einmal etwas sagen kann. Er hat's ja nicht mit Vorbedacht getan, und er ist auch nicht gemein. Aber er kommt da hereinspaziert und heimst den Dank ein.

Es kann vorkommen, daß es einer Neun, die nicht entsprechend gewürdigt wird, die Sprache verschlägt, sie stur wird und denkt: »Ich kriege doch mein Geld nicht dafür, daß ich für andere die Arbeit erledige. Das hier ist nicht mein Problem.« Sture Neuner können zwar erklären, was sie mit ihrer Zeit gemacht haben, aber voran geht die Arbeit trotzdem nicht. Siebener-Vorgesetzte werden versuchen, unzufriedene Angestellte mit halben Versprechungen und Charme für sich zu gewinnen. Das ist bei Neunern die allerschlechteste Taktik, denn sie wollen Konkretes. Statt Hoffnungen zu machen, müssen sich Siebener die Klagen wirklich anhören. Epikureer haben allgemein nichts übrig für Darlegungen in epischer Breite, und Neuner reden lange, wenn sie etwas zu sagen haben. Aber Siebener als Vorgesetzte tun gut daran, die Goldmine an Informationen, die Neuner über ihre Umgebung haben, anzuzapfen, denn gerade diese Art von Informationen verpassen sie sonst wahrscheinlich. Neuner sind außerordentlich entgegenkommend, wenn sie sich anerkannt fühlen, und sie haben wahrscheinlich viele von den Engpässen und Verfahrenspannen bemerkt, deretwegen das System nur langsam vorankommt. Außerdem sind sie ausgezeichnet in der Erledigung organisatorischer Details, die Siebener nicht mögen, und sie wären froh, die Gewißheit zu haben, daß sie ein verläßliches System betreiben.

Siebener als Vorgesetzte sind dafür berühmt, daß sie kaum anwesend sind. Warum sich mit Details auseinandersetzen, wenn andere Prioritäten winken? Der wendige Epikureergeist macht aus einer guten Idee eine Vision, und die führt häufig von praktischen Dingen weg. Siebener als Vorgesetzte tauchen auch gern ab und zu im Büro auf, um die Stimmung zu heben. Es ist einfach interessanter, wenn alle ein bißchen aufgescheucht sind. Leider mögen Vermittler berechenbare Aufgaben und können kurzfristige Kursänderungen nicht leiden. Sie werden langsamer, wenn sie sich über die Richtung im ungewissen sind, und sie können sehr langsam werden, wenn sie sich benutzt fühlen.

Als Vorgesetzte legen Neuner großen Wert auf Harmonie am Arbeitsplatz, und sie werden ihre Zufriedenheit in Routine finden. Es ist schwer, Entscheidungen zu treffen und von Bekanntem abzuweichen, und das läuft der Überzeugung von Epikureern zuwider, daß Routine Kreativität erstickt. Von ihren Fähigkeiten überzeugt, erfinden sich Siebener-Angestellte weiterhin ihren Job selbst, um mehr zu ihrem Vorteil herauszuholen. Sie umschiffen häufig Autoritäten, obwohl sie annehmen, daß die Leitung mit dem, was sie machen wollen, auch einverstanden wäre.

Vermittler müssen bereit sein, die Führungskompetenz mit aller Klarheit zu behaupten, selbst wenn das Konfrontation bedeutet. Das ist ein schwieriger Punkt, denn beide Typen vermeiden Wut. Sie werden sich darin einig sein, die Dinge schleifen zu lassen, und dadurch kann wieder ein Zyklus einsetzen, in dem die Sieben Ausflüchte macht und die Neun sich hinter einer passiv-aggressiven Haltung verschanzt. Eingeplante Absprachen müssen sein, sonst macht die Sieben weiter, ohne Schwierigkeiten zu bemerken, und die Neun beginnt Buch zu führen. Eine stimmige Kommunikation gleicht aus, daß Siebener nicht merken und Neuner nicht reden, und festgesetzte Besprechungen verhindern, daß Neuner in Verzug geraten, während sie Siebener zur Verantwortung ziehen.

Acht mit Acht: Zwei Bosse in der Liebesbeziehung

Achter holen sich buchstäblich, was sie wollen. Sie gehen auch einfache Aufgaben mit einer derartigen Geradlinigkeit an, daß sie den Eindruck erwecken, als ob sie alles andere im Raum gar nicht wahrnähmen. Da sie jederzeit voll auf das konzentriert sind, was sie wollen, handeln Achter zuweilen, als seien andere Menschen einfach nicht da. Wenn man am Spülbecken steht, kann es einem passieren, daß die Acht einen buchstäblich hochhebt und beiseite stellt, um sich einen Teller herauszufischen. Wenn man gerade Gemüse putzt, greift die Acht womöglich hin und haut einem die Besteckschublade gegen den Bauch. »Wo ist denn mein Schälmesser? Wo hast du die Löffel versteckt?« Es ist, als sei man ein beweglicher Gegenstand im Gesichtsfeld der Acht, wenn sie hinter etwas her ist, was sie haben will; und zwei Achter neigen besonders dazu, sich ausschließlich auf ihre persönlichen Bedürfnisse zu konzentrieren.

Zwei Achter bewirken in Enneagrammseminaren gewöhnlich eine »Oh-wow!«-Reaktion. Man schaut verwundert und bald auch verblüfft und denkt: »Und die haben beide überlebt?« Von außen gesehen wirkt diese Kombination sicherlich aggressiv. Die unbeirrte Körpersprache, die Selbstsicherheit und der Befehlston ihrer Stimmen lassen einen an eine bevorstehende Auseinandersetzung denken. In Wirklichkeit treten die Achter vielleicht nur so selbstsicher auf, um die Aufmerksamkeit des jeweils anderen zu erlangen. Auf den Podien werden viele Geschichten von Paaren aus zwei Bossen erzählt, aber die gehören gewöhnlich bereits der Vergangenheit an. Der Satz: »Als ich damals mit dieser Acht ausging«, ist eine oft gehörte Einleitung.

Achter genießen dezibelintensiven Kontakt. Sie sind Leute, bei denen das Zwerchfell wackelt, wenn sie lachen, und die die Energie mächtig aufdrehen können. Da ihnen ständig gesagt wird, sie sollten sich zurückhalten, erleichtert es sie, mal die Puppen tanzen zu lassen. Ein Paar, das mir aus einem Enneagrammseminar für Paare unvergeßlich bleibt, beschrieb seine Beziehung so, daß es klang, als ob zwei Titanen aufeinander losgehen wollten. Die Zuhörer fühlten sich unwohl, denn die Sache schien ihnen in eine Schlägerei auszuarten. Endet das übel? Wird es Verletzte geben? In Wirklichkeit genoß das Paar die Aufmerksamkeit. Keiner von beiden hatte das Gefühl, nicht Herr der Lage zu sein. Die Zuhörer aber versetzte es in Aufregung, zu hören, daß sich zwei Menschen heftig streiten, ins Bett gehen, miteinander schlafen und beim Aufwachen immer noch kein Wort miteinander reden. Im weiteren Verlauf des Podiumgesprächs wurde klar, daß bei den Problemen, die dieses Achter-Paar hatte, keine Tätlichkeiten vorkamen, sondern daß sich ihr Interesse aneinander in Sexualität und Streit äußerte.

Für die meisten von uns entstehen Auseinandersetzungen aus Wut oder leidenschaftlichen Gefühlen. Bei zwei Achtern braucht das nicht so zu sein. Sie streiten sich gern, weil das hochintensiver Kontakt ist, und Energieentladung wird als körperlich angenehm empfunden. Achter bringen zwar ihre Energie in Auseinandersetzungen ein, aber das heißt nicht, daß ihnen am Ergebnis unbedingt viel liegt. Durch Debatten testen sie andere Menschen aus. Es hat weniger damit zu tun, gewinnen zu wollen, als damit, genügend Energie freiwerden zu lassen, um sich richtig lebendig zu fühlen. Zwei Achter verstehen, daß Streit dazu dienen kann, Nähe herzustellen. Wut bedeutet nicht unbedingt, daß die Gefühle verletzt worden sind, und man trennt sich nicht gleich, nur weil man gerade nicht miteinander redet.

Das Klischee einer Liebesgeschichte von zwei Achtern stellt ein höchst explosives Gemisch von Wut und Sexualität dar. Das kann zwar so sein, aber wie jede Partnerschaft hat auch diejenige aus zwei gleichen Typen eine einmalige Struktur. Ich habe Paare erlebt, bei denen eine Acht zu einem ihrer Flügel neigte und eher wie eine Neun bzw. eine Sieben wirkte, was in das gemeinsame Leben eine ganz eigene Dynamik einbrachte. Bei der Kombination, die am häufigsten vorkommt,

verkörpert einer der Partner all die extrovertierten und auffallenden Merkmale des Typs, während der andere zurückgezogener und der Fünf ähnlicher ist. Es kann in jedem Haushalt nur einen echten Boß geben, sonst ufert die Interaktion in regelmäßigen Zeitabständen über die Maßen aus.
Bei langfristigen Achter-Beziehungen gibt es eine ganz offensichtliche Acht, männlich oder weiblich, während die andere Acht stärker die Fünfer- oder die gefällige Zweier-Position einnimmt. Achter »zu Hause« werden oft mit Zweiern verwechselt. Sie gehen auf Menschen zu, wirken beruhigend und locken gern andere aus der Reserve. Verliebte Achter sehen ganz anders aus als der aggressive »männliche« Stil, den wir gewöhnlich auf dem Arbeitsplatz erleben. Bei jedem von uns lockt Zuneigung auf ganz natürliche Weise die Empfänglichkeit und die hingebungsvolle Seite unseres Typs hervor.
Hilfreich ist, wenn einer der Partner beginnt, sich nach innen zu wenden. Achter verlieren den Sinn dafür, wie sie bei anderen ankommen. Sie schauen gewöhnlich nach außen, um herauszufordern, was sie ärgert, statt sich um ihre eigenen Motive und Bedürfnisse zu kümmern. Beginnt einer von beiden, sich selbst zu beobachten, kann der andere in diesem Prozeß die Rolle des Beschützers übernehmen. Achter machen selten den ersten Schritt, wenn sie nicht genau wissen, was dabei herauskommt. Es fällt ihnen leichter, tatkräftig Unterstützung zu gewähren, als sich anderen auf unerschlossenem emotionalem Terrain auszusetzen.

Acht mit Acht: In der Arbeitsbeziehung

Einer Acht geht es ums Gewinnen und nicht darum, als Gewinner gut auszusehen. Dadurch sind Achter auf der Arbeit gefürchtet und geachtet zugleich. Es ist kennzeichnend für sie, daß sie Machtpositionen anstreben, weil sie einfach nicht gern kontrolliert werden, und sie sind daher oft erfolgreich als Firmengründer. Ihre Art von Energie ist besonders in den

Wachstumszeiten eines Geschäftszyklus geschätzt, wenn sich andere von selbst einer Persönlichkeit anschließen, die mit Konfrontationen umgehen und unter Beschuß weitermachen kann.

Bei Achter-Kombinationen kommt es so gut wie garantiert zum Machtkampf. Jeder von ihnen stellt eine starke territoriale Macht dar, sofern sie nicht zufälligerweise auf derselben Seite stehen und die Hilfe des anderen benötigen. Gewöhnlich begünstigen sich Achter gegenseitig, um so die Zusammenarbeit abzusichern. Achter zahlen gern in gleicher Münze zurück. Ein faires Angebot hat eine gute Chance, eine ehrliche Reaktion hervorzurufen, während unfaires Verhalten offenen Widerstand auslöst.

Rache wird zwar in den obersten Etagen der zivilisierten Geschäftskreise meist nicht offen gezeigt, aber ich werde die Geschichte eines jungen Achter-Unternehmers nicht vergessen, der – als er hintergangen wurde – damit reagierte, daß er auf einem großen Grabstein aus Marmor den Namen seines Expartners einmeißeln ließ. Der Stein wurde angeliefert, geräuschvoll ausgepackt und im Vorzimmer aufgestellt, während im Chefzimmer der Kontrakt aufgelöst wurde. Bei der Rache geht es einzig und allein darum, die Rechnung zu begleichen, damit man sich nicht benachteiligt fühlt. Zumindest sieht sich die Acht genötigt, einen »informativen« Brief zu schreiben oder irgendeine nützliche Information zu verschweigen. Bei zwei Achtern kommt es darauf an, die Grenzen so klar zu markieren und die Vorteile einer Zusammenarbeit so deutlich zu zeigen, daß beide einander schließlich unterstützen.

Als Vorgesetzte respektieren Achter oft die Ambitionen, aufgrund derer Angestellte sich eine Machtbasis schaffen. Da sie erwarten, herausgefordert zu werden, setzen sie z. B. finanzielle Vergünstigungen ein, um Angestellte auf die Firma oder gegen eine rivalisierende Gruppe einzuschwören. Mit dieser Taktik kann die Leitung alle Aktivität kontrollieren, anstatt ein Machtvakuum zu hinterlassen, das die Angestellten dann aus-

füllen, und das deckt sich mit der Achter-Tendenz, entweder Beschützer oder Widersacher zu sein. Wenn der Vorgesetzte übertrieben stark zum Fünfer-Streßpunkt neigt, zeigt sich eine geizige Art von kontrollierter Großzügigkeit. Mit der einen Hand wird gegeben (Acht), und mit der anderen wird zurückgenommen (Fünf).
Achter sind nicht sehr gern Angestellte, besonders wenn die Leitung nicht fair ist. Fairneß bedeutet Aufstiegsmöglichkeiten, und Unfairneß heißt, daß man an seinem Platz festgehalten wird. Manager sollten auf frühe Warnsignale im Denken von Achter-Angestellten hören, weil Achter oft Sprecher für enttäuschte Gruppen werden. Achter bieten sich als Sammelpunkte für Meinungsverschiedenheiten an, weil sie bereit sind, sich mit Konfrontationen auseinanderzusetzen, und es verstehen, über den Arbeitsplatz ihren schützenden Mantel auszubreiten. Mißtrauische Achter wollen strafen. Es fällt ihnen schwer, zwischen einer Sache und ihrem Verfechter zu unterscheiden. Bei Konfrontationen könnte es geschehen, daß sie die Sache aus dem Auge verlieren und sich einfach nur darauf konzentrieren, einen Opponenten unter Anwendung aller zu Gebote stehenden Mittel auszuschalten. Wenn sie sich hintergangen fühlen, ist ihnen jedes Mittel recht, soweit es vor Gericht verteidigt werden kann.
Die meisten Achter sind sich durchaus dessen bewußt, daß ein Kampf bis zum Letzten ihrer Entlassung gleichkommt, aber ausufernde Machtkämpfe können sich an den Buchstaben des Gesetzes halten und dennoch die Belegschaft polarisieren. Das Personal wird sich gedrängt fühlen, Partei zu ergreifen, wenn Achter wissen wollen, wo jeder steht. Hilfreich ist, die Schwierigkeit unverzüglich anzuerkennen und Bereitschaft zu zeigen, von Angesicht zu Angesicht miteinander zu reden. Achter wissen wenig darüber, wie sie auf andere wirken, und werden einfach die Lautstärke erhöhen, bis sie das Gefühl haben, daß man sie hört. Dritte als Schiedsrichter sind zu empfehlen, weil dann die Diskussion bei der Sache bleibt und nicht in persönliche Konflikte ausartet. Gehen Sie nicht

davon aus, daß Probleme von selbst verschwinden, und denken Sie immer daran, daß das Verschweigen von Informationen für Achter ein rotes Tuch ist.

Acht mit Neun: Boß und Vermittler in der Liebesbeziehung

Im Klischee sieht diese Beziehung so aus, daß der dynamische Boß vorangeht, gefolgt von einem fügsamen Partner. Die Wirklichkeit paßt jedoch selten in dieses Bild. Beide Partner erkennen die Achter-Dominanz an, und beide stimmen darin überein, daß Neuner selten nein sagen. Aber diese Faktoren führen selten zu einer Partnerschaft, in welcher einer herrscht und einer kuscht. Bei Fragen wie »Wer macht den Anfang?« oder »Wer folgt nach?« tauschen beide ein verwirrtes Lächeln. Was geschieht wirklich, wenn eine unwiderstehliche Kraft auf ein unbewegliches Objekt stößt? Wenn gewaltige Kräfte sich begegnen, müssen beide Seiten nachgeben.

Dieses Paar kann voneinander angenehm überrascht sein, weil die Partner feststellen, daß zwei grundsätzlich verschiedene Umgangsstile tatsächlich funktionieren. Achter überwältigen ständig ihre Umgebung, und Neuner halten ihre Energie innen. Achter stoßen durch Hindernisse hindurch, und Neuner versuchen zu vergessen. Es kann aufschlußreich sein, wenn ein Boß lernt, sich zu beugen, und es kann ebenso erzieherisch wirken, wenn Vermittler die positiven Wirkungen von Wut erleben. Bei dieser Beziehung verbinden sich die Energien von Impuls und Trägheit, und sie werden sich entweder gegenseitig aufheben oder eine unverwechselbare Mischung ergeben.

In den Zyklen der Natur macht die unwiderstehliche Kraft von Stürmen einem unbeweglichen Berg kaum etwas aus. Berge wiederum tun nicht den ersten Schritt und können nur auf das Wetter reagieren. Genauso hängt eine Beziehung von Spannung und Akzeptanz ab. Auch wir mobilisieren wie die Acht unsere Kraft, wenn uns etwas sehr unter die Haut geht, und wie die Neun müssen wir Spannung im Zaum halten, um etwas Vernünftiges zu schaffen. Achter bringen Aufregung in eine Beziehung, und die entfacht die Energien eines Partners. Dafür halten Neuner wie Berge bei emotionalen Stürmen stand und wettern die periodischen Wutausbrüche aus.

Da beide als Flügelpunkte auf dem Diagramm plaziert sind, können wir davon ausgehen, daß ihre Einstellung teilweise übereinstimmt. Bei einer Verbindung von Wollust und Selbstvergessenheit (Trägheit) entsteht gewöhnlich Interesse an leiblichem Wohl. Das Paar gewöhnt sich an eine beständige Routine im Hause, und jeder stellt sich auf das Energieniveau des anderen ein. Im positiven Fall vertragen sie sich zu Hause und sind zueinander und zu Freunden großzügig. Im negativen Fall zehren die »Leidenschaften des leiblichen Wohls« Zeit und Energie auf. In einer Phase, in der ihre Beziehung nicht so gut funktioniert, setzt Trägheit ein, und die Partner tun sehr wenig füreinander. Achter kontrollieren gern Ressourcen, und Neuner haben großen Appetit auf Bequemlichkeit. Sinkt der Aktivitätspegel, neigen beide dazu, nichts zu geben und nichts zu tun. Entscheidungen werden durch Nichtstun getroffen. Die Energie pendelt sich auf niedrigem Niveau ein, und es wird sehr wenig erledigt.

Gewöhnlich ist es die Acht, die dann etwas unternimmt, entweder konstruktiv oder indem sie Unruhe stiftet. Bei ihrem Versuch, aus der Langeweile auszubrechen, kann es vorkommen, daß Achter Beziehungen derart erschüttern, daß sie nachher nicht mehr zu reparieren sind. Hilfreich ist, wenn sich einer der Partner darauf konzentrieren kann, in seinem eigenen Bereich voranzukommen, ohne den anderen zum ersten Schritt zu drängen. Verfällt einer der beiden in Selbstvergessenheit, wandert die Aufmerksamkeit von realen Bedürfnissen zu unbedeutenderen Vorhaben, und beide denken wahrscheinlich: »Warum sollte ich mich ändern, wenn du dich nicht anstrengst?« Die Aufgabe besteht darin, durch Innenwendung der Aufmerksamkeit eine persönliche Priorität zu finden, statt in einen Zyklus zu verfallen, in dem die Acht kontrolliert und die Neun Widerstand leistet.

Acht mit Neun: In der Arbeitsbeziehung

Diese Partnerschaft kann entweder rasch vorankommen oder zu einem Test der Willenskräfte werden. Jeder drückt Wut anders aus. Achter geraten leicht in Wut und kontrollieren direkt, während Neuner Wut indirekt durch passiv-aggressiven Widerstand zum Ausdruck bringen. Beide Typen gehören zur Wuttriade des Enneagramms (Acht, Neun und Eins), d. h. Wut gibt bei der Herausbildung ihrer Leidenschaften den Ausschlag. Die Wollust der Acht ist ein leidenschaftliches Verlangen nach Befriedigung, das sich aus wütender Frustration entwickelt, und in Wut wurzelt auch die Trägheit der Neun bzw. ihr Impuls, vergessen zu wollen.

Beide Energien zusammen sind höchst konstruktiv, wobei Achter als erste handeln und sich mit Konflikten auseinandersetzen, während sie den Neunern das Vermitteln und das Unterstützen überlassen.

Als Vorgesetzte legen Achter umfassende und komplizierte Richtlinien fest, die eine Kontrolle von oben nach unten gewährleisten. Den Regeln wird sporadisch und in Abhängigkeit von den wechselnden Interessen des Vorgesetzten Geltung verschafft. Alle Regeln sind außer Kraft, wenn die Leitung wohlwollend gestimmt ist, und auf dieselben Regeln wird gepocht, wenn die Acht die Zügel anziehen will. Achter-Vorgesetzte tendieren dazu, Regeln aufzustellen und sie dann zu brechen. Sie delegieren Macht und überlegen es sich dann anders. Es könnte unangemeldete Besuche am Arbeitsplatz und ominöse Erkundigungen mit hochgezogenen Brauen geben, denen plötzlich wieder Nachgiebigkeit folgt. Die Kontrolle besteht in der Mißachtung der Regeln, denen andere nachzukommen haben, und in der persönlichen Handhabung eines Systems von Belohnungen und Bestrafungen.

Neuner als Angestellte wissen eine starke Führung zu schätzen, können aber persönliche Konfrontation nicht ertragen. Im besten Fall schart eine entschlossene Acht Angestellte zu einer durchschlagenden Aktion, von der alle etwas haben, um sich. Neuner können vom Schwung einer Gruppenaktion mitgerissen werden und sich tatkräftig hinter eine aggressive Führung stellen. Ist das Ziel dann erreicht, wendet sich das Interesse einer Neun leicht der Sicherstellung des Erreichten zu, und ein weiser Vorgesetzter wird den Schwung dadurch aufrechterhalten, daß er es der Neun überläßt, ein vernünftiges Tempo vorzulegen, das man weiterhin beibehalten kann.
Wenn der Achter-Vorgesetzte die kämpferische Haltung nicht ablegen kann und beginnt, die Angestellten zu drängen, mehr Verpflichtungen zu übernehmen, als sie wollen, können Neuner sich zu einem Krieg der Willenskräfte verschanzen. Der Chef macht Druck, und der Angestellte schiebt anderen die Schuld zu. Der Chef streitet, und die Neun verstummt. Sture Neuner sind selbstsicheren Vorgesetzten gewachsen – sie können sich vor direkter Konfrontation schützen und jahrelang das Ende abwarten. Sie wirken vielleicht freundlich und widersetzen sich nicht, aber sie zu überwachen kann unmöglich werden.
Passive Aggression läßt sich nur schwer mit einem System von Belohnungen und Bestrafungen kontrollieren. Regeln sind wirkungslos, wenn sie nicht eingehalten werden. Für Achter als Vorgesetzte ist es typisch, daß sie dann die Kontrolle verschärfen, um ein Gefühl von Hilflosigkeit zu vermeiden, während angestellte Neuner widerstehen und der Konfrontation ausweichen. Schließlich wird ihr Ausweichen eine Explosion herbeiführen. Offene Wut ist einer Acht weit angenehmer als versteckte Passivität, und Wut könnte dazu angetan sein, den Groll der Neun an die Oberfläche zu bringen. Dieses Paar kann sich gut verständigen, wenn erst beide an einen Tisch kommen. Achter wollen die Wahrheit wissen, und Neuner sind erleichtert, wenn sie sie sagen können.
Beide Typen neigen dazu, anderen Schuld zuzuweisen. Ach-

ter tun es, bevor sie mit sich selbst ins Gericht gehen, und Neuner machen Vorwürfe, weil sie sich von den Gedanken anderer vereinnahmt fühlen. Hilfreich ist, wenn ein Achter-Chef die Möglichkeit findet, in regelmäßigen Abständen die positiven Aspekte der Partnerschaft erneut zu bestätigen. Da einer Neun die Harmonie am Arbeitsplatz wichtig ist, geht sie Konflikten aus dem Wege und wird sich nicht in den Mittelpunkt stellen. Sie schätzt jedoch Anerkennung, um die sie nicht gebeten hat, und sie kann durch die Bedürfnisse anderer aus der Reserve gelockt werden. Bei der Acht wiederum kann es passieren, daß sie die Dynamik der Beziehung gar nicht wahrnimmt. Sie handelt oft, ohne sich zu beraten, macht nicht so leicht Komplimente und ist selten daran interessiert, andere aus der Reserve zu locken. Wenn eine vorgesetzte Acht in der Lage ist, immer wieder die tatsächlichen Beiträge der angestellten Neun anzuerkennen, kann diese die guten Absichten hinter der einschüchternden Achter-Maske erkennen und lernen, auch unter Beschuß nicht von der Stelle zu weichen. Es besteht allerdings die Gefahr, daß diese Partnerschaft damit endet, daß die Neun mit »dem letzten Tropfen«, der das Faß zum Überlaufen bringt, vertrieben wird. Weicht die Neun jedoch nicht von der Stelle, dann kann eine Acht zuhören, und wenn die Acht dazu in der Lage ist, bleibt die Neun.

Neuner als Vorgesetzte, die ausweichen oder sich ablenken lassen, flößen ihren Achter-Angestellten Angst ein. Es wirkt wie inkompetente Führungstätigkeit, und das lädt zu einer grundsätzlichen Herausforderung ein, mit dem Ziel, die Leistungsfähigkeit des Managements zu testen. Belegschaftsmitglieder könnten sich gedrängt fühlen, Partei zu ergreifen, wenn eine Acht, die sich unbehaglich fühlt, versucht, Freund und Feind im Büro voneinander zu scheiden. Achter wollen klare Kommunikation, verbunden mit objektiven Belohnungen und Bestrafungen, Neuner jedoch bevorzugen einen konsensbetonten Leitungsstil. Dabei bekommt jeder einen kleinen Anteil am Geschehen, der oft gerade ausreicht, um den Status quo zu wahren. Das Operieren mit kleinen Häppchen macht Achter zu Lobbyisten um Aufmerksamkeit, und Vorgesetzte werden feststellen, daß Unentschlossenheit zu offener Revolte führt. Achter wollen Gewißheit, und wenn sie diese nicht bekommen können, üben sie ihren Einfluß dadurch aus, daß sie genug Lärm machen, um das Ohr der Geschäftsleitung zu erreichen.

Neun mit Neun: Zwei Vermittler in der Liebesbeziehung

Ein Paar aus zwei Neunern wirkt so, als ob beide miteinander verschmolzen sind. Nicht etwa, daß die beiden gleich aussehen. Es ist mehr eine Ähnlichkeit der Resonanz und ihrer Art zu reden, die eine bestehende Einigkeit immer wieder zu bestätigen scheint. Dieses Paar scheint in geregelten Verhältnissen zu leben. Es gibt wenig Fragen, über die Uneinigkeit herrscht, oder unausgeglichene Emotionen, die den Frieden stören. Es ist eine Daseinsweise des Leben-und-Lebenlassens, eine Bereitschaft, einander bedingungslos zu akzeptieren, ohne Veränderungen erzwingen zu wollen, und ein gemeinsamer Wunsch, es angenehm zu haben.

Von innen sieht die Geschichte ganz anders aus. Aufgewühlt durch widerstreitende innere Kräfte sucht jeder im anderen ein Stimulans für die eigene Identität, indem er entweder für oder gegen die Prioritäten des Partners ist, statt für sich selbst einzustehen. Neuner sagen, daß sie zu einer symbiotischen Beziehung verschmelzen können, solange kein Konflikt besteht. Bei vollem Engagement jedoch beginnt der Druck zu steigen: »Tu ich das für mich oder für andere? Habe ich beschlossen, hierzusein, oder ist es die Idee eines anderen?« Probleme des Prioritätensetzens vergrößern sich bei einem Paar aus zwei Neunern: »Wer trifft hier die Entscheidung?« Es gibt keinen Bezugspunkt, der zu bejahen oder abzulehnen wäre. Die Möglichkeiten beginnen alle ähnlich auszusehen, und es gibt gegenläufige, widersprüchliche Bedürfnisse: »Sollten wir oder sollten wir nicht? Lohnt es sich, darum zu streiten? Wahrscheinlich nicht.« In ihrem gemeinsamen Wunsch, Konflikten aus dem Wege zu gehen, einigen sie sich vielleicht unausgesprochen auf Nichthandeln, weil sie sich einen harmonischen Lebensstil aufbauen wollen, der ihnen Schwierigkeiten vom Halse hält. Durch das Überbetonen von Bequemlichkeit geraten sie allerdings in eine Zwickmühle: Es kostet nämlich eine Menge Energie, Beschwerlichkeiten fernzuhalten.

Auf der Minusseite betreibt jeder Routine und unwesentliche Unternehmungen, die den Status quo erhalten. Von allem wird ein bißchen erledigt, aber nichts scheint zu Ende gebracht zu werden, denn die Energie, die einen zum Tun des Wesentlichen bringen kann, könnte ja auch Konflikte schaffen. So verwendet man seine Energie lieber für vertraute, nicht ganz so wichtige Dinge und wahrt den Frieden.

Auf der Plusseite ist ein Paar aus zwei Neunern wortlos miteinander im Einklang. Setzt sich einer der Partner für etwas ein, worauf es in seinem Leben ankommt, wird der andere mit ihm verschmelzen und ihn unterstützen. Hilfreich ist, wenn sich jeder Partner von den Interessen des anderen lösen, ganz in sich gehen und finden kann, worauf es ankommt. Dieses Paar ist in idealer Weise dazu geeignet, einander zu helfen; aber die Partner werden jeweils für sich selbst einstehen müssen, statt für oder gegen die Prioritäten des anderen Stellung zu beziehen.

Neun mit Neun: In der Arbeitsbeziehung

Von den etwa zwanzig Neuner-Paaren, die ich interviewt habe, arbeiten sechzehn auch zusammen. Es ist, als biete die Arbeit einen äußeren Anreiz, der die Partner anregt und sie jeden Tag in eine vertraute Umgebung zieht. Beide möchten sich auf das Programm verlassen können und komplizierten Entscheidungsprozessen aus dem Wege gehen. Jeder erfüllt sei-

ne Pflichten und verfeinert das System nach und nach, bis es so aussieht, als ob das Geschäft von selbst liefe.
In schwierigen Situationen, in denen Entscheidungen zu treffen sind, müssen beide Neuner aus der Reserve gelockt und dazu ermutigt werden, einen Standpunkt zu beziehen. Neunern erscheinen Entscheidungen oft als etwas Beliebiges, Willkürliches: »Führen nicht alle Wege zum selben Ziel?« – »Warum diesen Weg einschlagen und nicht jenen?« Konflikte können anscheinend beigelegt sein und dann zu einem späteren Zeitpunkt wieder aufbrechen, wenn kein echter Standpunkt bezogen worden ist. Entscheidungen werden verzögert, bis beide Seiten die ganze Sache zur Sprache bringen und jeder seinem Ärger Luft machen kann.
Neuner, die sich kompromittiert fühlen, könnten später »aufwachen« und sich verraten fühlen. Möglicherweise haben sie anfänglich zugestimmt, um Konflikte zu vermeiden, und erst später erkannt, was sie wirklich wollten. Dritte müssen Neuner oft bitten, alle Meinungen zur Sache zu äußern und dann ihre eigene Meinung im Ausleseverfahren herauszufinden: »Das nicht« und »das nicht« ergeben schließlich einen Standpunkt.
Als Chefs müssen Neuner lernen, klare Anweisungen zu geben. Andere nicht beeinflussen, nicht nein sagen bzw. keine Kontroverse hervorrufen zu wollen, kann eine lethargische Führungstätigkeit produzieren. Solche Vorgesetzten identifizieren sich mit allen Seiten einer Frage und werden so durch zuviel Input überlastet, anstatt sich einfach auf die Interessen des Geschäftes zu konzentrieren. Im Management würden Neuner eher für andere vermitteln, als eigene Standpunkte verfechten. Von allen Typen können sie sich am leichtesten zeitweilig mit ihren Widersachern einig sein, wobei ihr Wunsch, Konflikte zu vermeiden, sie beim Verhandeln in eigener Sache benachteiligt. Es fällt Neunern immer leichter, ihre Gedanken neutralen Personen gegenüber zu offenbaren, als im eigenen Interesse an die Öffentlichkeit zu treten. Dadurch eignen sie sich gut für Schlichtungsverfahren. Als An-

gestellte ist eine Neun anfällig dafür, in der Arbeitsatmosphäre aufzugehen. Beim Umgang mit anderen Neunern könnte sie es als zu aufreibend und zu störend empfinden, die Energie weiter aufzudrehen, als dies für die nächste Aufgabe bzw. die nächste halbe Stunde des Tages erforderlich wäre. Die Botschaft lautet: »Bloß nicht das Boot schaukeln.« Der Weg des geringsten Widerstandes liegt im Beibehalten einer Routine. Obwohl die Routine kräftezehrend sein kann, fühlt man sich sicherer dabei, etwas zu tun, das einem vertraut ist. Ein bekanntes System zu verbessern, bei dem herauskommt, was man erwartet, und bei dem die Standards für die Qualitätskontrolle bereits festgelegt sind, ist viel reizvoller, als ein Experiment zu beginnen. Bekannte Verfahren vermitteln Neunern das Gefühl, daß die Energie fließt, daß sie voll da sind und sich auf sich selbst verlassen können. Obwohl es anstrengend sein kann, ist das Kräftezehrende doch vertraut, bietet Schutz und ist attraktiv.
Hilfreich ist, in regelmäßigen Abständen Klagen zu besprechen und dann in Etappen zu einer Lösung zu kommen. Eine Neun muß das Gefühl haben, daß sie selbst die Entscheidungen trifft und nicht zu Kompromissen gedrängt wird. Die Festlegung eines Zeitplanes für die einzelnen Etappen einer Entscheidung – »Könnten Sie die Unterlagen bis Ende nächsten Monats einreichen?« – ist eine weit bessere Taktik, als auf sofortigen Abschluß zu drängen. Jeder Aspekt sollte durchgesprochen werden und zur Abklärung eingeplant sein, so daß Änderungen in vernünftiger und humaner Weise erfolgen können. Wenn die Neun überhaupt etwas in einer Situation zu verlieren hat, muß der Konflikt Stück für Stück gelöst werden.

Epilog

In jedem der neun Typen finde ich einen Teil von mir selbst wieder, denn jeder Typ beruht auf einer angemessenen gefühlsmäßigen Reaktion. Ich brauche keine Neun zu sein, um in den Interessen eines von mir geliebten Menschen aufzugehen, noch brauche ich eine Vier zu sein, um am Leid anderer Anteil zu nehmen. Jede dieser Reaktionen hat ihren Sinn und ist normal. Wie selbstverständlich ist es, sich zu fürchten, wenn man bedroht wird, wie menschlich, wütend zu sein, wenn man sich mißbraucht fühlt.

Das Enneagramm-Modell ordnet das Menschsein um neun Leidenschaften herum, wobei jede Leidenschaft auf einem allgemeinen emotionalen Anliegen basiert. Die charakteristischen Eigenheiten, die sich um den Kern einer Leidenschaft herausbilden, korrelieren gut mit zeitgenössischen Persönlichkeitstheorien, jedoch liegt die Stärke des Enneagramms in der Vorstellung, daß eine Leidenschaft dazu dienen kann, gewöhnliches Bewußtsein in höheres umzuwandeln.

Die Leidenschaften selbst haben in der spirituellen Tradition eine lange Geschichte. Wie ich schon sagte, sind sie uns vor allem als die sieben Tod- bzw. Hauptsünden des Christentums bekannt – plus zwei für alle Typen zutreffende wesensgemäße Tendenzen. Das Enneagramm der Persönlichkeitstypen ist keine Neuentdeckung der Psychologie, sondern ein moderner Neuansatz bei einer sehr alten spirituellen Tradition.

Dieses Juwel der geistlichen Tradition wird gegenwärtig im Rahmen zeitgenössischer psychologischer Konzepte neu gefaßt. Das Enneagramm ist insofern eine lebendige Lehre, als es in den Selbstbeobachtungen derer lebt, die die Typen verkörpern. Diejenigen, die die neun Leidenschaften am eigenen Leibe erfahren, können als lebende Autoritäten davon sprechen, in welchen modernen Formen unser Dilemma ausagiert wird.

Der »Leitfaden für Beziehungen«, der die wichtigsten Beziehungen zwischen den Typen zusammenfaßt, beruht auf Informationen von Seminarteilnehmern aus der sogenannten mündlichen Lehrtradition. Hier sprechen Vertreter der Typen auf einem Podium miteinander und mit den Menschen, die ihnen etwas bedeuten. Zuhörer haben Gelegenheit, das Gespräch mitzuerleben und die Paare direkt zu befragen. Die Paare, von denen das vorliegende Material stammt, sind normale, leistungsfähige Menschen. Sie haben die Seminare besucht, um ihre Beziehungen zu verbessern, um sich mit den Augen derer zu sehen, die sie lieben, und um eigene innere Voreingenommenheiten zu überprüfen. Wenn – wie das Enneagramm nahelegt – eben diese Voreingenommenheiten verzerrte Aspekte der menschlichen Essenz sind, gewinnen die Paare doppelt: Erstens gewinnen sie Verständnis für ihre eigene Beziehung, und zweitens entdecken sie einen Schlüssel zu ihrer spirituellen Natur.

In den letzten zehn Jahren ist das Enneagramm aus dem engumgrenzten Bereich privater Seminare in die breite Öffentlichkeit hinausgelangt. Das ist eine faszinierende Phase für Enneagramm-Studien. Viele Autoren haben ihre Ansichten zu dem System vorgestellt. Jeder hat etwas Einmaliges anzubieten. Meiner Meinung nach sind unsere jetzt hervortretenden Meinungsverschiedenheiten eine gesunde Voraussetzung für Wachstum, und ich glaube, in den nächsten Jahren werden sich die unterschiedlichen Anschauungen zu einer einheitlichen Lehre verbinden.
Für mich ist das Modell in seiner Ganzheit beachtenswert, nicht nur jedes Einzelteil des neunzackigen Sterns. Betrachte ich das Diagramm als Ganzes, setzt sich der Typ für mich aus drei Teilen zusammen: Jede Persönlichkeit repräsentiert eine dynamische Beziehung zwischen den Hauptzügen des eigentlichen Typs und den Formen, in denen dieser Typ sich in Sicherheit bzw. unter Streß und Risiko verändert.
Ich gelange zu dieser Schlußfolgerung, weil ich das Modell als fließendes Muster sehe, in dem Energien aus der Essenz oder dem Reich des reinen Seins in gewöhnliche Vorkommnisse

hineingelangen. Die Pfeile zeigen, wie sich die Energie zwischen den Typen bewegt, und sie verweisen auf ein normales Fließen am Sicherheitspunkt, das sich am Punkt des Typs staut, wo die Abwehrmechanismen der Kindheit entstehen. Wenn das System tatsächlich sowohl Energien als auch charakteristische Eigenheiten der Persönlichkeit beschreibt, ist der Energiefluß nach der Stauung, bei den Verhaltensweisen, die dem Risikopunkt zugeschrieben werden, am schwächsten. Die charakteristischen Eigenheiten des Streßpunktes brauchen dadurch nicht unbedingt zwanghafter zu sein; es sind einfach Bewältigungsstrategien, die auftauchen, wenn die psychischen Abwehrmechanismen des Typs nicht mehr ausreichen. Ich sehe auch eine dynamische Beziehung zwischen den zwei Flügelpunkten eines jeden Typs, die meiner Meinung nach zur Herausbildung des Typs beiträgt.
Diese theoretischen Dinge sind wichtig für das Enneagramm-Studium, da das System seinen Platz in der psychologischen Literatur zu finden beginnt. Augenblicklich arbeiten mein Kollege, der Psychiater und Psychologe David Daniels, und ich an einem Buch über die Enneagramm-Theorie und die psychologischen und spirituellen Heilungsstrategien, die die Theorie in sich birgt.

Anmerkungen

1. Dieser Satz wird im allgemeinen Freud zugeschrieben. Sein Wortlaut ist im Laufe der Jahre viel kommentiert worden. Freuds Vorlesungen zur Einführung in die Psychoanalyse (1916–1917) enthalten beispielsweise eine Darstellung dieser Denkweise. »Der Unterschied zwischen nervöser Gesundheit und Neurose schränkt sich also aufs Praktische ein und bestimmt sich nach dem Erfolg, ob der Person ein genügendes Maß von Genuß- und Leistungsfähigkeit verblieben ist... Ich brauche Sie nicht daran zu mahnen, daß diese Einsicht die Überzeugung von der prinzipiellen Heilbarkeit der Neurosen, trotz ihrer Begründung in der konstitutionellen Anlage, theoretisch begründet« (28. Vorlesung). Ruben Fine sieht in seinem Kommentar zur Bedeutung der psychoanalytischen Tradition die Kriterien Liebe und Arbeit als »gutes Beispiel dafür, wie sich das analytische Ideal in den Köpfen führender Analytiker entwickelt hat« (Ruben Fine, *Love and Work: The Value System of Psychoanalysis*, New York: Continuum 1990, S. 160).
2. »Lieben und arbeiten« ist das Zitat, wie es bei Erik H. Erikson, *Childhood and Society*, New York: W. W. Norton 1963 [dt.: *Kindheit und Gesellschaft*. Stuttgart: Clett-Cotta [11]1992], verwendet wird.
3. Idries Shah: *The Sufis*. New York: Anchor Books, Doubleday 1964, S. 69 [dt.: *Die Sufis. Botschaft der Derwische. Weisheit der Magier*. München: Eugen Diederichs Verlag 1990, S. 61 f.].
4. Webster definiert *Bewußtsein* als ein Gewahrsein dessen, daß etwas geschah oder geschieht bzw. bestand oder besteht. Das System des Enneagramms geht davon aus, daß es viele unterschiedliche Bewußtseinszustände gibt. Eine klassische Arbeit über die Bestimmung von Bewußtseinsebenen ist die von Charles T. Tart: *States of Consciousness*. El Cerrito, CA: Psychological Processes, 1983, die 1975 veröffentlicht wurde. Eine weitere Erörterung der Bewußtseinsebenen nach Gurdjieff findet man bei Charles Tart: *Waking Up*. Boston: Shambhala 1986 [dt.: *Hellwach und bewußt leben. Wege zur Entfaltung des menschlichen Potentials – die Anleitung zum bewußten Sein*. München: Scherz 1988 und München: Wilhelm Heyne Verlag 1991].

5. Thinley Norbu: *Small Golden Key*. (Übers. Lisa Anderson.) New York: Jewel Publishing House 1985, S. 24.
6. Wir betrachten uns als Struktur von Gedanken, Gefühlen, körperlichen Erinnerungen und Motivierungen, für die der Grundstein zu Beginn unseres Lebens gelegt wurde. Durch die Verbindung dieser Identifikationen entsteht eine Vorstellung des eigenen Selbst, die spirituelle Lehren zuweilen als falsche Persönlichkeit bezeichnen. Das System des falschen Selbst entsteht aus der Notwendigkeit, mit dem physischen und dem emotionalen Leben klarzukommen. Für die spirituelle Tradition ist »Wirklichkeit« das vollständige Bewußtseinsspektrum jenseits der persönlichen Grenzen von Denken, Fühlen und körperlichen Empfindungen. Unter diesem Gesichtspunkt geht das wirkliche Selbst über die Merkmale eines Typs weit hinaus.
7. Siehe *Literatur* zum Enneagramm.
8. Fixe Ideen bzw. kognitive Aspekte einer Leidenschaft sind einfach mentale Voreingenommenheiten, die in der emotionalen Einseitigkeit der Leidenschaft verankert sind. Leidenschaft und mentale Ideen sind bis zu einem gewissen Grad etwas Bewußtes. Es gibt unbewußte Abwehrmechanismen, die sowohl die emotionalen als auch die kognitiven Aspekte einer Leidenschaft beeinflussen.
9. Gurdjieffs Konzept vom Hauptmerkmal bzw. Hauptlaster ist eine Fortsetzung der Lehre, daß ein negativer Zug der Persönlichkeit in sein höheres Gegenteil umgewandelt werden kann. Gurdjieff glaubte, daß unser Hauptmerkmal bzw. unser Hauptfehler zu unserem größten Aktivposten verwandelt werden könnte.
10. C. S. Nott: *Journey Through This World: The Second Journal of a Pupil.* New York: Samuel Weiser 1969, S. 87. Der Hinweis sei hier angebracht, daß Nott die *Eitelkeit* als gattungsmäßige Grundlage für die Voreingenommenheit der Persönlichkeit in Verbindung mit den sieben Todsünden ausgewählt hat. Oscar Ichazo plazierte die Eitelkeit als kognitiven Aspekt der Täuschung auf Punkt Drei des Diagramms. Er plazierte auch das allgemeine Charakteristikum Furcht auf Punkt Sechs und kam so zu insgesamt neun Hauptsünden.
11. Schulen der Gurdjieff-Stiftung sind in den meisten größeren Städten tätig. Das Standardwerk für Informationen über Gurdjieff stammt von J. Walter Driscoll: *Gurdjieff. An Annotated Bibliography.* New York: Garland Publishing 1985.

12. Richard Rohr und Andreas Ebert, *Discovering the Enneagram. An Ancient Tool for a New Spiritual Journey.* New York: Crossroad 1992, S. 25 [dt.: *Das Enneagramm. Die 9 Gesichter der Seele.* München: Claudius ^{23}1994].
13. Paolo Milano Hrsg.: *The Portable Dante.* New York: Viking 1947, Abschnitt Purgatorio [dt. *Fegefeuer*].
14. John Lilly und Joseph Hart: »The Arica Training«. In: *Transpersonal Psychologies.* (Hrsg.): Charles Tart. El Cerrito, CA: Psychological Processes, 1983 [dt.: *Transpersonale Psychologie.* Olten: Walter 1978].
15. Die Punkte Drei und Sechs im zentralen Dreieck des Modells sollen die unsichtbaren Verbindungen (Schockpunkte) zwischen den Ebenen des gewöhnlichen Bewußtseins und dem Reich der Essenz bzw. des reinen Seins kennzeichnen. Eine Einführung in die Theorie der Schockpunkte finden Sie bei Kathleen Riordan Speeth, *The Gurdjieff Work.* Los Angeles: Jeremy P. Tarcher, 1989, S. 21 ff.
16. Eine klassische Arbeit über dieses Zentrum: Karlfried Graf von Dürckheim: *Hara*: *The Vital Centre of Man.* London: Mandala Books 1977 [dt.: *Hara. Die Erdmitte des Menschen.* München: O.W. Barth Verlag 1975].
17. Claudio Naranjo: *Ennea-Type Structures: Self-Analysis for the Seeker.* Nevada City, CA: Gateways/IDHHB 1990, S. 4 [dt.: *Erkenne dich selbst im Enneagramm. Die 9 Typen der Persönlichkeit.* München: Kösel 1994].
18. Gurdjieffs Modell geht davon aus, daß die aufsteigende Kraft des gefestigten Unterleibszentrums von drei separaten »Instinktenergien« genährt wird. Meiner Meinung nach vermitteln die in der Physiologie der spirituellen Erfahrungen beschriebenen Subzentren diese Energie. Diese Subzentren befinden sich im stofflichen Körper und können während der Meditation mit Energie angefüllt werden. Dann können die primären Subzentren im Perineum, im Sonnengeflecht und unten am Rückgrat empfunden werden. Ob Gurdjieffs drei »Instinktzentren« tatsächlich mit den vom reifenden Instinkt abhängenden Stadien des psychischen Wachstums etwas zu tun haben, muß noch von Entwicklungstheoretikern geprüft werden.
19. Gina Price: *Type A Behavior: A Model for Research and Practice.* San Diego: Harcourt Brace Jovanovich 1982.

Literatur

Zum Enneagramm

Frings-Keyes, Margaret: *Emotions and the Enneagram.* Berkeley: Wingbow Press 1989 [dt.: *Transformiere deinen Schatten. Die Psychologie des Enneagramms.* Reinbek: Rowohlt 1992].

Hurley, Kathleen, und Theodore Dobson: *What's my type?* Harper Collins 1991 [dt.: *Wer bin ich? Persönlichkeitsfindung mit dem Enneagramm.* Westerngrund: Pattloch 1993].

Metz, S. N. D. deN, Barbara und John Burchill, O. P.: *The Enneagram and Prayer: Discovering Our True Selves Before God.* Denville, NJ: Dimension Books, Inc. 1987 [dt.: *Enneagramm und Gebet. Sich selbst vor Gott erkennen.* Freiburg: Herder 1994].

Naranjo, Claudio: *Ennea-Type Structures.* Nevada City, CA: Gateways/IDHHB 1990 [dt.: *Erkenne dich selbst im Enneagramm. Die 9 Typen der Persönlichkeit.* München: Kösel 1994].

Palmer, Helen: *The Enneagram: Understanding Yourself and the Others in Your Life.* San Francisco: Harper & Row 1988 [dt.: *Das Enneagramm. Sich selbst und andere verstehen lernen.* München: Knaur 1991].

Riso, Don Richard: *Personality Types: Using the Enneagram for Self Discovery.* Boston: Houghton Mifflin 1987 [dt.: *Die neun Typen der Persönlichkeit und das Enneagramm.* München: Knaur 1989].

Riso, Don Richard: *Discovering Your Personality Type.* Boston: Houghton Mifflin 1992 [dt.: *Das Enneagramm-Handbuch. Mit ausführlichem Testteil.* München: Knaur 1993].

Riso, Don Richard: *Understanding the Enneagram.* Boston: Houghton Mifflin 1992.

Rohr, Richard und Andreas: *Experiencing the Enneagram.* New York: Crossroad 1992 [dt.: *Erfahrungen mit dem Enneagramm. Sich selbst und Gott begegnen.* München: Claudius 1991].

Zur Arica-Betrachtungsweise des Enneagramms

Ichazo, Oscar: *Interviews with Oscar Ichazo.* New York: Arica Institute, Inc. 1982.

Ichazo, Oscar: *Letters to the School.* New York: Arica Institute, Inc. 1988.

Jeffrey, Francis and John C. Lilly: *John Lilly, So Far…* Los Angeles: Jeremy P. Tarcher, Inc. 1990.

Lilly, John C.: *The Center of the Cyclone: An Autobiography of Inner Space.* New York: The Julian Press, Inc. 1972 [dt.: *Das Zentrum des Cyclons. Eine Reise in die inneren Räume.* Frankfurt: Fischer 1988].

Zur Geschichte der sieben Todsünden

Bloomfield, Morton W.: *The Seven Deadly Sins.* Michigan State College Press 1952.

Cayré, A. A. Fulbert: *Manual of Patrology and History of Theology.* Vol. I. Paris: Desclée & Co. 1897.

Chadwick, Owen: *John Cassian.* Cambridge University Press 1968.

Fleming, Ian (Hrsg.): *The Seven Deadly Sins.* New York: William Morrow 1962.

Hausherr, Irénée: *Spiritual Direction in the Early Christian East.* Kalamazoo, MI: Cistercian Publications 1990.

Luibheid, Colm: *John Cassian Conferences.* New York: Paulist Press 1985.

Luke, Helen M.: *Dark Wood to White Rose: Journey and Transformation in Dante's Divine Comedy.* New York: Parabola Books 1989.

Lyman, Stanford M.: *The Seven Deadly Sins: Society and Evil.* New York: St. Martin's Press, Inc. 1978.

Schimmel, Solomon: *The Seven Deadly Sins.* New York: The Free Press 1992.

Tanquerey, Adolphe: *The Spiritual Life: A Treatise on Ascetical and Mystical Theology.* Tournai, Belgium: Desclée & Co. Publishers 1938.

Zu Christentum und Enneagramm

Beesing, Maria, Robert Nogosek und Patrick O'Leary: *The Enneagram: A Journey of Self Discovery.* Denvill, NJ: Dimension Books 1984 [dt.: *Das wahre Selbst entdecken: Eine Einführung in das Enneagramm.* Würzburg: Echter 1992].

Callahan, William: *The Enneagram for Youth.* Student Edition. Chicago: Loyola Univ. Press 1992.

Callahan, William: *The Enneagram for Youth. Counselor's Manual.* Chicago: Loyola Univ. Press 1992.

Rohr, Richard, und Andreas Ebert: *Discovering the Enneagram.* New York: Crossroad 1992 [dt.: *Das Enneagramm. Die 9 Gesichter der Seele.* München: Claudius [23]1994].

Rohr, Richard, und Andreas Ebert: *Experiencing the Enneagram.* New York: Crossroad 1992 [dt.: *Erfahrungen mit dem Enneagramm. Sich selbst und Gott begegnen.* München: Claudius 1991].

Tickerhoof, Bernard: *Conversion and the Enneagram.* Denville, NJ: Dimension Books 1991.

Zuercher, Suzanne: *Enneagram Spirituality.* Notre Dame. In: Ave Maria Press 1992.

Zur Gurdjieff-Tradition

Bennett, J. G.: *Enneagram Studies,* York Beach, ME: Samuel Weiser 1983 [dt.: *Gurdjieff. Ursprung und Hintergrund seiner Lehre.* Basel: Sphinx 1989].

Campbell, Robert: *Fisherman's Guide.* Boston: Shambhala 1985.

DeRopp, Robert: *The Master Game.* New York: Dell 1974.

Driscoll, J. Walter: *Gurdjieff: An Annotated Bibliography.* New York: Garland Publishing, Inc. 1985.

Friedlander, Joel: *Body Types: The Enneagram of Essence Types.* New York: Globe Press 1993.

Moore, James: *Gurdjieff: The Anatomy of a Myth.* Rockport, MA: Element, Inc. 1991.

Mouravieff, B.: *Gnosis I: Exoteric Cycle.* England: Agora Books/Praxis Institute Press 1989.

Nicoll, Maurice: *Gurdjieff and Ouspensky,* Vols. I–V (Enneagram in Vol. II). Boulder, CO: Shambhala Publications 1984.

Nott, C. S.: *Teachings of Gurdjieff: A Pupil's Journal.* York Beach, ME: Samuel Weiser 1961.
Ouspensky, P. D.: *The Psychology of Man's Possible Evolution.* New York: Vintage 1974 [dt.: *Die Psychologie der möglichen Evolution des Menschen.* Seeshaupt: Ryrellus 1987].
Popoff, Irmis B.: *The Enneagram of the Man of Unity.* New York: Samuel Weiser 1978.
Speeth, Kathleen: *The Gurdjieff Work.* Los Angeles: Jeremy P. Tarcher 1989.
Tart, Charles: *Waking Up.* Boston: Shambhala 1986 [dt.: *Hellwach und bewußt leben. Wege zur Entfaltung des menschlichen Potentials – die Anleitung zum bewußten Sein.* München: Scherz 1988 und München: Wilhelm Heyne Verlag 1991].
Webb, James: *The Harmonious Circle.* New York: G. P. Putnam's Sons 1980.

Aufsätze und Beiträge

Keen, Samuel: *A Conversation About Ego Destruction with Oscar Ichazo.* In: Psychology Today, Juli 1973.
Lilly, John, und Joseph Hart: *The Arica Training.* In: Transpersonal Psychologies. (Hrsg.): Charles Tart. New York: Harper & Row 1975 [dt.: *Transpersonale Psychologie.* Olten: Walter 1978].
Metzner, Ralph: *The Arica Enneagram of Types.* In: Know Your Type: Maps of Identity. New York: Doubleday 1979.
Wagner, Jerome: *Reliability and Validity Study of a Sufi Personality Typology: the Enneagram.* In: Journal of Clinical Psychology. 39 (5), September 1983.
Wagner, Jerome: *The Enneagram and Myers-Briggs: Two Windows on the Self.* In: New Catholic World. Mai/Juni 1986.

Dissertationen

Beauvais, Phyllis, *Claudio Naranjo and SAT: Modern Manifestation of Sufism.* Dr. phil., 1973, Hartford Seminary. 35/12-A, P. 8005. GAX 75-13868.
Campbell, Richard, *The Relationship of Arica Training to Self-Actua-*

lization and Interpersonal Behavior. Dr. phil., 1975, United States International University. 36/03-B. GAX 75-20244.

Gamard, William Sumner, *Interrater Reliability and Validity of Judgements of Enneagram Personality Types.* Dr. phil., 1986, California Institute of Integral Studies. GAX 86-25584.

Lincoln, Robert, *The Relation Between Depth Psychology and Protoanalysis.* Dr. phil., 1983, California Institute of Transpersonal Psychology. Research Abstracts International. LD 00676.

Randall, Stephan, *Development of an Inventory to Assess Enneagram Personality Type.* Dr. phil., 1979, California Institute of Integral Studies. 40/09-B. GAX 80-05160.

Wagner, Jerome, *A Descriptive, Reliability, and Validity Study of the Enneagram Personal Typology.* Dr. phil., 1981, Loyola University, Chicago. 41/11A. GAX 81-09973.

Wolf, Steven, *Effects of the Arica Training on Adult Development: A Longitudinal Study.* Dr. phil., 1985, Saybrook Institute. 46/11B. GAX 85-28854.

Zinkle, Thomas, *A Pilot Study Towards the Validation of the Sufi Personality Typology.* Dr. phil., 1975, United States International University. 35/05B. GAX 74-24529.

Zwecks Bestellung von Dissertationsexemplaren wenden Sie sich bitte an *Dissertation Abstracts International,* Dissertation Publishing, University Microfilm International, 300 N. Zeeb Road, P. O. Box 1764, Ann Arbor, MI 48106. Telefon: 800-521-3042).

Literatur, die das Gedankengut des Enneagramms unterstützt

Almaas, A. H.: *The Elixir of Enlightenment.* York Beach, ME: Samuel Weiser 1984.

Almaas, A. H.: *Essence: The Diamond Approach to Inner Realization.* York Beach, ME: Samuel Weiser 1986.

Almaas, A. H.: *The Void.* Berkeley: Diamond Books 1986.

Almaas, A. H.: *The Pearl Beyond Price.* Berkeley: Diamond Books 1988.

Horney, Karen: *Our Inner Conflicts.* New York: W. W. Norton & Company, Inc. 1991 [dt.: *Unsere inneren Konflikte. Neurosen in unserer*

Zeit – Entstehung, Entwicklung und Lösung. Frankfurt/M.: Fischer 1988].

Horney, Karen: *Neurosis and Human Growth.* New York: W. W. Norton & Company, Inc. 1991 [dt.: *Neurose und menschliches Wachstum.* Frankfurt/M.: Fischer 1988].

Shah, Idries: *The Sufis.* New York: Anchor Books, Doubleday 1964 [dt.: *Die Sufis. Botschaft der Derwische, Weisheit der Magier.* München: Eugen Diederichs Verlag 1990].

Information

Das Büro von Helen Palmer liefert Informationen über alle Bereiche ihrer Arbeit. Dazu gehören Workshops in der mündlichen Lehrtradition, Fort- und Weiterbildung und Unternehmensberatung.
Ihr Büro informiert auch über Enneagrammseminare in den Vereinigten Staaten unter Hinweis auf Absolventen der Enneagrammlehrer-Ausbildung in Ihrem Wohngebiet.
Es wurde eine »Nine Points of View«-Videoserie entwickelt. Zu ihr gehört ein Begleitset zum vorliegenden Band: »Men on Relationships« (Männer sprechen über Beziehungen) und »Women on Relationships« (Frauen sprechen über Beziehungen). In den Videos erläutern graphische Darstellungen und Sprecher als Repräsentanten ihres Typs die Themen Liebe und Arbeit. Diese und andere Videos sind allgemein erhältlich. Auf Wunsch steht auch ein umfassendes Verzeichnis von Audiokassetten zur Verfügung.
Wenn Sie zwecks Erhalt des laufenden Lehrprogramms in die Anschriftenliste eingetragen werden möchten, wenden Sie sich bitte an nachstehendes Büro:

Workshops in the Oral Tradition with Helen Palmer
1442 A Walnut Street
Berkeley, California 94709
Telefon (510) 843-7621
Fax (510) 540-7626

Kontaktanschrift in Deutschland:

Institut für Enneagrammstudien
c/o Jürgen Gündel
Renzstr. 5
D-68161 Mannheim
Tel./Fax (0621) 14449

Erklärung

Arica Institute Press gibt zahlreiche Bücher und andere Veröffentlichungen von Oscar Ichazo zu seinen Theorien über die »Enneagone« heraus. Die Verfasserin des vorliegenden Buches, Helen Palmer, entwickelt Theorien über die Verwendung des Enneagramms zum Verständnis der menschlichen Persönlichkeit und ihrer Beziehung zu Aspekten höheren Bewußtseins, die sich deutlich von denen unterscheiden, welche Herr Ichazo dargelegt hat. Weder Helen Palmer noch der Verlag Harper Collins Publishers sind mit dem Arica Institute, Inc., verbunden; dieses Buch ist weder vom Arica Institute, Inc., noch von Herrn Ichazo gebilligt bzw. genehmigt worden.

Knaur

Schicksalsdeutung

(4132)

(4168)

(86009)

(4213)

(4244)

(86014)